국어 어원학 통사

국어 어원학 통사

강헌규 저

보고사
BOGOSA

□ 개정판 서 문

이 졸저는 다음과 같은 과정과 세월을 거쳐 세상에 나왔다.

　①《韓國語 語源探究史 硏究》 - 對象語彙 및 方法論을 中心으로- (1986).
　②《韓國語 語源硏究史》(1988).
　③《국어 어원학 통사》(2003).

　①은 저자의 박사학위 논문이다. 당시로서는 최초로 시도된 작업이었다. 지금 보면 성글고 거친 데다가, 오류투성이여서 등에서 식은땀이 날 지경이다. 학위를 주신 은사님과 심사위원들의 너그러움이, 후일을 기약하려 하심에서였음을 이제야 어렴풋이 짐작이 간다.

　②는 위의 논문을 다듬기 2년 만에 단행본으로 낸 책이다. 출간 당시는 겁도 없고 철도 없이 우쭐해 있었다. 학부와 대학원의 강의 교재로 쓰면서 많은 오·탈자 및 오류가 있음을 알게 되었다. 특히 부끄러웠던 일은 국어 어원학 연구사에서 빼놓으면 안 될 분들의 업적을 빠뜨린 점이다.

　③은 위에서 저지른 잘못을 고치고 보태기 15년 만에 나온 책이다. 이 책에서 저자는 "1980년대 이후의 단행본에 나타난 어원연구"를 '부록'으로 넣어서 2000년대 초반까지(2003년)의 어원연구 업적을 다루었다. 이제는 교수로서 퇴임 가까이까지 이 책을 다루었으니, 젊은 날의 치기(稚氣)로 인한 오류는 없겠거니 생각하였다. 그러나 다시 훑어보니 여전히 많은 잘못이 발견되었다. 시간이 있을 때마다 표시해 두었다. 이를 그냥 두고 이 세상을 떠날 수 없다는 생각이 들었다. 출판사에 나의 마음을 전

하였다. 겨우 동의를 얻어 아래의 개정판을 출간하게 되었다.

④ 《개정판 **국어 어원학 통사**》 (2017).

④는 ③의 출판 후 14년 만의 일이다. 저자는 아직 이 책의 오류를 알지 못하고 있다. 그러나 시간이 지나면 또 많은 오류가 발견될 것이다. 위로 미루어 보아서다. 필자가 본서에서 다루고 싶은 내용을 빠뜨린 것이 있음을 고백하지 않을 수 없다. 그것은 2003년 이후 현재까지의 어원 연구 업적을 다루지 않은 점이다. 뒷날의 눈빛 형형한 학구께 맡기려 한다. 나는 이제까지(2003년)의 잘못이라도 좀 고치는 데 만족하려 한다. 내가 저지른 과오 중 알지 못하고 있는 잘못이 더 많겠지만, 알고 있는 잘못의 조금이라도 고칠 수 있게 되어 기쁘기 한량없다. 이 같은 과오를 고치는 데 협력하여 주신, 보고사 사장님 이하 여러 직원 특히 박현정 편집장에게 감사의 말씀을 드린다.

2017. 6.

강 헌 규 쓰다

□ 서 문

어원 연구사를 정리해야겠다는 뜻을 가진 지는 꽤 오래 되었다. 자료를 모으기 시작한 것이 1970년대 초였으니까, 15년 이상을 걸려 ≪韓國語語源研究史≫(1988)를 출간한 셈이다. 그로부터 다시 15년이 흘렀다.

그 동안 어원 연구의 새로운 업적도 많이 나왔고 뛰어난 업적에 대한 언급을 빠뜨린 것도 적지 않아, 수정·보완의 필요성을 절실히 느꼈다.

연구 업적을 평정함에 있어 치우치지 않으려고 노력하였으나, 얼마나 뜻대로 이루었는지 모르겠다. 학자의 학자에 대한 바른 평가는 상대 학자의 관 뚜껑을 덮고서도 한 50년을 기다린 뒤에야 가능하다고 한다. 그런데 필자가 여기서 시도한 최근세 및 현대 학자의 업적 평가는 너무 이른 감이 있기는 하다. 그리하여 1980년대 이후의 업적들은 부록에서 언급하였다.

학자들에 대한 後代의 공평무사한 평가는 당대에 살고 있는 사람들로 하여금, 당대에 살고 있는 학자들의 잘잘못을 기리게 할 수도 나무라게 할 수도 없음이 흠이다. 또한 당대에 고군분투하는 이들에게 힘을 주고, 잘못하는 이들을 경계할 수도 없음이 더 큰 흠인 것이 사실이다.

돌이켜 보면 지난 30여 년 동안 꽤 외곬으로 국어 어원을 생각하면서 살아왔다고 딴은 자부한다. 우리의 고전에서 국어 어원의 기록을 찾아 발췌하고, 카드화하는 작업은 필자에게 벅찬 일이었다. 기록에 나타난 모든 국어 어원 연구 결과를 섭렵하여 史的으로 꿰뚫는다는 것은 그 자체가 힘겨운 일이었다. 그러나 생애를 기울인 先學의 업적을 밝혀 그에 알맞은

星座를 마련·奉獻하고, 그 허물을 바로잡아 후일을 기약하도록 하는 것은 의미 있는 일이라고 믿었다.

국어 어원 연구는 국어학의 여러 분야 중 그 연구 성과가 가장 微微·후진 또는 황무지의 상태에 있는 분야다. 모두들 한 마디씩 거들고 大家然하기도 하고, 민간어원이 판을 치기도 하는 것이 국어 어원 연구의 실정이다. 그리하여 과학적 어원 연구를 위해 심사숙고하는 이들에게 침묵을 강요하기도 한다. 그러나 과학적 어원 연구를 뜻하는 학자들은 수다스러운 민간어원학자들에게 침묵으로 항변하고 있음을 알아야 한다.

본서가 애초에 뜻했던 바는 과학적 어원 연구의 방법을 모색하여, 국어 어원사전 편찬의 토대를 마련함에 있었다. 뜻했던 바가 얼마나 이루어졌는지 모르겠다. 국어 어원사전 편찬에 뜻을 둔 학자들이나, 국어 어원 연구에 뜻을 둔 이들에게 조그마한 도움이라도 되었으면 더 없는 영광으로 생각하겠다.

자료를 수집하고 원고의 정리에 정성을 다해 준, 그 이름을 다 밝힐 수 없는 나의 제자들에 대한 참으로 고마운 마음을 여기에 삼가 적는다. 아울러 독자 여러 분들의 애정 어린 질정을 따라, 앞으로도 수정·보완할 것을 약속드린다.

2003. 1.
유유히 흐르는 금강을 가로지른 새 다리 위에
바삐도 오가는 차들이 강물처럼 흐름을 바라보면서

강헌규 씀

목 차

국어 어원학 통사

Ⅰ. 서 론

Ⅱ. 표기문자 字義에 매인 어원적 의식

Ⅲ. 설화적 어원설(삼국 시대)

Ⅳ. 漢字字義에 의한 어원설(고려-조선 전기)

Ⅴ. 初期의 比較言語學的 語源說
(조선 후기 : 실학 시대~갑오경장 이전)

Ⅵ. 언어의 분석적 어원연구
(갑오경장 이후~1940년대 이전)

Ⅶ. 言語理論에 의한 어원연구(1940년대 이후)

Ⅷ. 외국인의 어원연구

Ⅸ. 결 론

목 차

Ⅳ. 국내 간행의 어원론 단행본

Ⅴ. 국외 간행의 어원론 단행본

Ⅵ. 국내 간행의 단행본 속에 들어 있는 어원론

Ⅶ. 국외 간행의 단행본 속에 들어 있는 어원론

Ⅷ. 1980년대 이후 어원 연구의 개황과 전망

I. 서 론

1. 연구 목적

언어의 본질 및 기원에 관한 철학적 의문은 존재의 본질 및 기원에 관한 의문과 같이 오래라고 한다.[1] 이 같은 언어의 본질·구조·단위·기능·상태·변화 및 기원에 관한 의문은 소박한 의미로서 언어학이라는 학문의 길을 열었으며, 그 하위분야로서 어원론의 연구로 발전하였다. 고대 이래 현재까지 많은 선현들에 의해 한국어의 어원에 관한 연구가 있었다. 先學들의 업적은 오늘날의 비교언어학적 관점에서 보면 민간어원에 가까운 것들도 있고, 한자의 표의성에 끌려 견강부회(牽強附會)의 억설도 있다. 때로는 날카로운 직관에 의한 타당성 있는 논술도 있다. 어찌 모두 徒勞라 할 수 있겠는가. 비록 오류에 넘친 牽强이라 할지라도 그 노고를 어찌 웃어넘길 수 있겠는가. 문화와 그 하위 범주인 학문이 오늘날과 같은 속도로 발달된다면, 우리의 先民들이 애써 발전시킨 문화와 학문들

---

1) E. 캇시러, 人間論, 최명관 역(민중서관, 1960), p.246). 언어의 기원에 관한 문제는 어느 시대를 막론하고 인간정신에 대하여 이상한 매력을 발휘하여 왔다. 인간은 그 지성의 최초의 번득임과 함께 이 문제에 관하여 생각하기 시작하였다.

에 대하여 구시대적 · 비과학적이라고 우리가 폄하(貶下)하듯, 우리의 멀
지 않은 후손들은 우리의 문화와 학문에 대하여 똑같은 비난을 되풀이할
것이 확실하다. 왜냐하면 오늘날 사적 기술의 과정에서만 언급될 가치밖
에 없는 학설들도, 그 당대에는 부동의 진리로 받아들여진 것들이 많음을
알 수 있기 때문이다. 현대의 소위 과학적 어원론도 유사한 운명을 가지
고 있다. 여기에 어원론사 기술의 당위성이 있다. 이에 본고는 아래와 같
은 목적 및 필요성을 가진다.

  ① 국어어원연구의 사적 소장과 전개 과정을 밝힌다.

  ② 그 옳고 그름을 살펴서 그 공로에 알맞은 星座를 마련하고 제공한
다. 과학적 어원론의 판단 기준이란 18C 英 · 佛에서 행해진 재단비평
(judicial criticism)식의 다음과 같은 規準을 말한다.

  ㄱ. 어휘의 음운 · 의미 · 형태의 변화 과정을 고르게 제시했는가, 특히 의미변
      화에만 편중하지 않았는가?
  ㄴ. 個個 단어의 어원연구가 아니라 친족어(cognate word)와의 친연성 여부
      를 밝혔는가?
  ㄷ. 인근 제국어와의 비교를 시도했는가?
  ㄹ. 同系統語와의 비교 과정에서 단어 대 단어의 비교가 아니라 친족어간의
      비교를 시도했는가?
  ㅁ. 단순한 유사음의 비교가 아니라 음운대응의 법칙 및 음운변화의 법칙을
      제시했는가?
  ㅂ. 語源追究의 과정에서 몇몇 과오에도 불구하고 철저한 어원의식이 있었
      는가?

  ③ 한자의 字義에 의한 견강부회적 어원설 및 민간어원설은 어떤 관
점, 어떤 세계관, 어떤 언어(어원)관에서 비롯하였는가, 그 나름의 의의는
무엇인가를 밝혀 앞으로의 국어어원연구 방향을 自戒 제시한다.

  ④ 보다 나은 국어사전 편찬을 위한 과학적 어원의 설명 가능성을 제
시하고, 나아가 국어어원사전 편찬의 기틀을 마련코자 한다.

2. 연구 내용

문헌에 나타난 연구 결과를 통시적으로 고찰·분석·비평한다. 가능한 限 내·외국인의 연구 결과 모두를 포함하는 것을 원칙으로 한다. 이는 문학작품의 사적 연구과정에 나타나는 표기문자 혹은 작가의 국적문제가 국문학사 연구 대상의 시비에 관계되는 것과는 다르기 때문이다.

한국어 어원연구사는 표기문자·연구자의 국적 등과는 무관하게, 그 어원연구의 대상이 한국어인 限, 史를 구성함에 모두 포함시켜야 함은 너무도 당연한 일이다. 이 같은 이유로 모든 한국어 어원연구 결과를 본 연구의 대상으로 하였다. 이는 한국사에의 功過를 막론하고, 한국사에 영향을 끼친 내·외국인 모두의 언행이 한국사 연구의 대상이 됨과 동일하다. 이에 아래와 같은 내용으로 연구를 진행하였다.

① 표기문자 字義에 매인 어원적 의식 : 중국의 고대사서 및 중국인의 저술에 나타난 어원. 뚜렷한 어원의식이라고는 명명하기 이르기에 어원적 의식이라 했음.

② 설화적 어원설(삼국시대) : 한자의 字義에 매인 어원설에 이어 설화적 어원설이 등장한 삼국시대의 어원설을 말함.

③ 漢字字義에 의한 어원설(고려~조선전기) : 한자 보급의 보편화에 의해 음차표기보다 훈차표기의 성행, 그로 인한 모든 음차·훈차표기 어휘의 한자 자의에 의한, 고려 및 조선전기의 어원설을 말함.

④ 초기의 비교언어학적 어원설(조선후기 : 실학시대~갑오경장 이전) : 실학정신에 의한 새 학문 방법의 일환으로 인근 제국어와의 초보적 비교 어원설.

⑤ 언어의 분석적 어원연구(갑오경장 이후~1940년대 이전) : 서양 및 서양에서 수입한 일본의 언어연구 방법에 의해, 민족운동의 일환으로

전개하던 국어연구의 한 분야로서의 어원연구.

⑥ 言語理論에 의한 어원연구(1940년대 이후) : 서구 언어학의 연구 방법의 도입에 의한 同系統語와의 비교언어학적 어원연구.

⑦ 외국인의 한국어 어원연구 : 서양인 및 일본인의 어원학적 어원연구.

이상의 시대구분은 국어 어원연구 방법을 주로 하고 연구 주체를 副로 한 것이다.

3. 어원연구사 개요

가. 서구(西歐)

단어들은 일종의 음 상징에 의하여 그 내용과 가치를 얻는다는 관념은 어느 시대에 있어서나 초급의 어학자들(linguistic dilettanti)이 좋아하는 관념이다.[2] 그리스 및 라틴 문법가들은 "음 상징의 推量(to make guesses at sound symbolism)"을 통하여 어원을 캐냈다.

이와 같이 어원의 문제는 언어에 관해 관심을 갖기 시작한 고대로부터 오늘날까지 가장 중요한 문제의 하나다. 어원에 관한 신통하고도 오묘한 연구(esoteric pursuit)는 비전문가들을 감동시켰으나 오래 가지는 못하였다. 그 가치가 의심스러웠기 때문이다. 소박하나마 근원적인 의미에 있어서의 어원에 관한 논의의 시초는, 그리스 철학자들 사이에 있었던 어원의 기원에 관한 논쟁인 神授說(phúsei theory)과 人爲說(thései theory)이라

---

2) Otto Jespersen, *Language Its Nature*, Development And Origin(London, George Allen & Unwin LTD.), 1954, p.396(김선재 역, 언어, 한국번역도서주식회사, 1961, p.649).

할 것이다. 그리스인들은 단어의 진정한 의미인 眞(etymon)을 탐구하는
데에 몰두해 있었던 바, 그들은 원시인들과 같이 단어와 그 의미간의 신
비스러운 관계를 깨달았다.[3] 플라톤(B.C 427~347 또는 425~348 아니
면 347)은 최초의 어원 탐구자로서 그는 「對話篇」(Cratylus. B.C 384)에
서 "사물(thing)과 명의(name) 사이에는 존재론적으로(ontologically) 타
당하고도 강력한 관계가 있다"는 神授說을 취하면서 믿을 수 없는 소박
한 어원탐색을 하였다.[4] 그 후 그리스의 어원연구는 Bergmon을 중심으
로 한 스토아학파(The Stoics. B.C 308)에서 이루어졌는데 그 중 크리시
포스(Chrisippos. B.C 280~209)는 언어는 사물의 본성에 의하여 複寫된
것이어서, 근원적으로 眞(etymon)이라고 하였다.[5] 즉 語는 사물의 본질
과 일치되는 진리를 포함하고 있었다. 인간은 명칭·명의 분석에 의하
여 사물의 본질을 파악할 수 있다고 하였다. 그래서 언어철학에 있어서 개
개의 語에 진리를 발견하려고 하는 새로운 연구와 과정이 발생되어, 이
과정을 어원론이라고 부르게 되었다. 즉 "말을 통하여 사물의 본질 곧
etymon을 연구하는 것이 곧 etymologia 였다." 이 어원론이라는 것은 현대
적 의미에서 과학적으로 연구된 것이 아니라, 사물 사상의 본성인 眞
(etymon)을 추구·파악하는 의미로 추상적·공상적으로 사용되었다.

3) 그 예로서 어떤 단어를 정확히 발음하는 것은 그 언어 사용자에게 그 사물이나 존재를 지배
할 수 있는 힘과 마법의 행사(exercise of witchcraft)에 중요한 힘을 줄 수 있다고 믿었다.
반대로 어떤 존재의 이름을 말하는 것은 無所不在하는 신령의 분노를 사서 위험한 일일 수
도 있었다. 영어의 곰(bear)이란 단어는 고대에 "갈색의 것(the brown one)"에서 파생되었
다. 고대 힌두인과 슬라브인들은 '곰'이란 말대신 "꿀을 빨아 먹는 새(the honey eater)" 켈
트족은 "꿀돼지(the honey pig)"라고 하였다. (William E. Umbach, Etymology, Webster's
New World Dictionary of the American Language, 1982, p.xxxi). 칼무크 사람들도 호랑이
를 제 이름으로 부르지 않고, 보통 Küshte(힘센), ereen(얼룩덜룩한), "술 취한자" 등의 말
을 사용함으로써 그 이름을 피하는 습관이 있다고 한다(람스테트, 일곱 차례 동방여행, 고송
무 뒤침, 민음사, 1986, p.146).
4) John T. Waterman 저, 이을환 역, 言語學小史 : 현대언어학의 배경(숙명여자대학교 출판
부, 1982), p.17.
5) '語原核'·'語根'이라고도 한다.

로마인들의 어원론은 그리스인들의 모델을 넘어서지 못하였다. 라틴어에 관한 현저한 업적은 Seville의 성자 Isidore[6)](약 570～639)의 어원사전인 「기원론 또는 어원론」(*Origines sive etymologiae*)이다. 로마인들의 어원론은 語가 왜 부여된 의미를 지니느냐 하는 이유를 캐는 데에 상상력을 동원하였다. 이것은 "언어 전반을 통해 언어학적 관계나 규칙적인 음운적 대응(phonetic correspondences)에 대한 고증과는 무관한" "牽强附會"였을 뿐이다. 이것이 근대 이후 비교언어학이 발달되면서 어원학도 과학적인 방법을 취하게 되었다.

① 비교언어 연구방법의 선구자 W. Jones(1746～1794)의 梵語발견 보고 후부터 과학적 언어학 시대가 전개된다.

② F. v. Schlegel(1772～1829)의 비교언어 연구 개시, 비교 문법과 언어의 계통이 처음 연구되기 시작하여, 근대 언어과학은 정식으로 출발되었다.

③ F. Bopp(1791～1864 혹은 1867)에 의해 비교언어학이 성립되어 그는 비교언어학의 시조가 되었다.

④ J. Grimm(1785～1863)에 의해 역사언어학이 성립, 역사·비교 언어학적 연구 방법이 수립되었다.

⑤ G. Curtius(1820～1885)는 "희랍어 어원학 大要"(Grundzüge der griechischen Etymologie)를 저술하고 비교·역사적 방법을 고전 문헌학에 도입했다.

⑥ R. K. Rask(1787～1832)의 비교언어학 연구는 19세기 초에 있어서 北歐語를 중심으로 하여 비교연구를 전개했다.

⑦ 독일의 어원학자 A. F. Pott(1802～1887)는 '印歐語의 범위 안에서 어원연구'(Etymologische Forschungen auf dem Gebiete der indoger-

---

6) 다음의 책에는 철자가 조금 다르다. Isidole of Serville Saint, *Etymologiae*, Translation, Colorado College Music Press, 1980.

manischen Sprachen)로 인구어 全領域의 어원연구를 집성, 학술적 기초
를 갖춘 어원학 연구의 창시자가 되었다. 그는 어원학 연구의 과제는 보
다 오래된 언어 형식들을 찾는 데 있으며 原形(Urform)이나 原義
(Urbedeutung)를 찾는 것이 아니라고 했다.

⑧ A. Schleicher(1821~1868)는 종합 발전 연구로 각 언어관계의 이
론을 수립하고 비교방법을 써서 祖語를 재구하였다. 어족의 가장 오랜 조
상의 격이 되는 원어음을 원어(Ursprache)라고 불렀다.

⑨ 靑年文法學派의 重鎭인 H. Paul(1846~1921)은 언어학연구는 곧
언어사 연구가 되는 것이라고 하여, 그의 「언어사 원리」(*Prinzipien der
Sprachgeschte*)에서 '어원적으로 관련 있는 어집단 형성에 나타난 추이'
를 다루고 있다.

⑩ 전세기의 성과에 비하여 현저한 발전이 이루어졌지만 어원학 연구
는 아직도 전통적 방법에 매우 가까운 학문이다. 오늘날은 어원을 재구함
에 있어서 새로운 사회학적·문학사적 기준들이 쓰이고 있다.

나. 동양(東洋)

인도에서는 悉曇[7](siddam)학이 어원론을 전개하여 인도인들은 "때때
로 어원론(etymology)에 손을 대었지만 이 분야에 있어서 영원한 업적은
거의 올리지 않았다." 오히려 어원론에서 그들은 "제일 미진한 결과를 냈
다."[8] 중국에서는 〈說文解字〉에 의거한 六義說이 어원론적인 국면을 보

---

7) ① 범어에서 "성취"·"길상"의 뜻. ② 梵字의 자모, 뜻이 바뀌어 인도의 음성에 관한 사항의
   총칭. 넓은 뜻으로는 摩多(모음)와 體文(자음)을 통틀어 일컬으며 음절과 같은 뜻으로 쓰이
   고, 좁은 뜻으로는 摩多(모음)학 12음만을 가리킴. 悉曇文字로 쓰인 범어의 학문을 뜻하기
   도 함. 〈舊唐書〉에는 "其人皆學悉曇章"이란 말이 있음.
8) John T. Waterman 저, 이을환 역, 言語學小史: 현대언어학의 배경(숙명여자대학교 출판부,
   1982), p.16. Milka Ivić 저, 이덕호 역, 현대언어학사(종로서적, 1984), p.21.

여준다. 동양의 어원설은 일찍이 신화·전설과 함께 발생, 전개되었다. 그 어원연구는 문헌의 해석에서 구체화되었겠으나, 〈爾雅〉와도 관련된다.[9]

'爾雅'는 漢代 許愼의 〈說文解字〉와 함께 동양의 어원탐구에 크게 기여한 二大本山이라 할 수 있다.

또 다른 하나의 연원은 역사의 이른 시기부터 기록되기 시작한 역사적 기록, 즉 史書가 그것이다. 사서의 本領인 역사적 사건 및 인물의 연원적·논리적 서술을 위한 사건명 및 인명의 유연성 기술의 과정에 나타난 역사적 어원은 역사연구의 한 방편이 되게 하였다. 그리하여 이 같은 어원연구는 자연히 史家들에 의해 그 先鞭이 쥐어지게 되었다. 이 같은 상황은 우리에게도 동일하다. 우리 최고의 사서인 〈삼국사기〉와 〈삼국유사〉의 기록 특히 〈삼국사기〉의 경우, 대부분 중국 사서의 전재 과정에서 나타난 바와 같이 역사학적 어원에서 출발하고, 사가들에 의해 이들 어원이 추적되기 시작하였다.

---

9) 김민수, 新國語學史(서울: 일조각, 1980), p.25. 〈爾雅〉는 '가까이 많이 쓰이는 말을 바로 잡는다'는 뜻으로, 13經중의 하나. 옛날의 훈고로서 소학의 종류다. 즉 육경의 통역(전체적인 해석)으로서 육경과 표리가 되는 것이다. 중국 고대의 경전에 나오는 物名과 천문·지리·음악·器材·초목·鳥獸 등의 낱말을 해석한 것으로 3권이다.(五洲衍文長箋散稿讀爾雅辨證說). 「漢書」 藝文志에는 20편으로 되어 있으나 지금 전하는 것은 19편뿐. 魯의 周公이 지은 것이라 하며 仲尼가 증보, 子夏가 보충하고 叔孫通이 더한 것, 梁文이 보충했다고 한다. 郭璞이 28년간 고심하여 연구했다는 注가 세상에 전한다.

4. 술어의 정의

가. 어원[10]의 정의

영어 etymology는 불어 *etymologie*의 차용인데, 이 불어는 라틴어 *etymologia*에서 왔고, 라틴어는 그리스어 etumologia($\acute{\epsilon}\tau\upsilon\mu o\lambda o\Upsilon ia$)에서 차용한 말이다. 이 그리스어는 $\acute{\epsilon}\tau\upsilon\mu o$-$\varsigma$(true)와 $\lambda o\Upsilon os$(word)의 합성어로 '진실한 말'이란 뜻이다. 또는 $\acute{\epsilon}\tau\upsilon\mu o\varsigma$(true)와 -$\lambda o\Upsilon ia$(account)의 합성어로 보기도 한다.

-$\lambda o\Upsilon ia$는 $\lambda\acute{\epsilon}\Upsilon\epsilon\iota\nu$(legein)에서 온 것으로 to speak를[11] 의미하여 etymology란 "etymon(단어의 진실한 뜻, 또는 꼴)을 연구하는 것"이라고도 한다.

옛날 그리스 사람들은 말의 진정한 의미는 그 사물 자체의 본질을 설명하는 것이라고 생각했기 때문에, 이러한 목적을 가지고 낱말의 의미를 탐구하게 된 데서 이 말이 기원한다.[12] 어원론으로서 etymology란 "어느 한 단어와 그 단어의 근원인 보다 오래된 다른 단어와의 관계를 연구하는 학문"이다. 이것은 다음과 같이 분류된다.[13]

1) 고전적 의미

그리스에서의 etymology로 단어들의 진정한 본질을 밝혀주는 原義 또는 필수적 의미의 연구를 뜻한다. 이는 단어들의 형태가 그 단어가 지칭

---

10) "語源·語原·말밑·말덜·말촐"이라고도 하나 "어원"으로 통일한다.

11) Walter W. Skeat, *A Concise Etymological Dictionary of the English Language* (Oxford, 1978).

12) 허웅, 언어학(샘문화사, 1981), p.405.

13) 이정민·배영남, 언어학사전(서울 : 한신문화사, 1982), pp.261~262.

하는 대상들에 실제로 자연적으로 일치하고 있다는 생각에서부터 비롯되었다. 중세의 etymology는 모든 언어들이 어떤 특정 언어의 文語形에서 비롯되었다는 믿음에 기초를 두었다.

2) 현대적 의미

파생에 대한 연구에 있어서, etymology는 단어들의 형성을 다루는 분야로서, 형성규칙에 의해 좀 더 최근의 단위들을 이미 알고 있는 단위들로 귀착시켜 준다. 역사언어학에서의 etymology란 가능한 한 가장 먼 과거에까지, 현재 사용되는 형태가 파생되어 나왔을 etymon이라 일컬어지는 단위에로까지 거슬러 올라가 단어들의 변화상을 설명하는 것을 그 기능으로 하는 학문을 말한다.

3) 외연적 의미

etymon[14](眞, 語源核, 語根)이나, etymon에서 파생어로의 연속적인 변화(史)를 말한다.

4) 민간어원[15]

화자가 어떤 형태적 유사성에 근거하여, 의식적으로 혹은 무의식적으

---

14) etymon: the true source of a word. 라틴어로는 etymon, 그리스어로는 ἔτυμον(etumon)인데 ἔτυμον은 ἔτυμος의 중성 형용사로 '진짜의(real)', '진실의(true)'의 뜻.

15) 민간어원은 通俗어원, 民俗어원, 民衆어원, 語源俗解, 類音語牽引(paronimic attraction), 同音牽引(homonimic attraction)이라고도 한다.

로, 어떤 형태를 실제로는 친족관계(유연성)가 없는 다른 형태와 결부시키는 현상을 말한다. 개인적인 실수를 민간어원이라고도 한다.

또, 다음과 같이 狹義 및 廣義의 어원으로 양대분하기도 한다.[16]

(1) 협의의 어원

언어의 발달 변천한 자취를 역사적으로 찾아 올라가다가, 우리가 알 수 있는 최후의 단계(즉 가장 옛것)가 되는 말이나, 또는 이렇게 하여 얻은 바 假定적 어근을 말한다.

(2) 광의의 어원

말의 진화한 자취와 변천한 단계 중, 어느 한 점에 나타나는 모양(樣相)을 이르는 것이다. 즉 어떤 말이 변하거나 합하여서 다른 말을 이룰 때에, 변하기 전의 말이나 또는 합하기 전의 말이, 현대어로 그 뜻을 알 수 있는 범위 안의 것을 말한다. 본고는 광의의 어원을 대상으로 한다.

나. 어원의식의 정의

전술한 바와 같이 어원은 여러 가지로 정의될 수 있다.

① 어떤 어휘의 근원적인 형태

② 갈라져 나온 諸語·제국어에 대하여, 역사적 관점에서 본 同起源語.

③ 낱말의 역사적 유래나 동계어와의 관계 또는 그 본뜻.

④ '각 단어의 성립, 기원, 음과 의미의 연합에 대한 성립, 各語의 역사

---

16) 이희승, 한글 맞춤법 통일안 강의(서울 : 신구문화사, 1969), p.196.
　　박종국, 말본사전(서울 : 정음사), p.229.
　　이을환, 언어학개론(서울 : 선명문화사, 1973), p.29.

변천을 연구하는 것.'

이상에서 ①②는 형태에, ③은 형태 및 의미, ④는 어원학에 중점을 두고 있다.[17] 이상의 어느 것이든 그것에 대한 의식이 어원의식이라고 할 수 있다.

의식이란, "대상을 총괄하며 판단·분별하는 심적 작용" 또는 "심적 생활을 다른 것과 구별하는 특징, 覺醒하여 정신이 든 상태에서 사물을 깨닫는 일체의 작용 곧, 이지와 감정과 의지 일체의 정신작용"이라고 한다.

그러면 다음과 같이 어원의식을 정의할 수 있을 것이다.

① 각성한 상태에서 낱말의 근원적인 형태를 깨닫는 일체의 정신작용.
② 각성한 상태에서 同起源語를 깨닫는 일체의 정신작용.
③ 각성한 상태에서 낱말의 유래, 동계어와의 관계, 그 근본 뜻을 깨닫는 일체의 정신작용.
④ 각성한 상태에서 어원학을 깨닫는 일체의 정신작용.

金敏洙는 어원의식이란 "말을 사용하면서 그 본래의 의미를 생각하게 되는 일종의 반성작용"[18]이라고 보았다.

5. 어원학의 연구방법

현대 어원학의 연구방법은

① 일정 단어의 유래를 소급할 수 있는 데까지 소급하고 나아가서는

---

17) 영어의 etymology는 '어원연구=어원학'을 가리키기도 하고, '어원' 자체를 가리키기도 한다. 허웅, 언어학(샘문화사, 1981), p.405.
18) 김민수, 新國語學史(서울 : 일조각, 1980), p.25.

그 동계어와의 관계를 밝혀야 한다.

② 역사 연구와 서로 관련을 맺어야만 올바른 설명이 가능한 경우가 많다.

③ 문헌 이전의 어형이나 의미의 복원도 할 수 있는 데까지 해야 되며, 그러기 위해서는 동계어와의 비교도 충분히 연구되지 않으면 안 된다. 그리고 때로는 어원 연구를 위해서는, 이것이 과거의 인류생활을 반영한 것인 이상, 역사학(사회경제사 등)과 손잡지 않으면 안 된다.

W.Skeat는 그의 「영어어원사전」(*An Etymological Dictionary of the English Language*)의 첫머리에서 '어원연구의 준칙'이라 하여 다음과 같이 어원연구 방법을 제시한다.

① 어원연구에 앞서 최초의 어형 및 방법을 확인하고 연대기를 관찰하라.

② 역사와 지리에 대하여 주목하라. 차용은 실제적 접촉으로 생기기 때문이다.

③ 음운법칙을 관찰하라. 특히 여러 印歐語 자음의 대응관계를 구정하는 음운법칙을 관찰하라. 동시에 모음대응의 음운법칙도 관찰하라.

④ 같은 언어(same language)에 속해 있는 두 단어 : A와 B를 비교함에 있어서 A가 좀 더 적은 수의 음절로 구성되어 있을 때, 그 단어에 축약이나 변형(corruption)의 증거가 없는 한, A가 보다 原語(the original word)임에 틀림없다.

⑤ 동일언어에 속하고 同數의 음절로 구성된 두 단어 : A와 B를 비교함에 있어서 고형태(古形態)는 대개 주모음(the sound of principal vowel)에 의해 구별된다.

⑥ 튜튼語의 强變化動詞 및 라틴어의 불규칙동사들은 보통 원형의 것으로 추측되고, 여타의 어형들은 여기서 파생된 것으로 생각된다.

⑦ 일부분이 아닌 단어의 전체가 합리적으로 설명되어야 한다. 그리고 어형의 변화를 탐색함에 있어서 어떤 음운법칙의 예외에 대하여는 주의를 해야 한다.

⑧ 상이한 음운법칙 또는 아무런 관련성(connexion)이 없는 두 단어 간에 어형의 유사나 명백한 의미의 관련성은 대체적으로 착오이니 고려되지 말아야 한다.

⑨ 상이한 두 언어들의 단어들이 정상적인 음운법칙이 허용하는 것보다 더욱 유사할 때, 한 언어가 다른 언어로부터 단어를 차용해 왔을 것이라는 높은 가능성이 있다. 진실로 동족어라면 너무나 유사해서는(too much alike) 안 된다.

⑩ 영어 단어의 설명에 無益한 것은 모든 친연성(親緣性)이 있는 어형들의 설명에도 無用하다.

W. Skeat는 비교언어학자들에게 잘 알려진 이들 원칙이나 이와 유사한 원칙을 준수하려고 노력했다. 이 같은 노력이 없이는 실수하기 마련이다. 오류의 수정은 상술한 원칙들의 보다 더 엄격한 준수에 의해서만 가능하다.

W. Skeat는 다시 비전문적인 어원연구의 일반적 현상을 공격한다. 영어의 어원설이 풍부한 것은 많은 사람들의 無法한(unscrupulous) 창안(創案)에 기인한다. 그것은 너무 총명하기 때문에 많은 사람들이 찬탄하는 그런 무법한 창안이다. 많은 사람들이 무미건조한 단어의 설명보다 단어의 유래에 관한 이야기를 좋아한다.

최고형태(最古形態) 및 단어의 용법에 대한 확인의 필요성에 관하여 두 개의 의견이 있을 수 없다. 그러나 이 기초적이며 가장 중요한 원칙은 내내 무시되어 왔다. 사람들은 최소한도의 연구에의 시도나 언어사(言語史)에 대한 지식도 없이 독일어나 이태리어로부터 앵글로색슨어에 존재하는 단어들의 파생에 대한 아무런 생각도 없이 곧바로 어원연구에 돌진하였다. 그들은 단지 심사숙고와 손에 들어온 첫 환상만으로 시작하였다.

W.Skeat는 자기의 경험을 아래와 같이 말한다.

"나는 항상 어원학에 대한 선입견이 없이 단어의 어원을 찾으려 출발했다. 그렇게 해서 대개 발견했다. 이 때 단어의 가장 오래된 용법 및 의미가 명쾌히 밝혀지고 어원은 기대 이상으로 발견된다."

W. D. Whitney는 「언어의 생명과 성장」(*The Life and Growth of Language*)에서 어원학은 언어에 관한 진취적이고 진정으로 과학적인 모든 연구의 초석이라고 말했다.

그러나 오늘날 언어학자들은 아무도 이 말에 동조하려 들지 않는다. 어원학은 높은 명망으로부터 지난 30~40년 동안 극적으로 몰락한 학문이다. 오늘날은 일반 언어학의 시대이기 때문에 어원학의 회복은 새로운 가능성에 대한 도전과 자산 및 부채를 새로운 시각에서 보는 모험을 기꺼이 하고자 한다면 어원학은 전쟁에서 패한 것이 아니고 전투에서 패해 왔던 것이다.[19]

금세기에서의 역사주의(historicism)의 퇴조 및 전위적 언어학자들의 어원연구에 대한 관심의 감소는 오히려 역설적으로 "어원적"(etymological)이란 말의 사용을 건전한 방향으로 인도했다. 이것은 사전에도 나타났다.

좋든 나쁘든 오늘날 어원학은 소수인의 진지한 관심대상이 되었다. 이리하여 이제 어원학은 잃어버린 명예를 회복할 수 있게 되었다.[20] 이것은 한국어 어원학의 경우에도 동일하다. 史家들의 國史記述 및 연구의 방편, 문인들의 文意展開의 수단, 표기법 고정을 위한 原義把握 등의 功利性이 사라진 지금 한국의 어원학은 순수하고 본격적인 그래서 명예로운 연구만이 남아 있다.

---

19) Yakov Malkiel, *Etymological Dictionaries-A Tentative Typology*, The University of Chicago Press, 1976, 서문.

20) 前揭書, pp.10~11.

6. 선행연구

단행본의 槪說書에서 어휘론이라는 연구분야를 설정하고 '어원탐구(어원론)'라는 節과 '어원에 관한 문헌'이라는 節을 세우기는 이희승 「국어학개설」(1955)이 처음일 것이다.

그 후 國語學史의 정리서가 속출되어 부분적인 語源探究史[21]가 언급되었으나 단독의 史的 전개과정을 다룬 것은 아니었다. 어휘론의 단독 저술은 심재기의 「국어어휘론」(1982)이 있다. 이것은 원래 어휘의미론을 시도한 것이지만 어원탐구의 史的 과정도 보여준다. 김방한은 「한국어의 계통」(1983)에서 한국어 계통연구사를 정리하고 있다("한국어 계통연구사 개관"). 이것은 국내외 학자들의 계통론연구를 정리한 것이다. 한·일 양어의 비교연구사의 정리는 유상희(1980) 大江孝男(1978)에 의해 이루어졌다. 이외에 박갑수[22]의 書誌的 硏究, 이종철[23], 심재기[24]의 어원론 및 어원론의 史的 記述, 이병선[25]의 어원론의 史的 硏究, 송민[26],

21) 김민수, 新國語學史(1964), 제3기, 6. 어원의 연구, 1980, 全訂初版 2.1. 언어의식의 심화 3.1.1. 崔行歸의 언어이론: 유창균, 新稿 國語學史(1969) §1. 언어의식 [2]. 因以名之 [3]. 言語緣起設의 발생 §4. 語義學: 서병국, 新講 國語學史(1977), 제3기 3) 방언·어원·語義 硏究, 제4기 2), 8) 방언·속어에 대한 관심, 제5기 3), 5) 어휘·어원·의미: 김형주, 國語學 史(1982) 2.18. 방언·어원·語義연구: 김석득, 우리말 연구사(1983) 2-4-1. 華音方言字義 解와 말밑(어원) 연구 등이 그것들이다.

22) 박갑수, "東言考略의 네 異本攷", 국어학 7, 국어학회, 1987.
_____, "東言考略의 表音表寫 傾向", "「小倉本」과 「鄭本」의 비교", 국어학 9, 국어학회, 1978.

23) 이종철, "華音方言字義解에서 본 몇 가지 국어어원에 대하여", 국어교육 38호, 1981.

24) 심재기, "東韓譯語에 대하여", 김형주 박사 고희기념논총, 1981.
_____, "어휘·문체", 민병수, 이병근 외 10인, 국어국문학연구사(도서출판 우석, 1985), pp.166~211.
_____, "어휘론의 연구", 고영근 편, 국어국문학연구사(학연사, 1985.), pp.91~98.

25) 이병선, "어원론의 연구", 고영근 편, 前揭書, 1985, pp.147~158.

26) 송 민, "계통", 민병수 외 10인, 前揭書, 1985, pp.12~26.

김방한[27]의 系統論史에서 부분적인 어원론 및 어원론사의 언급이 있었다.

7. 요 약

소박한 의미의 어원탐구는 인류의 지적 욕구와 거의 동시에 발생했을 만큼 오래라고 한다. 이 어원탐구는 동서고금을 통하여 많은 실용적 의미를 가지고 진행되어 왔다. 그리하여 방법 및 내용상 많은 시행착오의 과정을 겪어 왔다. 이 과정을 추적 탐구하여 誤와 正을 가리는 것은 앞으로의 연구방법·국어학사 기술·사전편찬 등에 많은 실용적 가치를 부여할 것이다. 중국인의 한국어 어원설은 〈二十五史〉를 중심으로 하고, 우리의 삼국시대는 〈史記〉와 〈遺事〉를, 고려시대는 고려 문인들의 문집 및 〈고려사절요〉를, 조선시대는 조선 문인들의 문집 및 저술, 갑오경장 및 해방 이후는 어원연구 저술 및 논문을 중심으로 추적한다. 고려시대에 이루어진 〈삼국사기〉 및 〈삼국유사〉에 의해 삼국(실은 신라)人의 어원설, 어원의식을 추구하는 것이나, 조선조에 편찬된 〈고려사절요〉에 의해 고려인의 그것들을 추구하는 것은 그 編史者의 사관 및 어원관을 고려하면 한계가 있음은 사실이다. 서양인 및 일본인 학자들의 한국어 어원연구도 여기에 넣었음은, 文學史 記述에서 작가의 국적이 문제되는 것과는 그 성격이 다르기 때문이다.

이 같은 사적 언급은 아직까지 槪說書에 비치거나 한두 분의 부분적 연구가 있을 뿐이다.

"어원"을 뜻하는 영어 "etymology"는 그리스어→라틴어→불어의 차용과정을 거쳐 이룩된 말로, 이는 "단어의 진실한 뜻 또는 꼴을 연구하는

27) 김방한, "계통론의 연구", 고영근 편, 前揭書, 1985, pp.192~207.
　　허 웅, 언어학 - 그 대상과 방법 - (샘문화사, 1981), p.470.

것"이다. "어원의식"이란 각성한 상태에서 낱말의 근원적 형태, 同起源語, 낱말의 유래, 同系語와 관계, 그 본래의 의미 등을 깨닫는 일체의 反省作用이라고 할 수 있다.

어원연구는 同系統語들과의 음운·형태·의미 변화의 규칙성에 의해서 과학적인 증명을 통한 귀납적 결과만이 신빙성을 얻게 되는 것이며, 그 대상은 단어 자체의 역사다. 따라서 오늘날의 어원학은 "관념의 유희"가 아니라 "말 자체의 역사를 찾는 학문"이다. 어원학자는 언어의 사용에 의미와 특성 그리고 내포들의 이해를 회복할 수 있도록 도와주며, 언어에 경각심을 일으키도록 풍부한 자양을 공급하는 사람이다.

서구에서의 어원연구는 언어의 기원에 대한 논쟁으로 시작되었다. 그리스·로마인의 추상적·공상적·견강부회식의 어원론을 거쳐, 근대이후에 와서야 역사언어학·비교언어학의 성립에 의해 과학적 방법을 취하게 된다. 대표적 학자로서 W. Jones, F. v. Schlegel, F. Bopp, J. Grimm, G. Curtius, R. K. Rask, A. F. Pott, A. Schleicher, H. Paul 등이 있다. 오늘날의 어원연구는 비교언어학을 주로 하여 새로운 사회학적·문화사적 방법들을 원용하고 있다.

동양의 어원설은 신화·전설과 함께 발생, 전개 되었다. 한·중·일의 어원탐구에 기여한 문헌은 〈爾雅〉와 〈說文解字〉 그리고 각종의 사서다. 동양의 어원설은 주로 史家들의 역사 기술의 과정에서 이루어졌다.

현대어원학의 연구방법은 일정 단어의 유래를 소급할 수 있는 데까지 소급하고 나아가 그 동계어와의 관계를 밝혀야 하며, 祖語再構와 의미복원을 할 수 있는 데까지 해야 한다. 그러기 위해서는 역사연구와 관련을 맺어야만 한다.

II. 표기문자 字義에 매인 어원적 의식[1]

1. 中國史籍에 나타난 어원설

가. "가類" 어원설[2]

중국 사적에 나타난 "우리말" 어원설은 사적에 따라 다르겠으나, 대체로 다음과 같은 과정을 거쳐서 형성되었을 것이다.

① 漢四郡 설치 이전에는 조선과의 접촉·교통·침략의 과정에서 청취하거나 推量하는 방법. 그것은 漢文字의 표의중심성으로 미루어 이민족어 어휘의 原義를 추구하고자 하는 필요성, 지적 호기심 등에서 촉진되었을 것이다.

② 漢四郡 설치 이후에는 四郡周圍의 한문화 특히 漢文字의 표의성에

---

1) 여기 중국사적들에 나타난 어원자료들은 이민수 역, 朝鮮傳, 探究新書 67 (1983.)에 많이 힘입었음을 밝힘. 원문은 중화민국 64년 新文豊出版公司(斷句有製版權)에서 나온 〈二十五史〉를 참고했음.

2) 稱名의 연원은 밝힌 후 「故名……」, 「因名……」 後에 명칭을 보인 경우를 "가類" 어원자료 또는 어원설이라 한다. 이에 비해 칭명의 연원을 암시적으로 밝힌 고유명사 혹은 고유국어의 표기, 삼국사기 및 유사 등에 나타난 "一云·一作" 下의 고유명사표기를 "나類" 어원자료 또는 어원설이라 지칭한다. 이 술어는 삼국사기 및 유사의 고유명사 표기에서 音讀 釋讀 양표기를 아울러 가진 것을 A類, 그렇지 못한 것을 B類라 한 이기문의 용어를 원용한 것이다.(이기문, "언어자료로서 본 삼국사기", 震檀學報 38, p.212. 참조).

접한 조선인의 문화를 통해서 청취하거나 推量하는 방법.

③ 고구려, 백제, 신라가 國家形態를 이루고 한자를 사용하여 역사를 기록한 후로는 이들 사서를 통해서 기록하는 방법.

④ 중국의 역사기록자가, 流轉하는 중국 및 삼국(조선)의 조선관계 서적들에서 민간어원설을 수집·기록했거나, 案上에서 기록문자인 한자의 字義에 의해 推量하는 방법.

이상과 같은 방법들에 의한 "우리말" 어원설의 중국 사적에의 등재(登載) 가능성이, 중국사적에 나타난 아래와 같은 "우리말" 어원설을 보면 짐작할 수 있다.

> ① 樂浪·조선: 조선에는 濕水·洌水·汕水의 세 물이 있어 이것이 합쳐서 洌水가 되었다. 아마 樂浪이나 조선은 여기에서 이름을 딴 것인 듯 하다.[3]
>
> ② 險瀆(儉瀆): 朝鮮王 滿이 도읍했던 곳이다.
>> ㉠ 물의 험한 것을 의지해서 자리 잡았다 해서 儉瀆이라 했다(應劭).
>> ㉡ 王險城이 낙랑군 패수 동쪽에 있기 때문에 이곳부터 險瀆이라고 했다.[4](瓚 師古)

㉠은 儉과 險이 音借字임을 모르고 同義로 봄에 의한 것이고 ㉡도 險이 國史上의 王儉의 儉과 音借字임을 몰랐음에 의한 것이니 史家의 案上에서 案出한 것인 듯도 하다. 둘 중의 하나는 민간어원이거나 둘 다 그럴 가능성이 있다. 梁柱東은 王險城(검잣) 一作 險瀆(검도·검터)로 본다.[5]

이제 한국어의 어원을 다룬 기록을 중국사서에서 발췌하여 본다. 뒤에

---

3) 樂浪·朝鮮: 張晏曰 朝鮮 有濕水 洌水 汕水 三水合爲洌水 疑樂浪朝鮮 取名於此也〈史記〉(卷一百十五 朝鮮列傳 第五十五)

4) 險瀆 應劭曰 朝鮮王滿都也 依水險故曰險瀆 臣瓚曰 王險城 在樂浪郡浿水之東 此自是險瀆也 師古曰 瓚說是也.(漢書卷二十八 地志八 遼東郡)

5) 梁柱東(1970), 增訂 古歌硏究.(一潮閣), p.422.

나온 사서의 同一事項의 기록은 거의 앞 사서의 轉寫物이다.

① 夷: 東方을 夷라고 한다. 夷란 柢이니 어질고 물건 살리기를 좋아해서 만 가지 물건이 땅에 뿌리박고 난다는 말이다.[6]

② 小水貊·貊弓: 小水에 의지해 사는 貊 종족이기 때문에 小水貊. 小水貊 에서 나는 좋은 화살이기 때문에 貊弓.[7]

③ 責禍: 부락에서 서로 침범하는 자가 있을 때는 그 사람의 집에 있는 소 나 말을 잡아서 벌을 주었다.[8]

④ 秦韓: 秦나라에서 도망온 사람들이 괴로운 역사를 피해서 韓나라로 가자 동쪽 국경지방을 쪼개서 주었다. 또 말이 秦나라 말과 비슷하기 때문에 이 곳을 秦韓이라 한다.[9]

위의 "責禍"도 한자의 字義에 매이기보다 고구려 固有語音의 表記로 보아야 할 것이다. "秦韓"은 史學界의 定說이 秦, 辰 동음에 매인 것으 로 본다.

다음과 같은 기록도 문화적 우월감에 의해 字義에 附會한 중국인의 자 아도취적 기록으로 보인다. 梁柱東은 '幘溝漊'를 '격골'(小城)의 借字라 고 한다. 〈삼국지〉의 기록으로도 溝漊·'句麗'는 '谷·郡邑·城'을 의미하 는 고구려 고유어의 異樣表記임이 확실하다.

○ 幘溝漊: 고구려 동쪽 경계에 조그만 성을 쌓고서 漢나라가 주는 조복과 머리에 쓰는 수건을 거기에 두면 해마다 와서 가져가는 城. 溝漊란 구려 의 이름있는 城 이름이다.[10]

---

6) 王制云 東方曰夷 夷者 柢也 言仁而好生 萬物 柢地而出 〈後漢書〉(卷一百十五 東夷傳序文).

7) 句驪一名貊耳 有別種 依小水爲居 因名曰小水貊 出好弓 所謂貊弓 是也 〈後漢書〉(卷一百 十五 東夷傳句驪).

8) 邑落 有相侵犯者 輒相罰責生口牛馬 名之爲責禍. 〈後漢書〉(卷一百十五 東夷).

9) 辰韓耆老自言 秦之亡人 避苦役 適韓國馬韓 割東界地與之 其名國爲邦 弓爲弧 賊爲寇 行 酒爲行觴 相呼爲徒 有似秦語故 或名之爲秦韓. 〈後漢書〉(卷一百十五 東夷).

10) 漢時賜鼓吹技人 常從玄菟郡受朝服衣幘 高句麗令主其名籍 後稍驕恣 不復詣郡 於東界築

○ 下句麗(〈梁書〉에는 下句驪): 王莽의 命을 따른 嚴尤 가 고구려 후추를 목 베어 그 머리를 長安으로 보내니 왕망은 이 수급을 보고 기뻐했다. 이 내 천하에 布告하여 '高句麗'란 이름을 고쳐 '下句麗'라 부르라고 했다.[11]

다음과 같은 어휘는 오늘날도 그 어원을 짐작할 수 있을 만큼 한자의 字義에 유연성을 가진 漢人의 어휘임을 알 수 있다.

○ 挹婁貂: 挹婁에서 나는 잘(貂).[12]
○ 果下馬: 높이가 겨우 三尺밖에 되지 않기 때문에 실과 나무 밑으로 다닐 수 있다.[13]

그러나 "位宮"은 좀 다르다.

○ 位宮: 증조[宮]와 닮았다고 하여 그 이름도 증조의 이름을 따서 위궁이 라고 했다.[14]

여기서 '位'는 고구려 고유어이니 '相似'를 의미하는 일어 'に'와 동일 어원인 듯하다. 백제왕의 近肖古王 · 近蓋婁王 등의 '近'의 의미와 유사한 것으로 본다.[15]
〈魏書〉에 나타난 '朱蒙'의 어원은 正鵠을 얻은 것으로 보인다.

○ 朱蒙: 활을 잘 쏜다는 뜻.[16]

小城 置朝服依幘其中 歲時來取之 今胡猶名此城爲幘溝漊 溝漊者 句麗名城也.〈三國志〉(卷三十 魏書 東夷傳 高句麗).

11) 莽…布告天下 更名高句麗爲下句麗 當此時爲侯國.〈三國志〉(卷三十 魏書 東夷傳 高句麗).
12) 出赤玉好貂 今所謂挹婁貂是也.〈三國志〉(卷三十 東夷傳 高句麗).
13) 果下馬 高三尺 乘之可於果樹下 行故 謂之果下 見博物志魏都賦.〈三國志〉(卷三十 魏書 東夷傳 高句麗).
14) 句麗呼相似爲位 似其祖 故名之爲位宮.〈三國志〉(卷三十 魏書 東夷).
15) 李丙燾, 國譯 三國史記(을유문화사, 1982), p.256.
16) 字之曰朱蒙 其俗言朱蒙者 善射也.〈魏書〉(卷一百 高句麗).

〈隋書〉의 다음과 같은 어원설도 字義에 매인 민간어원설이다.

- ○ 高(氏) · 고구려: 주몽이 나라를 세우고 나라 이름을 高句麗라 하고 高로 姓을 삼았다.[17]
- ○ 百濟: 처음에 백성의 집 백호를 데리고 바다를 건넜다 해서 나라 이름을 백제라 했다.[18]

〈北史〉의 "高句麗侯"에 관한 기록도 역사 편찬자의 문화적 우월감에 의한 案出 또는 變改인 듯하다. 〈삼국지〉나 〈梁書〉의 '下句麗' · '下句驪' 의 '下'와 유사음이기 때문이다.

- ○ 高句麗侯: 오랑캐를 치러 보낸 고구려 군사가 국경으로 나가서 도둑이 되자 고구려의 侯騶를 목 베고 王莽은 고구려를 高句麗侯라 했다.[19]

〈唐書〉에 보이는 "鴨淥水"의 어원도 한자의 字義에 매인 민간어원이 고, "駐驆山"은 한자의 字義에 유연성을 부여한 唐人의 命名이다.

- ○ 鴨淥水: 馬訾水라는 물은 靺鞨의 白山에서 시작되는데 물빛이 오리(鴨) 의 머리와 같다고 해서 이름을 鴨淥水라고 한다.[20]
- ○ 駐驆山: 唐太宗이 가서 머물렀던 산이라 하여 주필산이라 했다.[21]

其俗朱蒙者 善射也. 〈北史〉(卷94 高句麗).
李丙燾는 滿洲源流考의 「朱蒙 · 滿語卓琳莽阿 善射也」, 蒙古人名의 (阿阿) 帖木兒 (Timir)도 同語原으로 본다.(國譯 三國史記, p.215).

17) 朱蒙建國 自號高句麗 以高爲姓 〈隨書〉(卷八十一 東夷 高麗).

18) 初以百家濟海 國號百濟. 〈隨書〉(卷八十一 東夷 百濟).

19) 王莽初 發高句麗兵以伐胡 而不欲行 莽强迫遣之 皆出塞爲寇盜 州郡歸咎於句麗侯 騶嚴
尤 誘而斬之 莽大悅 更名高句麗 高句麗侯. 〈北史〉(卷九十四 高句麗).

20) 有馬訾水 出靺鞨之白山 色若鴉頭 號鴨淥水. 〈唐書〉(卷二百二十 東夷).

21) 因號所幸山爲駐驛山. 〈唐書〉(卷二百二十 東夷).

나. "나類" 어원설

　"가類" 어원설보다 우리의 어원연구를 기다리면서 많은 암시를 제공하고 있는 것은 "나類" 어원설이다. 이것은 國名·官名·風俗·信仰 관계어휘를 조선고유어로 적은 것들이다.
　〈後漢書〉(卷一百十五 東夷)에 나타난 "나類" 어원설

- ○ 襚神: 나라 동쪽에 큰 굴이 있어 수신이라고 부르는데 여기서 10월이 되면 귀신을 맞아다가 제사를 지낸다.
- ○ 折風: 小加가 쓰는 두건. 모양이 고깔과 같다.[22]

　이외에 "國·弓·賊"을 의미하는 東夷語라고 하여 각각 제시한 "邦·弧·寇"나 行觴(술을 돌리는 것), 徒(서로 부르는 것) 등도 이와 유사한 것이다.
　다음은 〈後漢書〉에 처음 나타난 官職名에 대한 기술이다.

- ○ 渠帥: 秦韓에서 조그만 고을의 우두머리.
- ○ 臣智: 秦韓에서 제일 큰 고을의 우두머리.
- ○ 儉側: 秦韓에서 그 다음 큰 고을의 우두머리.
- ○ 樊秖: 秦韓에서 그 다음 큰 고을의 우두머리.
- ○ 殺奚: 秦韓에서 그 다음 큰 고을의 우두머리.
- ○ 邑借: 秦韓에서 그 다음 큰 고을의 우두머리.[23]
- ○ 馬加, 牛加, 狗加: 六畜으로 벼슬 이름을 지었다. 고을에도 모두 加의 이름을 붙였다.[24]

---

22) 其國東 有大穴 號襚神 亦以十月 迎而祭之 其公會 衣腹皆錦繡金銀以自飾 大加主簿皆著幘 如冠幘而無後 其小加著折風 形如弁.〈後漢書〉(卷一百十五 東夷).
23) 有城柵屋室諸小別邑 各有渠帥 大者名臣智 次有儉側 次有樊秖 次有殺奚 次有邑借.〈後漢書〉(卷一百十五 東夷).
24) 以六畜名官 有馬加牛加狗加 其邑落 皆主屬諸加.〈後漢書〉(卷一百十五 東夷).

ㅇ 相加, 對盧, 沛者, 古雛大加, 主簿, 優台, 使者, 帛衣, 先人.

〈삼국지〉(卷三十 魏書 東夷)에 나타난 "나類" 어원설

ㅇ 馬加, 牛加, 豬加, 狗加, 犬使(〈後漢書〉보다 豬加, 犬使가 더 있다.).
ㅇ 古雛加, 古雛.
ㅇ 折風, 隧穴(〈後漢書〉의 襚神과 동일).
ㅇ 長帥[25], 三老, 舞天.
ㅇ 天君, 蘇塗, 迎鼓, 高句麗의 五部族名(消奴部, 絶奴部 等).
ㅇ 邦(國), 弧(弓), 寇(賊), 行觴(行酒), 徒(相呼皆)(〈後漢書〉와 동일. 後漢
  書에는 "相呼爲徒"라 하였다.)
ㅇ 阿殘(樂浪人), 阿(東方人名我).
ㅇ 渠帥, 臣智, 儉側, 樊濊, 殺奚, 借邑 (〈後漢書〉에는 樊秖, 邑借로 되어 있음).

〈南齊書〉(卷五十八 東南夷)에 나타난 "나類" 어원설

ㅇ 析風[26], 幘.[27]

〈梁書〉(卷五十四 諸夷 東夷)에 나타난 "나類" 어원설
ㅇ 東明.
ㅇ 固麻, 檐魯.
ㅇ 冠, 複衫, 褌.
ㅇ 新盧, 斯羅.

---

25) 大君王은 없고 대대로 내려가면서 부락마다 長帥가 있다(無大君王 世世邑落 各有長帥).
   "馬韓, 辰韓, 弁韓에 각각 長帥가 있어 큰 것은 스스로 이름하여 臣智라 하고 그 다음은 邑
   借라 하였다"(馬韓在西…各有長帥 大者自名爲臣智 其次爲邑借)는 기록에서 '將帥'라고
   안 쓰여 있음으로 보아, 臣智·邑借를 汎稱하는 韓系語인 듯함.
26) 〈後漢書〉〈삼국지〉에 '折風'으로 표기된 것을 보면 〈南齊書〉의 '析風'은 轉寫과정에서 나타
   난 오기로 보임.
27) 고구려 풍속에서 折風巾에 梁(冠에 다는 술)을 하나만 달아 쓰는 것으로 옛날 고깔의 모양
   을 본뜬 것이다(高麗俗服窮袴 冠析風一梁 謂之幘 此則古弁之遺像也).

○ 新羅의 官名(子賁旱支, 齊旱支, 謁旱支, 壹告支, 奇貝旱支).
○ 健牟羅, 啄評, 邑勒.
○ 遺子禮, 尉解, 柯半, 洗.

〈魏書〉(卷一百 高句麗)에 나타난 "나類" 어원설

○ 謁奢, 太奢, 大兄, 小兄.

〈周書〉(卷四十九 異域上)에 나타난 "나類" 어원설

○ 骨蘇.[28]
○ 於羅瑕, 鞬吉支, 於陸, 고구려·백제의 官名, 백제의 城名.

〈北史〉(卷九十四)에 나타난 "나類" 어원설

○ 紇升骨城, 高句麗, 高(氏).
○ 丸都山, 不耐城.
○ 蘇骨(周書에는 骨蘇로 되어 있음).
○ 餘, 於羅暇(周書에는 於羅瑕), 鞬吉支, 於陸, 居拔城, 固麻城.
○ 新羅冠名(伊罰干, 伊尺干, 迎于, 破彌干 등 17 等位).

〈唐書〉(卷二百二十 東夷)에 나타난 "나類" 어원설

○ 帛衣.
○ 俘薩一, 處閭近支, 參佐分韓, 大模達, 末客.
○ 蓋蘇文, 蓋金, 泉(氏).
○ 侵牟羅[29], 啄評, 邑勒.

---

28) (高句麗) 其冠曰骨蘇 多以紫羅爲之 雜以金銀爲飾. 〈周書〉(卷四十九 異域上)
29) 〈梁書〉, 〈南書〉에는 '健牟羅'로 되어 있으니 이것이 옳을 것이다.

〈舊五代史〉(卷一百三十八 渤海 鞨鞨), 〈五代史記〉(卷七十四 四夷附錄, 渤海)에 나타난 "나類" 어원설

可毒夫(왕을 칭하여)[30], 聖牋(對面해서 부를 때. 五代會要에서는 聖王牋으로 되어 있음), 基下(奏呼), 老王(父), 太妃(母), 貴妃(妻), 副王(長子), 王子(諸子) 등도 한국어 어원탐구의 대상에서 제외할 수 없다.

2. 고려도경(高麗圖經 A.D. 1124)

〈高麗圖經〉原名〈宣和奉使高麗圖經〉40권은 宋 徽宗이 보낸 고려에의 國信使 일행에 提轄人船禮物官으로 송도에 다녀간 徐兢이, 사행의 경과와 견문을 그림을 곁들여서 엮어낸 보고서다. 서긍이 송도에 다녀간 것은 宣和5년(高麗 인종1년) AD 1123년이다. 즉 〈고려도경〉은 12세기 초엽의 기록임을 알 수 있다.

1) 徐兢의 高麗語에 대한 姿勢

중국인으로서 서긍의 문화적 우월감은 다음과 같이 말하고 있다.

'夷狄의 君長들은 거개 속임수와 폭력으로 스스로를 높이되 이름이나 호를 별나고 괴상하게 하여 單于니 可汗이니 하나, 족히 말할 만한 것이 없다.' 했으나 고려만은 箕子의 덕으로 "襲國傳世에 자못 기록할 만한 것이 있다." (卷 第一建國).

"고려의 초기에는 12등급의 관원을 두고 오랑캐의 언어로 명칭을 붙이고서 다시 淨化하지 않다가……"
이 같은 高麗語에 대한 시각에 의해 서긍은 송의 문물제도를 기준으로

---

30) 〈五代史記〉에는 '可毒失'로 되어 있음.

하여 한자의 字義에 牽强된 어원 또는 한자어의 어원만을 설명하고 있다.

2) 〈高麗圖經〉에 나타난 국어어원설

어원을 설명한 어휘를 보이면 다음과 같다.

    ○ 招寶山: 전부터 전해지기로는 바다를 항해하는 배가 이 산을 바라보면
        그것이 定海임을 알았다고 하여 명명(舊傳海舶 望是山 則知其爲定海也
        故以招寶名之).

〈고려도경〉에서 어원설이 언급된 어휘를 발췌하여 표로 보이면 다음과
같다.

"가類" 어원설			"나類" 어원설
王稱, 官名	江, 島嶼,地名	風 俗	官名, 風俗
朱蒙 位宮 丁吏(頂禮)	山城 幘溝漊 鴨綠之水 招寶山, 虎頭山 牛心嶼, 鷄心嶼 苦苫苫 和尙島 大靑嶼 馬島, 菩薩苫 檳榔焦 軋子苫(鴉子苫) 聶公嶼 紫燕島	博山爐	位, 夷, 房子, 倣僕射, 松房, 安定(또는 須恤), 軋, 來禽, 傳薩, 處閭近支(또는道使), 大摸達, 皂衣頭大兄, 末客, 大兄, 領千人, 單于(선우), 可汗

    중국의 史書에서 언급된 역사 古語彙를 제외하고 어원설을 보이면 다
음과 같다.

    ○ 虎頭山: 그 형태가 유사하여서 그렇게 命名한 것(虎頭山 以其形似名之).

○ 牛心嶼·鷄心嶼: 섬의 모양이 소의 염통 같은 것은 우심서, 그보다 조금
  작은 것은 계심서.
○ 苦苦苦: 섬에 나무가 무성한 모양이 고슴도치털 같아서 命名(麗俗 謂刺
  蝟毛爲苦苦苦 此山林木 茂盛而不大 正如蝟毛 故以名之).
○ 和尙島: 불도가 살았는데 짐승이 감히 접근하지 못하였다 하여 命名(嘗
  有學佛者居之 獸不敢近……故麗人謂之和尙島).
○ 大靑嶼: 멀리서 바라보면 울창한 것이 진한 눈썹먹(黛) 같다 해서 命名
  (大靑嶼 以其遠望蔚然 如凝黛故 麗人作此名).
○ 馬島: 말을 이 섬에 몰아다 먹여서 命名(國中官馬 無事則群牧於此 因以
  爲名).
○ 菩薩苦: 이 섬에서 기적이 나타난 적이 있어서 命名(麗人 謂其上曾有顯
  異 因以名之).
○ 檳榔焦: 형태가 유사하기 때문에 命名(檳榔焦 以形似得名).
○ 軋子苫(鴉子苫): 高麗語로 笠을 알(軋)이라고 하는데 섬의 산이 '알'과
  같아서 命名(鴉子苫 亦名軋子苫 麗人 謂笠爲軋 其山形似之 因以得名).
○ 聶公嶼: 姓으로 得名(以姓得名).
○ 紫燕島: 이 섬에 제비가 많기 때문(其山之東一嶼多飛燕 故以名之).
○ 博山爐: 漢代의 器物임. 海中에 박산이란 산이 있어 그 모양이 연꽃 같기
  때문에 香爐에 그 형상을 본 떠 쓴 것(博山爐 本漢器也 海中有山 名博山
  形如蓮花 故香爐取象).

이상 〈高麗圖經〉의 어원설명을 보면 아래와 같다.

① 徐兢이 송으로 돌아가 使行 보고서를 씀에 있어, 고구려 및 고려에 관한
  중국의 사서를 열람하고, 고려에서 견문한 것들을 정리한 것임을 알 수
  있다. 이 과정에서 주몽의 고구려와 왕건의 고려를 混同 기술한 것이 도
  처에 보인다. 즉 고려를 소개하는데 중국사서에 나타난 고려(實은 고구
  려)를 소개하고 있다. 朱蒙, 幘溝漊, 位宮, 傉薩, 處閭近支(道使), 大摸
  達, 皂衣頭大兄, 末客, 大兄, 領千人, 單于, 可汗.
② 따라서 중국사서의 민간어원을 그냥 소개하고 있다. 鴨綠之水가 그 대표임.
③ 海道에 나타난 島名의 유연성 설명은 한문 지식이 높은 고려 관리의 한

자의 字義에 의한 附會를 따른 것도 보임. 聶公嶼, 檳榔焦 등이 대표. 고려 海邊人의 언어 속에 있는 유연성은 물론 아님.

④ 그러나 '㑀僕射'(水釜), '軋'(笠을 뜻함), 須恤('國城'의 '外門十二' 중 正東의 門. '安定'이라고도 함)과 같이 고려 고유어임을 밝혀 주는 반가운 것도 있고, '房子'(使館의 심부름하는 者), '來禽'(능금 · 사과)과 같이 오늘날도 그 흔적이 보이거나, 사용되는 어휘의 "나類" 어원설이 나타남은 그 의의가 크다고 할 수 있다.

3. 요 약

사기 撰者인 사마천의 생몰연대를 BC 145～BC 86(혹은 BC 135～BC 93)으로 본다면 한국어의 어원설은 서력기원 전에 벌써 나타난다. 〈史記〉에 등재될 정도면 그보다 오래 전에 이 같은 어원설 혹은 민간어원설이 東夷民族들 간에 구전으로 유포되어 있었거나, 이를 기술하여 典籍으로 전해 내려오는 것을 교통 혹은 침략에 의한 授受 혹은 略取에[31] 의해 간파했음을 추정할 수 있다. 물론 편사자들이 역사기술의 합리성 추구의 방편으로 案上에서 한자의 字義에 附會한 어원설들도 있을 것이다. 이 어원설의 대상어휘는 국명 · 지명(산 · 강명 포함) · 사물명 · 풍속어휘

31) 이 같은 필자의 추정은 李德懋의 다음 기록으로도 시인할 수 있을 것이다. "나(이덕무)는 다시 勝國(고려를 말함) 이상으로서 증거 할 만한 문헌이 없는 것들을 질문하였더니, 공(李子萬運을 말함)은 탄식하면서, '당나라 李勣이 고구려를 평정하고는 동방의 모든 서적을 平壤에다 모아놓고, 우리나라의 문물이 중국에 뒤지지 않는 것을 시기하여 모두 불태워 버렸으며, 신라 말엽에 견훤이 完山(현 전주)을 점령하고는 삼국의 서적을 모두 실어다 놓았었는데, 그가 패망하게 되자 모두 불타 재가 되었으니, 이것이 3천년 동안 두 번의 큰 厄일세' 하였다."(又問勝國以上文獻之無徵 公嘆曰 唐李勣既平高句麗 聚東方典籍於平壤 忌其文物不讓中朝 擧而焚之 新羅之末 甄萱據完山 輸置三國之遺書 及其敗也 蕩爲灰燼 此三千年來二大厄也)(青莊館全書 付刊本雅亭遺稿卷之三 紀年兒覽序). 이 같은 가능성은 壬亂時 혹은 일제 36년간 일본인들의 문화적 掠奪, 그 후 그들의 문화적 상승으로도 짐작할 수 있다.

등에 걸치고 있다. 중국사적에 나타난 이들 어원설은 稱名의 연원을 "故
名……", "因名……"이라 하여 그 이유를 밝힌 "가類" 어원설과, 다만
東夷語(朝鮮語)임을 보이고 그 기술 중에 의미 및 어원을 암시적으로 제
시한 "나類" 어원설로 양분된다. 이들 중국사서에 나타난 東夷語(조선
어)의 어원설은 〈新唐書〉 혹은 〈舊五代史〉를 下限으로 하여 나타난다.

12C 초엽에 기록된 〈고려도경〉에는 중국인의 문화적 우월감에 의한 어
원설이 보인다. 또 사행보고서를 쓰는 案上에서 高麗에 관한 중국사서를
轉寫한 듯한 오류도 보인다. 한자의 자의에 牽强된 고려의 지명에 관한 민
간어원설은 提報者 고려 지식인들이 가졌던 어원의식의 투영일 것이다.

Ⅲ. 설화적 어원설

(삼국 시대)

    삼국시대의 語源說이라 함은 김부식의 〈三國史記〉와 일연의 〈三國遺
事〉에 나타난 어원탐색 기록을 지칭한다. 史書란 編史者의 사관에 의해
편찬되었기 때문에 편사자나 사서는 일체물이라 할 수도 있으나 본고에
서는 편사자와 사서는 분리해야 할 필연성이 있다. 김부식과 일연은 고려
시대 사람으로 본고의 이른바 고려시대의 어원관을 가진 사람들이요, 사
기나 유사는 신라(삼국)人에 관한 기록이기 때문이다. 그 일례로서 〈三
國史記〉에 나타난 대표적 어원설의 金大問은 신라인(삼국시대인)이란
점이다. 본고의 시대구분이 국어 어원 탐구방법 및 경향을 주로 하고 연
구 주체를 부로 하고 있는 점에서도 더욱 그렇다. 이는 다시 신라, 고구
려, 백제 각각의 어원연구로 나뉠 수도 있겠으나, 신라에 의한 삼국통일,
그로 인한 고구려·백제의 기록 인멸로 인하여 신라의 어원설로 歸一될
수밖에 없다. 〈三國史記〉나 〈三國遺事〉가 고려시대에 쓰인 기록이긴 하
지만, 삼국시대의 어원으로 봄에 무리는 없을 것이다. 고려시대까지의 시
간적 相距가 스스로 많은 자료를 濾過했을 것이고, 편사자의 시각이 또
한 알게 모르게 산삭(刪削)을 加했을 것은 물론이다.

1. <三國史記>

가. 김부식과 〈三國史記〉의 성격

〈삼국사기〉(전25권)는 김부식(AD 1075~1151)에 의해 고려 인종 23년(AD 1145)에 완성되었다.

1) 김부식의 성격

(가) 김부식은 묘청의 난을 토멸한 문신이다. 묘청은 서경 천도운동이 실패하자 AD 1135년(인종 13)에 국호를 大爲, 연호를 天開라 선포하고 난을 일으킨 중이다. 난을 일으키기 전에도 묘청은 실현성은 차치하고라도 稱帝建元과 金나라 정벌문제를 들고 나왔다. 이 반란과 그 토멸은 김부식의 성격을 규명하는 데 중요한 관건이 된다. 묘청이 국수주의자·배타주의자·이상주의자·陰陽圖讖說을 믿는 승려임에 대하여, 김부식은 開京屢代의 귀족이요, 정계의 원로요, 事大主義者·현실주의자·'不語怪力亂神'하는 유학자·수구파 문인이다. 이 같은 김부식의 성격은 삼국사기 本紀의 論贊에서 지나친 포폄(褒貶)을 목적으로 한 유교 논리적 평가와 중국 중심의 사상에 사로잡혀서 건조하고 왜곡된 역사상을 심었다는 비평을 들어왔다.[1] 그러나 이것도 14세기 이후 조선왕조의 사가들보다는 덜 고루할 뿐만 아니라 냉정한 객관성을 유지하고 합리성을 더 풍기고 있다.[2] 김부식은 이 점에서는 오히려 유교적 형식논리에 빠짐이 덜하다고 해야 할 것이다.[3] 이것

---

[1] 高柄翊, "三國史記에 있어서의 歷史敍述", 東亞交涉史의 연구(서울대학교 출판부, 1970), p.69.

[2] _____, 前揭書, p.82, p.99.

[3] _____, 前揭書, p.85.

은 다음과 같은 사실에서 증명되고 있다.[4]

① 신라 초기 군왕의 칭호인 居西干·次次雄·尼師今·麻立干 등을 일찍이 崔致遠(857~?)은 그것이 비루하다고 해서 〈帝王年代曆〉에서 이를 모두 고쳐서 "王"으로 書하였는데도 불구하고 김부식은 原名 그대로 기록하면서 論贊에서 이 방식의 합당함을 주장하였다. 그러나 後來의 사서인 〈三國史略〉,〈東國通鑑〉,〈東史綱目〉 등등은 중국식 칭호인 "王"으로 개서했다. 김부식을 儒敎一色, 중국 중심의 사대주의자로만 탓할 수는 없다.

② 紀年에 있어서도 김부식은 春秋의 "一年不兩君"의 義例를 따른 踰年稱元法을 쓰지 않고, 삼국시대의 實際대로 卽位年稱元法을 따르고 있다. 이것은 현실주의적이고 합리적이라고 할 수 있다. 이 점에서도 김부식보다 후대의 史家들이 훨씬 더 형식주의적인 명분론과 예절론에 집착하고[5] 있음을 알 수 있다.

(나) 〈三國史記〉의 편찬에 임하여 김부식은 "監修國史"의 지위에서 편찬사업의 總裁役割을 담당하였다. 즉 〈三國史記〉는 김부식 개인 專擔 편찬의 사서가 아니다.〈三國史記〉 卷末에는 "編修 김부식"을 비롯해서 11명의 이름이 列記되어 있다.[6] 이 같은 성격은 〈三國史記〉를 김부식 개인이 직접 그리고 전부 집필하였다고 볼 수는 없게 한다. 그리하여 〈三國史記〉에 대한 모든 功過가 김부식만의 것이 아님을 알려준다. 그러나 "監修國史", "編修"라는 최고 책임자 역할을 도외시할 수는 없다. 〈三國史記〉에 나타난 功이 김부식만의 것이 아니라면, 過도 또한 김부식만의 것이 아니다.[7]

---

4) 高柄翊, 前揭書, p.83.

5) _____, 前揭書, p.84.

6) 管句 鄭襲明, 同管句 金忠孝, 編修 金富軾, 參考 崔山甫, 參考 李溫文, 參考 許洪材, 參考 徐安貞, 參考 朴東桂, 參考 李黃中, 參考 崔祐甫, 參考 金永溫. 趙炳舜 本에는 "朴東桂"가 "朴東柱"임.

2) 〈三國史記〉의 성격

이제 〈三國史記〉의 성격을 들면 다음과 같다.

① 우리에게는 현재 가장 오래된 것이나 너무 뒤늦게 완성된 史書다.[8] 이 같은 성격은 〈三國史記〉로 하여금 체재의 원숙은 기하였으나, 敍述對象時代로부터 너무 멂으로써 詳細를 缺하고, 정확을 失하는 점이 많을 것도 짐작할 수 있다.

② 〈三國史記〉는 王命에 의한 勅撰의 사서다. 편찬과정에 김부식은 致仕 門下侍中, "監修國史"·"編修"의 儒者로서 정사를 기록하면서, "不語怪力亂神"하여 荒誕·不經·鄙俚의 평을 듣는 不可信의 荒誕之事들을 모두 삭제하지 못했음은 사실이다. 그러나 이것도 史料를 충실히 다루었다는 점에서 긍정적 평가를 할 대목이다.[9]

이상으로 김부식은 현실주의자·유교주의자·사대주의자인 것은 사실이나 申采浩가 매도(罵倒)한 것 같은 사대주의자는 아니고, 六堂이 혹평한 것처럼 "사실을 날조하고 임의로 신축과 산첨(刪添)을 마구 가해서 역사상(歷史像)을 전연 왜곡"[10]하지는 않았음을 알 수 있다. 李載浩는 더욱 적극적으로 사대주의란 "당시 강대국과 약소국 간의 형식문제로서 불가피했던 사실"[11]이라고 하면서, 김부식은 오히려 현실적으로 허락되

---

7) 高柄翊은 修史者로서의 김부식이 할 수 있는 것은 "史料의 選定, 編目의 作成, 史料의 採錄與否 決定, 稱號, 表現方式의 決定 그리고서는 자기 자신의 論贊과 序論該當 部分을 執筆하는 일"이었을 것이라고 한다.(前揭書, p.76).

8) 중국의 先秦文獻들과는 말할 것도 없고 漢代의 〈史記〉보다 1200여 년, 〈日本書紀〉보다 400년이 뒤졌다. (고병익, 前揭書, p.69.)

9) 김부식의 이 같은 자세는 〈三國史記〉卷三十八 雜志 職官 上이나 百濟本紀末 전체의 末尾에 실려 있는 論贊에 잘 나타나 있다.

10) 高炳翊, 前揭書, p.92.

11) 李載浩, "〈三國史記〉와 〈三國遺事〉에 나타난 국가의식" (부산대학교 논문집 제10집, 1969.) 참조.

는 범위 내에서 뚜렷한 자주의식·국가의식을 가지고 있었음을 擧證하
고 있다.

3) 〈三國史記〉 기록의 양면적 성격

〈三國史記〉는 12세기에 기록된 것이나 그 내용은 삼국의 역사적 사실
에 관한 것이기 때문에 양면성을 가진다.

> 하나는 高句麗·百濟·新羅에 관한 기록이다.
> 둘은 高麗人의 視角에 의한 高麗人의 기록이다.

이 같은 양면성을 엄격히 분석하면 삼국시대의 기록과 고려인의 시각
에 의한 고려인의 선택·해석·기록으로 나눌 수도 있겠으나 〈三國史記〉
는 이름 그대로 삼국의 기록으로 다룬다. 즉 〈三國史記〉에 나온 어원은
삼국시대의 것으로 다룬다.[12]

나. 〈三國史記〉에 나타난 어원설

1) 어원설의 종류

〈三國史記〉에 나타난 어원설도 "가類" 어원설과 "나類" 어원설로 나눌
수 있다. "가類" 어원설이란 삼국사기에 "因以名之"로 대표되는 이유 설
명 아래 해당어휘를 例示한 것을 말한다. "나類" 어원설은 다시 삼분되니
하나는 〈三國史記〉 도처에 散見되는 한자의 음훈 차용표기의 고유어와,

---

12) 고려시대의 것은 조선조 초기에 편찬된, 〈高麗史〉 및 〈高麗史節要〉에 적힌 것을 그 내용으
    로 다룸과 같다. 여기에 문제가 없는 것은 아니다. 역사편찬시대의 시각과 인식이 史實의 해
    석, 그 결과 登載와 刪落, 潤色과 疎略을 결정할 수 있기 때문이다.

둘은 一云·或云·一作으로 대표되는 단서 아래 예시된 인명·지명·사물명이요, 다른 하나는 〈三國史記〉卷34～36 雜志 第三～第五까지의 기록에 나타난 경덕왕 이전 지명과 改稱地名 그리고 고려 인종 당시의 지명과의 관계 대조에서 추출 가능한 어원을 말한다. "因以名之"로 대표되는 설명문 아래 어원을 밝힌 "가類" 어원설을 제시하면 다음과 같다.

"가類" 어원설이 나타난 어휘표

姓氏 (5)	人名 (11)	國名 (3)	地名		稱號 (5)	民俗·其他 (4)	備考
			都邑名 (1)	城名(6)			
① 朴	① 位宮	① 新羅	① 雞林	① 多勿都	① 尼師今	① 會蘇曲	總36
② 高	② 朱蒙	② 十濟		② 柴原	② 麻立	② 玄鶴琴(玄琴)	
③ 金	③ 瓠公	③ 百濟		③ 胎靈山	③ 慈充	③ 梁(門을 말함)	
④ 昔	④ 庾信			④ 太子馬迹	(次次雄)	④ 尺(新羅時 樂工)	
⑤ 泉	⑤ 竹竹			⑤ 高烽	④ 葛文王		
⑥ 負鼎	⑥ 閼智			⑥ 王迎	⑤ 角干		
	⑦ 金蛙			(또는 王逢)	(酒多)		
	⑧ 脫解						
	⑨ 驟徒						
	⑩ 强首						
	⑪ 好童						

"나類" 어원설은

첫째, 한자의 음훈을 차용 표기한 고유어인 "嘉俳", "折風", "停", "蘇骨", "花郎", "風流" 등을 말한다. 〈三國史記〉의 설명으로 보아 이들이 고유어임은 확실하나 직접적 어원설명이 없으므로 "나類" 어원설에 넣는다. 이들은 後人의 연구에 한 기미를 줄 뿐이기 때문이다. 예를 들면 "折風"의 경우, "形如弁"이라는 설명, '折'의 훈과 일어로 "風"을 "かぜ"라고 하는 것 등에서 우리는 어떤 암시를 얻을 수 있다.

둘째, 一云·或云·一作으로 대표되는 但書 아래 예시한 인명·지명 등 다음과 같은 것들이다.

○ 蓋蘇文 或云蓋金 (卷49 蓋蘇文)
○ 東城王 諱牟大 或作摩牟 (卷26, 百濟本紀 第4)
○ 朴堤上 或云毛末 (卷45, 朴堤上)
○ 居拔城 又云固麻城(卷37, 百濟)
○ 素那 或云金川 (卷47, 列傳 第7)

셋째, 〈地理志〉(卷34~36)에 나타난 지명은 다음과 같은 것들이다. 여기에도 或云, 或號 등이 있으나 그보다 경덕왕 개칭전후의 신라지명과 고려 인종 당시 지명의 三者 관계에서 어원을 추출할 수 있는 지명들을 말한다.[13]

○ 叙耶伐 或云斯羅 或云斯盧 或云新羅(卷34 地理 1)
○ 於金城東南築城 月城 或號在城(권34 雜志 第3)
○ 火王郡 本比自火郡 一云比斯伐 …… 景德王改名 今昌城郡(卷34 雜志 第3)
○ 壽昌君 壽一作嘉 本喟火郡 …… 景德王改名 今壽城郡(卷34 雜志 第3)

2) 변증을 위한 검토

필자로선 이상 36개 어휘의 과학적 어원을 여기서 모두 밝힐 여유가 없다. 다만 이 같은 민간어원설이 나오게 된 관점의 각도를 밝히고 민간 어원설과 섞여 있는 과학적 어원설의 어휘를 구분하여 보고자 한다.

① 한 나라의 세움이나 제왕의 탄생은 천지자연의 운수와 통한다는[14] 고대사회의 신성관념(神聖觀念)이 국명이나 제왕의 칭호에 신성성을 불

---

13) 姜憲圭(1984.), "三國史記에 나타난 김부식의 語源意識 고찰", 공주대학교 사범대학 논문집 第22輯 참조.
14) 〈三國遺事〉 卷1 紀異第一.

어 넣었을 것이다.

"不語怪力亂神"하는 근엄한 유학자의 붓끝에서도 이와 유사한 역사서술이 나온 것은 당시 參考에 資했던 史料들의 대부분이 이와 같았거나 더욱 심했음을 추측할 수 있게 한다. 이 같은 어원설은 따라서 "전설의 기록" 및 "역사를 서술할 때에 논리적 설명의 방법"[15]에 머물게 하고 있다. 민간어원의 대부분이 여기에 속한다 할 것이다.

② 漢文化 輸入의 영향이 深大하여진 후대에 발달된 破字의 방법에서 어원을 찾은 것이 있다. "昔"이 그 예다.

③ 慕華思想에 의해 중국의 전설에서 어원을 찾은 것이 있다. 高辛氏의 후예이므로 高氏라 했다는 것이 그것이다.

④ 固有國語音과 유사한 한자음과의 牽强에서 어원을 찾은 것이 있다. "聰明多智略"하여 "閼智"라 하였다 함은 "알지"(知也, 識也)와 "閼智"를 관련지은 것인 듯하다. "尼師今", "麻立", "角干"(酒多) 등도 그 예다.

⑤ 표기한자의 字義에의 牽强에서 어원을 찾은 것이 있다. "金蛙", "脫解", "驃徒", "强首", "好童", "新羅", "十濟", "百濟" 등이 그 예일 것이다.

광개토대왕의 원명 國岡上廣開土境平安好太王의 "好"를 보든지 "童"이 신라 "薯童"의 "童"처럼 兒名·未婚男名의 접미사임으로 보아 好童의 어원설도 字義에의 牽强인 듯하다.

이상으로 민간어원설과 과학적 어원설을 분리해 보면 다음과 같다.

  ○ 민간어원설-朴, 高, 金, 昔, 泉, 負鼎, 瓠公, 閼智, 金蛙, 脫解, 驃徒, 强首, 好童, 新羅, 十濟, 百濟, 鷄林, 尼師今, 麻立, 角干(酒多), 玄鶴琴(20).
  ○ 과학적 어원설-位宮, 朱蒙, 庾信, 竹竹(?), 多勿都, 柴原(?), 胎靈山, 太子馬迹, 高烽, 王迎, 慈充, 葛文王, 會蘇曲, 梁, 尺(15).

---

15) 金敏洙, 新國語學史(일조각, 1980), p.25.

이상의 분류로〈三國史記〉에서 어원을 다룬 어휘는 제왕 및 지배자들의 성씨·이름·칭호 및 그들과 관련된 지명·국명·도읍명 등이 전체(36단어)의 약 89%(32단어)를 차지하고 있음을 알 수 있다. 이것은〈三國史記〉의 정치사 중심의 성격상 당연하다고도 할 수 있다.

3) 金富軾의 어원의식[16]

前述한 바와 같이 국어어원의 "가·나類"의 자료를 풍부하게 싣고 있는〈三國史記〉는 편찬자[17]의 투철한 어원의식에 의해 쓰였는가 하는 것이 문제다. 그런데 이 어원의식은 실은 김부식이〈三國史記〉의 편찬에 임하는 태도·자세·의식 또는 역사의식[18]의 一端일 수밖에 없다. 김부식의 역사편찬 태도는 전술한 바와 같이 그의 집필이 확실시되는 論賛에서 보아야 한다.

> ① "신라 古事에 이르기를, "하늘이 金櫃를 내렸으므로 姓을 金氏라 하였다"고 했는데, 그 말이 괴이하여 믿을 수 없다. 臣이 史記를 닦음에 있어 그것이 오랜 전승임으로 해서 그 말을 산삭(刪削)할 수가 없었다."
> 〈三史〉(卷28, 百濟本紀 第6 義慈王 20年條)

이것은 김부식이〈三國史記〉를 편찬하면서 史料에 충실했던 일면을

---

16)〈三國史記〉를 여기서 論及함과는 달리 김부식의 어원의식은 "고려~조선전기"에서 언급해야 할 것이나, 편의상 이 곳에서 언급한다.

17) 여기서 편찬자라 함은 전술한 바와 같이 "編修" 김부식을 비롯한 "參考" 8인, "管句" 2인을 포함할 수도 있으나 편찬의 의미(여러 종류의 재료를 모아 책의 내용을 꾸며냄) 면에서나 編修의 語意(책을 편집하고 수정함)나 職制로써 編修의 原義(고대 중국에서 국사를 편찬하는 史官) 면에서도 김부식으로 한정하고자 한다. 실제로 김부식과 나머지 10인과의 사이에 어원의식에 큰 차이가 있었다고 가정할 수도 없다.

18) "歷史意識"이란 단어는 깊은 뜻으로 고찰하기에 앞서 국어사전적 정의에 의해 사용하고자 한다. "사회 현상을 시간적 계기(契機)에서 포착하여 그 推移에 구체적으로 관련지어 나가려는 의식"(이희승, 국어대사전).

보여주는 것이기도 하지만, 설화적 어원설에 냉담했던 일면을 보여주는 것일 수도 있다.

> ② "신라의 벼슬 칭호가 때에 따라 변천하였으므로 그 명칭이 같지 아니하여, 중국과 동방의 것이 서로 섞였다. 그 중에 侍中 · 郎中이라고 하는 것은 모두 中國官名이어서 그 뜻을 상고할 수 있지만 伊伐湌 · 伊湌이라고 하는 것은 우리나라의 말로서, 그 命名하게 된 뜻을 알 수가 없다. 당초 施設할 때에는 반드시 직책에 맞는 바가 있고, 官位에 定員이 있어 (지위의) 尊卑를 분별하고 인재의 大小를 택하게 하였을 것인데, 세월이 오래 되고 기록이 缺落되었으니, 내용을 상고하여 상세히 할 수가 없다" 〈三史〉, (卷38 雜志 第7, 職官上).

이 기록에 나타난 김부식의 어원의식에는 몇 가지 문제가 있다. 첫째는 侍中, 郎中 등은 "皆唐官名"이므로 그 뜻을 상고할 수 있지만 伊伐湌 · 伊湌 등은 "皆夷言"이므로 "不知所以言之之意"라고 한 점이다. 이유는 무엇일까? "世久文記缺落"에만 미룰 수 있을까? 그렇지 않을 것이다. 統三後 羅末에서부터 胚胎 胎動하기 시작한 事大慕華思想에 그 원인이 있을 것이다.

둘째는 "不知所以" 또는 "不可得覈考而周詳"이라고 하였으나, 이 自體가 그 어원에 관심을 가진 그 나름의 어원의식을 표명함이니, 이것만으로도 그 의의는 충분하다고 할 수 있다.

셋째는 이렇게 "夷言"에 대하여 "그 命名하게 된 뜻을 알 수가 없다"고 하면서도 史記에 등재시킨 것은 역사편찬의 誠實性의 면에서 인정받아야 할 점에 틀림없다. 假想하여 이 기록들이 조선조의 史家들에게 맡겨졌더라면 산삭(刪削)을 면치 못했을 것이기 때문이다. 실제로 權近은 "三國史略을 저술 · 進上함에 있어서 김부식의 〈三國史記〉가 "方言俚語相雜"하다고 비난"[19]하였다.

넷째는 "唐官名"은 그 뜻을 상고할 수 있고, "夷言"인 伊伐湌 · 伊湌

은 命名하게 된 뜻을 알 수가 없었던 것은, 김부식과 編史 보조자(參考,
管句)들만이 아니었음을 알아야 할 것이다. 즉, 김부식만의 과오가 아니
었을 것이다. 적어도 "編修" 김부식만은 알았어야 한다는 것은 과도한 주
문일 것이다. 오히려 博覽强記를 학자의 최고 미덕으로 여기던 당시, "不
知所以", "不可得覈考而周詳"이라고 自己表白을 한 겸허나 솔직을 높이
사주어야 할 것이다. 같은 경우를 "신라에서는 追封한 임금을 다 葛文王
이라 칭하거니와 그 뜻은 未詳"〈三史〉(卷1 逸聖尼師今)이라고 한 글에
서도 찾을 수 있을 것이다. 여기 나타난 "其義"는 의미로서의 語源을 말
함이요, "未詳"이라고 한 것은 "不知所以"와 같은 것이다.

　　이상의 기록은 編史者로서의 자세에 중점이 있으나 다음과 같은 논찬
(論贊)은 固有國語에 대한 김부식의 자세(語源意識)을 보여주는 좋은
자료라고 할 수 있다.

　　③ "羅末의 名儒 최치원은 帝王年代曆을 지을 때, 다 무슨 王, 무슨 王이라
　　　칭하고 居西干 등의 칭호는 말하지 아니하였으니(이는) 혹시 그 말이 야
　　　비하여 족히 칭할 것이 못 된다는 까닭일까? 左漢은 중국의 史書로되,
　　　오히려 楚語의 穀於菟[20] 匈奴語의 撑犁孤塗[21] 등의 말을(그대로) 남기
　　　어 두었다. 지금 신라의 事實을 기록함에 있어 그 방언을 그대로 두는 것
　　　도 좋은 것이다."
　　〈三史〉(卷四 新羅本紀 第四 智證麻立干)

　　이상의 論贊에서 "羅末名儒崔致遠"도 "其言鄙野不足稱"이라 하여 쓰
지 않은 "방언"을 기록한 데서 김부식의 국어고유어에 대한 어원의식을
헤아릴 수 있다. 이것은 일면으로 唐風에 젖은 최치원에 대한 一擊의 비
평으로 볼 수도 있다. 김부식이 당시 최치원의 慣行을 버리고, "今記新羅

---

19) 尹淮, 丁若鏞의 비난도 荒誕, 不經, 鄙俚로 집중되고 있다(고병익, 前揭書, pp.90~91).
20) 楚語로 乳虎의 뜻(李丙燾, 國譯 三國史記, 을유문화사, 1982), p.51.
21) 匈奴語로 天子의 뜻이니, 撑犁(탱리)는 天, 孤塗(고도)는 子를 의미한 말(前揭書, p.51)

事其存方言 亦宜矣"라고 한 것은 대단한 어원의식의 發露라고 할 수 있다. 그러나 中國史書의 예를 들고서야만 안심할 수 있었던 데에 그의 한계가 있는 것이다.

다. 金大問의 어원설

金大問은 신라의 귀족, 문장가, 학자로 일찍이 唐에 유학 후 돌아와 AD 704年(聖德王 3) 漢山州 都督이 되었다. 문장이 뛰어나서 〈三國史記〉(卷46, 列傳第六)에는 〈高僧傳〉, 〈花郎世紀〉, 〈樂本〉, 〈漢山記〉, 〈雞林雜傳〉 등의 많은 저서가 아직도 남아 있어 김부식의 〈三國史記〉 편찬의 史料로 이용되었으나 모두 전해지지 않는다. 〈三國史記〉에는 異次頓의 殉教記錄을 金大問의 雞林雜傳에 의거했다고 밝히고 있다. 〈三史〉(卷 第四 新羅本紀 第四 法興王十五年). 그러나 이 기록은 韓奈麻 金用行이 撰한 我道和尙碑에 적은 바와는 다르다고 했으니, 異次頓의 殉教를 이처럼 미화, 靈異說化한 것이나, 저서에 〈高僧傳〉이 있었음은 金大問이 唐에 유학한 儒者이면서, 불도에도 깊은 신앙을 가지고 있음을 알 수 있고, 알타이족 고유의 신앙인 巫敎에도 널리 통하고 있음을 알 수 있다. 이것은 그의 어원설로 나타난다. 〈花郎世紀〉의 저자로서 金大問은 신라 고유의 제도로서 민간수양단체인 花郎徒의 역사 등에 通曉하고 있음을 알 수 있다. 이 점은 같은 唐 유학생인 羅末의 崔致遠과 그 성격을 달리하고 있다. 金大問의 어원설이라 함은 上述한 바와 같이 〈三國史記〉(卷第一 新羅本紀 第一 南解次次雄)의 夾註에 보인 次次雄 혹은 慈充의 어원설명을 말함이다.

次次雄 或云慈充 金大問云 方言謂巫也 世人以巫事鬼神 尙祭祀 故畏敬之 逐稱尊長者 爲慈充.

이 어원설은 한학자 개인명의의 어원설로서 〈三史〉, 〈遺事〉를 통틀어 민간어원에 떨어지지 않은 唯一最古의 것임에 그 의의가 있다. 이 次次雄, 慈充은 巫(혹은 스승: 師)를 의미하는 알타이 古語로 뒤에 男僧을 의미하는 '중'이 되었다고 본다.[22]

라. 崔致遠(857~?)의 어원설

唐에 유학가 그 곳에서 등제한 羅末의 大文章家 최치원은 많은 저술들이 전한다. 중국의 史籍에 전하는 것 말고도 그의 名望 때문인지 믿기 어려운 것마저 그의 소작이라고 전하는 것들이 있다.

고려 태조가 견훤에게 보낸 國書(遺事 卷二 後百濟甄萱), "雞林黃葉 鵠嶺靑松"〈三史〉(卷46 列傳 第6)이란 豫言[23] 등이 그 예다. 그러나 大文章家로서 대내외 중요한 문장을 썼음은 확실하다. 鸞郞碑序(風流道에 관한 설명이 있음) 〈三史〉(卷4 眞興王), 崇福寺 妙正의 碑文〈遺事〉(卷二 元聖大王), 義湘傳〈遺事〉(卷四 義湘傳敎), 鄕樂雜詠詩五首〈三史〉(卷32 樂條) 등이 그것이다. 그러나 최치원의 주장이라 하여 〈遺事〉에 나타난 다음과 같은 기록은 오늘날 국사연구의 결과 오류로 지적되고 있다.

① 최치원은 馬韓이 고구려요 辰韓은 신라라고 하였고[24] 〈遺事〉(卷一 馬韓) 또 卞韓은 백제라고 하였다. 〈遺事〉(卷一 卞韓·百濟)
② 진한은 본래 燕人이 피난해 온 것이므로 涿水의 이름을 취하여 그들이 사는 邑里를 沙涿, 漸涿라고 한다.(신라 방언에 涿의 음을 道라고 하였

---

22) 姜憲圭(1981), "'處容'의 語意考", 공주대학교 사범대학 논문집 第19輯 참조.
23) 이병도는 견훤에게 보내는 왕건의 국서를 최치원이 썼다는 기록에 대하여 '믿기 어려운 말' (역주 삼국유사 p.279)이라고 했다. 그는 또 '雞林黃葉 鵠嶺靑松'이란 글을 보냈다는 것도 '의심하여 마지않다'고 하였다(국역 삼국사기 p.681).
24) 〈三國史記〉(卷46 列傳 第6)의 "上大師侍中狀"과 〈新增東國輿地勝覽〉(卷6)에도 같은 내용이 나온다.

으므로, 지금도 혹 沙梁이라 쓰고 梁을 또한 道라고 읽는다).〈遺事〉(卷
一 辰韓)

③ 최치원이 帝王年代曆을 지을 때 모두 某某王이라고만 書稱하고 居西干
이라고는 말하지 아니하였다.〈遺事〉(卷一 第二南解王)

④ 正月烏忌日(위의 射琴匣條에 보였으니 최치원의 說이다).〈遺事〉(卷一
太宗春秋公)

①에 의해 高句麗地에 馬邑山이 있어서 마한이 되었다는 민간어원설
이 나왔을 것이고, ②에 의해 辰韓＝秦韓의 同音牽引이 비롯되었을 것이
다. 또 涿水의 이름을 취하여 沙涿·漸涿라고 했음도 믿기 어려운 說이
다. ③은 唐文化에 젖은 최치원으로서 자연스러운 성향일 것이다. 이는
고유어를 상실해 가는 초기현상일 것이다. ④에 의해 고유어 '설'(歲首)
→'살'(歲)의 어원을 烏忌日의 忌·怛切에 牽强하게 되었을 것이다. 漢
字의 字義에 의한 어원설의 시초라 할 수 있다. 金大問의 고유어 어원설
과는 오류를 범한 점에서는 같지만 한자의 字義에 淵源을 두었다는 점에
서 사뭇 다르다. 이 같이 한자의 字義에서 어원을 찾는 同音牽引은 한자
의 音意借用表記가 많아짐에 따라 고려 중·후기 및 조선조에 이어진다.

이제 김부식의 '〈三國史記〉' 및 〈三國史記〉에 나타난 어원설'의 성격
을 요약하여 보면 다음과 같다.

① 김부식은 사대주의자임에는 틀림없다. 그리고 〈三國史記〉는 사대
주의 기록임에도 틀림없다. 그러나 "자기 나라의 독자성과 특수성을 인정
하려는 國家意識"을 가진[25] 충실한 編史者로서, 이전 기록의 보존자로서
의 공도 인정해야겠다. 김부식이 "함부로 史實을 날조(捏造)하고 임의로
伸縮과 산첨(刪添)을 마구 가해서 歷史像을 전연 왜곡해 버렸다"고 하
는 "지나친 혹평"[26]은 최남선이나 신채호에서 비롯했다고 할 수 있다. 최

25) 申瀅植, 三國史記研究(일조각, 1981), p.16.
26) 高柄翊, 前揭書, p.92.

남선은 "〈三國遺事〉의 가치를 높이 평가하는 데서 오는 반작용"으로, 신채호는 민족자주의식을 昂揚 鼓吹[27]하고 慨世懲人하는 苦肉策으로서 그 뜻이 있었음을 알아야겠다.

②〈三國史記〉는 일제하 植民史家[28]들과 民族史家들 모두의 혹평이나 史學 연구의 결과로 발견되는 많은 오류에도 불구하고 우리에게 가장 信憑할 만한 史書다.[29]

③〈三國史記〉의 어원설은 한자음에의 同音牽引이 많을 수밖에 없으나 당시 이만한 어원의식을 가지고 史記에 登載시킨 그의 공은, 그간 받은 비난에 대한 보상을 고려하지 않더라도, 높이 평가되어야 할 것이다.

2. 〈三國遺事〉

가. 一然과 〈三國遺事〉의 성격

1) 一然의 성격

일연(1206~1289)은 慶州 章山郡(慶山)人으로 國尊의 冊을 받아 합국(閤國)이 尊師하는 禮遇를 받았다.〈遺事〉에 나오는 包山의 寶幢菴·無住菴 등에서 住持로 있었고, 또〈遺事〉에서 자세히 언급되는 吾魚寺에서 불경을 講論했다. 그는 불교에서 정진하면서도 유교와 百家에도 소홀하지 않았던 大著述家였다. 本考에서 언급되는 인명·지명·기타 어휘의

---

27) 李載浩, 前揭書, p.62.

28) 津田左右吉, 末松保和, 飯島忠夫(申瀅植, 三國史記硏究, p.14.

29) 申瀅植, 前揭書, p.19에서도〈三國史記〉신빙성의 증거로〈三國史記〉의 기록과 武寧王陵의 誌石 銘文과의 일치를 들고 있다.

어원이 경주지역 중심임은 일연의 출생지 및 활동무대가 경주 부근임과 유관하다. 승려이면서도 유가와 백가에 통한 그의 학문은 〈遺事〉記述을 불교 중심적으로 하면서도 他를 소홀하지 않게 했다.[30]

2) 〈삼국유사〉의 성격

〈三國遺事〉는 "고구려 · 백제 · 신라 삼국의 遺文軼事를 採綴함으로 주를 삼고 그 관련되는 사항에는 고려 중엽까지 사실을 附說한 者"[31]로서 우리 고대사 연구를 위한 귀중한 문헌자료 중의 하나다. 撰者가 고려인이라 하더라도 그 내용의 주가 삼국에 관한 것이매 〈三國史記〉와 함께 삼국시대에서 논술하기로 한다. 〈三國遺事〉는 우리 고대의 역사적 사실뿐만 아니라 언어 · 사상 · 종교 · 풍속 · 습관 등 모든 면에 걸친 많은 史料들을 제공하고 있다.

특히 〈史記〉에 누락된 고전을 원형 그대로 수록하고 '名物과 稱謂까지 군두목[32] 그대로를 충실히 傳'한다. 이것은 국어어원 연구에 있어서 〈三國遺事〉가 지닌 不朽의 가치다. 本考가 취하는 바는 〈遺事〉에 기록된 '古語彙의 어원설' 및 '地名起源論'이다.

---

30) 崔南善은 일연이 ① 경주인이요 羅王의 系를 이은 金氏인 점, ② 道人 · 禪僧 · 國師인 점, ③ 南方 生長인 점 등이 〈三國遺事〉를 신라 중심 · 慶州一圓 中心 · 불교중심이 되도록 하였다고 한다.(新訂 三國遺事, 三國遺事解題, 三中堂書店, 1943, p.7.) 최남선은 〈三國遺事〉의 撰述을 70세 이후 76세까지 약 육,칠년간 즉 서기 1275~1281년간으로 본다(前揭 三國遺事解題, p.50).

31) 崔南善, 前揭書, p.1.

32) 軍都目 · 軍頭目 · 群都目이라고도 함. 표기법의 하나. 조선조 말기에 胥吏에 의해 이루어짐. 吏讀와 비슷하나, 한자의 뜻에 구애하지 않고 주로 그 음을 따서 물건의 이름을 적던 방법으로, 예로부터 軍營의 文簿에 사용되어 왔다. 근세의 吏讀라 할 만하다. 광이[鍬]-廣耳, 지갑(돈지갑)-地甲, 콩팥[腎臟]-豆太, 民魚(민어), 屈非(굴비), 古刀魚(고등어), 野狐(여호), 多士麻(다스마).

나. 일연의 어원의식

일연은 불경의 이해에 필수적인 梵語의 이해에도 깊었던 것으로 보인다. 그것은 梵語에서 淵源한 山名 '阿那斯'는 '摩那斯'라고 해야 함을 지적하고, 阿那斯山이라 해야 한다고 하면서, '고기'(魚)를 이르는 말이라고 밝힘에서 단적으로 알 수 있다. 이 같은 것은 〈三國史記〉의 기록에서 보인 합리적·논리적 역사 서술의 방편만이 아니다. 더구나 전설의 기록만은 아니다. 이는 불교적 언어 神聖觀에서 유래한 것일 수도 있다. 불교와 함께 수입된 불경에는 波你尼(Panini)의 梵語文典이 수록되어 있다. '聲明'[33]이라고 하는 이 문법은 백제 以來[34] 고승들에게 이해되었을 것으로 보인다. 일연도 이를 이해하고 있음을 볼 수 있으니 '梵唄라고 밝힌 것이 그것이다. 유학에도 조예가 깊었던 일연은 儒家의 正名思想의 영향도 있었던 듯하다. 여기의 正名思想이란 논어의 子路篇에 나오는 공자의 말로 명칭, 곧 말의 개념을 바르게 한다는 소박한 의미의 것이든 倫理學에서 말하는 명분에 상응하여 實質을 바르게 하는, 예를 들면 군신, 부자에는 그에 相符한 윤리·질서가 존재한다고 하는 사상 중 어느 것이든 좋다.

일연은 또 "古代表記法의 전통" 즉 "신라시대의 고유명사의 讀法"[35]에 대한 정확한 지식을 가지고 있었으니, 이는 "或作", "或云"의 다양한 기록이나 "譯上不譯下"[36]의 讀法으로도 알 수 있다. 이 같은 사실들은 오늘날 단순히 표기 한자음으로만 읽고 있는 많은 어휘의 어원을 일연이 알고 있었음을 증명한다.

---

33) 聲明(Sabdavidyà: 梵) ①인도 五明의 하나: 음운·문법·訓詁의 학문. 전에는 婆羅門 必須 課程의 하나였는데 불교에서 이를 따다 쓰게 됨. ②인도에서 전하여 내려 온 佛式에 쓰이는 讚頌歌詠·梵唄라고도 함.

34) 金敏洙, 新國語學史(일조각, 1980), pp.22~23.

35) 李基文, "言語資料로서 본 三國史記", 震檀學報 38, p.212.

36) 위 字는 漢譯하고 아래 字는 譯하지 않음. 〈遺事〉(卷3 原宗興法 猒髑滅身).

다. 일연의 어원설

1) "가類" 어원설

우선 어원이 언급된 어휘를 발췌·분석해 보면 다음과 같다.

(1) 國名

① 雞龍(雞林, 白馬) ② 馬韓 ③ 百濟 ④ 十濟 ⑤ 秦韓.

(2) 寺名·建物名

① 加西岬(嘉瑟岬·嘉栖岬), 岬(古尸·古尸寺) ② 古寺(天龍寺) ③ 國師房 ④ 掘佛寺(掘石寺) ⑤ 貴妃庫 ⑥ 金光寺(金羽寺) ⑦ 吉祥寺 ⑧ 吉達門 ⑨ 斷俗寺 ⑩ 望德寺(天王寺) ⑪ 望海使(新房寺) ⑫ 鍪藏寺 ⑬ 伯嚴寺 ⑭ 白月山南寺 ⑮ 寶川庵 ⑯ 奉聖寺 ⑰ 夫蓋寺 ⑱ 佛無寺(釋迦寺) ⑲ 娑羅寺 ⑳ 錫杖寺 ㉑ 松花寺 ㉒ 信忠奉聖寺 ㉓ 鴨遊寺 ㉔ 兩尊寺 ㉕ 讓避寺 ㉖ 避里寺(念佛寺) ㉗ 靈鷲寺 ㉘ 吾魚寺 ㉙ 有德寺 ㉚ 仁容寺 ㉛ 鵲岬寺 ㉜ 折怨堂 ㉝ 天龍寺 ㉞ 赫木寺 ㉟ 現身成道無量壽殿·現身成道彌勒之殿 ㊱ 惠宿寺 ㊲ 虎願寺 ㊳ 弘孝寺 ㊴ 黃龍寺.

(3) 山名

① 犬城 ② 高位山 ③ 龜旨 ④ 洛山 ⑤ 摩那斯(阿那斯) ⑥ 摩那斯山(＝萬魚寺(山)＝慈成山＝阿那斯山) ⑦ 萬佛山 ⑧ 白月山 ⑨ 臂長山 ⑩ 三山 ⑪ 西鳶山 ⑫ 小白華 ⑬ 所瑟山(包山).

(4) 樹木名

① 見郎(似如樹, 印如樹) ② 觀音松 ③ 普賢樹 ④ 娑羅樹 ⑤ 娑羅栗 ⑥ 知識樹.

(5) 王稱 · 王姓名

① 葛文王 ② 居西干(居瑟邯) ③ 高氏 · 解氏 ④ 金蛙 ⑤ 金氏 ⑥ 麻立干
(麻袖干) ⑦ 朴氏 ⑧ 昔氏 ⑨ 首露(首陵) ⑩ 閼英 ⑪ 閼智 ⑫ 尼師今(尼叱
今) ⑬ 朱蒙 ⑭ 次次雄(慈充) ⑮ 脫解 ⑯ 赫居世王(弗矩內王).

(6) 인명 · 성씨(帝王 除外)

① 盖氏 ② 甄萱 ③ 努肹夫得(努肹夫等), 怛怛朴朴 ④ 磊房 ⑤ 大城 ⑥ 毛
禮 · 彡麼 · 沙彌 ⑦ 墨胡子(碧眼胡 · 漆道人) ⑧ 彌勒仙花 · 未尸 ⑨ 猒覩 · 猒髑
(異次 · 伊處) ⑩ 檊師 · 楪師(또는 包山) ⑪ 白足和尙 ⑫ 負簣和尙 ⑬ 虵童
(虵卜, 虵福, 虵巴, 虵伏) ⑭ 薯童(武王) ⑮ 誓幢(新幢) ⑯ 善宗郎 ⑰ 念佛
師 ⑱ 王和尙 ⑲ 元曉 ⑳ 月明師 ㉑ 憂助 ㉒ 左人 · 皆叱知 ㉓ 板房.

(7) 지명

① 葛蟠地 ② 竭火(屈弗, 蔚州) ③ 鬼橋 ④ 金光井 ⑤ 金橋(西川之橋, 松
橋) ⑥ 機成墟 ⑦ 主浦村(渡頭村), 綾峴, 旗出邊 ⑧ 論虎林 ⑨ 大王浦 ⑩
燖石 ⑪ 萬頃縣(豆乃山縣, 那山縣, 萬頃縣), 金山縣 ⑫ 芼矣川 ⑬ 文殊帖
⑭ 撥川 ⑮ 伐知旨 ⑯ 負簣井 ⑰ 弗等乙村(佛地, 發智村) ⑱ 佛地 ⑲ 沙㖨,
漸㖨, 沙梁 ⑳ 書出池 ㉑ 小花里, 俗休里 ㉒ 新畓坪 ㉓ 迎日縣 · 都祈野 ㉔
完乎坪(枝良坪) ㉕ 月明里 ㉖ 龍嵒 ㉗ 龍淵 ㉘ 栗谷 ㉙ 長沙 ㉚ 財買谷 ㉛
政事嵒 ㉜ 墮死巖 ㉝ 恒沙洞 ㉞ 香嶺 ㉟ 孝養里.

(8) 풍속 · 신앙

① 角乘 ② 鵄述神母 ③ 怛切 ④ 祥審(象審), 御舞祥審(御舞山神), 霜髥舞
⑤ 烏忌之日(射琴匣).

(9) 기타

① 矩矩吒 䃏說羅 ② 己事之忙 大家之春促 ③ 惱叱古音 ④ 萬波息笛 ⑤ 無
导 ⑥ 佛光 ⑦ 五陵.

2) "나類" 어원설

因以名之로 대표되는 어원설명은 없으나 文面에 어원의 암시가 있거나 固有國語의 표기인 듯한 어휘를 말한다.

① 散花歌 ② 徒 ③ 白岳山, 阿斯達, 今彌達 ④ 徐羅伐, 斯羅伐, 徐伐 ⑤ 三代目 ⑥ 中興部(南) 爲母 長福部(西) 爲父…… ⑦ 我刀, 我躬, 汝刀, 汝譜.

라. 〈遺事〉에 나타난 어원설의 분석

1) 神話的인 것과 有緣的인 어원

신화적 어원은 하나의 命名에 대하여 두 가지 혹은 그 이상의 설명을 하고 있다. 다음 인용에서 "雞林"에 주목하여 보자.

① 仙桃聖母가 처음 辰韓에 와서 聖子를 낳아 東國의 임금이 되었으니 대개 赫居世와 閼英, 두 聖君의 유래다. 때문에 雞龍, 雞林, 白馬 등으로 일컬으니 이는 닭이 서쪽에 속해 있기 때문이다(卷5 仙桃聖母 隨喜佛事).
② 처음에 왕이 雞井에서 출생한 까닭에 혹 雞林國이라고도 하니 雞龍이 祥瑞를 나타낸 까닭이다(卷1 新羅始祖 赫居世王).
③ 닭이 숲 속에서 울었으므로 국호를 고쳐 雞林이라 했다(卷1 新羅始祖 赫居世王).

이 같이 상이한 세 기록은 유사의 長處라고 해야 할 것이나, 하나가 眞이라면 다른 둘은 假일 것이다. 그러나 이 같이 표기문자의 字義에 부합한 신화적 어원설 속에 국어 어원론의 端緒가 감추어져 있음을 간파해야 할 것이다.

雞龍은 "새미르"·"새밀", "雞林"은 "새벌", "白馬"는 "새말"의 표기로 音素 /m/ : /p/(또는 /b/) 또는 音[m] : [p](또는 [b])의 교체 또는

聽覺印象의 異樣表記일 것이다. "雞屬西故也"의 "西"는 仙桃聖母가 西쪽으로부터 왔고 당시의 음양오행사상에 의해 "雞"(새)가 "西"에 해당한다 하여 雞龍·雞林·白馬를 牽强한 것은, "雞"·"白"·"西"가 모두 [새]의 표기임을 잊고 한자의 字義에 附會한 것이다. 그리하여 雞龍, 雞林, 白馬는 각각 "새미르(새밀), 새벌, 새말"의 표기로 "新原, 新野, 新國"을 의미한다고 본다.

① 馬韓: 고구려를 마한이라고 한 것인데 지금 사람들은 혹 金馬山을 잘못 알아서 백제를 마한이라고 한다. 고구려 땅에는 본래 馬邑山이 있으므로 마한이라고 한다(卷1 馬韓).

② 十濟: 以十臣爲輔翼 國號十濟(卷2 南扶餘 前百濟 北扶餘).

③ 百濟: 慰禮城으로 돌아오는 沸流의 "百姓들이 올 때 즐거워했다."하여 국호를 고쳐 百濟라 했다(卷2 南扶餘 前百濟 北扶餘).

④ 秦韓: 辰韓의 언어가 秦의 언어와 유사하므로 辰韓을 秦韓이라고도 한다(卷1 秦韓).

① 고구려 땅에 馬邑山이 있으므로 馬韓이라 한 것이 아니다. 최남선은 馬韓의 馬는 마리, 마루, 맏(首, 宗, 長上, 伯兄, 及, 上部)으로, 馬韓은 諸韓의 首長 혹은 諸韓의 宗主國[37]의 뜻으로 보고 있다.

②, ③ "十臣"과 "十濟", "百姓樂悅"과 "百濟"는 字義에 附會된 것이다. 百濟는 그 前身 伯濟(馬韓 50餘國 중의 하나)의 名을 承襲한 것이라고 한다.[38] 또 國號十濟說은 百濟說에 기댄 後人의 조작이라고도 한다. 필자는 十濟란 '慰禮'(國)의 訓借表記로 본다. 百濟, 十濟의 '十'은 百濟 고유어 '열', '慰禮'의 훈차표기로 본다. 百濟, 十濟의 '濟'는 嶺, 城, 國을 의미하는 固有語일 것이다. 이로써 당시 국어 '十'을 의미하는 百濟語와 '慰禮'가 유사음일 것임도 推察할 수 있다. 李丙燾도 백제 처음의

---

37) 崔南善, "稽古箚存", 六堂 崔南善 全集 2, p.33.

38) 李丙燾, 國譯 三國遺事(廣曹出版社, 1979), p.269.

국호는 '慰禮'였을 것이라고 본다. 왜냐하면 고대국가는 그 발족한 부락
이나 도시의 이름과 일치하기 때문이다.[39]

④의 어원설도 '辰', '秦' 양음의 같음에 의한 牽强일 것이다. "辰韓 亦
作 秦韓"이라고 쓴 것으로 보아 더욱 그렇다.

이상으로 신화 및 전설에 기초한 〈遺事〉의 어원설은 표기문자인 한자
의 字義에 부회한 것임을 알 수 있다.

2) 固有國語와 有緣的인 어원

다음과 같은 일연의 언급은 그의 固有語 및 梵語에 대한 지식과 어원
의식을 엿볼 수 있는 좋은 근거다.

○ 居西干: 신라에서는 왕을 居西干이라 하니 辰에서 왕을 말함이며 혹은
貴人의 칭호라 한다(卷1 第二南海王).
○ 加西岬·嘉栖岬·加瑟岬: 加西, 嘉栖는 방언이다. 岬은 俗言에 古尸(곳)
라 한다. 때문에 이것을 古尸寺(곳절)라 하니 마치 岬寺라고 하는 것과
같다.[40](嘉瑟岬 或作加西 又嘉栖 皆方言也 岬 俗云古尸 故或云古尸寺

---

39) 李丙燾, 譯註 三國遺事, p.268. 震檀學會, 韓國史: 古代篇(을유문화사, 1980), p.87.
40) ____, 前揭書, p.385, 權相老, 三國遺事(동서문화사, 1978), pp.320~321, 李民樹, 三國遺
事(을유문화사, 1983), p.297의 譯이 각각 조금씩 다르다. 이민수 譯이 正鵠을 얻은 것으로
보아 이를 따른다. '故或云' 앞에서 마침표를 하고 해석해야 한다. 따라서 다음과 같은 등식
을 만들 수 있다. 嘉瑟岬=加西岬=嘉栖岬. 또 岬=古尸이므로 위의 岬에다 古尸를 代入하
면 嘉瑟古尸=加西古尸=嘉栖古尸임을 알 수 있다. 또 '岬=古尸'이므로 岬寺=古尸寺다.
古尸(곳)는 오늘날의 '곳(串·岬)'의 표기다. 그러면 嘉瑟=加西=嘉栖=古尸=岬임을 알
수 있다. 따라서 嘉瑟岬(加西岬 嘉栖岬)은 오늘날의 "驛前앞"과 같은 유의어 반복
(tautology)이다(고유어와 한자어의 순서는 바뀌었지만). 이 유의어 반복을 피한 것이 古尸
寺(현대어로 곳절) 즉 岬寺다. '곳(串)'은 오늘날 '바다 또는 호수로 뾰족하게 내민 육지의
끝, 반도의 작은 것'을 의미하나, 당시는 山谷에도 해당되었음을 알 수 있다. 岬의 유의어:
地嘴, 岬角·地角에서 그렇다. 특히 '地角'이 '땅의 한 모퉁이, 멀리 떨어진 땅 끝, 멀고 외진
땅'의 뜻임으로 보아, 嘉瑟·加西·嘉栖는 오늘날의 '가[邊]'의 고형임도 알 수 있다. 이상으
로 원광법사가 머물고 있었던 嘉瑟岬은 寺名이 확실하니 유의어 반복을 그냥 두면 嘉瑟岬
寺거나, 유의어 반복을 피하면 岬寺·嘉瑟寺·加西寺·嘉栖寺·古尸寺다. 공주의 甲寺도

猶言岬寺也)(卷4 圓光西學)

ㅇ 夫蓋寺: 負簣和尙이 거하고 있던 절. 夫蓋는 삼태기의 鄕言이다.(卷4 二
　惠同塵)

　　'簣之鄕言' 즉 "삼태기"의 신라어가 "夫蓋"(부개)라는 것은 크게 암시
적이다. 경남 울산, 울주, 동래 방언 "poŋtʰɛgi"는 "부개"와 近似하다. "삼
태기"·"봉태기"·"부개"의 "태기·개"는 접미사다.

　　3) 梵語와 有緣的인 어원

　① 吾魚寺: 하루는 두 公이 개천을 따라가며 고기·새우를 잡아먹다가 돌
　　위에 放便하고는 公이 가리키며 희롱하기를 汝屎吾魚[41]라 하였다. 그러
　　하므로 인해서(恒沙寺를) 吾魚寺라 했다(一日二公沿溪 掇魚蝦而啖之
　　放便於石上 公指之戱曰 汝屎吾魚 故因名吾魚寺)(卷4 二惠同塵).
　② 芼矣川: 鄕俗訛呼其溪曰芼矣川(卷4 二惠同塵).
　③ 摩那斯: 海東 사람이 이 山을 이름하여 阿那斯하고 하였으나 마땅히 摩
　　那斯라 해야 할 것이다. 이것은 魚의 번역인데 대개 저 北天竺의 記事를
　　취하여 일컬었던 것이다(海東人名此山爲阿那斯 當作摩那斯 此飜爲魚
　　盖取彼北天事' 而稱之爾)(卷3 魚山佛影).
　④ 朗智가 꺾어 온 山中의 異木一枝의 梵名은 怛提伽인데 여기서는 赫이라
　　고 한다. ……(略)…… 우리나라 사람들이 이에 그 庵을 이름하여 赫木
　　이라 하였다(卷5 朗智乘雲 普賢樹).

　　①의 "吾魚寺"는 "屎"를 뜻하는 신라 고유어 [mal]과 '魚'를 뜻하는 梵
語 類音語에 의한 言語遊戱를 惠宿, 惠空의 奇行에 假託했을[42] 뿐이다. 또

岬寺였다.

41) '汝屎吾魚'의 해석은 다양하다. '네 똥은 내가 잡아준 고기를 먹고 눈 것'(이병도, p.395), '그
　　대가 눈 똥은 내가 잡은 물고기일게요'(이민수, p.312·이재호, p.207), '너는 똥을 누고 나는
　　고기를 누었다'(권상노, p.333).

42) 後述 李崇寧의 語源研究 參照.

한 '吾魚' 또는 '吾魚寺'는 字義(내 고기 또는 내 고기로 인한 절)에서 비롯한 것이 아니라고 필자는 생각한다. [oə]는[43] '魚'를 뜻하는 범어 기원의 死滅한 신라어였을 가능성이 크다. 그것은 '魚'를 뜻하는 日本 上古語 'uwo : na'·일본의 首里方言 'ʔîˠyu'[44]와의 유사성에서 그렇다. 또 新羅漢字音과 가장 가까운 北京 官話에서 吾·魚의 음이 각각 [u] [ü]임에서도 그렇다. 조금 더 추론을 許하여 모음 [k]의 묵음화 즉 [k〉ø]에 의하여 南方諸語와 관계를 고려할 수도 있다. ika(Fijian, Tongan, Maori), iˀa(Samoan, Hawaian), iˀa(Tahitian), ikan(Indonesian), isdâ(Tagalog). 이것은 또 /n〉j/의 음운변화를 고려하면 다음 諸語와도 유관하다. nya(Tibetan 1), miya(Tibetan 2, 3), niməhaa(만주어), nimaha(만주文語). 따라서 위의 惠宿·惠空의 언어유희는 '魚'를 뜻하는 梵語 기원의 신라어와, '屎'를 뜻하는 우리 고유어 간의 유음성(類音性)에서 비롯한 것임을 알 수 있다.

　②는 '魚'를 뜻하는 梵語 'murala'(또 다른 신라어로는 吾魚[45] : oə)가 와전되어 吾魚寺 부근의 溪水를 "芼矣川"이라고 한다는 것이니, 정곡(正鵠)을 얻은 것으로 보인다.

　③은 일연이 '魚'를 뜻하는 梵語를[46] 알고 言衆의 오용을 바로잡으려 한 노력의 표현이다. 摩耶斯(山)·萬魚寺(山)·阿耶斯(山)는 모두 '魚'

---

43) 姜吉云은 '阿耶斯'(魚)가 인도에서 쓰인 말임을 다음과 같이 보이면서, 드라비다語 ayala(魚)와 同根의 伽耶語 aya(「阿耶」·魚)를 찾아 냈다.(韓國語系統論, 형설출판사, 1988, pp.765~766). Dr. Ta. ayala(魚), aila(id), ayila(id), ayila(id), ayilai(魚의 일종).

44) 安本美典·本多正久, 日本語의 誕生(大修館書店, 1978), p.358 참조.

45) '吾魚'는 혜숙·혜공의 기행에서 나온 '汝屎吾魚'에서 온 것일 수도 있다.

46) "고기"를 뜻하는 梵語를 들면 다음과 같다(Arthur Anthony Macdonell, A Practical Sanskrit Dictionary, Oxford University, Press, 1965).
　　　　　◦mátsya-fish　　　　　◦matsî-female fish(=matsyâ)
　　　　　◦mîna-fish ◦murala-kind of freshwater fish
　　　　　◦mâmsá-flesh, meat(also of fish, crabs, and fruit).
　　　寺名 吾魚寺의 前名 恒沙寺의 恒沙(萬恒河沙, 恒河沙)는 "恒河(갠지스 강)의 모래"란 뜻으로 무한히 많은 수량을 뜻한다. 佛家 및 印度와 유관함은 吾魚寺와 동일하다.

를 뜻하는 梵語의 異樣表記다. 즉 '魚'를 의미하는 梵語가 摩那斯임을 의식한 記述이다. 이 같은 梵語知識은 아래와 같이 오용된 命名을 바로잡으려 하고 있다.

> 又阿耶斯山(當作摩耶斯此云魚也)(冒頭)
> 阿那斯 當作摩耶斯(末尾)[47]
> ④의 '怛提伽'·'赫木'은 박달나무의 표기인 듯하다.

이상으로 일연의 범어지식을 엿볼 수 있으나, 이는 佛經, 梵唄 등을 통한 고승들의 일반적 교양일 수도 있다.

4) 傳說과 有緣的인 어원

① 鍪藏寺: 太宗이 統三後 兵器와 투구를 谷中에 간직하였으므로(卷3 鍪藏寺 彌陀殿).

② 吉達門·鬼橋: 門樓를 세우고 밤마다 그 문 위에 가서 잤으므로(卷1 桃花女 鼻莉郎).

③ 吉祥寺: 吉祥草가 난 곳에 지은 절이므로(卷4 關東楓岳鉢淵藪石記).

④ 犬城: 산 뿌리가 물에 임하여 뾰족히 선 것이 있어 지금 世人이 그것을 미워하여 이름을 고쳐 犬城이라 하였다(有山岑 臨水峭立 今俗惡其名 改云犬城)(卷4 寶壤利木).

⑤ 西鳶山: "솔개가 머무는 곳에 집을 지으라"는 솔개 편에 전해온 書를 받고 그대로 그 곳에 살아 地仙이 되었다(卷5 仙桃聖母隨喜佛事).

山의 峭立한 모양과 산적이 모여 있는 산에 대한 증오심이 雄犬性器와 연합한 것이다. 오늘날도 증오물에 대하여 雄犬性器 같다고 하는 것과 같다. 한편 이것은 왕건 태조의 東征, 산적의 嘯聚만에 연유하지 않을 가능성도

---

47) 〈遺事〉(卷3 魚山佛影). 冒頭와 末尾의 差錯의 字形의 유사에 의한 誤刻에 기인함인 듯.

있다. 그것은 高位山이 바로 犬城일 가능성도 크기 때문이다. ‘犬’의 신라어는 ‘가이’일 가능성이 크다. 이것은 ‘高位’와 유사하기 때문이다. ‘犬城＝高位城’이 아닐지라도 그 類似山名일 가능성은 크다. ‘高’의 음이 kau(M)・kou(C)・$k\hat{a}u$(A)・$k\bar{o}(kau)$(J)[48], ‘位’의 음이 uei(M)・uai(C)・$j^{w}i^{\,\gimel}$(A)・i(J)[49]임은 크게 암시적이다.

〈遺事〉의 기록으로 또 하나 추측할 수 있는 것은 다음과 같은 것이다.

推火之奉聖寺 가까이에 있는 山名이 ‘犬城’의 前名(本名)일 수 있으니, 그 산이 바로 推火 즉 ‘밀벌’・‘밀부리’・‘밀불’일 것이다. 이는 ‘龍山’, ‘龍峯(miri-puri)의 뜻인지도 모르겠다.

5) 漢文化(周易)와 有緣的인 어원

일연은 佛僧일 뿐만 아니라 百家에 通하여 주역의 내용에까지 유연적인 칭명의 연원을 찾았다.

① 龜旨: 이것은 山峯의 이름이니 十朋이 엎드린 형상과 같으므로 龜旨라 한 것이다(是峯巒之稱 若十朋伏之狀 故云也)(卷2 駕洛國記).
② 昔(氏): 鵲의 破字 혹은 “以昔是吾家取他人家故 因姓昔氏”(卷1 第四 脫解王).

① 龜旨에 관한 현대의 해석은 두고라도 十朋에 緣由하여 龜旨라고 했다는 것은 漢文化에 젖은 생각의 산물일 수밖에 없다. 十朋이란 ‘귀중한 보배’로 朋은 ‘고대의 三個의 貝貨’를 의미한다. 易經(損卦)에 ‘十朋之龜’[50]란 말이 있다.

②의 두 설은 실은 ‘昔’이 [예]의 훈차임을 간과하고 牽强한 것이다.

---

48) B.칼그렌(1966), 漢字古音辭典, p.112, No.308.
49) B.칼그렌(1966), 漢字古音辭典, p.368, No.1305.
50) 십붕지귀: 고대에 길흉을 점치고 의심되는 일을 해결할 때 쓰던 열 종류의 거북. 곧 神귀, 靈귀, 攝귀, 寶귀, 文귀, 筮귀, 山귀, 澤귀, 水귀, 火귀.

이 [예]는 남으로 진한, 북으로 고구려 · 옥저, 동으로 동해에 미친, 지금
의 강원도 북부, 함경남도 남쪽에 있었던 국가 東濊의 [예], 그 濊貊族의
[예]였던 것이다.

6) 불교의 神異 · 異蹟과 有緣的인 어원

고승 일연으로서든지 布德敎化의 목적으로든지 불교국가 신라 · 고려의
상황으로든지 불교의 異蹟과 유연적인 命名은 오히려 당연한 것이다.

① 國師房: 國師라 추대한 고승이 있던 절이므로(卷5 迎如師)
② 掘佛寺, 掘石寺: 땅을 파보니 四方佛이 있어서 절을 짓고 命名(卷3 四佛
　　山 掘佛山 萬佛山).
③ 金光寺: 龍王이 布施한 황금으로 장식한 탑과 불상이 유난히 광채가 나
　　는 절이므로(卷5 明郞神印).
④ 斷俗寺: 信忠이 벼슬을 버리고 중이 되어 세운 절이므로(卷5 信忠掛冠).
⑤ 伯嚴寺: 嚴欣, 伯欣 二人이 집을 내어 지은 절이므로(卷3 伯嚴寺 石塔
　　舍利).
⑥ 黃龍寺: 대궐을 지으려 할 때 黃龍이 나타났으므로 佛寺로 고쳐 황룡사
　　라 했다(卷3 黃龍寺丈六).[51]
⑦ 知識樹: 慈藏이 門人을 시켜 나무를 그 數灸대로 심게 하고 그 異跡을
　　表하게 하여 이름일 知識樹라 하였다(卷4 慈藏定律).[52]
⑧ 見郞(樹) · 似如樹 · 印如樹 · 裟羅樹 · 裟羅栗.
　　○ 見郞: 길가에 있는 나무(路傍樹).
　　○ 似如樹: 길가에 있는 나무(路傍樹)를 이르는 통속적인 말(卷3 彌勒仙
　　　花 未尸郞眞慈師).
　　○ 裟羅樹: 滿朔인 원효의 母가 밤나무 밑을 지나가다가 갑자기 해산을

---

51) 이병도(1979)는 皇龍, 黃龍의 音相似에 의해 생긴 설화로 본다(前揭書, p.320).
52) 여기 知識은 불가에서 "眞僞를 알아 구별하며, 번뇌와 正法을 아는 일"로 敎授 · 同行 · 外護
　　의 세 가지가 있다. 또 '善知識'과 같은 말로 善友 · 親友 · 善親友 · 勝友라고도 하며 '벗'과
　　같은 말이다.

하였다. 倉皇하여 집에 돌아가지 못하고 남편의 옷을 나무에 걸고 거
기서 침거하였으므로 인하여 命名(卷4 元曉不羈).
- ○ 裟羅栗: 裟羅樹의 열매가 이상하여 지금도 裟羅栗이라 한다(卷4 元曉
  不羈).

①~⑥ 이외에 대부분의 寺名들은 모두 불교의 神異, 異積과 有緣的
이다. 이는 고승 일연의 자연스러운 어원의식의 표출이다. 일연이 儒者의
이른바 '不語怪力亂神'을 〈遺事〉冒頭에서 밝히면서도 '紀異'를 第一로
놓은 것은 그 나름의 이유가 있었던 것이다.

⑧에서 梁柱東은 "見郞"을 '路傍樹의 한문학적 비유어'라고 하였으나
"見郞·似如樹·印如樹·裟羅樹·沙羅樹"는 釋迦 涅槃時 주위에 있었던
沙羅樹(shorea robusta)의 異樣表記임이 확실하다. 즉 似如樹=Sadasu,
印如樹의 "印"은 "似"의 異樣表記로 "살", 似如樹=印如樹=Sadasu다. 다
시 t〉r의 음운변화를 고려하면 Sadasu〉Sarasu다. 따라서 見郞(樹)=似
如樹=印如樹=Sadasu=Sarasu다. 이로써 신라시대에 "보다(見)"의 語
幹이 "살-"·"사라-", 도장(印)을 "살"이라 했음도 알 수 있다. 오늘날도
"떡살"은 남아 있다. 신라 당시에 沙羅樹가 있었는지는 의문. 추측컨대
밤나무(栗木)의 고유어가 민속학적, 신앙적 이유(밤~범 : 虎)에 의해
忌諱된 듯하다. 이로 보면 원효의 출산과 관련하여 裟羅樹가 된 것이 아
님을 알 수 있다.

7) 어원 '未詳'이라고 한 것

- ○ 葛文王: "신라인들이 追封한 임금을 葛文王이라 하는데 未詳"이다(卷1
  第二 南解王, 卷3 原宗興法 猒髑滅身).

이것은 〈三國史記〉에도 나오는 것으로 김부식과 일연의 어원의식을 보여
주는 대표적인 기록이다. 또 이것은 1920년대의 國史學者들이 史學 연구에

歷史語彙의 어원탐구에 열중한 것과 유사한 것이다. 또한 역사기술에 있어서 語源把握이 얼마나 중요한가를 보여주는 한 예라고도 할 수 있다.[53]

葛文王은 신라 당시 /m/ : /p/ 혹은 [m] : [p]의 교체(交替) 또는 不明確으로 인하여, "갈문왕"이 "갈바서 된 왕", 아들이 왕이 되니까 父도 並行해서 된 "並王"이 되었을 것이다. /m/ : /p/ 혹은 [m] : [p]의 드나듦은 固麻城이 北史에 居拔城으로 나타남으로도 알 수 있다.

이상 일연의 어원의식을 요약하면 아래와 같다.

① 많은 오류 속에서도 어원추구의 의욕적인 시도가 있었고, 더러는 정곡을 찌른 것도 있음을 알 수 있다.

② "一說"의 아래에 다양한 어원을 소개하고 있다(雞林).

③ "盖誤濫也"라 하면서 오류를 시정하려 하고 있다(馬韓). "今訛云", "誤", "當作", "混之也"라고 하면서 바로잡기도 하였다(掘佛寺, 芼矣川, 小花里, 金羽寺, 摩那斯, 毛祿, 金山縣, 兜率歌).

④ 당시의 古語도 충실히 기록하려 했음을 알 수 있다(徒, 嘉瑟岬).

⑤ 오행설에 의해 명칭어원을 설명하려고도 했다(雞龍, 雞林).

⑥ 出典을 바로잡으려고도 노력하였다(折怨堂의 緣起說에 대하여 夾註에서 '或本載此事於眞表傳中誤'라고 했다).

⑦ 梵語 어원도 밝혔다(怛提伽, 萬魚寺, 阿耶斯, 摩那斯, 摩耶斯, 所瑟山).

⑧ 漢文化에 젖은 생각에서 나온 어원도 있다(龜旨).

⑨ 固有國語를 鄕言, 鄕云, 俚言이라고 하였다.

⑩ 오늘날 기록이나 방언에서도 보이지 않는 어휘를 보여주기도 한다. 婆羅(栗), 夫蓋(삼태기), 見郎, 似如樹, 印如樹(路傍樹).

⑪ 語源, 語義가 불명확한 것은 "未詳", "其實未詳"이라고 밝혔다(葛

---

53) 羅人凡追封王者 皆稱葛文王 其實史臣亦云未詳(卷3 原宗興法 猒髑滅身).

文王, 中興部(南) 爲母, 長福部(西) 爲父). 이는 일연의 어원의식을 엿볼 수 있게 하는 좋은 증거다.

⑫ 어휘의 어원뿐만 아니라 속담의 기원도 밝혔다(己事之忙 大家之春促).

물론 〈三國遺事〉에 나타난 일연의 어원설명이 모두 일연 자신의 것이라고 할 수도 없고, 또 오늘날의 어원연구 방법으로만 비판할 수도 없음은 사실이다. 전설, 설화, 종교 속에 포함되어 있어 그 쪽의 시각으로 보아야 할 것도 있기 때문이다. 金光寺, 吉祥寺, 吉達門, 望德寺, 鍪藏寺, 佛無寺, 釋迦寺, 錫杖寺, 靈鷲寺, 鵲岬寺, 折怨堂, 虎願寺, 弘孝寺, 洛山, 白月山, 臂長山, 西鳶山, 小白華, 觀松, 普賢樹, 燻石, 撥川, 書出池, 五陵, 蛇陵, 등이 그 예다.

3. 〈東京誌〉

고려 때의 東京인 경주의 來歷을 적은 책으로 저자 연대는 미상이다. 오래 전부터 전해 오던 〈東京誌〉를 1669년 慶州府使 閔周冕(1629～1670)이 增修간행하여 〈東京雜記〉라 하였다.[54] 어원에 관한 기록을 발췌

---

54) 1933년에 〈東京通志〉라 이름을 고쳐 간행하였다. 〈東京誌〉·〈東京雜記〉(1669). 〈東京通志〉(1933)라 이름한 바와 같이 동경인 경주를 중심으로 한 신라의 문화 및 고려·조선의 역사연구에 중요한 문헌이다. 志·雜記라 한 것과 같이 여러 가지 내용이 수록되어 있다. 卷之一의 辰韓紀·新羅紀는 〈三國史記〉나 〈三國遺事〉의 기록과 유사함을 알 수 있다. 이 기록들이 〈三國史記〉나 〈三國遺事〉의 발췌가 아니라면 이 책의 저작년대를 고려 중엽으로 끌어올릴 충분한 요소들이 곳곳에 보인다. 〈三國史記〉나 〈遺事〉와 동시대 혹은 동일자료를 가지고 저작되었을 가능성도 있다. 그 이유는 다음과 같다.
① 〈東京雜記〉의 "東京"은 處容歌에도 보이지만 역사상에 나타나기는 高麗三蘇의 하나로 987년(성종6)에 경주를 개칭한 것이다. 복고적 命名이 전혀 불가능한 것은 아니나, 조선조에는 "東京"이라 불리지 않았던 점.
② 1669년 閔周冕이 增修刊行하기 오래전부터 저해 오던 것이란 점.
③ "不語怪力亂神"과 "斥佛"을 신조로 하는 조선조 儒者들로서는 상상할 수도 없는 불교관계

분류해 보면 다음과 같다.

(1) 건물명

① 金尺院: 신라왕이 가진 황금 자를 중국에서 요구해 오자 그것을 숨기려
고 院舍를 세웠기 때문에 붙여졌다.

② 斷石寺: 전설에 신라의 角干 김유신이 고구려와 백제를 치고자 神劍을
얻어 가지고 月生山의 석굴로 숨어 들어가 검술을 수련하느라고 시험 삼
아 큰 돌을 잘라 그 돌들이 산더미같이 쌓였는데 그 돌들이 아직 남아 있
다. 그 아래 절을 짓고 이름을 斷石寺라 하였다.

③ 萬歸亭記: 萬 가지가 모여서 하나로 돌아간다는 뜻을 취하여 붙인 정자
이름.

④ 鍪藏寺: 고려 태조가 삼국을 통일한 후 무기와 투구를 그 골짜기 속에다
감추었으므로 그런 이름이 붙었다 한다.

⑤ 鵲院: 김유신의 군사가 백제를 칠 때, 백제왕의 딸이 까치로 변하여 신라
군 진중에 들어와 시끄럽게 우니 칼로 쳐 죽였다. 땅에 떨어져 사람으로
변하니 그가 곧 백제왕의 딸이었다. 그래서 院을 세우고 鵲院이라 이름
하였다..

이외에 納淸樓 · 敏求齋 · 闇修齋 등의 어원설이 있다. 여기에 〈三國遺

의 신화 · 전설이 가득 실린 점.
④ 〈三國遺事〉와 유사하게 경주를 중심으로 한 신라문화를 중심내용으로 한 점.
⑤ 내용상으로 〈三國遺事〉와 유사 혹은 동일하면서도 〈三國遺事〉에 없는 내용이 실려 있는
점.
⑥ 流頭宴의 설명 중에 "金克己의 문집에 東都風俗에 6월 보름에는 동쪽으로 흐르는 물에
목욕을 하고……"에서, 金克己는 고려 明宗朝의 경주人인 점(물론 金克己 문집이 조선조까지
전해 왔을 수도 있다) 등으로 보아 〈三國遺事〉보다 먼저 저술되어 〈三國遺事〉 집필의 母胎書
가 되었을 수도 있다. 혹은 〈三國遺事〉보다 약간 뒤에 저술되면서 〈三國史記〉와 〈三國遺事〉
의 관계처럼 〈三國遺事〉에서 東京關係의 기록을 발췌하고 빠진 것을 기운 雜記일 수도 있다.
또 필자의 경우는 〈三國史記〉나 〈三國遺事〉를 삼국(신라)의 기록이란 점에서, 삼국시대에서
기술하는 점에서도 무리는 없다. 그러나 이것은 어디까지나 추측이어서 확증이 없다. 여기서
주의할 것은 조선조에 관한 내용은 增刊過程에서 이루어진 것으로 본다. 閔周冕이 增刊한
1669년을 중심으로 하여 고찰한다.

事〉와 유사 혹은 동일한 어원설이 보인다. 貴妃庫·錫杖寺·松花房·皇龍寺 등의 緣起說이 그것이다.

(2) 지명·國名

① 迦葉宴座席: 전설에 '가섭이 연좌한 돌'이라 한다.
② 掛陵: 전설에 의하면 물속에다 장사지낼 때 돌 위에다 관을 걸어 놓고 흙을 쌓아 능을 만들었기 때문에 그런 이름이 생겼다.
③ 碁巖: 돌을 깎은 것이 마치 바둑판 모양과 같다. 전설에 '신라시대에 신선들이 바둑을 두고 놀던 곳'이라 한다.
④ 鳳生巖: 신라의 政事와 敎化가 순후하고 아름다워 봉황새가 이 바위 위에서 울었다. 이로 인하여 봉생암이라 이름 지었다.
⑤ 上書莊: "鷄林黃葉 鵠嶺靑松'이라 上書하여 고려의 일어남을 예견한 최치원의 鑑識의 밝음을, 신라 사람이 탄복하여 그가 살던 곳을 상서장이라 이름하였다..

이외에 拜里·幞頭巖·僧三山·硯滴峯·雲佳山·兄弟山·琵琶巖·産兒堂·玉洞·獄洞·龍巖·竹現陵·布飛巖·鮑石亭·孝不孝橋·孝子里 등의 어원설이 있다. 또 〈三國遺事〉와 相似 혹은 동일한 어원설의 어휘가 많다. 開雲浦·鬼橋·鳳棲山·四聖山·月城·書出池·月明巷·利見臺·財買谷·新羅·徐羅伐 등이 그것이다.

(3) 인명·칭호

① 梅月堂: 세상에서 전하기를 梅月堂이라 하는 것은 금오산에서 매화와 달을 취했다는 뜻이다.
② 百結先生: 집안이 너무 가난해서 옷을 백 군데나 꿰매어 입었기 때문에 생긴 호다.
③ 烏川子: 烏川에서 태어났으므로 自號를 烏川子라 하였음.

〈三國遺事〉와 相似 혹은 동일한 어원설이 많다. 金閼知 · 尼叱今 · 尼師
今 · 麻立 · 朴閼英井 · 次次雄 · 脫解 · 金庾信 · 大成 · 驟徒 등이 그것이다.

(4) 풍속 · 기타

① 都波: 憲康王이 同禮殿에서 연회할 때 山神이 나타나서 노래를 불러 智
理多都波라 했는데 都波라는 것은 지혜로운 이치로써 나라를 다스리는
자가 미리 알고 많이 도망하여 都邑이 장차 파한다는 것을 뜻한다.
② 東京狗: 개 가운데 꼬리가 짧은 것을 세상에서 동경구라고 하는데 또한
북쪽이 虛했기 때문이다.
③ 墓諫: 眞平王이 사냥을 좋아하는 것을 막으려 간하던, 金后稷의 유언에
따라, 죽어서 묘를 임금의 사냥 길목에 쓰니, 후일 王이 사냥을 나가는데
'임금님 가지 마십시오.'하는 듯하여 王이 시종에게 물으니 '金后稷의 묘
입니다'하여, 임금이 다시는 사냥을 가지 아니했다. 사람들이 이것을 묘
간이라 했다.
④ 北髻: 신라 때 國都 북방이 虛缺했으므로 여자들이 뒤통수에다 머리채
를 땋았다. 그래서 북계라 부르는데 지금까지도 그렇다.
⑤ 僧齊: 신라 사람들이 부모가 돌아가신 날에는 중을 데려다 밥을 대접하
였기 때문에 그 기일을 僧齊라 하였다.

이외에 流頭宴 · 西畿停 · 王家藪 등의 어원설이 있다. 〈三國史記〉 혹
은 〈三國遺事〉와 유사 혹은 동일한 어원설이다. 怛忉 · 萬波息笛 · 御舞
祥審 · 玄鶴琴 등이 그것이다.
〈三國遺事〉의 語源說과 많이 유사한 〈東京雜記〉의 어원설은 전설에
서 어원을 구한 민간어원설, 표기한자의 자의에서 어원을 취한 한자어원
설 등이 주를 이루고 있다. 그러나 조선조 儒者들의 유교이념으로는 기술
할 수 없는 佛說, 怪力, 亂神의 語들은 高麗朝 학자들의 撰으로 보게하
는 데가 많다. 공자의 '好古敏以求'(論語 述而 第七)에 의한 敏求齋, 주
자의 '闇然而日修'에 의한 闇修齋, 幞頭巖, 梅月堂(1435~1493) 등의 어

원설은 儒者 그 중에도 조선조 儒者들의 說일 것이나, 이는 增修의 과정
에 들어간 것으로 볼 수 있다.

　이상으로 〈東京雜記〉의 어원을 보는 시각은 민간전설, 한자의 자의,
불교설화 등이 주를 이루고, 조선조 이후 어휘의 어원설은 유교의 덕목,
한자의 자의 등이 주를 이루고 있음을 알 수 있다.

4. 요 약

　〈三國遺事〉와 〈三國史記〉에 수록된 어원설은 "因以名之"로 대표되는
"가類" 어원설과, 文面에 직접적 어원의 설명은 없으나 黙示的 설명이
보이는 "나類" 어원설로 양분된다.

　〈三國史記〉에는 김부식의 국어 고유어에 대한 어원의식을 바탕으로
"가類"·"나類" 어원설이 混淆되어, 王稱號·支配層의 인명 및 국명 등
의 어원설이 그 대부분을 차지하고 있다. 이것은 正史라는 성격상 필연적
현상이라고 할 수 있다. 事大慕華思想의 영향으로 한자음에의 同音牽引
이 많이 발견된다.

　〈三國遺事〉에는 神話的 어원설, 固有國語 어원설, 梵語 어원설, 漢字
語 어원설 등이 섞여 있다. 많은 오류에도 불구하고 〈三國遺事〉에는 〈史
記〉보다 어원추구의 의식적인 시도가 있었고, 부분적으로는 正鵠을 얻은
것도 발견된다.

　이밖에 閔周冕이 增刊한 著者·年代 미상의 〈東京雜記〉에는 〈三國史
記〉 및 〈遺事〉의 어원설과 유사 혹은 동일한 어원설이 많이 발견되고 있
다. 이에 增刊前의 〈東京誌〉는 적어도 고려시대에 저술된 것으로 보고, 또
삼국에 관한 내용이 있는 것으로 보아 삼국시대의 어원설에서 다루었다.

IV. 漢字字義에 의한 어원설

(고려~조선 전기)

1. 李奎報의 <東國李相國集>(1241)[1]

이규보(1168~1241)는 上趙太尉書[2]에서 스스로 말하듯 詩書 같은 六
經과 諸子百家, 史筆의 글로부터 幽經·僻典·梵書·道家의 說에 이르
기까지 두루 섭렵한 大文章家다. 이 같은 大文章家에게도 자기 나라말
즉 국어를 직접 적을 수 있는 문자가 없던 당시의 상황은 문법이 전혀 다
른 한문으로 옮겨 적는 크나큰 어려움이 있었다. 엄격하기 그지없는 중국
시문의 틀 속에 넣으려 할 때, 가늘고 여린 정감의 破片, 枝葉들은 모두
떨어져 나갈 수밖에 없다. 또 어떤 위대한 시인도 見聞한 모두를 엄격한
律文으로 詩化할 수는 없다. 그러나 평범한 문인도 그의 견문을 平叙文
으로 寫生할 수는 있다. 이 같은 거리를 이규보는 한문을 이용하여 平叙
文의 우리말식으로 썼음을 고백한다.[3]

---

1) <東國李相國集>에 실린 대부분의 작품은 이규보가 司馬試에 첫째로 뽑힌 22세(1189) 이후
부터 致仕하는 70세(1237)까지의 사이에 쓰였다. 특히 "東明王篇"을 쓴 26세(1193)에서부
터 "四輪亭記"를 쓴 34세(1201), "止止軒記"를 쓴 40세(1207)까지의 작품이 주를 이루었다
고 볼 것이다. 따라서 <東國李相國集>의 내용은 13세기 초·중엽에 이루어진 것으로 보아야
할 것이다.

2) <李相國集>, (卷第二十六書).

그러나 列郡의 풍토와 산천의 形勝으로 기록할 만한 것이 있으되 倉
卒間에 그것을 능히 歌詠에다 나타내지 못한 경우에는 간략하게 短牋片
簡에 써서 日錄이라고 하였는데 거기에는 방언과 속어를 썼다.

여기 방언과 속어란 고려 당시의 순우리말을 이르는 것이다. 이것은 當
時 知識人들에게는 우아하지 못하고 생명력이 없는 것이라고 생각되었다.

이것은 다음과 같은 王輪寺丈六金像驗收拾記[4]에 나타난다.

"공이 '丈文金像의 靈驗에 대한' 遺記를 보고는 감탄해 마지않았다. 다만
그 기록이 모두 방언과 속어로 되어 있어서 오래 전할 수 없으므로 나에게
명하여 글을 쓰게 하였다."

이 같은 시대적 상황과 이규보의 의식은 다음과 같이 거의 한자어원에
국한하게 했다. 또 하나 이규보의 어원의식, 단어와 그 의미간의 관계에
대한 神祕主義的 사고방식을 보자.

"박복야(朴僕射)가 보고 말하기를 '이 동을 본디 만석동이라 칭했는데 대
개 돌이 많기 때문에 불린 이름이다.'하기에 나는 손뼉을 치고 크게 웃으며
말하기를 '아무리 命名한 뜻은 같지 않지만 글자 하나도 서로 다른 것이 없
으니, 이것이 어찌 인간 이전인 신비의 세계에서 본디 정해져서 고칠 수 없
게 된 것이 아닌가?'"〈後集〉, (卷五 古律詩 跋尾)

이 같은 언어관은 言語神授說(phúsei theory)과 통하는 것이다. 또 어
원(etymology)이 true+word를 의미하는 것과도 통한다. 이 같은 사상은
〈李相國集〉 卷第三十四 敎書·麻制·官誥[5]에도 보인다.

"옛날에 佛氏가 나와 세상에 존중을 받았기 때문에 天人師라 하였다. 또
부처의 덕이 이것으로 많아지거나 줄어지는 것은 아닌데, 그 칭호를 이와 같
이 한 것은 대개 이름이 실상을 따라 나타나 자연적으로 나오게 되기 때문이

---

3) 〈李相國集〉, (卷第二十三記 南行月日記).
4) 〈李相國集〉, (卷第二十五記·勝·雜箸).
5) 故寶鏡寺住持大禪師贈謚圓眞國師敎書官誥 敎書.

다. 禪師는 도가 온전하고 덕이 갖추어져 당세의 사표가 되므로 국사의 이름
으로 높이는 것이다. 대개 王師란 것은 한 임금이 본받는 것이요, 國師란 것
은 한 나라가 의지하는 것이다. 실상이 이미 내면에 찼으니 바깥 이름을 도
피할 수 있겠는가?"

가. "가類" 어원설

(1) 건물명

① 凌波亭: 정자가 물위에 솟아 있기 때문이다(曰凌波 盖以亭之援水斗起
也)(卷第二十四記 赫上人凌波亭記).

② 有嘉堂: 이 집에 마땅히 嘉慶이 있으라는 뜻을 취한 것이고, 또는 〈詩經〉
에 이른바 '나에게 좋은 손[嘉賓]이 있다'는 것을 취하였으니 그것이 이
집이 손을 맞이하는 장소가 되기 때문이다(卷第十一贊·序·記·雜議·
問答朴樞府有嘉堂記).

이외에 雙巖寺, 靜慮, 止止軒, 兎角庵 등이 보인다.

(2) 지명

① 戟巖: "흰 바위가 창과 같아서 사람들이 창바위라 한다."(白巖如戟 人號
戟巖)(卷第十六 古律詩 遊天磨山有作).

② 萬石洞: "父老들이 서로 전하기를 '아마 돌이 많기 때문에 만석동이라 이
름한 것이리라'하나, 나는 '그렇지 않다.' 이 동리는 1만 石의 녹봉을 받아
들일 경사가 있을 것이어서지, 꼭 돌이 많기 때문이 아닐 것이다"(父老相
傳云 盖以多石而名之也 予曰非也 此洞當有俸入萬石之慶而云耳 非必以
石之多也)(後集 卷第十一贊·序·記·雜議·問答·朴樞府有嘉堂記)
(卷第五 古律詩跋尾).

③ 朴淵: "옛날 박진사란 사람이 못가에서 피리를 부니 용녀가 그 피리소리
에 반하여 저의 본 남편을 죽이고 박진사에게 시집갔으므로 이 못을 朴
淵이라 이름했다."[6](卷第十四 古律詩 題朴淵).

④ 位金巖: "신라 장군 位金이 바위에 와서 돌성을 쌓아 적을 막았기에 지

금까지 그것이 남아 있으므로 이렇게 부른다."(卷第十七 古律詩 遊妙巖
寺次板上洪書記題位金巖寺韻).

이외에 落妃池, 鸕鷀石(노자석), 墨山, 沮水, 天開洞, 天磨山, 檜洞,
黃驪 등의 한자 어원설이 보인다.

(3) 인명

① 奎報: 처음에는 仁氐(인저/인지)라고 했다가 꿈에 奎星(28宿의 열 다섯
번째 별)이 이상한 상서를 보여주는 것을 보고 奎報로 고쳤다(始名仁
氐[7] 夢奎星報異瑞回改之)〈東國李相國集〉(序).

② 白雲居士: 白雲을 사모하여 自號했음(子將入靑山臥白雲耶 何自號如是
曰非也 白雲吾所慕也 慕而學之則雖不得其實亦庶幾矣)(卷第二十 雜著
白雲居士語錄)(卷第五 古律詩 次韻吳東閣世文 呈詰院諸學士三百韻詩·
幷序).

③ 三百: (아들 이름을) 삼백이라 명명한 걸 이제야 뉘우치노니 아무래도
날마다 삼백 잔씩 마실까 두렵구나(卷第五 古律詩 兒三百飲酒).
내가 吳郞中의 三百韻詩를 화답하였는데, 이 날 아들이 태어났기 때문에
삼백이라고 이름을 삼았다(卷第六 古律詩 憶二兒二首).

④ 三酷好先生: 평생에 오직 거문고·술·시 이 세 가지를 매우 좋아하였으
므로 이렇게 自號했다.(卷第二十 雜著 白雲居士語錄).

이외에 南軒居士, 月松和尙, 異相者, 一龜, 斫木使(작목사), 朱夢, 朱
朱, 志謙 등 인명의 어원이 보인다.

---

6) 以下 必要不可避한 부분 외에는 번잡을 피해 원문 인용을 생략함.
7) 〈東國李相國後集〉(卷終 誄書)에는 "公始諱仁底"라고 되어 있음.
'仁氐'는 '인저'라고 읽어야 할 것임. '氐'의 훈음을 찾아본다. 氐 (저/지) (一) 근본 저(本也),
이를 저(至也), 대저 저(大抵), 숙일 저(俯也), 낮을 저(低下), 종족 이름 저(種族名), 별
이름 저(星名). (二) 지지 지(氐池) (중국 감숙성 所在 漢代의 縣名). '氐'의 主音·意가
'저'에 있음, '仁底'라고 했음과, '氐'에도 28宿(수)의 하나로 '星名'의 뜻이 있음 등으로 보아
'인저'로 읽어야 할 것임. 국역 동국이상국집Ⅰ(고전국역총서 166) p.35에는 '인지'로 되어
있음.

(4) 동·식물명

① 鷄冠花: (맨드라미를 말함) 옛날 싸우는 닭이 문득 강적을 만나 힘을 다
해 싸우다가 붉은 볏에서 피가 흘러내려 화려한 비단이 어지러이 땅에 떨
어지고, 그 넋이 흙과 함께 사라지지 않고 향기 좋은 꽃이 되어 짙은 자주
빛 자랑함이리(卷第五 古律詩). 꼭 닭머리는 아니지만 닭머리와 똑같구
나(卷第五 古律詩).

② 無窮花: ㉠ 무궁은 無窮의 뜻이니 이 꽃은 끝없이 피고 진다는 것을 의
미한다. ㉡ 무궁은 無宮의 뜻이니 옛날 어떤 임금이 이 꽃을 매우 사랑하
여 온 궁중이 무색해졌다는 것을 의미한다(卷第十四 古律時).

③ 醒醉草: 취한 자가 그 풀잎을 따서 향내를 맡으면 즉시 깨어나므로 이름
을 성취초라 했다(卷第四 開元天寶詠史詩 四十三首).

이외에 冬栢, 白鮮(백배), 四季花, 地棠花, 黜壇花(출단화), 天子梨 등
의 漢字附會語源이 보인다. 天子梨란 배(梨)의 이름에 근거하여 쓴 다음
시를 보면 한자의 자의에 매인 이규보 어원설의 성격을 짐작할 수 있다.

다만 天子라는 이름을 가졌으니 / 신하로서는 먹는 것이 부당하겠지만(卷
第五 古律詩 食俗所號天子梨).
천자로 이름 지은 그 배 / 신하가 먹기엔 부당한 듯 / 임금이 내림이라 생
각할 때 / 꿇앉아 먹는대야 뭘 해로우랴(卷第七 古律詩 食天子梨).

(5) 풍속·기타

① 冬冠: 술은 추위를 막나니 / 속담에 '겨울갓'이라 이른다네 / 그대 같은 대
머리는 / 禦寒하지 않을 수 없으리라(酒能防凓洌 俗諺號冬冠 禿首如吾子
能無備禦寒) (卷第十六 古律詩 冬日與僧飮戱贈).

② 硯池[8]: 어떤 이가 묻거니 여느 못은 물이 땅에서 솟기 마련이거늘 / 무슨
일로 이 연지란 것은 / 위에서 부어야 차게 되는 건가 / 이것을 못이라 이름

---

8) 硯池란 벼룻물을 담아 두는 곳. 곧 벼루 앞 쪽에 오목하게 파진 곳을 말함. 벼루의 별칭이기
도 함.

지은 것은 / 그 뜻이 온당치 못한 것 같네 / (後集卷第十 古律詩硯池詩).

①에서 '俗諺號'한 것으로 보아 겨울에 먹는 술을 '겨울갓'이라는 고유어로도 익살스럽게 사용되었거나, 중국에서는 겨울 술을 '冬冠'이라고 사용하지 않는데도 우리가 그렇게 사용했음을 알 수 있다.

이외에 罵月, 曆書, 調伏, 支石, 叢林, 和尙雨 등의 어원이 詩 속에 보인다. 命名과 의미, 그리고 표기 한자의 字義 사이 같음, 혹은 다름을 詩想展開의 方便으로 삼은 것이다. "竹夫人"에서 그 例를 본다.

"대(竹)는 본래 丈夫에 대한 것이고 / 참으로 아녀자의 이웃은 아니다! / 어찌하여 침구로 만들어서 / 억지로 夫人이라 이름하였나"(卷第三 古律詩 竹夫人).

나. "나類" 어원설

이규보는 儒者이면서도 불교에도 고루 통달하여 너그러움을 보이고 있다. 이 점은 조선조의 儒者들과는 전적으로 다르다.

① 空王: 부처를 말함. 〈卷第十五 古律詩〉
② 果下馬: 通傳에 朱蒙이 타던 말을 모두 果下馬라 했다. 〈卷第三 古律詩〉

이외에 어원의 암시가 보이는 것을 들면 다음과 같다.
君子芋(토란), 麂(큰 고라니), 帶方國, 動鈴, 木筆花, 槃瓠, 烏龍, 闍利, 沙彌, 阿闍梨, 回回, 阿萬, 五千文, 牛桃, 犢鼻麻褌(삼베쇠코 잠방이), 鼓吏褌(고리 잠방이) 등이 그 어원을 암시한다. 이상 언급된 어휘를 정리하여 보이면 다음과 같다.

(1) 建物名

① 凌波亭, ② 有嘉堂, ③ 雙巖寺, ④ 靜慮, ⑤ 止止軒, ⑥ 兎角庵.

(2) 地名

① 戟巖, ② 落妃池, ③ 鸕鶿石(노자석), ④ 萬石洞, ⑤ 墨山, 沮水, ⑥ 朴淵, ⑦ 芳華, ⑧ 法師津, ⑨ 位金巖, ⑩ 天開洞, ⑪ 天磨山, ⑫ 檜洞, ⑬ 黃驪.

(3) 人名

① 居士, ② 奎報, ③ 南軒居士, 南軒長老, ④ 白雲居士, ⑤ 三百, ⑥ 三酷好先生, ⑦ 月松和尙, ⑧ 異相者, ⑨ 一龜, ⑩ 斫木使, ⑪ 朱蒙, ⑫ 朱朱, ⑬ 志謙, ⑭ 天老, ⑮ 天人師, ⑯ 解語花, ⑰ 檜谷居士.

(4) 動植物名

① 鷄冠花, ② 冬栢, ③ 無窮花, ④ 白鮋(백배), ⑤ 四季花, ⑥ 醒醉草, ⑦ 紫中貴, ⑧ 地棠花, ⑨ 天子梨.

(5) 風俗・其他

① 冬冠, ② 硯池, ③ 罵月(앵월)(後集 卷九 古律詩 四月日聞罵), ④ 曆書, ⑤ 律・調伏, ⑥ 竹夫人, ⑦ 支石, ⑧ 叢林, ⑨ 和尙雨.

이상으로 다음과 같은 일반적 특성을 추출할 수 있을 것이다.

첫째, 儒者 이규보의 글에 불교 관계의 어휘가 자연스럽게 나옴은 이규보의 〈博覽强記〉에도 있지만, 이규보 생존 당시 儒者들의 불교에 대한 관용도 많이 작용했으리라고 본다. 그것은 儒者인 이규보가 國師・禪師들의 墓誌銘(靜覺國師碑銘, 眞覺國師碑銘: 卷第三十五)을 쓴 것이나, 和尙들과 親交를 가져 시로써 화답했음으로도 알 수 있다.

둘째, 動植物 특히 식물, 그 중에서도 꽃 이름의 어원이 많이 언급되었음은 시의 소재로써 오히려 당연하다고 할 수 있다.

셋째, 이상의 어원 언급은 한자의 자의에 拘碍된 것들이고, 또 중국의 고사에 淵源한 것들이 대부분이었던 데 기인한다.

넷째, 이규보의 어원의식은 詩作에 필요한 한자의 의미 파악이 주된 것이었지 단어의 어원적 탐색은 아니었다.

다섯째, 支石·冬冠을 제외하고는 고유어의 어원을 추구한 것이 드물기는 하나, 詩語에서 한국적인 표현을 시도한 것들도 보인다.[9]

「쇠코잠방이」: [犢鼻麻褌].
무궁화[槿花]: 無窮, 無宮(次韻文長老朴還古論槿化邦序).
봉숭아[鳳仙花]: 鳳翔花.
토란[芋]: 土卵.
자석[紫石]: 子石.
地棠花: 黜壇花.

한국지명의 緣起說을 밝힌 것도 있다.

朴淵(瀑布): 昔有朴進士者 吹笛於淵上 龍女感之 殺其夫 引之爲壻 故號朴淵.
黃驪: 黃馬驪馬出水 故名之.
位金巖: 新羅將軍位金 來此巖 築城禦敵 至今猶在故 號位金巖.
萬石洞: 計一年入 無慮千有餘石 因名之曰 萬石洞. ……一年俸入餘千石/萬石爲兆後期(後集 卷五 古律時 洞名詩…… 並序)

---

9) 柳在泳, 白雲小說研究(원광대학교 출판부, 1979), p.162. 그러나 "犢鼻褌"의 用例가 중국에 벌써 있기는 하다. "司馬相如身自著犢鼻褌"〈漢書〉.

2. 李齊賢의 <益齋集>(1363)[10]

이제현(1287~1367: 14C 중엽)은 麗末의 시인이요, 성리학자다. 원의 연경에서 그 곳 名士와 交友, 학문이 깊었다. 西蕃에 귀양 가는 충선왕을 따라갔으며 恭愍王時 右政丞, 門下侍中을 지냈고 왕명으로 실록을 修撰했다. 저술로는 〈益齋亂藁〉, 〈櫟翁稗說〉 등이 있다. 아래의 어원설은 〈益齋集〉에서 발췌한 것이다.

(1) 지명

① 慶尙道: 東南지방의 州 · 郡 중에 경주가 가장 크고 상주가 그 다음인데 그 도를 경상도라 일컬음은 이 때문이다〈益齋亂藁〉〈卷第五序〉.

② 三鉗(삼겸): 여러 내[川]의 물이 한 데 모여 여름과 가을 사이에는 장마로 세찬 물결을 이루고, 산은 꿈틀꿈틀 기세가 웅장하여 세상에서 이렇게 부른다〈益齋亂藁〉〈卷第六記〉.

③ 槖駝橋(탁타교): 고려 태조 때 거란이 낙타를 보내 주었는데 다리 아래 매어두고 굶어 죽게 하였으므로 그 다리 이름을 그렇게 불렀다〈櫟翁稗說〉〈前一〉.

(2) 인명

① 無極老人: 中吳의 異蒙山禪師가 일찍이 '無極說'을 지어 船舶편에 부쳐왔는데, 寶鑑國師가 묵묵히 그 의미를 터득하여 自號하여 無極老人이라

10) 전집으로서의 〈益齋集〉(益齋亂藁 · 櫟翁稗說 등이 실려 있음)은 1636년(인조 14)에 간행되었으나, 〈益齋亂藁〉는 益齋가 죽기 3년 전인 1363년에 초간 되었다. 그러나 익재의 작품 대부분은 그가 28세(1314)에 忠宣王을 따라 원나라 연경으로 가 萬卷堂에서 충선왕을 모시고 당대 중국의 一流文士 姚燧(요수), 趙孟頫(조맹부) 등과 문학적 교제를 하던 시절, 35세(1321)에 吐蕃으로 유배된 왕을 뵙기 위해 1만 5천 리 長征을 하면서 많은 문학적 체험을 하던 시절, 〈櫟翁稗說〉을 쓰던 56세(1342)의 사이, 즉 AD 1314년부터 AD 1342년; 14세기 초 · 중엽에 쓰였다는 것을 알 수 있다.

했다.〈益齋亂藁〉(卷第七碑銘)

② 萬奴: 東眞의 임금을 말하는 것이다.(萬奴者 盖東眞之主也)〈益齋亂藁〉
(卷第六書).

③ 櫟翁(稗說): 재목감이 못되어 베어지는 피해를 멀리하는 것은 나무의 즐
거움(木樂)이 되기 때문에 즐거울 樂자를 붙인 것이다. ……號 櫟翁은
그 재목감이 되지 못함으로써 壽할까 하는 뜻에서다〈櫟翁稗說〉(前一).

(3) 기타

① 稗說: 돌피[稗]는 곡식[禾] 중 비천한 것이기 때문에 卑를 붙인 것이다.
지금은 늙었는데도 오히려 잡문쓰기를 좋아하여 그 부실한 것이 마치 비
천한 돌피와 같다. 그러므로 그 기록한 것들을 패설이라 하였다.〈櫟翁稗
說〉(前一).

② 熱飯宴: 진사에 합격한 자를 축하하기 위해 답지(杏至)하는 하객을 졸지
에 대접하기 어려워 밥만 지어놓는다. 이러므로 세속에서 이 축하연 별
명을 열반연(熱飯宴)이라 하는데, 그것은 잠깐 사이에 해낸다는 뜻이
다.〈益齋亂藁〉(卷第一).

③ 蚩冷符(치냉부): "近世에 글은 보잘 것 없으면서 石刻하기 좋아하는 것
을 세상에서 蚩冷符라 한다." 하였다. 蚩冷符란 곧 山虫篆(산충전)이다.
〈益齋拾遺〉(孝行錄序).

④ 黑冊政事: 忠肅王 말년에 붉은 印을 찍어 封한 정안이 환관의 수중에서
변경되기도 하니, 黑冊政事란 비방이 아녀자들 입에까지 퍼졌다. 黑冊이
란 아이들이 두꺼운 종이에다 먹칠을 하고, 기름을 먹여서 글씨 연습하
는 것을 말한다. 충숙왕이 병으로 外人보기를 꺼려서 안팎이 막혔다. 일
을 맡은 자들은 모든 批目이 내리면 서로 다투어 뭉개고 지우고 하여, 朱
墨을 분별할 수 없게 되었다. 그래서 당시 사람들이 이것을 黑冊政事라
하였다.(益齋集 十, 櫟翁稗說 전집 1).

⑤ 沙簡里(사개리): 당시 몽고어로 儒生이라는 말. 나아가서 물정에 어두운
書生.〈益齋亂藁〉(卷第七碑名).

이상은 한자의 자의, 고려 사회의 은어·속어에 유연적인 어원설들이다.

이외에 고려시대에 사용된 외래어(蒙古語, 梵語)의 어원에 관한 암시
도 보인다. 袈梨(袈裟의 일종), 達魯花赤, 禿魯花, 毛克(女眞 官名), 孛
兀兒札宴(발올아찰연)[11], 於菟(오도: 호랑이의 異名, 春秋時 楚의 방
언), 靑社・鰈域(우리나라의 별칭), 靑奴(竹夫人의 異名), 必闍赤 등이
그 예다.

이상 益齋의 어원설은 한자의 자의, 유교의 덕목, 성리학의 이론, 고려
사회의 은어・속어 등에 기초를 둔 어원설, 몽고어・범어・동진어 등에
근원한 어원설로 대별할 수 있다. 이 같은 어원설은 원나라 연경에의 오
랜 滯留, 吐蕃 및 江南隨行, 성리학자, 고려 裏面社會를 이해했던 정치가
등, 익재의 경력에서 연유하는 것이다.

3. 金宗瑞(1393~1453)의 <高麗史節要>(1452)

<高麗史節要>는 문종 2년(1452)에 '儒臣'들에 의해 制進되었다. AD
1451년 8월에 기전체의 <高麗史>가 완성된 지 5개월 뒤다. 이로써 두 책
의 관계가 깊음을 알 수 있다. 簡而要를 위해 <高麗史節要>에서 자료를
뽑았다. 15세기 중엽의 기록이나 내용은 고려 일대의 것이므로, <三國史
記>, <三國遺事>의 어원설을 삼국시대의 것으로 다룬 것처럼 고려의 어
원설로 다루었다. 고려시대 문헌을 기초로 하여 이루어졌기 때문이기도
하다.

---

11) '孛兀兒札宴後謝表'(익재란고 권제8 表), 孛兒札宴後謝皇太子展牋(익재란고 권제8 表),
   孛兒札之宴(익재란고 권제8 表 발아찰연후사황태자전 전 본문)의 札・扎이 다르다. 국역
   익재집(민족문화추진회 p.245)도 '札'로 썼음. 필자도 '札'로 통일한다.

(1) 지명

지명 어원은 역사적 사건을 한자의 자의와 관련, 의미적 유연성에서 주로 구하였다.

① 羅州: 고려 태조가 錦城郡을 쳐 함락시킨 후에 나주라 했으니 벌로써 격하한 것이다.

② 養三(江都에 있었던 갈림길): 無賴輩(무뢰배) 養三이 여기서 행패를 부렸기 때문.

③ 靈昌孝子里: 金光載의 효성을 가상히 여겨 그가 이곳에 살므로.

④ 槖駝橋(탁타교): 契丹이 보낸 낙타를 이 다리 밑에서 굶겨 죽였으므로.

⑤ 虎岩: 石壁이 냇가에 깎아 세운 듯하므로.

①은 '錦城郡'의 '錦城'을 버림은 '錦城'이 '金城湯池' 또는 '金城鐵壁'의 '金城'과 音이 유사연합(類似聯合類)에 의함이었을 것이다. '羅州'라 격하했음은 '羅'[12)의 뜻; [訓] '벌'과, '罰'의 음(音); [벌]이 같음 [音相似]에서 비롯했을 것이다. ⑤ 虎岩에 대하여 당시 언중은 "호랑(이) 바위"라고 했을 것이다.

(2) 인명

한문화의 심화로 한자의 자의나 중국문화·유교문화의 시각에서 어원을 찾았다. 또 命名의 동기도 거기에 있었을 것이 확실하다.

① 奎報: 꿈에 奎星을 보았으므로.

② 白雲居士: 放曠하여 시와 술로 스스로 즐기어 이렇게 自號함.

③ (金)雲來: 五色雲 사이에서 한 青衣동자를 여러 사람이 옹위하여 보낸 꿈을 꾼 후 태기가 있어 金慶孫을 낳았으므로 初名을 이렇게 했다.

④ (崔)知夢: 麗太祖의 꿈을 잘 풀어 주었으므로 이렇게 賜名.

---

12) 羅:벌 라. 列也《類合 上25 b》, 《右千》, 《註千》, 《字類上24b》, 《新字3:37b》.

⑤ 五經笥: 成均 祭酒(좨주) 李晟에게 배우러 오는 자가 많았으므로.
⑥ 玉人: 應圭가 총명하고 풍채가 아름다워서 호칭.

몽고의 침략·지배 하에서는 몽고어 어원도 보인다.

① 納麟哈剌: 元 世祖가 元卿을 稱. 대답이 자세·민첩하고 동작이 경쾌하기에 納麟, 수염이 아름답고 검기 때문에 哈剌라 하였다(卷二十二 忠烈王 四).
② 撥皮: 伯顔이 前王을 미워하여 撥皮라 했으니 이는 건달이라는 뜻이다(卷二十五 忠肅王).
③ 阿只拔都(卷三十一 辛禑).
④ 必闍赤(비자치): 文士, 몽고어의 Biteshi.

역사적 사실 또는 時俗에서 命名의 동기를 찾은 것도 있다. 역사적 사건명이나 인명을 언뜻 역사 記述者가 命名한 듯하지만, 역사 기술자도 命名者는 아니다. 그도 뒤에 그 命名의 연원을 추적하는 者다. 또는 역사 기술 자료의 해석자다.

① 內按廉: 按廉使 閔萱(민훤)이 아첨을 잘하므로 이렇게 불렀다.
② 都羅山: 柴氏(시씨)의 딸 無比가 都羅山에 가는 王을 따라가서 즐기었으므로 호칭.
③ 水獺(수달): 賊將 能昌이 水戰을 잘하므로 명명.
④ 沈金: 沈淑公의 妻와 그녀의 사위 金進과 사이에 낳은 아들이므로 명명.
⑤ 雙刀子: 권세가 李義旼(이의민)의 두 아들(至榮·至光)이 橫暴하므로.
⑥ 尹王: 尹時遇가 왕의 측근에서 정권을 휘두르므로.
⑦ 林權: 林仲沇(임중연)이 왕의 政事를 문란하게 하니 옛적에 銓注에 참여하여 뇌물을 많이 받은 鄭權에 빗댄 것.
⑧ 鐵餻(철고; 쇠떡): 安戬(안전)이 아첨하지 않고 오랫동안 銓選을 맡았으므로.
⑨ 鐵文魚府尹: 모습이 문어같이 생긴 鷄林府尹 裵元龍이 백성을 심히 침

탈하므로.

⑩ 吠主(폐주; 주인 보고 짖는 개): 洪福源이 祖國을 배반하고 다니므로.

⑪ 莨實御史(낭실어사): 宋克儇이 莨實을 뇌물로 주어 御史가 되었으므로.

⑫ 銀尙書: 李峴(이현)이 뇌물을 많이 받았으므로.

(3) 風俗語

한자의 자의에 따른 것이 대부분이다.

① 守庚申: 사월 경신일을 밤새워 즐겼으므로 호칭.

② 流頭飮: 6월 15일에 東流水에 머리감고 모여서 술마시니 命名.

③ 乙亥法席: 乙亥日에 법석을 설치하고 황제를 위해 빌었으므로.

④ 寶: 고유어다. 돈과 곡식을 기부하여 그 본전을 보존하고 이식을 취하여
영구히 이용하는 까닭으로 寶라 한다.

⑤ 封墓: 山陵의 隧道(수도)는 臺官에게 署名시켜서 封하게 하였으므로.

⑥ 闊口(활구): 銀甁(은병)의 俗稱.

풍속어에는 몽고어 및 중국어 어원이 보인다.

① 孛兒札宴(발아찰연): 원의 법에 姻婭間(인아간)에 모여서 잔치하는 것.

② 胡禿赤: 몽고에서 術客을 稱(蒙古謂術人 爲胡禿赤)(卷二十一 忠烈王三).

③ 怯仇兒(겁구아): 머리 가운데만 머리칼을 두고 정수리에서 이마까지 깎
는 것을 의미하는 몽고어.

④ 怯薛(겁설): 宿衛의 당번을 의미하는 몽고어다.

⑤ 薛比思(설비사): 중국말로 기쁜 소식을 전한다는 말이다.

⑥ 只孫: 중국말로 "빛깔"이란 뜻. 宴會에 나오는 사람의 의관을 모두 같은
빛깔로 하는 것.

⑦ 怯怜口(겁령구): 중국말로 私屬人(卷十九 忠烈王).

⑧ 禿魯花(독로화): 중국말로 볼모로 잡힌 사람.

⑨ 伊里干: 죄짓고 도망간 백성들을 불러 모아 伊里干이라 하니, 이리간은
중국말로 部落이란 뜻.

(4) 諷刺語

① 粉紅榜: 분홍 옷 입기를 좋아하는 젖내 나는 세력가의 아이들만 成均試에서 뽑았으므로.
② 水靑木公文: 水靑木(물푸레나무)으로 때려서 백성의 토지문권을 빼앗으므로.
③ 煙戶政(굴뚝차례 除授): 李仁任이 情實에 의해 上下의 人事를 연줄로 제수했으므로.
④ 歛議餞送: 辛旽을 위한 잔치에 고관들이 아첨하여 참석했으므로.
⑤ 黑冊政事: 권세가들이 지우고 고쳐 朱墨을 알 수 없게 한 批目.

(5) 其他

① 契丹場: 契丹 포로들을 州·縣에 나누어 살게 한 것.
② 殿試門生: 忠烈王이 친히 文臣에게 시험을 보여 합격한 門生.
③ 點奏(점주): 벼슬에 오를 자를 점찍어 아뢰므로.
④ 八馬碑: 崔碩이 선물로 받은 말 七匹에 망아지까지 돌려준 청렴을 기려 세운 碑.
⑤ 聖帝帶: 眞平王이 聖骨이므로 진평왕의 玉帶를 칭.
⑥ 食人蟲: 비처럼 내리는데 사람의 뱃속이나 피부 속으로 들어가면 사람이 죽으므로.
⑦ 阿只: 方言小兒之尊稱(卷二十九 恭愍王 四, 辛亥 20년 9월).
⑧ 阿吉阿合蒙合: 물고기 이름인데 소같이 생겼다. 몽고 사신이 이 가죽을 요구했다.

이상의 어원설은 〈三國遺事〉의 신화적 어원설, 불교의 緣起說話的 어원설과는 거리가 멀다. 같은 儒家라 하더라도 김부식의 〈三國史記〉와도 다르다. 김부식도 사기의 편찬 과정에서 유가의 법도 즉 "不語怪力亂神"을 철저히 이행하지 못하였다. 그러나 본 〈高麗史節要〉에서는 그같은 것이 하나도 보이지 않는다.

이것은 조선조 초기 儒者들의 正名思想에서도 기인하였을 것이다. 〈高麗史節要〉에는, 이자겸의 생일을 仁壽節이라 하자는 朴昇中의 아첨을 물리친 김부식에 관한 기록이 보인다(卷九 仁宗恭孝大王一 甲辰 二年七月). 이것은 물론 臣者된 김부식의 왕에 대한 충성심의 발로이기도 하나, 고려 儒臣이 가진 정명사상의 다른 표현이라고도 볼 수 있다. 고려 儒者들에게 나타난 이 같은 정명사상의 현저한 다른 예를 보자.

"榮州에 佛塔이 있는데 知州事 鄭習仁이 그 이름을 물으니 無信이라고 하였다. 習仁이 말하기를 "이상하다. 옛글에 '惡木 밑에는 쉬지 않고 盜泉은[13] 마시지 않는다'한 것은 그 명칭을 싫어하기 때문인데 어찌 형체가 높고 커서 한 고을의 瞻視(첨시)가 되었는데도 無信으로써 이를 표시할 수 있으랴"하고 이에 州使로 하여금 기일을 정하여 이를 없애 버리고 그 벽돌로써 賓舘을 수리하였다"(卷二十八 恭愍王三, 丙午 15년 4월).

이 같은 정명사상은 조선조에 그대로 이어져 심화되었다. 이제 〈高麗史節要〉의 어원설이 가진 특색을 요약하여 본다.

첫째, 한자의 자의 또는 한자어에서 구한 것들이 대부분이다. 그러나 한자로 표기되었다고 당시의 일반 언중들이 한자어 음으로 말했다고 보기는 어려운 것들이 있다. 고유어음 표기의 고유문자가 없었던 상황이나, 한문을 이해한 識字層은 표의문자인 한자로 固有語音 表記를 즐겨하지 않았던 사정을 고려한다면 이를 수긍하지 않을 수 없다.

金城을 羅州(벌골, 罰州), 虎岩(범바위, 호랑바위), 雙刀子(쌍칼잡이), 鐵餻(쇠떡), 鐵石肝腸(쇠돌간장, 철석간장), 吠主(주인 보고 짖는 개), 守庚申(庚申을 지킴), 寶(고유어임), 水青木公文(물푸레나무 공문), 煙戶政(굴뚝차례 除授), 獐項(노루목).

둘째, 고려 사회의 시대 상황을 襃貶(포폄)하는 방편으로서 일반 언중

---

13) 盜泉: ①泉名. 山東省 泗水縣에 있음. 공자는 그 이름이 좋지 못하다 하여 마시지 않았다 함. [說苑] ①水名盜泉, 孔子不飮 醜其名也 ②不義의 뜻.

의 命名에 대한 유연성을 분석하고 있다.

셋째, 몽고의 지배하에 있었던 고려의 상황은 몽고어 기원의 어휘를 가지게 했다.

納麟哈剌, 撥皮, 阿只拔都, 孛兒札宴, 胡禿赤, 必闍赤(비자치), 阿吉兒合蒙合, 怯薛, 姑姑, 達魯花赤, 孛魚合反兒, 拔覩魯, 沙箇里, 八哈思.

넷째, 중국어 어원설도 보인다. 몽고의 무력에 의한 中原의 지배, 그 속에서도 중국 문화에 의한 同化의 증거일 것이다.

薛比思, 只孫, 怯怜口, 禿魯花, 忽赤, 伊里干.[14]

다섯째, 女眞語 어원도 보인다.

兀良哈(오랑캐), 斡都里(알도리).

여섯째, 〈고려사절요〉의 어원설은 조선조를 세운 李成桂 일파의 정당성 옹호를 위해 쓰인, 고려 후기 제왕들의 非行·사회의 부패 등에 초점이 맞춰졌음을 주의해야 할 것이다.

일곱째, 益齋의 어원설과 유사한 부분은 익재의 글이 〈高麗史節要〉에 참고 되었기 때문이다.

4. 李荇(1352∼1432)의 〈新增東國輿地勝覽〉(1530)

〈新撰八道地理志〉(1432)를 대본으로 盧思愼, 梁誠之, 姜希孟 등이 완

---

14) 그러나 이들 단어가 〈고려사절요〉의 언급대로 모두 중국어 어원에서 비롯했는가 하는 것은 의문의 여지가 있다.

성한 〈輿地勝覽〉(1481)을 訂正하여 〈東國輿地勝覽〉(1486)을 발간, 改修(1499), 李荇 등이 증보한 것이 〈新增東國輿地勝覽〉(1530)이다.

가히 한 세기에 걸친 조선조 초기의 全학자를 동원한 勞作으로 조선조 초기의 어원설이 여기에 있다. 역사 지리에 관한 논술의 합리성 추구의 과정에서 국어 어원설이 나타난다.

① 平壤: 西京은 지세가 평탄하고 넓기 때문에, 그 지세를 따라 이름을 지었다(卷一 京都).
② 欽敬(閣): 堯典의 欽若昊敬授民時(공경히 백성에게 시절을 알려준다)에서 따옴(卷一 京都).
③ 馬韓: 高句麗 地域에 馬邑山이 있으므로 命名(卷六 京畿).
④ 卞韓: 百濟地域에 卞韓(扶安縣의 邊山)이 있으므로 命名.
⑤ 벽절(報恩寺, 神勒寺): 벽돌탑이 있으므로 俗稱 벽절이라 한다(有甓浮屠 故俗號甓寺).

매사에 중국의 고사를 비유하고, 연상하는 당시 한학자들의 모습은 다음에서 알 수 있다.

青洲從事: 青洲의 齊縣, 臍→齊의 연상에서 좋은 술을 뜻한다.
平原督郵: 平原의 鬲縣, 膈→鬲의 연상에서 나쁜 술을 뜻한다(卷一 京都).

그러나 지명의 표기에서 고대어의 흔적을 알려 주는 좋은 예도 보인다.

渡迷遷: 渡迷津 북쪽 언덕을 말한다. 신라 방언에 물언덕, 돌길을 遷(벼루)이라 불렀다(新羅方言 多以水崖石路稱遷: 卷六 京畿).

5. 요 약

이규보의 〈東國李相國集〉에 나타난 어원설은 詩作에 필요한 한자어의 의미 파악이 주된 것이고, 국어 어휘의 진정한 어원적 탐색은 아니었다. 支石·冬冠과 같은 詩語에 나타난 고려풍의 표현 의도를 제외하면 모두 한자의 자의에 구애된 것이고 중국의 고사에 연원한 것들이다.

이제현의 〈益齋集〉에 나타난 어원설도 중국 고전에 근거했거나 표기 한자의 자의에 附會한 것들이다. 〈益齋集〉에는 고려시대에 사용된 외래어(몽고어·범어)의 어원에 관한 암시도 보인다.

조선 시대 儒臣들에 의해 制進된 〈高麗史節要〉의 어원설도 대부분 한자의 자의 또는 한자어에서 구하고 있다. 또 고려 사회의 시대 상황을 폄하하는 방편으로써, 일반 언중의 命名에 대한 유연성을 분석하고 있다. 이외에 몽고어 및 여진어에 관한 약간의 어원설도 보인다.

易姓革命에 의해 왕조가 바뀌었으나 어원을 보는 시각에는 변화가 있을 수 없다. 조선 초기 李荇의 〈新增東國輿地勝覽〉에는 역사 지리에 관한 기술의 과정에서 국어 어원설이 나타난다.

V. 초기의 비교언어학적 어원설

(조선 후기 : 실학 시대~갑오경장 이전)

1. 李睟光의 <芝峰類說>(1614)

이수광(1563~1628)의 본서는 1614년에 편찬, 인조 11년(1633)에 그의 아들(聖求·敏求)에 의해 간행된 것으로, 古書 古文에서 뽑은 奇事逸文集 혹은 일종의 백과사전이다. <芝峰類說>(卷十六 語言部 俗諺, 卷十七 雜事部 名號)에는 국어와 몽고어와의 소박한 비교 언어학적 시도도 보이고 다음과 같은 어원설이 있어 일찍부터 주목되고 있다.

(1) 국명·지명

① 朴淵: 朴進士가 그 深淵 위에서 피리를 불었더니 龍女가 감동하여 그를 끌어들여 남편을 삼았기 때문에 이름한 것이다.

② 圓山(漢拏山): 峰上이 모두 평평하기 때문에 命名한 것이다.

③ 松嶽: 소나무를 심었다 하여 命名.

④ 高麗: 山高水麗에서 뜻을 붙인 것이니, 麗는 마땅히 去聲이어야 하는데 韻書에서 平音이라 하였으나 무슨 뜻인지 모르겠다.[1]

---

1) 麗: ①리[集韻] 郞知切, 平聲. 부딪칠 리, 나라 이름 리(商代의 제후국, 高麗 東國名).

⑤ 突厥: 투구를 잘 만든다 하여 이름한 것.

⑥ 丸都城: 위치가 자세치 않다. 或言 寧遠의 劍山이 그것이라고 한다. 俗에 칼을 환도라고 하기 때문일 것이다.

⑦ 損大島: 壬亂時 李大元이 損竹島에서 싸우다 죽으니 손대도라 했다.

⑧ 嗚呼島(오호도): 田橫은 義士인데 海島中에서 죽으니 後人이 그를 슬피 여겨 그 섬을 命名, 俗傳에 洪州·海州의 海中에 芿叱盆島(잉질분도)가 있는데 이것을 嗚呼島라 한다. 방언에 芿叱盆이란 말이 嗚呼(슬프다)란 뜻에 가깝기 때문에 부회하는 말일 것이다.

⑨ 風穴(淸風郡 所在): 風氣甚烈 雖盛暑之日 猶覺寒凜 名風穴.

⑩ 星宿海: 河水의 근원이 ……바라보면 번쩍거리는 것이 마치 별들이 널려 있는 것 같아서 命名.

⑪ 賽神令公(경기 충청 사이에 있음): 水路 가운데 큰 돌이 있어 배가 부딪치면 부서지므로 命名. 塞神은 香火祈祝의 뜻이나 혹 令公은 靈君이란 말이 아닌가 의심된다.

①⑦⑧은 전설에 의한 지명의 민간어원설이고, ④는 자의에의 牽强이다. '麗'는 韻書대로 平音으로 '나라이름 리'다. 원래 '高麗'는 'gāolí'의 음차표기다. 〈魏志〉의 '高句麗在遼東之東'이 이것이다. ⑤는 유사음에의 牽强이다. 突厥은 Türküt의 音譯으로 "용감한 사람"(brave people)이란 뜻의 페르시語에서 온 말이다.[2]

(2) 인명

① 海鬼: 海底를 潛水하고 그 모습이 귀신같으므로 命名.

---

②려[集韻] 郎計切, 去聲. 고울 려, 빛날 려, 걸릴 려, 베풀 려, 짝 려(偶數), 문루 려(高樓).
③려[集韻] 里弟切, 上聲, 수효(數目).

2) 중국 古史書에서 발췌한 다음과 같은 어원설도 민간어원설이다.
突厥: 種族名, 其先爲平涼雜胡, 匈奴之別種也. 姓阿史那氏, 後魏太武滅北涼, 阿史那 以五百家奔蠕 代居金山, 山狀似兜鍪 其俗呼兜鍪爲突厥, 因以爲號, 隋唐之際其勢漸强. (中文大辭典編纂委員會, 中文大辭典, 中華學術院 印行)

(3) 기타

① 雲雨: 神女가 아침에는 구름이 되고 밤에는 비가 된다고 말한 것이지 男女交合의 뜻은 아님.

② 王瓜: 본래 잘지만(小) 籍田의 참외로 타 종류의 참외보다 먼저 나서 임금께 진상하므로 王瓜라 함. 아직 진실로 그런지 아닌지는 알지 못한다.(未知信否).

③ 征鳥: 정조는 사납고 빠르다. 새매等 類는 잘 치기(擊) 때문에 命名.

④ 黃雀風: (六月에 불어오는 동남풍): 이 때 바다고기가 변하여 黃雀(참새)이 되기 때문.〈風土記〉

⑤ 梭船(사선): 배 모양이 북(梭)과 같으므로 命名.

⑥ 父: 阿父 疾痛則呼阿爺 …… 疾痛慘怛 未嘗不呼父母之義.

⑦ 母: 阿㜷 驚恐則呼阿母 …… 疾痛慘怛 未嘗不呼父母之義.

⑧ 築土者: 達苦 蓋打號聲 訛而然也.

④는 녹색(경기지방에서 동풍)·높새(뱃사람말의 북동풍)·녹새풍(綠塞風)의 훈차표기를 자의에 견강한 것이다.

⑥의 阿父, 阿㜷는 당시로서는 神奇 혹은 당연한 것이었겠으나 민간어원이다. 더구나 阿父, 阿㜷가 "蓋本唐語"라 했음은 誤解莫甚이다. 達苦를 打號의 訛로 봄도 한자에의 견강이다. 그러나 다음과 같은 것은 正鵠을 얻은 것이다.

① 新羅時 其君稱麻立干 其臣稱阿干 至於鄕里之人 例以干連其名而呼之 蓋相尊之辭也 余按 我國方言 干音汗 如謂種蔬者 爲園頭干漁採者 爲漁夫干 造泡干 爲豆腐干之類 大抵方言以大者爲汗 故謂天爲汗 亦此也.〈芝峰類說下〉(雜事部)

② 天: 汗 大者爲汗 故謂天爲汗.

또한 소박하나마 隣近諸國語와의 비교를 시도한 것도 있다.

① 其奴婢收貢者: 達化主(此則因胡元達魯化赤而訛傳).
② 腎: 卜兒(蒙古語, 此則與我國俗音相同).
③ 河: 沒里(契丹語, 此則與我國俗音相同).
④ 眞臘國 以野人爲奴婢 俗呼爲種(謂奴婢爲種 與我國方音同矣).

그러나 "君(尼音今)"의 어원에서는 〈三國史記〉의 기록("以多齒爲賢
嚙餠以試之 推以爲君 號尼師今")을 그대로 踏襲한 것도 보인다. 또한
아래와 같은 어휘들은 "我國鄕語最不可解者"라고 하면서 단순히 의미만
을 보인 것들도 있다.

御膳 — 水剌   內官 — 薛里
以卑稱尊 — 進賜   以老稱主 — 上典

水剌 · 薛里가 몽고어 기원의 어휘임은 당시로서도 주지의 일이었던
듯한데 기이한 일이다.
이로 보면 芝峯도 문제를 意識 · 提起는 했지만 해결하지는 못하고 한
자어원설에 머물고 있었음을 알 수 있다.

2. 洪萬宗의 〈旬五志〉(1678~1679)[3]

홍만종(1643~1725)의 〈旬五志〉는 상 · 하권으로 된 평론집이라 할 수
있다.[4] 이 책은 1678년(戊午)에 脫稿, 1679년(己未)에 자서를 썼다. 〈旬五
志〉란 이름은 이 책 쓰기를 시작한 날로부터 끝마친 날까지 十五日이 걸

---

3) 李民樹 譯, 旬五志(을유문화사, 1962)에 의함.
4) 하권 끝부분에는 130여 종의 속담이 그 의미, 연원과 함께 실려 있어 속담집이라고 할만도
   하다.

렸음에서 생긴 것이다. 이것은 또한 金得臣의 서문대로 列子의 "旬五而返"이란 뜻을 취했을 것이다. 이 책에 실린 어원설을 발췌해 본다.

(1) 국명

① 高句麗: 주몽이 句麗山下에서 자라서 그 姓 高와 합쳐 고구려라 했다.
② 百濟, 十濟, 新羅: 삼국사기와 동일.
③ 高麗: 山高水麗
④ 朝鮮: 지역이 暘谷에 가까워서 朝, 해가 돋으면 먼저 밝는다 하여 鮮→ 朝鮮.

(2) 지명

① 落花巖: 百濟故事와 同.
② 鳩林: 道詵國師의 母가 내다버린 갓난아기 道詵을 비둘기떼가 날개로 보호해 주었으므로 그 곳을 칭함.
③ 豆麻: 山峽은 콩과 삼의 소산인 때문.

(3) 寺, 橋名

① 釋王寺: 이성계의 임금(王)될 꿈을 해석(釋)했다 하여 命名.
② 錫杖寺: 〈三國遺事〉의 기록과 동일.
③ 永渡橋: 이성계의 咸興行時 다시 돌아오지 않겠다 하여 命名.

(4) 인명

黎勇士: 얼굴빛이 검다(黎)하여 黎+勇士라 했다.

(5) 속담에 연원한 어휘의 어원

櫨木樻(노목궤; 옻나무 궤), 鼮鼠婚(언서혼; 두더지의 혼인), 僧梳(승소; 중의 빗), 畫餠(화병; 그림의 떡).

이상 玄默子의 어원설은 속담에서 가져온 것 이외에는 새로이 취할 만한 것이 없다. 이것은 홍만종이 '自序'에서 밝힌 바와 같이 "옛날에 들은, 글하는 사람들의 여러 가지 말"을 기록한 것이기 때문이다. 홍만종에서 새로이 취할 것은 속담 어원이다.

民家에 떠도는 많은 속담을 기록하고 처음으로 그 연원을 추구한 것은, 1940년대 초에 나온 "俗談語源"의 효시가 되었다는 점에서 의의가 있다고 할 것이다.

3. 許穆의 <眉叟記言>(1674年頃)

許穆(1595~1682)은 當代 巨儒로 禮論의 領首였다. 따라서 儒者의 "不語怪力亂神"을 信條로 할 수밖에 없다. 그의 문집과 국사기술(東事 제32권)에는[5] 소위 荒誕(황탄)한 어원설은 드물다.

다음과 같은 약간의 어원설이 보일 뿐이나 그것도 한자의 자의에 매인 것뿐이다.

(1) 국명 · 지명

① 十濟: 溫祚有良佐十人 國號十濟.
② 朝鮮: 東表日出之名 或曰鮮汕也 其國有汕水 故曰朝鮮.
③ 開雲浦: 憲康王 王遊鶴城 還至海上 有大霧迷路 禱于海神 大霧及開 號 其浦曰 開雲浦.
④ 大王浦: 武王이 泗沘北浦에서 놀았기 때문에 命名.

---

5) "東事"는 檀君世家부터 新羅世家 高句麗世家 百濟世家라고 했음은 事大 조선조 儒者들이 취한 역사기술의 자세였다.

⑤ 扶餘: 與句麗同出扶餘 以扶餘爲氏.

⑥ 湅州: 以其近 湅沫江也 湅沫江者 古栗末水也.

(2) 王名 · 人名

① 檀君: 神市(桓雄)가 낳은 아들이 神檀樹下에 살아 號를 단군이라 했다. (神市生檀君 居神檀樹下 號曰檀君)〈記言〉(卷之 三十二 東事一 檀君 世家)

② 曷思(갈사): 曷思는 왕의 이름이 아니라 曷思에 도읍했기 때문에 號를 曷思라 했다.

③ 箕子: 殷之宗室也 封於箕子爵 故曰箕子.

④ 金蛙: 以貌類金蛙 命曰金蛙.

⑤ 東山翁(太學上舍 鄭斗의 號): 居晋之東山 後人號曰 東山翁.

그러나 〈黑齒列傳〉(日本倭)에는 다음과 같은 것이 보인다.

黑齒: 그들(倭)의 풍속에 貴人이나 부인은 이빨에 검은 칠을 했다. 그래서 黑齒之夷라 한다.

(3) 기타

① 箕子操: 紂因之 鼓琴以自傷 後人謂之箕子操.

이상의 어원설은

첫째로 事大를 國是로 하는 조선조 학자 許穆을 이해한 후에야 정확한 파악이 가능할 것이다. 즉 신라 · 고려 왕조를 각각 世家라고 한 역사 기술은 많은 어원설이 유사한 방향으로 기술되었을 것을 짐작케 한다. 箕子나 箕子操의 어원설은 이 산물이라고 할 수 있다.

둘째로, 유교 조선에서도 대표적 儒者 허목은 같은 儒者라 하더라도 김부식보다 더욱 철저히 不語怪力亂神하여 설화적 · 신화적 어원설을 刪削(산삭)하여 버렸다.

4. 李瀷의 <星湖僿說>(1710년대〜1763)

〈星湖僿說〉은 이익(1681〜1763)이 "평생 초야에 묻혀서 학문에 골몰하여 그때그때 느낀 것을 집성한 일종의 類書"[6]다. 이익은,

"역사 서술에 있어서 실증주의적인 태도를 견지해야 함을 주장하는 입장에서 시조 난생설과 같은 설화적인 것 내지 전설적인 것, 神異異蹟 같은 것은 모두 믿기 어려운 것이다."

라고 했다.[7] 이 결과 다음과 같은 어원설이 보인다.

(1) 국명 · 지명

① 東眞: 동쪽의 여진이란 뜻이다.
② 安市城: 지금의 鳳凰城이다. 봉황을 우리나라에서 阿市鳥(아시새)라 한다. 이 '아시'와 '안시'가 음이 비슷하므로 그렇게 명칭이 붙어진 것이다.
③ 阿耨山(아누산): 불경에서 말한 아누산은 바로 崑崙山이다. "아누"는 범어로 '가장 높다'는 뜻이다.
④ 東扶餘: 본디 扶餘에서 옮겨 왔으므로 東扶餘 혹은 卒本扶餘라고도 한다.
⑤ 高句麗: 고구려의 "句"자는 太伯句吳[8]라는 "句"자와 같은 것으로 깊은 뜻이 있는 것이 아닌데, 주몽이 국호로 삼아 그 가운데 덧붙이고 스스로 높여 "高"자를 얹었으며 姓으로 삼은 것이니, 山高水麗는 지어낸 말이다.

---

6) 국역, 성호사설 1권, p.36. 정확한 저술년도는 알 수 없으나 1705년 增廣文科에 落榜, 다음해 兄 潛의 당쟁에 의한 희생으로 官界進出을 포기, 安山 瞻星村에서 학문에 專心한 후부터 죽기 전까지라면 1706〜1763까지의 저술로 볼 수 있다.

7) 국역, 성호사설 1권, p.30.

8) 句吳란 周太王의 아들 太伯의 호다. 이것은 또 국호를 의미하기도 하여 周太王의 아들 太伯이 세운 吳를 일컫기도 한다.

(2) 기타

① 强素風(7월 초순에 부는 설렁한 동풍): 옛날에 强素라는 사람이 있었는
데 바다를 건너다가 이 바람을 만나 빠져 죽었으므로 붙여진 것이다.

그 밖에도 다음과 같은 민간어원설이 보인다.

① 不咸山: 불함산을 白頭山·長白山 또는 白山이라고 했는데, 이것은 일
년 중 언제나 춥기 때문에 생긴 이름이다.
② 火敦腦兒: 높은 데에 올라서 이를 바라보니 마치 별이 널려 있는 것 같
아서 命名한 말이다. 중국말로는 星宿海의 뜻이다.
③ 歌爾民商堅阿隣: 不咸山의 속칭으로 歌爾民은 長, 商堅은 白, 阿隣은 山
이다. 이렇게 해서 일명 長白山이라고 했다.
④ 歌爾民朱敦: 長嶺의 속칭으로 歌爾民은 長이고, 朱敦은 嶺이다.
⑤ 窩集: 樹林의 뜻이다.

이상 이익의 어원설은 '强素風'처럼 전설에 기댄 민간어원설도 있으나,
儒者로서의 한계 속에서도 "安市城"의 어원설에서처럼 음운 변이에 의한
어원설, 범어 어원설, 중국어·만주어 어원설, '高句麗'의 어원에서 '山高
水麗'의 意味否認 등을 보인 것은 그 의의가 크다고 할 수 있다.

5. 愼後聃(1702~1761)의 <海東方言>(1739)[9]

해동방언(상·하)은 이익의 제자 신후담의 <河濱雜著>(하빈잡저) 가
운데 실려 있는 편명으로, <海東方言>(下)에는 30여 항의 어원에 대한
기술이 있다.

---

9) 李相挨, "愼後聃의 '海東方言'에 대하여," 경북대학교 인문과학연구소, 人文科學 창간호(1985).

① 天曰 大乙者 天爲陰陽之極也.
② 日曰 乙者 日屬陽也.
③ 山曰 冒者 山之形冒也.
④ 石曰 突 謂其突出於土也.
⑤ 瀑曰 落 謂其自高而落也.
⑥ 道路曰 吉者 欲其擇吉而行也.

　이상은 ① *하늘(天) ② *새/해(日) ③ *뫼(山) ④ *돌(石) ⑤ *(소)
나기(瀑) ⑥ *길(道路)의 어원을 설명한 것이다. 모두 고유어와 유사음
을 가진 한자의 자의에의 견강이다. 이것은 질적으로 황윤석이나 정약용
에는 미치지 못하는 것이지만 시대적으로 많이 앞선 작업이다. 즉 실학시
대에 나타난 자아각성의 일환으로 볼 수 있다. 이 같은 자아의 각성은
〈海東方言〉(上)에 나타난 642개 국어 고유어의 훈석·음차를 통한 수
록·정리에서 더욱 확실히 알 수 있다.

6. 李德懋(1741~1793)의 <靑莊館全書>(1775~1780)[10]

〈靑莊館全書〉는 백과전서적인 성격을 띤 類書다. 靑莊館(1741~1793) (李德懋의 호)은 북경의 선진 문물을 받아들이자는 견해를 가졌으나 이 것이 받아들여지지 않자, 그는 현실에 대한 관심을 고증학적인 實事의 규 명으로 승화시켰으니, 그 결과 다음과 같은 어원설이 나타났다.

(1) 지명

① 星宿海: 몽고말[11]로 鄂敦淖爾(악돈뇨이)인데, 鄂敦은 星宿이고 淖爾는 海다.

---

10) 黃胤錫의 〈華音方言字義解〉에는 李德懋의 글을 인용한 것이 두 군데나 보인다. 이것은 "李 德懋云……"을 "이덕무의 저술에 쓰여 있기를……"의 뜻으로 보고 하는 말이다. 실제로 이 덕무의 저술에 해당되는 기술이 보인다.
　① 李德懋言 檀君之後今蛙 卽高句麗之祖(頤齋稿卷十二 雜著十八).
　② 李德懋云 東國呼人爲사룸 此出梵語(同雜著十九).
　①은 阿蘭弗 檀君子夫婁之臣 扶婁子金蛙(靑莊館全書 卷五十八 盎葉記五 '阿蘭弗') 혹은 "檀君熊之子 其後爲高朱蒙"(盎葉記五 '一人組加倍數')
　②는 梵語 摩㐌舍喃(마누사남) 此云人 東國方言 人曰사람 與舍喃(靑莊館全書 卷五十七 盎葉記四 東國多梵語).
　이외에도 다음과 같은 어휘의 어원을 범어에 둔 것도 頤齋에게 영향을 준 것 같다.
　　摩羅·鬘(首髮)〉마리(首).
　　阿摩(女)〉어마(母)·어미(女人).
　　普陀(海)〉바다(海).
　이상으로 황윤석의 華音方言字義解보다 이덕무의 〈靑莊館全書〉가 앞선 저술임을 알 수 있 다. 적어도 황윤석이 인용한 〈盎葉記〉五八은 〈華音方言字義解〉보다 먼저 된 것임을 알 수 있다. 이재의 저술이 1780년대(이재 52세, 이덕무 40세, 정조 4년)라면 이덕무의 양엽기는 이 보다 이른 시기, 이덕무의 40세 이전 즉 35세~40세(1775~1780) 사이의 저술이라고 본다. 이것은 이덕무가 '士小節'(을미년, 35세, 1775년), 峽舟記(병신년, 36세, 1776년), 禮記臆·紀 年兒覽(정유년, 37세, 1777년), 入燕記(무술년, 38세, 1778년), 御定奎章韻書·奎章閣八景 詩·登瀛洲·燕射禮歌(기해년, 39세, 1779년) 등을 저술하던 무렵(1775~1780)이라고 본다 (靑莊館全書 卷七十 이덕무의 연보 참조). 실제로 40세(경자)때는 왕명에 의한 〈圖書集成〉 部目 작성 외엔 저술이 없고 41세~44세(신축, 1781~갑진, 1784)는 沙斤驛察訪, 44세~49 세(1784~1789)는 積城縣監의 공직에 있었기 때문이다.
11) 이덕무가 몽고어에 관한 지식을 가지고 있었음은 다음으로 알 수 있다.

② 阿勒坦郭勒(아륵탄곽륵: 西南의 一河): 몽고말로 阿勒坦은 黃金이고, 郭勒은 河다.

③ 阿勒坦喝達素齊老(아륵탄갈소제노): 阿勒坦喝達素는 몽고말로 北極星이고, 齊老는 돌(石)이다.

④ 積城: 沿江 一帶가 모두 石壁이기 때문에 이름한 것이다.

(2) 인명

① 伯夷·叔齊: 伯夷의 성은 墨이고 이름은 允이다. 字는 公信이며 伯은 맏이라는 뜻이고 夷는 시호다. 叔齊의 이름은 智, 字는 公達인데 伯夷의 아우로 齊는 시호다.

② 拔突(발돌): 몽고어로 勇敢無敵之名이다.

(3) 기타

① 摩展: 摩는 硏의 뜻이고 展은 轉의 뜻이니, 홍두깨(輥)로 비단을 감아 광을 내는 것을 따서 지은 이름이다. 세속에서 옷빠는 것을 洗踏(세답) 또는 摩展(마전))이라고 한다. 마른 상태에서 마전하는 것과 물로 빠는 것은 다르지만 그 일이 비슷하기 때문에 혼칭하는 것이다.

② 鶯窺(앵규): '黃鳥는 보기를 좋아해서 사람을 잘 엿본다.'는 옛말이 있어서 남을 엿보는 자를 흔히 앵규라 한다.

③ 椎髻(퇴계): 몽고와 만주는 剃髮時(체발시)에 정수리에만 손바닥만큼 머리를 남겨 뒤로 땋아 드리웠다. 뒤에서 보면 마치 올챙이와 유사하다. 올챙이 모양이 방망이(椎)와 비슷하니 이로써 퇴계라 한 것인가?

하늘(天): 텅거리, 희(日): 나란.

비(雨): 보로간, 이슬(露): 시구더리 (盎葉記五 몽고어).

이덕무의 이 같은 인근 제국어 지식은 〈蒙語類解〉(몽고어), 〈譯語類解〉〈朴通事〉〈老乞木〉(중국어), 〈同文類解〉(만주어) 등의 열람에서 비롯했을 것이다. 또한, 그는 몽고어의 고려어에 미친 영향을 파악하고 있었다.

"대개 고려 사람이 원나라에 벼슬했고, 원나라 사람이 고려에 와서 거류했기 때문에 우리나라 말이 몽고말과 같은 것이 많다"(蓋高麗人仕元 元人來留高麗 故東語多同蒙語)(盎葉記五 몽고어.)

④ 甫羅鷹: 當年에 깬 매로 길들이는 것. 甫羅는 우리말로 淡紅色을 말하는
   것인데 매의 깃털이 엷기 때문에 이른 말이다.
⑤ 山陳: 산에서 여러 해 동안 산 매를 말한다.
⑥ 手陳: 매 중에 털빛이 푸른 것을 말한다.
⑦ 獨戌伊: 수리(鷲) 중에 작고 매와 같은 것을 말한다.
⑧ 伽漠戌伊: 아주 커서 노루와 사슴을 잡을 수 있는 수리로 伽漠은 우리말
   로 검은 색을 말한다.
⑨ 孛南朴: 盜鈴馱와 비슷함. 句陳義 또는 孛南朴이라 함. 장차 바람이 불
   려면 곧바로 半空에 올라 逍遙하고 내려오지 않는다. 孛南이란 우리말로
   風인데 바로 晨風을 말한다.
⑩ 洞口안 三月: 敦化門 앞길을 洞口안(內)이라 하는데 "구·안" 두 음을
   합하여 "洞關"이 되었다. 그리고 洞關에 三月이란 추한 계집이 있어 지
   금도 추한 계집을 보면 반드시 '동구안 삼월'이라 한다.

위의 몽고어 어원 및 매에 관한 어휘의 어원들은 정곡을 얻은 것들이
나 '摩展'의 어원은 견강인 듯하다. 摩展은 마견련 練〈類合〉(下 13)으로
보아 고유어인 듯하다.

이밖에도 다음과 같은 민간어원설이 있다.

① 섬(苫): 苫이란 곡식을 담는 짚거적인데 島嶼가 물위에 솟은 것이 마치
   곡식섬이 땅 위에 우뚝한 것과 같기 때문에 우리나라 말로 도서를 섬(苫)
   이라 한다.
② 뮐미·멀미: 부인이나 어린이 중에 원기 불충실한 자가 가마나 배를 타
   면 眩轉不省者가 있어 멀미라 할 뿐 문자가 없다.
③ 斯那海(우리나라말의 남자): 斯는 新자와 통용된다. 陽城李氏의 조상에
   那海라는 사람이 있었다. 경상도에서는 여자를 假斯那海라 한다. 金나라
   가 우리나라와 접경이므로 그들의 방언과 비슷할 수도 있다. 즉 假廝兒
   와 假斯那海는 그 음훈이 서로 비슷하다는 것이다.

①은 섬(島)·섬(苦)의 유음에 의한 민간어원이고, ③은 전설에 의한 민간어원이다.

이상으로 이덕무의 어원설[12]은 몽고어 어원설·고유 국어 어원설 등의 볼 만한 것들도 있으나, 한자의 자의에 부회한 한자 어원설도 있다. 고유 국어 어휘는 그 뜻을 모른다고 했거나 표기하는 문자가 없다고(無稱謂之文字)까지 하였음은, 한학에 젖은 儒者들의 일반적 성향이라고 할 수 있다.

7. 黃胤錫의 <華音方言字義解>(1780년대)[13]

<華音方言字義解>는 英祖朝人 황윤석(1729~1791)의 <頤齋稿> 雜著 卷之十二中[14]의 한 편으로서 국어의 어원을 탐구한 것이다. 頤齋는 내외 사서에 기재되어 있는 지명, 인명 또는 방언 등에 나오는 어휘를 약 150 항목에 나누어 어원을 한자음의 변천에서 혹은 여진어·몽고어·범어 등

---

12) 종래 이덕무의 어원설이라 하면 <靑莊館全書>(卷69) <寒竹堂涉筆>(하)에 있는 '신라방언'이 전부였다. '신라방언'은 다음과 같은 5개의 경상도 방언을 말한다. 아래에 든 것들은 방언과 그 의미의 설명이지 어원의 기술이 아님을 주의해야 한다.
居樨: 苦, 羅洛: 벼[稻], 請伊: 키[箕], 沙暢歸: 새끼, 丁支間: 창고[庫].
洪良浩(1724~1802)의 孔州風土記에 나타난 함경도 방언도 같은 경우다. 공주풍토기는 耳溪가 함북 慶興府使로 鎭守한 체험을 토대로 기록한 北塞記略의 일부로 孔州란 慶興을 말한다.
烏喇(오라): 門, 虎樣: 猫, 彈: 鳥網, 社: 面, 嶂: 山峰, 築: 墙壁, 輪道里: 賁牛, 跋高: 小車, 鄕徒: 民, 師(스승): 巫覡, 悅口: 海棠實, 德: 高阜(산), 前(앞): 南, 馬房(말방): 茇仁(마름).
13) 유재영(1969)의 연구에 의하면, 頤齋가 41세 되던 1769년(영조 45년)경부터 자료를 모으기 시작하여, 학문적으로 원숙기에 도달한 1780년대에 완성되었다고 한다.
14) 이희승, 國語學槪說(민중서관, 1958), p.242에는 卷之二十五라고 되어 있으나 경인문화사 (1982) 영인본에는 卷之十二로 되어 있음. <華音方言字義解>에 대하여는 이희승, 국어학개 설(1958)에서 부분적으로 언급된 후 거의 모든 국어학개설서 및 국어학사(김석득, 우리말 연구사, 정음문화사, 1983)에서 언급되고, 이종철의 "<華音方言字義解>에서 본 몇 가지 국 어 어원에 대하여"(국어교육 38호, 1981), 유재영, "李朝後期 국어학에 공헌한 실학사상": 특히 이재 황윤석을 중심으로"(원광대학교 논문집 제5집, 1969) 등이 있음.

에서 밝혀보려고 힘썼다. 어원론으로서는 다산의 雅言覺非와 함께 쌍벽
이라 할 수 있다.

(1) 중국어에서 온 것

① 稱念(關節, 請囑, 付託의 類)〈叮嚀〈丁寧.
② 부엉 · 浮況(鵂鶹)〈鳳凰.
③ 붓(筆)〈夫斯(夫+斯의 ㅅ)〈弗律.
④ 쇼시 · 수시 · 귀쇼시게(捎篦(穿穴出入하는 기구).
⑤ 보름(望)〈明, 그믐(晦)〈黑.
⑥ 채롱〈荊籠, 荊은 古華語로 음이 '강'〈'가', 荊은 楚木인데 楚의 古華音은 '차'〉'채'.
⑦ 다홍(색)〈大紅〈桃紅(桃의 음은 도. 桃 · 大의 華音은 同).
⑧ 싀집(夫家), 싀부모(夫之父母)의 '싀'〈壻(華語 슈, 蒙韻 시 · '胥'의 고음이 '사'→壻 · 糟의 음은 '사' 또 謂의 고음 스→智 '스').
⑨ 댜오라기 · 달긔양(菅 · 茗)〈茗의 漢音 뎌+오라기.
⑩ 디파〈推鉋. '디'는 推의 訛, '파'는 퐈(鉋)의 訛.
⑪ 감투〈甘土〈坎頭〈顲頭(본래 원나라에서 왔음).
⑫ 딩ᄌ(武臣朱笠)〈頂子.
⑬ 沙工〈篙工. 篙와 梢는 通. 음은 쇼〈用篙者.
⑭ 노(繩)〈絡(蒙韻은 '노').

(2) 官名, 지명 또는 우리말 어휘

① 大舒發翰 · 大舒弗邯 · 大角干: 舒는 ㅅ, 弗邯 · 發翰은 角의 뜻→ᄲᅡᆯ한.
② 蓋馬山〉白頭山(蓋: 白, 馬: 頭).
③ 閼智(新生小兒)〉阿其 · 阿智(閼)阿.
④ 新羅〈薛羅〈徐伐羅(徐伐의 合音→薛), 新羅〈斯盧.
⑤ 葛文王: 葛은 走(死의 뜻), 文은 斤(文을 뜻하는 우리말 '글'과 近).
⑥ 貊〈靺鞨을 급히 발음한 것, 靺의 初聲 ㅁ, 鞨의 초성 ㄱ→貊.

(3) 한자어에서 어원을 찾으려는 견강부회

① 똥(屎)〈通(華音 뚱, 東音은 똥).

② 시 · 實(瓠子 · 果核穀種通呼)〈犀(華音은 시).

③ 올창(蛙兒)〈科斗(蝌蚪), 活東(蛞蝓)('科' '活'은 '괴', ㄱ〉ㅇ→'올', '東'의
   中聲은 'ㅏ'로 당 · 탕〉챵〉창).

④ 아츤아바(叔父→叔父 · 伯父〈亞次亞父).

⑤ 올아바(男兄)의 올〈外亞父의 三音之合而轉.
   누의(女兄)〈內亞母의 三音之合而轉(外 · 內의 華音은 왜 · 뉘).

⑥ 죠희(紙)〈抄造.

⑦ 快子〈夾子(漢語로 筋(저)이니 젓가락으로 食物을 집는다는 뜻). 夾은
   梜 · 筴으로 음은 挾.

⑧ 시울(口之邊)〈시〈희〈현〈弦(弓之邊線) · 舷(舟之邊).

⑨ 곳갈(冕幘)의 곳〈冠 권(蒙韻).

⑩ 바눌(針)〈縫(古音은 방)+눌(刃).

⑪ 발(把)〈步(고음은 '바').

⑫ 간치(鵲)〈乾鵲의 轉.

⑬ 烏圓(烏古音 아)〈아옹(고양이 우는 소리).
   高伊〈괴〈貴〈蒙貴(원나라 때는 蒙去를 꺼려서).

⑭ 安市(城)＝鳳凰(城)＝아시(唐書에는 安地 · 安寸으로 되어 있음은 의문).

⑮ 사나희(男子)〈李守那(高麗 陽城人)를 사모하여 思那海.

⑯ 봄(春)〈本, 여롭(夏)〈炎熱, 열호(夏)〈熱夏, ᄀ슬(秋)〈高秋('秋'의 고음은
   '수'), ᄀ을(秋)〈裁 · 收, 겨슬(冬)〈居室.

⑰ 가〈去.

⑱ 다〈都.

⑲ 따〈土.

⑳ 외〈瓜(옛음 '오').

㉑ 붕어〈鮒의 '부'→'붕', 링어〈鯉의 '리'→'링'.

㉒ ᄯᅩᆯ(女)〈他(출가하여 다른 집으로 가는 사람이므로).

㉓ 치(寒)〈凄('凄'의 중국음 '치').

㉔ 발(足)〈趺兒('趺'의 옛 중국음 '바', '兒'는 '올').

㉕ 고〈花('호'→'고').

㉖ 세(髮白)〈蒜(蒼白色)〈宣.

㉗ 술(歲)〈서울〈歲除日의 合聲의 轉.

㉘ 질삼〈織作('作'의 옛음 '사', 乍의 俗音 '사').

㉙ 거북〈龜卜.

㉚ 남성(小龜)〈南星.

(4) 여진어에서 온 것

湊音赤치(囊橐: 낭탁)(頤齋稿卷十二雜著十七), 그러나 雜著二十五에서는 "줌치〈좀〈橐(古音주)"라고 하면서 실은 古華語라고 한다. 앞뒤의 주장이 다름은 주의할 일이다.

들〈드르(野)〈甸子(甸의 ㄷ, 子의 즐).

(5) 몽고어에서 온 것

① 卜兒(外腎囊): 本, 根(新羅史에서 또는 지금의 방언에서 男子外腎).

② 斗應斤來(圓): 祁連(天: 北虜語)의 轉音〉格落. 天은 圓形.

③ 阿其拔突(아기발톨)의 拔突(勇敢無敵).

(6) 범어에서 온 것

① 바람〈波嵐, 勃嵐〈毗嵐, 毗藍(迅猛風).

② 나(年壽)〈臘.

③ 버들가지(伯等兒加支: 楊枝)〈鞞鐸迦支.

④ 曼等羅咮(鷄冠花)〈曼陀羅花.

⑤ 사롬(人)〈샤름〈舍音〈ㅁ름, ㅁ合(丈夫: 宗).

⑥ 伊羅兒伊(野草青花)〈伊蘭里(青色).

⑦ 博多(海)〈普陀落伽의 普陀.

이상과 같은 頤齋의 어원설은 견강부회도 적지 않으나 "그의 卓見은 그 결함을 보충하고도 남음"[15]이 있을 것이다. 頤齋에게도 나타난 민간어원설(思那海), 한자 자의에 의한 부회(去·春)는 당시로서는 실로 경이로웠던 것이어서, 당시 識者들 누구나 시인하지 않을 수 없었던 것이었고, 오늘날 보아서도 오히려 탁견인 신라 관명의 어원이나 중국어 어원의 어휘들은 이재의 奇想이 天外에서 온 천부적 학자로서의 업적이라 생각한다. 이숭녕도 이재는 韻學者로서보다 "어휘론의 어원에 상당한 强味"[16]를 보인 어원학자로 본다. 이재의 이 같은 어원탐구는 古史의 고증에 있어서 우선 국어의 본래 모습을 구명함이 바른 이해의 첩경임[17]을 파악하고 古史硏究에서 출발했던 것이다. 이재는 어원연구에 최초로 비교언어학적 방법을 시도한 학자라고 할 수 있다. 즉 가장 광범하게 중국어·범어 및 주변 제국어(오늘날의 同系統語)의 어휘를 들어 비교한 최초의 비교언어학자라고 할 수 있다. 끝으로 〈漫錄〉에서 이재 출생지인 興德의 지명 변경과 거기에 관련된 사실을 구명한 大網만을 보자.

홍덕의 古號 上茶·上杜·上漆·尚質·章德·昌德의 변천과정 : 上茶·上杜·上漆·尚質은 音轉關聯, 尚質→章德은 質을 싫어하여, 章德→昌德은 忠宣王名 璋과 동음이므로, 昌德→興德은 또 昌王의 昌과 같으므로 興으로 고쳐졌다는 것이다.

이처럼 소지명의 기원도 명쾌히 밝힌 것[18]을 보면 이재는 당시 아무도 관심을 두지 않았던 지명어원에도 일찍부터 주목하고 있었음을 알 수 있다.

---

15) 이희승, 국어학개설(민중서관, 1958), p.243.
   이종철(1981), 前揭論文, p.170.

16) 이숭녕, "황윤석의 〈理藪新編〉의 고찰: 특히 어학연구를 중심으로 하여"(陶南 조윤제박사 회갑기념논문집, 1964), 국어학연구(형설출판사, 1982)에 재수록됨. 이수신편에서도 이재는 어원론을 펴서, "상투, 비단"이란 말이 중국어 "上頭, 匹段"의 차용임을 밝힌다.

17) 유재영, 前揭論文, p.18. 頤齋遺稿 卷十一漫錄 張17(三國文字 往往直以方言 從本來音書之 如地名山名物名 皆用此例 後世乃用譯語飜作華音 故今人鮮知三國故事).

18) 유재영(1969), 前揭論文, p.25.

8. 李肯翊의 〈燃藜室記述〉(18C 말엽)

〈燃藜室記述〉은 정조시인 이긍익(1736~1806)이 조선조 시대의 역대 사실의 전말을 여러 책에서 뽑아 엮은 역사책이다. 이 결과 여기 언급된 어원설들은 자연히 조선조 역사상에 나타난 인명·지명·풍속에 관한 것들이다. 이들 어원설들은 어학적 타당성보다는 논리적 기술의 방편·역사적 필연성의 강조·설득·교화 등에 그 의의가 더 큰 것들이다.

(1) 인명, 雅號

① 見龍: 탄생하던 밤에 申부인의 꿈에 黑龍이 바다로부터 솟아 올라와 그 침실로 날아왔었기 때문에 어릴 때의 이름을 見龍(현룡)이라 하였다(卷之十八 宣祖朝故事本末 宣祖朝 儒賢 李珥).

② 高麗處士: 고려가 망하게 되자 여강으로 돌아가 숨었다. 조정에서 여러 차례 불렀으나 죽음을 맹세하고 나서지 아니하고 스스로 호하여 고려처사라 하였다(卷之一 太祖朝故事本末 高麗守節諸臣附 尹忠輔).

③ 鯨飮堂: 홍윤성이 주량이 커서 종일토록 마셔도 취한 빛이 없으므로 임금이 그의 호를 이렇게 하였다(卷之五 世祖朝故事本末 世祖朝相臣 洪允成).

④ 旦(조선 태조 이성계의 諱): 君晋(字) 정도전의 해설에, "日과 一을 합한 것으로 해가 뜨는 아침이 되면, 晋은 밝게 떠오른다는 뜻"이다(旦從一日出之始也 晋明升之義)(卷之一 太祖朝故事本末 開國定都).

⑤ 松軒: 함흥 本宮殿(본궁전) 뒤에 소나무 다섯 주가 있으니, 태조가 손수 심은 것이며 이로 인하여 송헌이라 호하였다(卷之一 太祖朝故事本末 潛龍時事).

⑥ 阿只拔都: 阿只小兒之稱 拔都蒙古語 勇敢無敵之名(卷之一 太祖朝故事本末 潛龍時事).

이 외에,

高峰(奇大升), 鷗鷺主人(李摠), 樂翁爹爹(申抃), 駱折(駱尙志), 東方聖人
(金應箕), 忘川(李皐), 斗文農隱(慶世仁), 木下人(平秀吉), 夢龍(鄭夢周), 文
章宰相(金應南), 浮休子(成俔), 南人・北人・三馬太守(宋欽), 三問(成三問),
三節(申潛), 三足堂(金大有), 三倡義(高敬命・柳彭老), 石底將軍(金德齡),
石亭(李石亨), 世南秘書(韓繼禧), 松山(趙涓), 燒斷尾先生(金泮), 小烏子(權
近), 松堂先生(朴英), 松軒(李太祖), 偈(氏), 魚(氏), 習靜(閔純), 汝昌(鄭汝
昌), 王八(河敬復), 用拙(申湜), 殿上虎(金誠一), 從犬(趙狷), 酒德(李從生),
智囊(沈貞), 土亭(李之菡)

등 수많은 雅號・別號의 연원을 설명하면서 한자의 字訓에 근거하고 있다.

(2) 지명

한문화에의 탐닉으로 조선조 지명의 표기는 전적으로 한자의 의미를
빌려 표기하게 되었다. 따라서 모든 지명은 의미적 유연성을 가지게 되어
字意만으로 미루어 보아도 대충 짐작할 수 있게까지 되었다.

大隱, 萬里瀨, 杜門洞, 望京峯, 瑞葱臺, 御井, 王望峴, 印沈淵, 赤墳,
太宗臺, 投甲淵, 破怪峴, 血溪, 洪繼寬里 등이 그 예다.

① 杜門洞: 고려가 망한 때에 한 동네가 있었다. (그곳 사람들이) 문을 닫고
   절의를 지켰기 때문에 동네 이름을 두문동이라 하였다(卷之一 太祖朝故
   事本末 附杜門洞).
② 望京峯: 두류산에서부터 淸溪山으로 옮아가서 날마다 제일 높은 봉우리
   에 올라가서 송도를 바라보고 통곡하였다. 이 봉우리를 가리켜 망경봉이
   라 하였다(卷之一 太祖朝故事本末 高麗守節諸臣附趙狷).
③ 水宗(물마루): 부산과 대마도 사이에 있는 지점으로 물결이 가장 센 곳
   (卷之十七 宣祖朝故事本末 丁酉倭寇再出).
④ 斡木花: 공주의 알목하(斡木花), 胡語를 우리말로 발음한 것이니 지금의
   會寧府다(卷之三 世宗朝故事本末 開拓六鎭).
⑤ 御井: 세조가 그 집에 갔을 때 그 서편 벼랑에 돌샘이 있으므로 이름을

어정이라 하였다(卷之五 世祖朝故事本末 世祖朝相臣 權擥).

⑥ 王望峴: 날마다 높은 산에 올라가 송도를 바라보며 향불을 피우고 종신
토록 꿇어앉아 절하였으니, 후에 사람들은 그곳을 일컬어 왕망현이라 불
렀다(卷之一 太祖朝故事本末 高麗守節諸臣附 尹忠輔).

⑦ 赤墳: 최영이 죽음을 받는 자리에서 말하기를 "내가 평생에 만약 탐욕의
마음이 있었으면 무덤 위에 풀이 날 것이고, 그렇지 않았다면 나지 않을
것이다"하더니 무덤이 고양에 있는데 지금까지도 벌겋게 벗어져 있다.
사람들이 붉은 무덤이라고 부른다(卷之一 太祖朝故事本末 高麗政亂王
業肇基).

⑧ 太宗臺: 태종이 溪石 위에 내려와서 그 집 여종을 불러 음식을 하사하고
돌아와서 그 아들 洞에게 벼슬을 주어 基川(지금의 豊基) 監務를 삼았
다. 후인이 그 돌을 이름 지어 태종대라 하였다(卷之一 太祖朝故事本末
高麗守節諸臣附 元天錫).

(3) 풍속·기타

평민들의 일상사에 관한 기록 중에 섞인 어원설이다. 당시의 시대상을
엿보게 하는 것들로서 한자의 자의를 빌려서만 기록하였다. 당시 평민들
의 실제 사용은 漢譯 이전의 순 우리말이었을 것이다.

牛後置蒭(소 뒤에 꼴 두기), 太宗雨(태종의 비), 孝寧大君鼓皮(효녕
대군 북가죽), 糶倉宰相(관곡 사먹는 재상) 등이 그 대표적인 예다.

① 公堂問答: 맹사성이 농으로 문답하는 말 끝에 '공'·'당'하는 토를 넣기로
하였다(卷之三 世宗朝故事本末 世宗朝相臣 孟思誠).

② 龜甲裘: 초서피(貂鼠皮)로 지은 것인데 검고 흰 것이 사이를 걸러 있는
것이 거북껍질 비슷하므로 구갑구라고 한 것이다(卷之二 太祖朝故事本
末 太祖朝相臣 鄭道傳).

③ 松都契員: 세속에서 세력을 끼고 남을 멸시하는 자를 그 때 사람들이 송
도계원이라 지목하였다(卷之五 世祖朝故事本末 世祖朝相臣 韓明澮).

④ 瑞蔥臺布: 베[布]를 공출함이 너무 많아서 백성들이 능히 감당하지 못하

여서 옷 속에 든 솜까지 꺼내어 베를 짰으니, 그 빛깔이 거무칙칙하게 절
었고 자수도 짧았다. 이로 인하여 지금도 품질이 나쁜 무명베를 瑞葱臺布
라 한다(卷之六 燕山朝故事本末 燕山君).

⑤ 侍中柏: 배극렴이 진주 목사로 있을 때에 잣나무 하나를 관청 마당에 심
  었더니, 뒤에 진주 백성이 공의 덕을 생각하여 그 나무를 '侍中잣나무'라
  고 하였다(卷之二 太祖朝故事本末 太祖朝相臣 裵克廉).

⑥ 牛後置蒭(소 뒤에 꼴 두기): 희미하고 어둡고 무식한 자를 속담에 말하
  기를 소 뒤에 꼴 두기라고 한다(卷之四 端宗朝 殉難諸臣 金時習).

⑦ 仁壽體: 金銶가 仁壽坊에 살았으므로 김구의 筆法을 이렇게 칭했다(卷
  之八 中宗朝故事本末 己卯黨籍 金銶).

⑧ 蒼頭: 옛날 중국에서는 하인에게 푸른 수건을 씌웠기 때문에 여기에서
  하인을 창두라 하였다(卷之八 中宗朝故事本末 金湜亡命獄).

⑨ 孝寧大君鼓皮: 효녕이 크게 깨닫고 곧 뒷문으로 나가 절간으로 뛰어가
  서 두 손으로 북 하나를 종일 두드리어 북 가죽이 부풀어 늘어났다. 지금
  까지 부드럽고 늘어진 것을 보고 "효녕대군 북 가죽인가"하는 말이 전하
  여 온다(卷之二 太宗朝故事本末 讓寧之廢).

이외에 의미만을 제시한 다음과 같은 어휘들은 "나類"어원설로 보인다.

① 上典: 속어로 자기 주인을 말한다(卷之七 中宗朝故事本末 己卯士禍).

② 東古赤(항상 궁중에서 임금님을 모시도록 선발한 美少年)·子弟衛(卷之
  一 太祖朝故事本末 高麗政亂 王業肇基).

③ 差備速古赤(卷之四 端宗朝故事本末 六臣謀復 上王).

④ 竹: 方言謂十箇曰 竹(卷之四 端宗朝故事本末 殉難諸臣 權節).

⑤ 入居: 抄民徙塞下謂之入居(卷之三 世宗朝故事本末 開拓六鎭).

⑥ 進賜(나으리): 方言呼宗親爲進賜(卷之四 端宗朝故事本末 六臣謀復
  上王).

⑦ 朝鮮: 朝鮮之稱 美且來遠矣 可以本其名而 祖之體天 牧民永昌後嗣(卷
  之一 太祖朝故事本末 開國定都).

또 扈從을 扈聖이라 고쳐 일컫고 征倭를 宣武라고 일컬음이나, 처음에

翊運 공신이라고 하였는데 扈聖이라고 고쳤음은 正名思想의 표현으로 볼 수 있다.

9. 柳得恭(1749~?)·金邁淳(1776~?)·
洪錫謨(正祖~憲宗 年間)의 〈歲時記〉

이들 3인의 저술은 시대적 차이가 있으나 〈歲時記〉라는 공통특성 때문에 하나로 묶는다.

가. 유득공의 〈京都雜志〉(1776~1800 ?)

유득공(1749, 英祖 25~?)은 정조 때의 학자다. 박지원의 제자로 박제가·이덕무 등과 더불어 실사구시의 방법으로 중국에서 문물을 수입하여 산업 진흥에 힘써야 한다고 주장하였다. 〈京都雜志〉는 이 같은 양반관료, 실사구시의 실학파, 당대의 한학자에 의해 정조(在位 1776~1800) 때 저술된 것으로, 이 안에 기술된 어원들은 자연 이 같은 성향을 띠게 된다. 漢學四家인 그는 모든 어원을 한자표기로 歸一시켰다.

① 奴婢日: 정월 보름날, 떡을 만들어 노비들의 나이 수대로 먹이므로 이 날을 속칭 노비일이라고 한다.
② 百種節(中元: 7월 15일): 백종은 백 가지 맛을 이르는 것이다.
③ 端午(속명 戌衣日): 수레바퀴 모양의 쑥떡을 만들어 먹으므로 술의 일이라 한다.

①을 일반 평민들 혹은 노비들은 '노비일'이라고 했기보다는 '머슴날'

이라고 했을 것이다. '柶戲'도 언중은 '윷놀이'라고 했었을 것임과 같다.
②도 자의에의 견강임에 틀림없다. 언중은 '백중날'이라고 했었을 것이다.
이 외에 女兒節(5월 1일~5일), 呼旗(4월 8일 연등 비용 마련을 위해 아
이들이 기를 만들어 장안 거리를 다니며 쌀이나 돈을 요구하여 비용을 삼
는 것), 流頭飮, 走百病(정월 보름날 밤에 나와 다니며 병을 쫓는 것) 등
도 고유명이 있었을 것이다.

그러나 아래와 같은 고유어의 어원 설명은 당시로서는 놀라운 것이다.

① 白右[솗우]: 초헌이나 말을 타고 출입 시 종들이 외치는 소리. 右(우)는
"위"(上)의 뜻이요, "솗"(白)은 모자가 난간에 부딪칠까 염려함이라.
② 加里摩: 우리나라 말로 가리는 물건의 뜻이다(內醫院醫女戴黑緞加里
摩……加里摩者 方言冪也 其形如書套可以冪髻)(卷一 聲伎).
③ 香娘閣氏, 馬陸(노래기): 각씨는 우리말로 여자의 뜻이다.

그러나 순수한 한자 표기는 귀족 풍습의 기술에 보인다.

南酒北餠, 夏扇冬曆, 金絲烟(평안도산 담배)

다음과 같이 잘못된 어원을 바로잡으려는 노력도 보인다.

① 百種節:
㉠ 中元을 속칭 백종절이라 한다. 백 가지 맛을 이르는 것이다.
㉡ 옛 풍속에 백 가지 곡식의 씨를 진열했으므로 백종이라 했음은 황당무
계한 말이다.
② 夜光: 밤에 사람의 신 훔치기를 좋아하는 귀신이다. 야광은 癯鬼(구귀)
다. 고로 癯光이라고도 한다. 癯와 夜의 우리나라 말이 비슷하기 때문이
라고 하나 이 말은 틀린 것이다. 야광은 藥王의 음이 와전된 것이다.

몽고어 어원도 보인다.

苦苦妹: 명주실로 거위의 털을 붙들어 매어 바람에 날리는 어린이들의 놀이. 몽고어로 봉황이란 뜻이다.

만주어라 하여(실은 몽고어임) 馬驪(마려)[19]에 관한 어휘를 들고, 그 특징을 설명하고 있다.

① 勾郎(구랑): 栗色의 말.
② 夫婁: 紅沙馬(붉은 빛과 흰 빛의 털이 섞인 말).
③ 加羅: 검은 말.
④ 公鶻(공골): 누런 말.
⑤ 高羅: 검은 갈기의 누런 말.
⑥ 加里溫: 海騮馬(털이 희고 갈기가 검은 것).
⑦ 間者: 線臉(선검; 얼굴에 줄이 있는 말인 듯).

이로 보면 주변 제국어와의 소박한 의미의 비교어원에도 관심을 가지고 있었음을 알 수 있다. 아래와 같은 집비둘기(鵓鴿)의 종류 및 특성에 관한 설명을 보면 유득공이 어휘론에 깊은 관심을 가지고 있었음을 알 수 있다.

① 全白: 온 몸이 흰 것.
② 點烏(점오): 몸이 희고 꼬리가 검으며 머리에 흑점이 있는 것.
③ 紫丹: 몸이 빨갛고 꼬리가 흰 것.
④ 黑虛頭: 몸이 흰데 머리와 목이 검은 것.
⑤ 紫虛頭: 몸이 희고 머리와 목이 자색인 것.
⑥ 天仰白: 몸은 흰데 목이 붉고 날개 끝에 두 층의 붉은 점이 있는 것.
⑦ 黑層: 몸이 검고 꼬리가 흰 것.
⑧ 僧層: 갈색 날개 끝에 두 층으로 황금색의 점이 있는 것.

---

19) 〈경도잡지〉에는 '馬驢'(마려)로 나옴. 驪: 가라말 리/려(盜驪純黑八駿一), 검을 리/려(黑色), 산 이름 리/려(山名), 나라 이름 리/려(國名). 驢: 나귀 려(似馬長耳以午及五更初而鳴), 속음 「로」.

나. 김매순의 〈洌陽歲時記〉(1819)

〈洌陽歲時記〉는 저자의 발문으로 보아 1810년 유두일에 완성된 것이다. 어휘의 연원을 중국어 또는 한자어에서 찾으려는 경향이 많은 것은 〈東國歲時記〉와 같다.

중국의 史實에서 찾으려 한 것

① 水瀨日(수릿날): 端午, 밥을 水瀨(물의 여울)에 던져 屈三閭를 제사지 내기 때문.
② 貢指(강물 고기 이름: 공미리): 穀至의 訛로 이 말은 穀雨가 이르렀다는 뜻이다.

①② 모두 한자의 자의에 견강한 민간어원설이다.

우리 고유의 언어와 표기문자가 있음에도 불구하고 고유국어마저 한자로 적고, 그 뜻을 적은 것은 당시 儒者들의 일반적 현상으로 이해해야 할 것이다. 이 같은 한자의 음훈 차용 표기는 한자의 표의성으로 인해, 순 우리말 어휘의 의미를 한자의 자의에 고착시켜 스스로 민간어원의 설명을 가능하게 한다.

① 歲庇廕(설빔): 설날 새로 입는 옷.
② 明耳酒(귀밝이 술).
③ 魚鳧施(어부슴: 정월 보름날, 그 해의 액막이를 위하여 조밥을 강물에 던지어 고기가 먹게 하는 일).
④ 防厄(액막이).
⑤ 水缶(수부: 물장구).
⑥ 嘉俳日(가윗날).
⑦ 花妬娟(꽃샘: 2·3월의 찬 비바람).
⑧ 潤月(달불이).
⑨ 孫石項(손돌목: 강화도 가는 바다 가운데 있는 암초): 손돌은 10월 20일

여기서 억울하게 죽은 뱃사공의 이름. "목"은 산수가 험하고 막힌 곳을 말한다(方言謂山水險隘處 謂項).

⑩ 藥飯(약밥: 찐 찹쌀에 기름, 꿀, 간장, 대추, 밤을 섞어서 찐 것): 우리나라 풍습에 꿀을 약이라 하므로 꿀밥(蜜飯)을 약밥(藥飯)이라고 한다.

⑨는 전설에 의한 지명어원설로 민간어원이지만 정교하다.

다. 홍석모[20]의 〈東國歲時記〉(1849)

홍석모는 洪良浩의 손자다. 〈東國輿地勝覽〉, 〈京都雜志〉 등을 참고하여 당시에 없어진 우리 민속을 정리하였다. 연원을 중국에서 찾으려고 견강부회한 것이 없지 않다. 李子有의 서문으로 보아 저작 연대는 적어도 1849년 이전으로 보인다. 고유 국어의 표기를 한자의 훈을 빌려 표기한 것은 다른 歲時記와 동일하다.

① 狗醬(개장): 개를 삶아 끓인 국.
② 百種日(백중날): 百果를 가리키는 것 같다.
③ 孫石風(손돌바람: 매년 10월 20일에 부는 추운 바람): 억울하게 죽은 손돌(孫石)의 노한 기운이 大寒風을 일으킨다는 데서 나온 이름이다.
④ 兎絲(톳실): 卯日(토끼날)에 뽑은 실.
⑤ 回回兒(팔랑개비).

이외에 姑姑妹(〈京都雜志〉와 표기가 다름), 端午粧, 夜光, 太宗雨, 香娘閣氏, 呼旗, 回蘇曲 등이 있으나 그 어원설은 앞의 歲時記와 동일하다. ③의 孫石風(손돌바람)은 大寒風으로 의미변화를 한 '산들/선들바람'의 한자 표기에 대한 자의에의 견강일 것이다.

---

20) 대부분 홍석모의 생몰연대를 정조~순조연간으로 보고 있으나, 서기 1849년에 〈東國歲時記〉를 완성한 것과 서기 1849년은 헌종이 돌아간 해니, 정조~헌종연간이라고 해야 할 것이다.

이상 三 歲時記의 어원설은, 중국의 故事에 典據를 두기도 하고, 한자의 자의에 견강된 것도 있긴 하지만 "우리 것"에 대한 자각의 일환으로 보아야 할 것이다. 왜냐하면 이들의 출현 시기가 실학시대요, 先鞭을 잡은 유득공이 실학자이기 때문이다. 실학시대 이전의 儒者들은 우리 고유의 이들 어휘에 대하여 거론하는 것조차 꺼렸던 것을 고려하면, 이들 업적은 그 의의가 더욱 크다고 할 수 있다.

10. 李義鳳(1733~1801)의 <東韓譯語>(1789)[21]

東韓譯語는 이의봉의 방대한 辭書 〈古今釋林〉(40권) 중 제8 부문에 해당한다. 이것은 卷第27과 卷第28로 되어 1,450여의 단어 · 語句 및 속담을 실은 우리말 어휘집으로 이 가운데 어원 탐색이 보인다.

이들 어원 탐색은 국어에 관한 뚜렷한 어원의식에서 출발한 것은 물론 아니다. 이것은 한자어에 대하여 우리말 어휘를 방언이라 한 것이나, '東韓譯語'라는 題名에서도 알 수 있다. '東韓譯語'란 '東韓(즉 우리나라)의 낱말들을 한자어로 번역하여 놓은 것'이란 뜻이다. 이것은 한자어에 중심을 두고 우리말을 방언이라 하는 중화사상에 기초하고 있음을 말해 준다.

다음과 같은 어원 탐색은 언어적 상황까지 밝혀 주는 면에서 수긍이 가기도 한다.

① 바삭(치우인: 癡尤人)〈八朔.
② 達化主(奴婢收貢者)〈達魯花赤.
③ 藥果(蜜果)〈麥爲四時之精 蜜是百藥之長 油能虫殺故也.
④ 冬沈〈作淒沈菜 冬月食之.

---

21) 〈東韓譯語〉에 관한 최초의 심도 있는 분석은 沈在箕(1982)에서 보인다.

⑤ 南行(蔭官)〈蔭官序南故.

⑥ 小水貂〈依小水爲居因名.

⑦ 貂弓〈小水貂好弓所謂.

⑧ 文來(紡車)〈文姓名來者所製 故名之.

⑨ 無窮花(槿花)〈其久放也.

⑩ 移徙樂(櫻桃)〈此樹移種則盛也.

⑪ 無價散(狗屎)〈無價之藥也.

⑫ 袈裟魚(智異岳溪中出魚)〈形如箸袈裟 故名.

⑬ 天知魚(石首魚)〈常曝於屋上 鴟猫皆不敢搏噬 故居人回之 爲天知魚.

⑭ 申退〈今承政院承旨 註書報申則退 故謂之申退.

⑮ 西飛22)〈槐院在東故也.

⑯ 滴露(菜名)〈無花無子 以葉上露滴地而生故名.

⑰ 狗舌金(킈혀쇠·丁銀大片)〈其形似狗舌也.

⑱ 하늘(天)〈汗兒〈方言以大爲汗故謂.

⑲ 바독쇠23)〈以形似碁子也.

⑳ 鼠目太(小豆黑色者)〈象形也.

㉑ 嘯雨只(鳶)〈言能嘯雨也 只語辭.

㉒ 馬價木24)(丁公藤): 산에 있는 한 노인이 이 지팡이(丁公藤)를 가졌기에 말 한 필과 바꾸었기 때문에 이름했다.

㉓ 無患珠: 제주에서 나는데 그 열매가 구슬(珠)과 같으므로 俗에서 無患珠라 한다.

그러나 다음과 같은 것들은 의문이 앞선다.

① 지아비25)(夫)〈집 아비의 訛.

---

22) 조선조에서 문과에 급제한 사람이 承文院·성균관·교서관으로 가기 전에 翰林 벼슬에 있는 것. 한림이란 예문관 檢閱을 말하고, 槐院이란 승문원을 지칭함.

23) 마고자에 다는 바둑 비슷한 단추.

24) 丁字形 등나무 지팡이.

25) 어원 탐구의 예시 중 표제어로 내세운 순 우리말의 한글 표기는 李義鳳이 음을 적은 것도 있으나 대부분은 필자가 한 것임.

② 지어미(婦)〈집 어미의 訛.
③ 흥정(買賣)〈興成의 訛.
④ 산양(獵也)〈山行의 訛.
⑤ 툇면쥬(土紬)〈所織以出於本土.
⑥ 쇼경(瞽者)〈誦經의 訛.

'사냥'은 龍歌의 표기로 보아서도 '山行'에서 왔다고 하는 것이 정설이지만 同音索引인 듯하다.

다음과 같은 것들도 동음에 견강된 민간어원임이 확실하다.

① 도로목(魚名)〈還名曰木.
② 국수〈麴鬚 麴者米也 鬚者象形也.
③ 놈(男子之賤稱)〈奴者의 訛.
④ 년(女子之賤稱)〈女의 訛.
⑤ 쇠낙이(驟雨)〈鐵坑過暴雨 然後洗外土 而出內鐵 故峽人謂急雨曰 쇠낙이.
⑥ 짜(地)〈多〈衆多의 訛.
⑦ 코(鼻)〈高(最高於五岳)의 訛.
⑧ 입(口)〈入(謂飮食入於此也).
⑨ 팔(臂)〈八(象八字形也).
⑩ 찌(睡覺)〈開의 訛.
⑪ 감(柿)〈甘.
⑫ 犯(虎)〈難犯.
⑬ 조금(上弦下弦日)〈潮漸〈潮水至此而漸少也.
⑭ 불(火)〈附兒〈火不能自燃而必附物而後燃 故曰附兒 兒音乙.
⑮ 오즘(小便)〈汚汁의 訛.
⑯ 阿殘: 魏志辰韓人名樂浪人爲阿殘 東方人名我爲阿謂樂浪人本其殘 餘之人也.
⑰ 꿈·꿈(夢)〈求陰의 訛.
⑱ 깃급(分財)〈衿給.
⑲ 우음(笑)〈音從上脣出.

⑳ 나ᄋ리 · 進賜(堂下官)〈將進於仕也.

㉑ 環刀(釰)〈關西有釰山城 俗名丸都 故俗稱釰曰環刀.

㉒ 삼신 · 三神〈産神.

㉓ 감토(帽)〈加頭.

㉔ 풀소옴(雪綿子 · 糊絮)〈糊之粘物也.

㉕ 達苦(築土聲)〈打號(芝峯說의 인용임).

㉖ 시루(甑)〈實漏의 訛.

㉗ 빈혀(簪釵之屬)〈鬢舌.

㉘ 거울(鏡)〈揭月의 訛, 鏡之明圓如揭懸之月也 今訛爲 거울.

㉙ 石榴〈出於安石國. 또는 돌(石)을 좋아하여 돌로 뿌리를 싸서 심으므로
   석류라 했다.

㉚ 즘싱(禽獸通稱)〈禽胜.

㉛ 고양이〈虎樣伊(言有虎之樣子也).

㉜ 숭어〈秀魚(緇魚)〈水中之秀 故名云.

㉝ 웅어〈葦魚(刀梢魚)〈象形也.

㉞ 낚시(釣)〈落食(食音示).

㉟ 거북(龜)〈去北(陰物其行必向北故名).

㊱ 거미(蜘蛛)〈去母(謂以子害母也).

㊲ 기장(黍)〈箕子王의 訛(箕子東來時 持此種故名之 今訛).

㊳ 승검초〈승검치(當歸莖葉)〈辛甘菜.

㊴ 北向花(樹名)〈其花紫色 開必向北故名(順天仙岩寺有).

㊵ 까치(鵲)〈嘉致〈其致嘉祥也.

㊶ 가마귀(鴉)〈家魔告〈謂告家中有魔鬼也.

㊷ 東京狗(短尾狗)〈慶州風水無後餘故其土狗皆短尾.

㊸ 鰈域(我國)〈鰈魚(鰜魚, 板魚, 比目魚, 廣魚, 舌魚, 加佐魚)가 우리나라
   동해에서 나오므로.

㊹ 助氣(石首魚)〈謂助人氣也.

㊺ 星主(高氏) : 新羅時代 濟州高厚來朝 王喜號厚曰星主 盖其時 客星見故
   云其後高氏 世稱星主.

㊻ 孺兒(변방에서 문을 닫고 열쇠를 채울 때 連하여 부르는 소리) : 옛날 유

아란 장수가 출전했다가 돌아올 때문에 이르지 못하고 죽은 것을 슬피
여겨 문을 닫을 때마다 그 이름을 부르는 것이니 招魂의 뜻에서 나온 말
이다.

㊼ 啖父(獍): 子害父也.

㊽ 振僧劫(僧劫쩌다)〈眞臘記에 그 나라에서는 귀천을 논할 것 없이 여자가
성례를 할 때 僧道에 드는데 이를 陣毯(진담)이라 한다. 이 때 후한 예물
로 갚고 여자를 데려와서 중매를 하여 시집보낸다. 가난하여 돈이 없는
자는 시집가지 못하고 커서 중이 된다. 예물로써 승도에서 벗어난 자를
진승겁이라 칭하는 고로 우리나라 사람들은 성품이 쾌활하여 매임이 없
는 자를 "僧劫쩐다"고 한다.

이상으로 〈東韓譯語〉의 어원 탐색은 玉石이 뒤섞여 있음을 알 수 있
다. 한자음에의 견인은 당시 儒者들의 일반적 경향이니 크게 탓할 수는
없다. 다만 이처럼 방대한 어휘 자료 속에 당시의 어원설을 수용했음을
높이 평가해야 할 것이다.

특히 芝峯이 우리나라 말 중 가장 모를 것이라고 말한 水剌(御饍)에
대하여 宮中語에의 몽고어 영향을 말한, 다음과 같은 언급은 높이 평가해
야 할 것이다.

芝峯曰 我國鄕語最不可解者 謂御饍曰水剌 或云水剌[26) 蒙古語也 麗
末公主爲麗王后 宮中習蒙語有此稱云未知信否也 剌音라.

또 한자의 자의에의 부회는 〈東韓譯語〉에 많은 영향을 준 이수광(芝
峯)·이익(星湖)·남계명(晦隱)의 저술, 〈三官記〉,〈鷄林類事〉,〈三國
史記〉,〈酉陽雜俎〉,〈文獻備考〉,〈屠門大嚼〉 등의 기술 방법 때문이기도
한 것이다.

---

26) '剌' 즉 자(七賜切)·척(七迹切)과, 剌 즉 랄(郎達切)·라(國字)를 구별하려 한 것. 후자 즉
   水剌(수라)가 옳음.

조선시대 특히 실학시대의 사전적 大著述은 博覽强記를 제일 미덕으로 하는 당시 학자들의 성격상, 先行著述의 轉寫 · 敷衍의 성격을 띤 것은 당연하다. 따라서 功도 過도 先行著述과 等分해야 할 것이다.

다음으로 우리 글자(훈민정음)가 있어도 이것으로 적는 것은 학자의 자세가 아니라고 생각하여, 한자만으로 표기하였던 것이나, 순 우리말 어휘도 한자의 음훈을 이용하여 표기하였던 것은 시대적 한계를 고려해도 비난받아 마땅할 것이다.

또 〈古今釋林〉에서는 중국 각시대의 지방어(列國方言 · 歷代方言 · 洛閩語錄 · 道家語錄) · 중국지방어(傳奇語錄) · 중국근대어(華漢語錄) · 범어(釋氏語錄) · 일본어 · 만주어 · 몽고어(三學譯語) · 안남 · 섬라 · 요 · 금 등 제국어(四夷譯語) 등을 수록 · 정리하면서도, 비교언어학적 안목을 가지지 못하고 한자의 자의에만 견강부회한 것은 안타까운 일이다.

11. 丁若銓(영조 말~정조 年間)의 〈茲山魚譜〉(1814)[27]

茲山은 정약전의 유배지 흑산을 피하여 명명한 것이다.[28] 이름을 떠올리기조차 꺼리던 유배지에서 현지인 제보자(張德順: 昌大)까지 물색하여 魚譜를 만든 학구열은 놀라운 바가 있다. 혹 物名考, 植物考가 있어

---

27) 정약전, 茲山魚譜, 정문기 역, (지식산업사, 1977) 참조.
  정약전의 序 末尾에 嘉慶甲戌이라 했으니 저술 연대가 AD 1814년임을 알 수 있다. 정약전의 호는 硏經齋로 정약현, 정약전(흑산도 유배), 정약종(1760~1801, 辛酉邪獄 때 杖死), 정약용(庚津 유배)은 형제간임. 서학에 뜻을 두고 천주교의 전교에 힘썼음. 남인학자로서 1694(숙종 20) 甲戌獄事 이후 은퇴하여 천주학 실천에 힘썼다.
28) '茲山'이란 '黑山島'를 말함이니 '茲山魚譜'는 '현산어보'라고 읽어야 옳다. 엄격히 말하면 '玆'(현)자는 '玄'部 5획의 검을 현(黑也)자이고, '茲'(자)자는 '艸(艹)'部 6획의 이 자(此也)이다. 물론 玆(현)이 茲(자)로 쓰이기도 한다.

그 속성의 설명 과정에서 칭명의 연원을 설명한 것들이 있으나, 魚類名의
어원을 추구한 점에서 그 가치를 크게 인정해야 할 것이다.

　〈玆山魚譜〉는 鱗類·無鱗類·介類·雜類로 분류되어 있다. 즉 일반적
인 어류·조개류·海蟲·海禽·海獸·海草를 모두 포함하여 설명하고
있다.

① 海秋苔: (5~6월에 번식하기 시작하여) 8~9월에 줄어든다. 그래서 추
　태라는 이름이 붙었다.

② 蟶田(맛: 蟶):「正字通」에 말하기를 閩粵人(민월인)이 논에서 양식하였
　으므로 정전이라고 한다.

③ 伏老(고막: 蚶): 說文에 말하기를 老伏翼이 변하여 괴합이 되므로(伏翼
　은 박쥐) 伏老라고 했다.

④ 횃고동(炬螺): 불을 피우면 매우 많이 잡을 수 있기 때문에 命名.

⑤ 執火(꽃게: 花蟹): 그 발이 붉기 때문이다.

⑥ 밤게(栗蟹): 그 맛이 달콤하기가 밤 같다고 하여 命名.

⑦ 뱀게(蛇蟹): 흔히 해변의 인가에 들어가 놀면서 흙과 돌 사이에 구멍을
　파는 까닭에 命名.

⑧ 화랑게(花郎蟹): 나아갈 때 집게발을 편 모양이 춤추는 것 같아서 이런
　이름이 주어졌다.(흔히 舞夫를 화랑이라고 한다).

⑨ 묵을충암(食鰆): 墨乙은 "먹는"다는 뜻이다. 산란을 알지 못하고 단지
　먹을 것만을 구하는 데서 이르는 말이다.

⑩ 海豹(물개: 膃肭獸): 그 가죽의 무늬가 표범과 같기 때문이다. 우리나라
　사람들이 물개를 '물소'라고 하는데 이것은 아주 잘못된 기록이다.

⑪ 人魚: 李時珍에 의하면 江湖 가운데 서식하며 모양이나 빛깔이 모두 鮎
　鮧(점외)와 같고 아가미와 그 언저리가 삐걱삐걱하는데 그 소리가 아이
　우는 소리와 같다고 하여 이 같이 이름이 주어졌다(李時珍云 生江湖中
　形色皆如鮎鮧 其顋頰軋軋音 如兒啼故 名人魚 此産於江湖者也).

⑫ 상어(鯊魚): 〈六書故〉에 이르기를 이 고기는 바다에서 사는데 그 껍질이
　모래와 같다고 해서 그 이름을 沙魚라고 하였다.

⑬ 게상어(蟹鯊): 즐겨 방게(蟛蟹)를 잡아먹기 때문에 이런 이름이 생겼다.

⑭ 鱸閣·歸安상어(귀상어: 鱸閣鯊): 이 물고기의 모양이 노각을 닮았기 때문에 명명. 또 이 고기는 두 귀가 있는데 솟아나와 있는바, 그 귀를 우리나라 말로 귀(歸)라고 부르는 까닭에 歸安상어라고 한다.

⑮ 半面魚(넙치가자미: 鰈魚): 〈會稽志〉에 말하기를 越王은 물고기를 다 먹지 않고 반쯤 버렸는데, 그것이 다시 물고기가 되었으나, 한쪽 면이 없으므로 명명.

⑯ 말독멸(杙鰍: 익추): 모양이 말뚝 같다고 해서 명명.

⑰ 無祖魚(大頭魚): 그 어미를 잡아먹기 때문에 이 같은 이름이 붙은 것이라고 한다.

⑱ 숭어(鯔魚): 李時珍에 의하면 색이 검기 때문에 이 같은 이름이 붙은 것이라고 한다.

⑲ 오징어(烏賊魚·烏鰂): 배 안에 먹이 있어 사용할 수 있게 되어 있으므로 명명. 〈南越志〉에는 까마귀를 즐겨 먹는 성질이 있어서 날마다 물 위에 떠 있다가 날아가던 까마귀가 이것을 보고 죽은 줄 알고 쪼려 할 때에 발로 잡아 감아가지고 물속으로 끌고 들어가 잡아먹는다고 하여, 烏賊이라는 이름이 붙여졌다고 한다. 까마귀를 해치는 도적이란 뜻이다.

이상으로 정약전은 어류명의 어원을 광범위하게 추구한 최초의 어류학자였음을 알 수 있다.

그러나 우리 고유 국어 어휘마저 고유의 표기 수단을 마다하고 한자로 표기했거나 漢譯하여 표기한 점, 중국의 전적에서 중국명을 발췌, 그 어원을 실은 점(鱸閣·半面魚·烏賊), 고래(鯨魚)를 고기로 생각하여 無鱗類에 넣어 "물고기의 왕"(魚之王)이라 한 점, 人魚(俗名 玉朋魚)를 "形似人"이라고 하면서, 〈本草〉와 〈山海經〉의 기록을 따른 점 등은 그 공로의 빛을 흐리게 하고 있다.

12. 丁若鏞의 〈雅言覺非〉(1819)[29]

　본서는 다산(1762～1836)이 순조 19년(1819)에 당시 우리나라에서 일
반적으로 그릇되게 쓰이고 있는 각종 용어 450여 가지를 3권 199항목으
로 분류하여 어원적으로 밝혀서 '바른 말로 그릇된 점을 깨닫게'(雅言覺
非)하기 위해 지은 책이다. 어원을 한자에서 찾으려 하였고, 중국 漢音의
입장에서 당시 말과 글의 잘못을 고증하여 바로잡으려 하였다.[30] 이제 본
서의 저술 목적을 보자.

> 　"세상의 일반적인 풍습이 서로 전하여지는 동안에 그 사용하는 말이 참
> 뜻을 잃어버리고, 그릇되게 전하여진 말을 이어받고 그대로 따라 쓰며 그만
> 습관이 되어서 고찰하지도 않는다. 우선 한 가지 그릇된 점을 밝혀 깨닫게
> 하면 드디어는 사람들이 많은 의문점을 일으켜서 과오를 바로잡고 진실을 돌
> 이키니 이를 바탕으로 하여 雅言覺非 三卷을 짓는다."[31]

　이는 고려 이후 儒者들이 갖기 시작한 정명사상 및 〈爾雅〉의 영향[32]이
조선조 유자들에게 심화되어 나타난 것이다. 이제 구체적인 어휘를 들어보자.
　한자의 字義 및 음에서 그 어원을 구하여 잘못 씀을 바로잡으려고 한
것이 있다.

　　① 가래(楸): 核桃를 加來라고 한다. 이는 鍬와 동음이므로 鍬音인 나무를
　　　　취하여 楸로 만들었다.

---

29) 본고를 씀에 金鍾權 역주. 雅言覺非(1979, 일지사)를 많이 참고했음을 밝힘.

30) 그러나, 당시 俗音 즉 다산이 잘못이라고 한 음과 어휘들이 오늘날 대부분 그대로 사용되고
　　있음은 우리에게 중대한 암시를 준다.

31) 流俗相傳 語言失實 承訛襲謬 習焉不察 偶覺一非 遂起羣疑 正誤反眞 於斯爲資 作雅言覺
　　非 三卷 〈雅言覺非〉(卷之一).

32) "雅言覺非"의 原義 "바른 말로 그릇된 점을 깨닫게 함"과, "爾雅"의 원의 "가까이 쓰이는
　　말을 바로잡음"은 너무도 유사하다.

② 乞士(머리 깎지 않은 중): ㉠ 이를 우리나라에서 居士라고 함은 잘못이
  다. 居士란 칭호는 이미 중국에서 생겼다. 賤流의 칭호가 아니다. 乞의
  우리나라 음은 입성이고 중국음은 종성이 없으므로 居와 乞이 서로 혼동
  된 것이 居士다(雅言覺非). ㉡ "比丘를 乞士라고 이름하였으니 이는 다
  緇徒(중)들의 통칭"이다(雅言覺非 後其二).

③ 磬: 磬이란 '玉石의 倨句'니 僧院의 小鍾을 磬(方言云磬衰) 衰者金也)
  이라 함을 알 수가 없다. 또 처마 끝에 매다는 小鈴을 風磬이라 함도 잘
  못된 말이다.

④ 禊: 潔(깨끗하게 함)을 뜻한다. 우리나라에서는 여러 사람이 모여 술마시는
  것을 다 禊라고 한다. 禊는 契라고 해야 한다. 契란 약속이고 결합이다.

⑤ 篙: 揚子方言에 '所以刺船者 謂之篙'라 했는데 지금은 櫂, 楫 등 여러 글
  자를 모두 '進船之竿'으로 했음은, 중국의 북방에는 대(竹)가 없었기 때
  문이다.

⑥ 公然: 原意는 '公共無愧者然'(공공연하여 부끄러움 없는 것)인에 우리나
  라말은 功勞가 없으면서 상을 바라는 것을 公然히 이를 바란다고 하고,
  값없이 주기를 구하는 것을 公然히 이를 찾는다고 하는데, 이는 본뜻에
  어긋나는 말이다.

⑦ 狗皮: 狗皮를 狗鹿皮, 馬皮를 馬鹿皮, 虎皮를 虎鹿皮라 함은 옳은 말이
  아니다. 獸皮를 按(뇌)한 것을 모두 鹿皮라 칭함은 옳지 않기 때문이다.

⑧ 鹿皮: 鹿皮라 말하는 것은 皮와 比의 음이 서로 통하는 까닭이다. 虎皮
  를 옛날에 皐比라 했다.

⑨ 契丹(글단): 契丹을 乞闌이라 읽음은 잘못이다. 또한 牧丹(모단)의 '丹'
  의 음을 '란'이라고 읽는 것도 근거할 만한 자료가 없다.

⑩ 白楡(느릅나무): 느릅나무의 종류 중 白楡는 '方言云 늘읍'이고 刺楡는
  '方言云 늦희'다. 전자는 '野生'이고 후자는 '家種'으로 혹은 龜木이라고도
  하며, 4월 8일에 그 잎을 따서 떡을 만든다. 중국인들은 느릅나무로 羹·
  酒·醬·麬·粉·香·糊·膠를 만든다. 우리나라 사람들은 느릅나무(楡)
  가 어떤 나무인지를 알지 못했다. 비록 여러 글을 보더라도 시험할 줄을
  알지 못했으니 利用厚生을 可히 바랄 수 없다.

⑪ 杜仲: 杜仲은 향나무다. 杜仲이란 사람이 이를 복용하고 도를 터득하였

으므로 杜仲이라 했다. 杜棣 열매는 杜仲이 아니다. 杜冲(方言曰杜乙粥)
은 잘못이다.

⑫ 茶: 冬靑之木이지 음료수의 이름이 아니다.

⑬ 帖裏: 戰時에 입는 옷이다. 天翼·綴翼으로 잘못 알고 있다.

⑭ 蜀黍: 蜀黍(촉서)는 본래 高梁인데 잘못 옮겨져 수수(垂穗)가 되었다.
中國音은 본래 '쑤슈'다.

⑮ 湯餠: 설날의 떡국이 아니라 국수 삶은 것을 말한다.

⑯ 茶山은 또 辛苦, 魚肉, 涕淚, 遂踏, 翔翼, 拱揷, 捧受의 의미를 변별하면
서 豕(어미 돼지), 豚(새끼 돼지)의 구별을 강조한다.
"'豕'도 또한 '돗아지'라고 이르나, '아지'란 짐승 새끼의 이름이니 豕가
어찌 새끼겠는가?"

①은 가래(農具로서 分具)의 어원이 아니고 '楸'의 字源이다.

⑥은 정약용이, 어원 변화(의미 변화)를 언어의 타락으로 본 18세기
유럽의 규범주의(prescriptivism)者들과 같은 견해를 취한 것이다. '公然'
의 原義 '公共無愧者然'에서 '公然'으로 의미 변화한 것으로 보든지, 한자
를 달리 '空然'으로 쓰면 해결된다.

⑨ 契丹·牧丹이 글란·모란임은 신숙주가 쓴 〈東國正韻序〉에 '四聲
之變'이라 하여 언급이 있었음을 다산이 잊은 것이다. 신숙주는 '質'·'勿'
은 ㄷ받침을 써야 하는데 세속에서 ㄹ받침을 써서 입성이 되지 못한다.
받침만이 아니라 '次第'·'牧丹'처럼 初聲도 변하여 '차례'·'모란'이 된다
고 했다.

⑯ '돗아지'의 어원을 다산이 파악한 것이다. 즉 "돗(돈)+아지>도아
지>도야지>돼지(豚)"를 알았던 것이다. 오늘날 모두 "돼지"로 합쳐져서
"어미 돼지"와 "새끼 돼지"로 나누어짐을 보면 언어의 변천은 언어의 타
락이 아님을 알 수 있다.

음운 변화에서 어원을 추구한 것도 보인다.

① 白菜: 中國音(븨채)이 잘못 옮겨져 拜草가 되었다.

② 朴宮(박궁·박공): 薄縫의 잘못이다. 薄縫의 음은 "보봉"이다.

③ 鱸魚(→鱸占魚)農魚), 鯊魚(→鯊占魚)霜魚), 秀占魚, 拜占魚라고 하는 것은 글자를 잘못 옮겨 쓴 것이 심하다(訛誤轉甚矣).

④ 額掩: 額을 중국음으로 耳처럼 읽어서 와전되어 耳掩이라고 하나 잘못이다. 額掩은 귀를 덮는 것이 아니다.

⑤ 煎果(중국인의 果泥): 正果라고 함은 잘못이다.

⑥ 稷: 조(粟)를 말한다. 우리나라에서는 돌피(稊稗)를 잘못 피(稷)라고 한다. 돌피는 五穀에도 못 든다. 稉와 稗가 聲轉한 것이다(方言謂之稉 稉與稗聲轉也).

⑦ 頭盔: 鬪具라고 말하는 것은 중국음(뚜귀)이 잘못 옮겨진 것이다.

⑧ 套袖(투수): 吐手라고 말하는 것은 중국음(탇쉬)이 잘못 옮겨진 것이다.

⑨ 玻瓈: 잘못하여 菩里(玻瓈의 중국음이 보리)가 되고, 麥을 '보리'라 하므로 玻瓈眼鏡이 麥鏡이 되었다.

⑩ 護項(繞項之毛幘): 揮項이라고도 함은 護의 중국음 '후'를 揮와 같이 읽어서 그런 것이다. 護項이지 揮項이 아니다.

이에 대해 다산은 다음과 같이 정확히 파악하고 있다.

"頭盔, 白菜, 額掩, 套袖(투수) 등처럼 중국음에 의해 조선 한자음과 거리가 먼 단어로 된 예들은 무수히 많다. 이것들은 말로써 읽을 때는 잘못이 없었으나(다 중국음에 부합되었다) 번역하여 글을 만들 때는 곧 딴 것을 만들어 놓았다(우리나라의 소리를 따라 글을 만든 까닭이다). 대저 사물의 이름 流轉은 많은 하인들에게서 나오고 문자로 번역하여 놓은 것은 다 學士들이다. 이로 말미암아 말하면 문물이 지금 몽매한 까닭은 다 사대부들의 조잡한 잘못에 연유한 것이다."

그러나 다산의 어원 설명에도 잘못된 것들이 보인다.

① 補處: ㉠ "補處는 金身(부처佛)의 좌우에 앉힌 것으로 중국음 '부춰'가

잘못 옮겨져 敷處가 되었다."(雅言覺非) ㉡ "彌勒을 말하는데 그가 세상
에 다시 나서 부처님을 대신한다고 말하기 때문에 補處佛이라고 한다."
(雅言覺非後)

② 花郎: 화랑은 옷을 화려하게 단장했는데 지금 倡夫(광대)도 또한 옷을
화려하게 단장하므로 이런 이름을 모칭하게 된 것이다.

③ 門을 註解하여 '오리'(久)라 하고 龍을 주해하여 '미리'(豫)라고 한 것은
指鹿爲馬나 喚鼠爲璞과 같은 것이다(訓門爲久 오리門詁龍爲豫 미리龍
若此之類 全是指鹿爲馬 不止喚鼠爲璞).

① 補處(彌勒)가 敷處로 된 것은 아니며, ② 倡夫를 花郎이라고 하는
것이 "亦裝袨麗 故冒是名與"한 것이 아니다. '花郎'은 음차 표기며 倡夫
는 화랑의 의미 변화에 의한 轉稱이다. ③은 門·久의 고유국어가 각각
'오래'·'오라'임과, 龍·豫의 고유국어가 각각 '미르'·'미리'임을 간과한
데서 비롯한 것이다.[33]

이상의 기술에서 다산은 規範主義者로 언어의 형태 및 의미 변화를 타
락으로 보아 변화 이전의 원형 즉 어원을 찾아 이를 돌이키려 하였음을
알 수 있다. 어원을 찾아 언어의 타락을 막으려는 이 같은 의도는 어원
탐구의 가장 소박한 목적이다. 이것은 오늘날도 여전히 남아 있어 사전

---

33) 문 오래: 門巷(飜譯小學 9 : 96).
　　문 오래며 과실 남글(門巷果木)(飜譯小學 6 : 88).
　　오래 뜰 쓰서르믈 게을이 호미오: 不掃除門庭(呂氏鄕約諺解 9).
　　오래문: 門子(訓蒙字會 7 門字註).
　　오래문: 門(石峰千字文 27).
　　미르룡: 龍(訓蒙字會上 20)(倭語類解下 24)(石峰千字文 4).
　　미르진: 辰(訓蒙字會上 1 辰字註).
　　龍도 '미르'라고 하지 않고 '미리'라고 (詁)했음은 잘못이다.
　　久의 의미로도 사용된 말도 모두 '오라'다.
　　久는 오랄씨오(月印釋譜序 14).
　　오랄구: 久(新增類合下 59).
　　오라싸 니르샤디: 久乃曰(金剛經諺解下 4).
　　오늘 모댓는 한 사ᄅᆞ미 邪曲혼 道理 비환디 오라아 제노포라ᄒᆞ야(釋譜詳節 6. 28).

편찬의 표제어 문제 해결, 정서법의 철자 결정에 도움을 준다. 이런 의미
에서 다산은 가장 진보적 어원 연구자라 할 수 있다.

13. 柳僖의 <物名類考>[34](1824年頃)

李崇寧은 유희(1773~1837)의 대표적 업적은 여타의 저술보다 <物名類
考>(1824)라고 하면서 이것은 "참으로 놀라운 업적"[35]이라고 극찬을 한다.
이 책은 물건의 이름을 有情類(羽蟲, 獸族, 水族, 昆蟲), 無情類(초목
즉 식물), 不動類(흙, 돌, 쇠), 不靜類(불, 물)로 분류하고 있다. 物名의
총수는 6,000종쯤(한글 표기 어휘는 약 1,660개)으로서 이 속에 다음과
같은 식물명 중심의 어원들이 보인다.[36]

① 文萊(緯車): 문익점이 중국에 들어가 綿을 가져오고, 그 아들 萊가 緯車
　를 들여온 까닭으로 '文萊'라고 부르게 되었다.
② 지랄꽃(坐拏草·曼陀羅花): 毒艸(독초)로 이를 먹으면 사람이 미쳐서
　웃고 노래하고 춤추게 되어 '지랄꽃'이라 한다. 그것을 채집할 때, 노래하
　며 채집한 사람은 중독되면 노래가 그치지 않고, 춤추며 채집하다가 중
　독되면 춤을 그치지 않게 된다고 한다.
③ 淡巴(南艸·담비): 본래 琉球國 淡巴島에서 나왔기에 '淡巴'라고 한다.
④ 虞美人草: 古文註에 우미인초는 楚蜀의 산중에서 나는데 莖葉(경엽)이

---

34) 유희의 저서 <文通>에는 <物名類考>라고 되어 있는 듯하나, <朝鮮學報> 15~20호에 轉筆
　영인된 곳에는 <物名考>라고 되어 있음.
35) 이숭녕, 革新國語學史(박영사, 1976), pp.112~119. 유희를 국어학사상 높이 평가하게 한 것
　이 <諺文志>라고 하나 이것은 신경준이나 황윤석의 업적에 비해 새로운 것이 없고 수준에
　서 보아 떨어진다고 한다.
36) 申景澈, 「『物名考』의 植物名 語彙考」, 羨烏堂金炯基先生八耋紀念 국어학논총, 어문연구
　회(창학사, 1985), p.252.

鷄冠처럼 생겼다. 사람이 그 앞에서 虞美人詞를 부르면 이 풀이 손바닥을 두드리며 흔들어 춤추는 모양을 한다.

⑤ 寨木(杉松·전나무): 東俗語, 만약 그 뿌리 근처에서 나는 샘물을 마시면 寨病에 걸려서 '寨木'(건목)이라 한다.

⑥ 鼇子胡桃(羌桃·가리): 본래 胡桃의 일종인데 농기구 鼇와 서로 같아서 '추자호도'라 한다.

⑦ 合歡木(주괴나모): 잎이 밤에는 합쳐졌다가 낮에는 펼쳐지기에 '合歡木'이라 한다.

또 다음과 같은 동물명 어휘의 어원도 보인다.[37]

① 慈烏·慈鴉·孝鳥(가마괴·烏): 小烏는 反哺를 하고 大烏는 不反哺한다고 하나 둘 다 反哺하기에 稱.

② 五窮(담람이·山鼠): 담람이는 다섯 가지 재주가 있으나 그것이 변변치 못하니, 날 수는 있으나 지붕에도 못 미치고, 헤엄은 치나 계곡을 건너지 못하며, 기어오르기는 하나 나무에 오르지 못하고, 달리나 사람보다 빠르지 못하고, 구멍은 파나 제 몸을 감출 만하지는 못하므로 稱.

③ 火鼠: 耆薄國 화산 속에서 태어나는데 색이 하얗고, 그 털로 베를 만들어 입으면 불속에 들어가도 타지 않으므로 稱.

④ 十二時蟲(도롱룡·蜥蜴): 하루 열두 시마다 열두 색으로 변하여 稱.

⑤ 守宮(도마뱀류): 蝘蜓(언정)을 붉은 흙에서 길러 홍색이 되었을 때, 그 피를 宮人의 팔에 바르면 淫行이 있는 사람이면 곧 색깔이 없어져 貞操를 지킨 여부를 알 수 있기 때문에 稱.

⑥ 藏六(남생이·龜): 머리와 꼬리 및 네 발을 동시에 스스로 몸속으로 감출 수가 있기에 稱.

⑦ 殺母蛇: 이 뱀은 그 어미의 배를 가르고 태어나기에 稱.

이외에 동물명 중에는 중국어나 몽고어(말과 매에 관한 어휘)에서 차용

---

37) 신경철, "「物名考」의 動物名 語彙考", 상지영서대학교 논문집, 1984, p.14 참조.

한 것들이 많이 보이나 어원을 밝히지는 않았다. 이상 유희의 〈物名類考〉
는 어휘집으로서의 훌륭한 가치와는 달리 어원설로서는 별것이 없음을 알
수 있다. 중국고사에서 나온 것(虞美人草, 慈烏·慈鴉·孝鳥), 전설에서 나
온 것(火鼠, 守宮), 근거가 없는 것(淡巴를 琉球國 淡巴島에서 유래했다고
함 같은 것), 동음견인(蹇木·전나무의 "전"과 "절다 : 跛·蹇"의 관형형
"전"), 전설의 답습(鼇子胡桃 : 〈雅言覺非〉) 등이 그 이유다.

14. 朴慶家의 〈東言考〉(1836)[38]

박경가(1779~1841)의 어원설은 일반적으로 민간어원설의 대표적인
것처럼 몰아붙인다. 그래서 어떤 민간어원설을 보고 東言考略式 민간어
원이라고까지 혹평을 한다. 실제로 〈東言考略〉을 一瞥하면 다음과 같이
턱없는 민간어원에 접하게 된다.[39]

   ① 라무(樹木) : 羅木(木은 支那音에 무, 신라인은 많이 국호로써 物을 칭함).
   ② 라물(菜蔬) : 羅物.
   ③ 라락(稻) : 羅祿.[40]

---

38) 2卷 1冊. 저자·연대 미상으로 내려오던 것이 1908년(隆熙 2年) 秋人 鄭喬 纂述, 永嘉 金寅
   珪 校閱의 活板本으로 〈東言攷略〉이라 하여 간행되었다. 安春根(1968. 2), 朴恩用(1968.
   7), 金敏洙(1980) 등에 의해 그 저자가 박경가임이 밝혀졌다. 〈東言攷略〉은 〈東言考〉에서
   나온 것이니, 이 책은 '東言攷—東言考略—東言攷略의' 과정을 거쳐온 것임을 알 수 있다.
   필자가 臺本으로 한 것은 1975년에 百部限定板으로 낸 〈東言攷略〉이다. 이 책은 상하로 나
   뉘어 상권은 古談, 天道部, 人道部, 心類, 親黨, 說話로 나뉘었고, 하권은 計數, 食飮, 冠笄
   (관계), 布帛, 家宅, 器具, 農器, 兵器, 樂器, 産業, 文房四友(sic), 囊橐(낭탁), 禾穀, 草菜,
   木類, 鳥類, 獸類, 魚類, 蟲類로 나뉘어 있다.
39) 일부는 현행 표기로 고쳤음.
40) 박경가에서 처음 보인 것은 아님. 尹廷琦의 〈東寰錄〉(1859)에 처음 보인 것이니 한문자에
   젖은 이들에게는 자연스러웠던 것임을 알 수 있다.

고구려에 관계된 것을 보자. "新羅人이 깁히 高句麗를 怨ᄒ야 흥상 惡毒하고 汚賤흔 物에 비유ᄒ니"[41] 다음과 같다.

① 구리(蟒): 句麗(麗ᄂᆞᆫ 支那音에 리ㅣ라).
② 머구리(蝦蟆; 하마): 蟆(蟆ᄂᆞᆫ 支那音에 모ㅣ라)句麗.
③ 조구리(鵰鶚; 조악): 鵰句麗.
④ 밋구리(鰌; 추): 尾句麗.
⑤ 산너구리(山犬): 山貛句麗.
⑥ ᄭᅩ리(尾): 高麗ㅣ니 卑下타 함이오.
⑦ 고리(柳筍): 高麗ㅣ니 此器, 本히 高句麗人의 造ᄒᆞᆫ 배.
⑧ 고린너(臭의 穢惡한 者): 高麗臭ㅣ오.
⑨ 구린너: 句麗臭ㅣ라.
⑩ 고양이(猫의 形容이 惡毒한 것): 高氏의 模樣이 有함을 指.
⑪ 고동(螺ᄂᆞᆫ 그 母를 食하는 蟲): 高氏의 骨肉相殘과 同하다 함.
⑫ 고망(盡): 高亡이니 高氏의 亡함을 願함.
⑬ 고몰(蒸餠의 豆屑): 高沒이니 高氏를 烹蒸(팽증)코자 함.
⑭ 고기(魚): 高嗜, 高氏를 啖嗽(담담)함을 魚와 肉의 嗜함과 如코자 함.
⑮ 고시라(野巫가 水飯으로서 鬼를 逐하매): 高氏羅니 惡鬼를 高氏에게 逐送코자 함.

여타의 일반 語辭에서도 유사한 한자의 음과 훈에 견강부회함을 볼 수 있다.

① 광대(倡優): 廣大니 大面.
② 달(月): 達(光明이 日을 隨하여 능히 達한 故로).
③ 별(星): 躔(전)次時를 隨하여 各各 別하므로.
④ 발암(風): 發陰(陰氣를 屈聚하는 者).

---

41) 〈東言攷略〉 p.2. 조선조의 서북인에 대한 냉대와 차별, 弓裔의 후고구려(泰封)건국 등은 뿌리가 여기에 있었던가 하는 의문도 인다. 백제에 관한 것은 하나도 없음이 이채롭다. 고구려와 백제의 同姓이 皆高氏인 故로 신라인이 斥惡하여 言必稱高했다는(p.3.) 기록은 보임.

⑤ 비(雨)： 天功을 裨補하므로 裨라 함.

⑥ 우리(雷)： 雨來(雨來의 候).

⑦ 무지기(虹霓)： 沒止氣의 변음(水止의 應이라).

⑧ 눈(雪)： 嫩(눈)이니 潔白하고 軟姸하다 함이라.

⑨ 보음(春)： 伏陰의 변음.

⑩ 열음(夏)： 熱陰이니 熱이 極하여 陰이 生하다 함.

⑪ 가월(秋)： 嘉月(만물이 嘉成하는 月이라).

⑫ 계월(冬)： 計月(郡國이 上計하는 月).

⑬ 밤(夜)： 暗의 변음(時候ㅣ暗然하다 함).

⑭ 뎜심(午)： 點心(心의 飢飽를 點檢한다 함이라).

⑮ 그을(陰)： 黔乙(乙은 어조사)의 변음.

⑯ 짜(地)： 多ᄒ다 흙이니 物의 衆多한 거슬 載흠이라.

⑰ 물(水)： 沒의 변음.

⑱ 불(火)： 浮乙(乙은 어조사).

⑲ 쇠(金)： 燥의 변음(金의 性이 燥한 故로).

⑳ 뫼(山)： 墓(東人이 葬地를 중히 여기어 山으로써 塚墓의 地를 하는 故
로 名하니라).

㉑ 들(野)： 等의 변음.

㉒ 논(水田)： 潨의 변음.

㉓ 고을(州, 郡, 縣)： 公邑의 변음.

㉔ 바다(海)： 波(波는 支那音에 바)多.

㉕ 돌(石)： 突兀.

㉖ 사롬(人)： 薩膔(살암)의 變音.

㉗ 입(口)： 入이니 飮食이 口로 入함이니라.

㉘ 가음(臆)： 肝蔭의 변음.

㉙ 달이(脚)： 達伊(伊는 어조사).

㉚ 밋궁(尻)： 微叱孔.

㉛ ᄆᆞ음(心)： 莫音의 변음.

㉜ 살앙(愛)： 慈良의 변음.

㉝ 아(知識)： 按.

㉞ 뭇(詢問)： 問.

㉟ 밥(食): 飯의 변음.

㊱ 버슷(菌과 蕈): 腐濕의 化한 바.

㊲ 머육(海茉): 墨楡.

㊳ 꿈(夢): 局陰이니 陽이 陰에 局한 것.[42]

그러나 곳곳에 주목할 만한 것들도 보임을 간과해서는 안 될 것이다.

① 한아(第一): 韓兒 (兒눈 어조사ㅣ니 後倣此ㅣ라).[43]

② 죠젼부리: 고구려는 其俗이 자조 음식하기를 好ᄒᆞ야 朝夕을 不拘ᄒᆞᄂᆞᆫ지
라, 신라인이 惡ᄒᆞ야 目ᄒᆞ야 曰 '죠젼부리'라 ᄒᆞᄂᆞᆫ 者ᄂᆞᆫ 곳 朝鮮附兀이니
喙를 칭하여 附兀이라 ᄒᆞᄂᆞᆫ 者ᄂᆞᆫ 草木花의 附兀과 如ᄒᆞᆷ이라.

③ 벼슬(仕宦): 新羅時 伊伐飡의 伐飡의 변음.

④ 大監(正二品以上): 신라때에 大監이란 관명이 有ᄒᆞ니 武職中에 尊貴
ᄒᆞᆫ 者.

⑤ 오랑캐(胡의 통칭): 兀良哈의 변음.

⑥ 왈쟈(悍人, 俠客): 曰哈의 변음.

⑦ 요시라(讒을 造ᄒᆞ야 反間ᄒᆞᄂᆞᆫ 것): 壬亂時 첩자 要時羅.

⑧ 룡골대(人의 心術이 不正ᄒᆞᆫ 者): 龍骨大(仁廟朝 丙子亂의 淸將).

⑨ 딩갈(馬銕): 馬鐵이 無하여 葛로서 屨(구)를 만들어 馬足에 着하더니
近世에 銕로써 葛屨(갈구)를 代하니 代葛이라 함.

⑩ 즁화(午): 中火

⑪ 초싱(月의 初頭): 初生ᄒᆞ다 함).

②는 민간어원이나 喙, 花英, 花冠을 모두 附兀(부리)라 본 것은 오늘
날도 英을 "꽃부리"라 訓함으로 보아 탁견이라고 할 수 있다. 喙, 觜, 花
英, 花冠, 草木根 모두가 실은 "부리"의 分化일 것이다. ⑨도 取音漢字

---

42) "꿈"의 어원 탐색의 면에서는 실패한 것이나 그 실체 파악에는 근접한 것. S. Freud의 말대
로 꿈을 잠재의식의 顯現으로 볼 때는 부분적으로 설득력이 있다.

43) 劉昌惇(1973)은 15C의 ᄒᆞ나〉ᄒᆞ나(一)를 동음생략으로, 셋, 넷(三, 四)은 數詞+接尾辭로 봄
(語彙史硏究, 선명문화사, p.8. p.289), 그러면 한〉하나, 두〉둘도 同軌일 것임.

에의 부회임에 틀림없다. 몽고어 기원의 말인 듯하다.

또 어원, 原義의 설명은 볼 것이 없으나 표제어로 내세워 그 의미를 설명한 어휘 중에는 방언형·古形으로서 귀중한 것들이 보인다.

① 고림장: 人의 殘劣短氣ᄒᆞᆫ 者 ② 고픠, 고븨: 一時 有ᄒᆞᆷ을 謂 ③ '골나' '불나': 可憎한 것 ④ 고부량: 倦步ᄒᆞᄂᆞᆫ 者 ⑤ 왜빅이: 大物을 稱. ⑥ 몽고여: 塗抹ᄒᆞᆷ ⑦ 몽고라: 打ᄒᆞ야 精好롤 做ᄒᆞᄂᆞᆫ 者 ⑧ 몽도리: 棒杖 ⑨ 아쳐: 惡 ⑩ 달(達): 羊의 子 ⑪ 고절: 茉穀蠹(채곡두) ⑫ 고사라: 物의 顚覆ᄒᆞᆷ ⑬ ᄉᆞ잣: 驕恣ᄒᆞᆫ 者 ⑭ 랑나: 驕放ᄒᆞᆫ 者 ⑮ 왜드: 超物을 稱 ⑯ 사부리: 秋場에 打作을 監ᄒᆞᄂᆞᆫ 者 ⑰ 담상: 人의 妄作 ⑱ 왕밥: 勝朝人(高麗人)이 飯을 稱함 ⑲ 션물: 水芯(俗稱 슈박) ⑳ 휘: 斛 ㉑ 풀·새·미기두: 草 ㉒ 절(短): 截이니 截如而短이니라.⁴⁴⁾ ㉓ 슝게: 尼會 ㉔ 불터: 썩(餠) ㉕ 연도: 靑黃의 雜한 것 ㉖ 다가: 鐺 ㉗ 셔어리: 秬 ㉘ 각지: 射者大拇指에 着한 者 ㉙ 원함: 鑛와 鈴 ㉚ 간착(鵲) ㉛ 머육(海茱) ㉜ 쩌져리(隼과 鷴) ㉝ 졸(不足) ㉞ 셜야: 肉을 大케 片을 作한 것 ㉟ 보희: 黑白이 雜한 것 ㊱ 시오: 黑鐵 ㊲ 관: 射의 失을 受하는 木 ㊳ 구리: 馬의 飾勒 ㊴도담: 鋪鞍 ㊵ 졍우지(韭): 쇼풀.

또한 다음과 같이 正鵠을 얻은 어원설도 민간어원과 함께 섞여 있다. 이들 어원설은 모든 어휘의 어원을 동일 혹은 유사 한자음에 부회한 결과, 진짜 한자 어원과 마주친 우연의 것이기도 하다. 아래에 든 것 중 필자로서 의심이 들어 갸우뚱해지는 것도 있지만 한 번 더 고려해 볼 만하기에 들어 본다.

① 요(褥): 褥 ② 씌(帶): 帶의 변음 ③ 히여(白): 解如니 日을 解라 謂하니 日의 色은 白하니라 ④ 명주(帛): 明紬 ⑤ 졉시(楪子의 小한 것): 摸匙 ⑥ 무명(木花): 木綿 ⑦ 쥬젼자: 酒煎子(酒를 煖ᄒᆞᄂᆞᆫ 者) ⑧ 창(戈): 鎗 ⑨ 불(紅): 浮乙, 浮乙은 火ㅣ니 火의 色은 紅하니라 ⑩ 죠심(敬): 操心 ⑪ 다홍(眞紅): 丹紅 ⑫ 보(布): 布 ⑬ 죵발(小者): 中鉢 ⑭ 잔(盂): 盞 ⑮ 나발: 喇叭 ⑯ 바라: 鈸鑼 ⑰ 히금(琴): 嵇琴(혜금)이니 支那 晉 嵇康(혜강)의 造한 것 ⑱ 장갑: 掌匣이니 韋로써 만들어 掌에 着하는 것 ⑲ 붓(筆): 弗聿이니 蜀人이 筆을 謂하여 曰 弗聿이라 함 ⑳ 무우: 蕪芋 ㉑ 비치: 白茱 ㉒ 게

---

44) 절(短)이 截의 음에서 온 것이 아니지만 의미로는 '截→短', '成長→長'은 자연의 이치임.

주: 芥子 ㉓ 토란: 土蓮 ㉔ 도라지: 菩萇 ㉕ 묘련: 木蓮 ㉖ 南草(담바): 南方으로 自ㅎ야 來ㅎ다 홈이라 ㉗ 無窮花(槿): 花生함이 無窮하다 함 ㉘ 엿(飴와 餹): 飴의 변음 ㉙ 빈여·빈아(釵와 笄): 漢書의 比笄(비계) 혹은 篦兒(비아) ㉚ 총(火炮): 銃 ㉛ 가약괴: 加倻几, 大伽倻國의 干勒이 造한 것 ㉜ 안장: 鞍裝 ㉝ 먹(墨): 墨 ㉞ 자(尺): 裁ㅣ니 其長短을 量하여 裁制하는 意 ㉟ 모(秧): 苗ㅣ니 正字通에 曰 秧은 苗ㅣ 初生홈이라 하니라. ㊱ 호박: 胡白이니 似是胡種이오, 一名은 南苽, 我朝 壬辰에 日本으로부터 來한 故로 名함 ㊲ 슈박: 水白 水ㅣ 多 ㊳ 동와: 東苽의 변음. 東方에서 生하는 者 ㊴ 가지: 茄子 ㊵ 쑥갓: 蕭芥. 其葉이 蕭와 似 ㊶ 츄즈(胡桃): 楸子 ㊷ 능금(檎: 사): 來禽 ㊸ 즘싱(獸): 畜生, 烝生, 烝은 衆홈이라 ㊹ 종(奴婢): 從이니 곧 僕從의 意 ㊺ 싱각(思): 想覺이니 思想ㅎ야 有覺함이라 ㊻ 지(負): 支니 賭를 負한 者, 任을 負함과 如하니라 ㊼ 셩(怒): 性이니 性氣의 發하는 배, 怒에서 疾한 것이 없음이라 ㊽ 긔운(氣): 氣運 ㊾ 딕(妻): 宅 ㊿ 절(拜): 折(腰膝을 磬折(경절)함이라).

이상으로 〈東言考略〉의 어원설은 고유어 또는 여러 말 기원의 국어 어휘를 대부분 한자음에 부회하였음을 알 수 있다. 모든 어휘를 한자음에 견강하는 과정에서 정말 한자어 기원의 국어는 正鵠을 얻기도 했으나 이는 우연이라 할 수 있고 대부분 민간어원이었다. 그러나 잊힌 고유어 및 그 의미를 제시해 귀중한 어휘론적 자료 및 기타의 암시를 주기도 하고 고유어의 정확한 어원을 제시하기도 했다. 또 필자로서 부정하기에는 그럴 듯하고 긍정하기에는 미흡한 어원설도 있었다. 그러나 목차에서 보인 것처럼 거의 모든 부문을 망라하여 당시에 이만한 어원설을 냈다는 것은 그 많은 견강에도 불구하고 국어에 대한 자각의 一端이라고 보아 그 의의가 크다고 할 수 있다. 어원설은 어떤 연구 방법을 취하든 오류 혹은 이론의 소지를 스스로 잉태하고 있기 때문이다. 異說은 쉬우나 증명은 그 시간적 相距로 인하여 지난한 작업이기 때문이다.

15. 李圭景(憲宗 年間)의
<分類 五洲衍文長箋散稿> (1835~1845)

이규경은 헌종(1827~1849) 때의 학자로 李德懋의 손자다. 본서는 중국과 조선 기타 고금의 사물을 고증한 것이다. 天文·時令·地理·風俗·官職·文事·技藝로부터 宮室·器用·飲食·禽獸 등에 이르기까지 의심나는 점과 틀린 것이 있으면 訂正 考證했다. 이 訂正 考證의 과정에서 當該語彙의 진정한 의미 파악을 위해 어원을 추구했다. 이들 어휘는 우리의 것은 물론 중국의 것에까지 미쳤다.

(1) 건물명

① 金生寺: 金生이 살던 절이라 하여 "金生寺"라 했다. 지명으로서 金生面·金生灘도 金生으로 인하여 생긴 것이라고 한다.

② 浮石寺: 이 절 뒤에 있는 큰 바위가 그 위에 덮여 있는 바위와 사이가 떠 있으므로 이 절을 부석사라 했다.

③ 望考亭: 南唐時代에 御史 黃子稜이 이 정자를 짓고 그 父의 墓를 바라보았으므로 이름을 望考亭이라 하였다.

④ 語兒亭: 서시와 범여 사이의 아들이 1세에 이 정자에서 말을 했으므로 이름을 어아정이라 했다.

(2) 국명

① 君子國: 唐 玄宗이 蒙塵時 行在所에 당도한 신라 사신에게 감동하여 君子國이라 命名했다.

② 震檀: 우리나라가 震方에 있고 단군이 맨 처음 동방의 임금이 되었기 때문에 이름한 것이다.

(3) 지명

① 金傅大王洞: 신라 경순왕이 살던 곳이므로 이곳을 김부대왕동(金傅大王洞)이라 명명하였다.

(4) 인명·칭호·아호

① 景樊堂: 허난설헌이 당나라 때 仙女 樊姑를 흠모하여 自號한 것이다. 地下에 가서 杜牧之를 따르리라 하여 杜牧之의 호 樊川의 樊을 딴 것이라고 한 것은 억지다.

(5) 책명

주로 중국의 서책명의 연원을 설명하고 있다. 羹墻錄·諾皐記·淡墨錄·說郛·酉陽雜俎·爾雅 등 많으나, 이들은 모두 중국의 서책들의 명칭어원설들이다.

(6) 풍속어

① 弓鞋: 한족 부녀의 신은 앞뒤가 뾰족하고 굽어서 사람이 신기전에는 땅에 붙지 않으므로 이를 弓鞋라 한다.

중국 및 국내 사적의 어원설을 아무 비판 없이 옮겨놓은 것들도 보인다. 그리하여 오늘날 국사 및 국어연구의 결과, 용납되지 않는 민간어원설들도 많다.

① 馬韓: 金馬郡에 도읍함으로써 얻어진 이름이다.
② 辰韓: 秦人이 세운 나라이므로 韓에 辰을 더하여 구별한 것이다.
③ 弁韓: 辰韓에서 또 나누어진 나라이므로 지어진 이름이다.
④ 朝鮮: 어원에 관한 중국 및 우리의 여러 기록이 보인다.
⑤ 公州·完山: 公州의 산형은 公·州字와 같으므로 이름을 공주라 하였고, 全州의 산형은 完·山字와 같으므로 이름을 완산이라 하였다.

⑥ 樂曲의 界面調의 界面: 이 곡조를 듣는 자가 눈물이 흘러내려 얼굴에 경
　계를 이룬다 해서 명명하였다.

⑦ 明通寺: 맹인이란 혼돈세계 속에서 사는 사람으로 그 욕망은 오직 明通
　에 있으므로, 그 廳을 그렇게 이름한 것이다.

⑧ 判事: 맹인을 세속에서 판사라 호칭하니, 판사는 바로 各司 長官의 호칭
　인데 장님에게 이 호칭을 쓴 것은 외람된 일이다.

⑨ 半夏: 끼무릇(氣無老), 보리밭에 5월에 나기 때문에 이름했다.

　② 秦 · 辰의 유음성과 중국인의 우월감에 의한 기술을 盲從한 것, ④
는 여러 설을 제시했다는 점에서는 의의가 있다. ⑤는 字形에 견강한 것
이고 ⑥⑦⑧⑨는 한자의 자의에 의한 민간어원설이다. 특히 ⑧은 장님
을 의미하는 고유어 "판수"의 한자 표기에 의한 자의에의 견강 ⑨
[panha]는 고유어의 표기일 것이다. 5월 半夏에 난다고 명명하지는 않았
을 것이다.

　이외에 "개똥벌레"(반딧불, 螢, 蠻蛆)를 狗屎蟲, "스란"을 膝襴, "쇠"
(鐵)을 黑金, "씀바귀"를 苦茱, "쓰르라미"(瑟乙菴伊)를 寒蟬, 蜆樂, 寒
螿이라고 한 것을 보면, 五洲의 국어 어원의식이 한문자에 기울고 있음을
알 수 있다. 그러나 우리는 五洲가 중국 서적을 통하여 서구 문물에 접하
고 있었음을 알아야 한다.

　波爾鄒哈爾國人(포르투갈 사람) · 大理呀國人(이탈리아 사람) · 瑪竇
(마테오릿치) · 鄂羅斯國 · 五老沙(러시아) 등의 기록이나, 영어 알파벳
의 중국음 표기 등이 이를 말한다. 그러나 五洲의 어원설은 조선조의 전
통적 성격 속에 머물고 있다.

　한편 五洲의 어원설에도 아래와 같은 것들은 정곡을 얻은 것들이어서
반증의 방편으로써 어원설의 진면목을 보여주고 있다.

① 於如麻里(鬹髻) · 步搖 · 道吐樂 · 繻: 鬹髻는 세속에서 於如麻里라 하는
　데, 於如는 방언에 두른다는 말이고, 머리(麻里)는 방언에 머리라는 말

로, 다리쪽지를 머리에 둘러서 만든 쪽이니, 곧 중국의 제도다. 步搖는 세속에서 도투락[道吐樂]이라 하는데 방언에 댕기를 말한다.

② 五臟刀斧: 소위 五臟刀斧라는 것은 梨가 아니라, 離이니, 대체로 사람의 이별이란 가슴을 찌르는 듯 아픈 것이 칼과 도끼처럼 심한 데서 한 말이다.

③ 五臟刀斧: 李建勳이 목이 말라서 연거푸 몇 개의 배를 먹었다. 빈료 중에 어떤 이가 이것을 많이 먹으면 해로우니, 그래서 五臟刀斧라고 한다 하였다.

④ 寒鷄: 稗史에는 "한국 사람들이 먹는 닭을 寒鷄라 한다." 하였으니, 이는 그 음이 서로 같은 까닭에 잘못 일컬어진 것이다.

⑤ 高氏 · 金氏: 김유신의 비문에도 수로왕을 軒轅氏의 후손이니 또는 小昊氏의 후손이니 하였는데, 〈삼국사기〉에서 이 말을 채택하였다. 어떤 이는 高 · 金 두 성씨가 맨 처음 중국에서 흘러 들어온 것이라고 하나, 이런 해괴한 설들은 곧 民俗에서 와전된 것이다.

16. 趙在三(1808～1866)의 〈松南雜識〉(1855)[45]

〈松南雜識〉은 19세기 중엽에 완성된 책으로, 天文類 · 歲時類 · 地理類 등 33개의 분류에 4,378개의 항목으로 구성되었다. 실학의 지식이 축적된 것으로 백과사전과 유사한 종류의 책이다.

松南은 조재삼의 아호요, 雜識란 잡다하게 기록한 것이란 뜻이다. 〈星湖僿說〉과 같은 식의 書名이다. 松南雜識는 方言類(812目)와 稽古類(406目)의 비중을 가장 크게 두었다. 方言類는 대개 우리나라 고유의 어휘에 대하여, 稽古類는 여러 文籍에서 유래한 중요한 어휘들에 대하여 故實을 밝히고 뜻을 풀이하였다. 이 과정에서 일반 어휘의 어원을 풀이하

---

45) 草稿本에 나타난 "乙卯八月 上澣 松南自序"로 보아 철종 6년 서기 1855년에 완성된 것으로 본다. 林熒澤, 松南雜識解題(松南雜識, 아세아문화사영인, 1986) p.10.

였다. 그리고 천문·지리로부터 農政·武備·音樂·技術·歲時·嫁娶·喪祭 등에 이르기까지 일체의 名號와 사실들, 또 花藥·蟲獸·魚鳥 및 室屋·衣食·射寶·什物(집물)에 이르기까지 온갖 物名들에 대해서 낱낱이 해명하고 있다.[46] 方言類에 나타난 어원설을 본다.

① 따(地)〈주역에 말하기를 무너져 내려 아래에 있는 것이 地니 墮의 訛.
② 해(年)〈一年을 一火·一化라고 하는 것으로 보아 해(年)는 火의 訛다.
③ 아퍼(阿暑)〈暑·暴.
④ 아이·아아(孲孖)〈孲孖, 揚子方言에 보면 吳나라 사람들은 '아이'(赤子)를 孲孖라고 한다.
　아우, 阿兒, 我亞(弟), 鮮卑의 阿干〈哥의 訛.
⑤ 조카·族兒(侄)〈從兒의 訛.
⑥ 書房(書生·無官者尊少之稱)〈在讀書房.
　生員(尊老之稱)〈假終場生員.
　進賜·나으리(有官者)〈中朝老爺之訛.
　令監·(堂上者)〈尙書令秘書監 卽 郭令公裴監.
⑦ 抹樓(老婦人)〈抹樓下.
⑧ 水剌(御膳)〈需雅之訛.
　진지(進支)〈進食, 중국음 食이 支가 됨.
⑨ 似那海: 고려 시대에 李富春의 아들 이름이 那海였는데 그 모습이 심히 아름다운 고로 남자(男)가 那海 같으면 似那海하고 했다.
⑩ 稼産兒: 고려 말 원나라가 童女를 뽑아 가는 것을 稼亭 李穀이 원나라에 가서 그 금지를 奏請하여 罷하게 했으므로 "如賈女"의 뜻으로 稼産兒라 했다. 혹은 고려와 조선에서 嶺南의 男丁을 軍으로 뽑아 가서 남자가 부족해서 여자가 남자를 대신 보충하여 假似那海라고 했다.
⑪ 宵之鏡(盲者)·到事: 盲者로서 벼슬을 했으므로 칭.
⑫ 중·衆(男僧)〈大衆普生也.
　보살·菩薩(老女僧之稱)〈普濟佛.

---

46) 조재삼, 松南雜識, 아세아문화사, 1986. 임형택, 松南雜識解題 참조.

⑬ 걱정 · 巨正(心慮)〈明宗時의 林巨正의 巨正, 巨의 속음은 걱(居億).
⑭ 曼石衆, 망석중〈松都 高僧.
⑮ 孝寧大君 鼓皮 · 효녕대군 북가죽(物之柔而無力者)〈孝寧大君이 산사에서 종일 친 북가죽이 늘어졌기 때문.
⑯ 新豊(凡物不滿眼之稱)〈新豊府院君 張谿谷의 儉約.

그러나 중국의 典籍들에서 출전을 밝히며 어원을 밝힌 어휘들은 정곡을 얻은 것들이 많다. 그것은 시각을 한문화에 고정시킨 자연스러운 결과이기도 한 것이다.

案前(俗에서 官長)〈對官案之前也.
衙前(吏)〈衙門前任使之稱也.
宕巾〈宕卽唐之訛.
足下〈晋文公과 介子推의 故事.

이상 方言類에서 언급한 어원들도 중국의 典籍에서 끌어온 것이거나 한자의 자의에 견강한 것들이 대부분이다. 이것은 고사성어의 풀이와 유사한 것들일 뿐이다. 또 국어 고유 어휘의 어원들은 전시대에 나온 업적들에서 인용한 것이 대부분이다. 실학사상에 의한 자아의 각성과 그에 의한 자기 발견의 과정에서 조재삼은 우리 고유문화의 연원을 밝히기 위해 국어 어휘의 어원을 곳곳에서 추구한 것이다. 그러나 뚜렷한 어원 탐구의식에서 출발한 것이 아님과, 한자의 자의에 견강된 어원 추구는 그의 시대적 한계다.

17. 尹廷琦의 <東寰錄>(1859)

윤정기(1810∼1870?)는 윤선도의 후손이요, 다산의 외손으로 다산의

슬하에서 공부하여 다산 문장의 대를 이었다. 철종 10년(1859)에 간행된
〈東寶錄〉(四卷)은 '方言'⁴⁷⁾이라 하여 居西干·麻立干·次次雄·尼斯今
등 국사상의 고어휘, 羅錄(稻)·假男(未嫁女) 등 영남·호남의 방언, 古
佛·念 등의 불교 어휘, 총27개 어휘의 어원을 추구하였다.

① 嘉優(八月望日): 嘉俳之轉變也.
② 羅錄－今嶺南湖南人 謂稻曰羅錄 或云新羅 廩百官用稻代米故云.
③ 假男－今嶺南湖南 以女子未嫁者 謂之假男兒.
④ 大駕洛(신라말로 第一을 이르는 말): 삼한시대 가락국의 임금이 制覇하
　　여 弁辰의 總王이 된 고로.
⑤ 香徒(作契以相 糾檢謂之香徒): 金庚信의 龍華香徒에서 왔다.
⑥ 古佛(長老·他人의 父親): 잘 모르겠으나 佛家語로 瞿曇(구담)⁴⁸⁾을 古
　　佛이라 하고 釋迦를 文佛이라 하니 이에서 온 것이다.
⑦ 膝甲賊(남의 글을 훔쳐 오용하는 사람): 옛적에 어떤 사람이 膝甲⁴⁹⁾을
　　훔쳤는데 용도를 몰라 이마 위에 쓰고 나가니 사람들이 웃었다. 이로 인
　　해 명명.
⑧ 念(20): 唐 이후 쓰이고 있으나 그 뜻을 모르겠다. 稗史를 살피건대 佛家
　　의 말로는 20念을 一瞬이라 하고 20瞬을 一彈指라 한다. 韻府羣玉에는
　　"헤아린 구슬(數珠)이 120顆라"했으니 數珠란 곧 念珠다. 여기서 뜻을 취
　　한 것이 아닐까?

이들의 대부분은 새로운 것이 없고, 특히 羅錄·假男의 어원 설명은
민간어원을 벗어나지 못했으나, 대상 어휘를 거의 국어 고유어에 한정한
것이나, 탐색 방법이 신중한 것 등(未知所由 按……, 未知何義 按……)은
높이 평가해야 할 것이다.

---

47) 여기 '方言'이란 이 시기 사람들의 慣用으로 한국 고유어를 뜻한다.
48) 서기 1915년 朝鮮古書刊行會本 p.287에는 瞿雲이라 되어 있으나 瞿曇으로 바로잡는다.
49) 추위를 막기 위해 무릎까지 내려오게 입는 옷. 바지 위에 껴입으며 앞쪽에 끈을 달아 허리띠
　　에 걸쳐 맨다.

18. 柳本藝의 漢京識略(한경지략)(1890)

'이 책은 조선 왕조 제23대 순조 때까지의 한성을 거슬러 올라가면서' 저자의 귀로 듣고 눈으로 보고 발로 밟으면서 기술한 서울 안내서다. 이전에도 「地理志」・「東國輿地勝覽」이 있었으나 서울에 관한 전문 안내서는 없었다.

이 「漢京識略」50)은 柳本藝51)가 순조 때 검서관으로 있으면서 先代부터 수집해 둔 서울에 관한 기록을 보완해서 완성한 저술이다. 이 책은 20부문52) 547개소의 위치・유래・주관 관사(主管官司)에 얽힌 전설과 美談까지도 문헌을 고증・설명하였다.

① 서울(徐鬱: 京師): 신라 옛 이름이 徐耶伐이라서 뒷사람들이 京都를 徐伐이라 하여 뒤에 변해서 서울이 되었다.

② 喜雨亭: 숙종 16년, 대신을 보내 기우제를 지내니 비가 내렸다. 숙종이 기뻐하여 금원 안의 현판 '醉香亭'을 '희우정'이라 고치고 銘을 지었다.

③ 壯元峰: 春塘臺의 위치가 드높아서 그 맞은편 언덕을 이렇게 부른다.

④ 丹楓亭: 춘당대 옆에 단풍나무를 많이 심어서 가을이 되면 단풍이 무르녹으므로 이름.

⑤ 魚水堂: 춘당대 不老門 안에 있어, 효종이 송우암을 引見했던 창경궁 안의 堂. 魚水란 임금과 신하가 서로 마음이 맞는다는 뜻.

⑥ 瑞葱臺(서총대): 춘당대를 말한다. 성종 때 후원에 파 한 포기가 나서 한 뿌리에 아홉 가지나 되어서 '서총'이라 이르고 석축을 쌓아서 북돋았다. 연산군이 여기에 대를 쌓고 서총대라 했다.

⑦ 瑞葱臺試射(서총대시사): 陵行 뒤에 왕의 車駕(거가)를 따라갔던 장교

---

50) 필자가 대본으로 한 것은 權泰益 역 探求新書 65(탐구당, 1975) 〈漢京識略〉이다.

51) 柳本藝는 정조 때 檢書官이며, 실학자로 유명한 柳得恭의 아들로 호를 樹軒居士라고 한다.

52) 필자가 대본으로 한 〈漢京識略〉에는 20부문으로 되어 있으나, 권태익의 解題에는 21부문이라고 했음. '序'를 포함해서 그런 것인가 모르겠다.

들에게 試射(시사)하고, 상품 주는 것을 춘당대에서 시행하므로 이 과거를 이름.

⑧ 洗劍亭(세검정): 창의문 밖 탕춘대에 있다. 인조가 반정할 때에 군사가 창의문으로 들어왔으므로 이름하였다..

⑨ 衛夫人字(위부인자): 金墩(김돈) 등을 시켜서 구리를 녹여 만든 활자. 중국인 李充(이충)의 모친이며 왕희지에게 글씨를 가르쳐 준 위부인이 쓴 글자라 하여 명명.

⑩ 癸未字: 태종 3년에 만들었다 하여 명명.

⑪ 茶時廳(다시청): 사헌부의 한 청사. 茶時란 차를 마신다는 뜻이다. 殿中[감찰]들이 어디로 모여라 해서 각각 관청을 분담하고 파회하는 것을 '다시'라 한다. '다시'란 차만 마시고 파한다는 뜻이다.

⑫ 殿中君: 감찰이라는 관직은 옛날 殿中侍御史(전중시어사)와 같은 직책이므로 세상에서 이렇게 부름.

⑬ 城上所: 사헌부에서 개좌하지 않는 날에는 여러 殿中[감찰]들이 모이는 정해진 곳이 없는 것을 말함. 즉 전중들이 모이는 일정한 장소가 없으므로 城上所라 별칭한다.

⑭ 墨子(묵자): 문반 무반 감찰이 반원을 데리고 조회하는 의식을 규찰하게 되므로 압반감찰(押班監察)이라 하며 하인들은 비위 사실을 쓰기 위하여 먹통을 가지고 따라 다니는 까닭이다.

⑮ 豹皮院(표피원): 사간원은 淸寒하여 표피 한 장을 다른 관청에 돌려가면서 세를 놓아서 그 세 받은 것으로 잡비를 쓰게 되므로 세상에서 사간원을 이르는 말.

⑯ 高靈鐘(고령잔): 승문원 안에 있는 옛날 그릇. 세상에서 전하기를 고령부원군 신숙주가 마시던 그릇이어서 이름했다고 한다.

⑰ 靑瓦工(청와공): 工匠(공장)으로 기술을 비밀히 하는 자. 개국 초기에 와공 한 사람이 있어 파란빛 有利瓦(유리와)를 만들었으므로 궁전에 모두 푸른 기와를 덮었다. 그 와공이 혼자만의 기술로 이익을 보려고 그 기술을 전하지 않고 죽어서 그 기와를 만들어 줄 아는 사람이 없으므로 명명.

⑱ 神穴寺: 고려 현종이 이 절에 숨어 있으니 千秋太后가 모해하려 했다. 이 절의 노승이 땅에 구멍을 파고 숨겨 주었으므로 명명.

⑲ 毋嶽(무악): 도성 서편에 있다. 안현(鞍峴)이라고도 하며, 정충신이 이괄을 이긴 곳이다. 서울의 負兒嶽(부아악)은 밖으로 나가는 형국이라 무악이라 이름했다.

⑳ 伐兒嶺: 무악(안현) 남쪽에 있음. 나가는 것을 가로질러 막고 나가지 못하게 함이다.

㉑ 餠市峴(병시현): 무악 서편을 이른다. 병시는 떡 판다는 뜻. 떡을 주고 달래서 가지 못하게 한다는 뜻.

㉒ 선전[立廛]: 유주비전[六矣廛]의 하나인 면전(綿廛)으로 서서 물건을 판다고 해서 이름.

㉓ 상전(床廛): 유주비전[六矣廛]의 하나. 피물·말총·황납 등 잡물을 목판 위에 벌여 놓고 팔므로 이름함.

단순히 지명 어원을 열거하는 것만이 아니고 잘못을 바로잡기도 한다.

① 桂洞(계동): 서울 북부의 계생동(桂生洞)은 옛날 제생원이 여기에 있었으므로 〈제생동〉이라 했다. '제'와 '계'가 음이 비슷해서 뒤에 계생동이라 하다가 또다시 계동이 되었다.

② 藝場(예장): 남산 기슭 주자동 막바지 평평한 잔디밭. 병영군사들이 무술을 연습하는 곳. 倭場(왜장)이라 함은 '예/왜'를 혼동한 것으로 잘못이다.

③ 筆洞/部洞: 부/붓이 비슷하므로 변해서 붓동, 다시 필동으로 변했다.

④ 草廛洞(초전동): 椒井洞. 이 동리 곁에 전주묵골[全州墨洞]이 있고, 그 속에 샘물이 있는데 田椒井(전초정)이라 한다. 전주묵은 천초정의 잘못된 방언인 듯하다. '초전'도 이 샘물로 보아 '초정'의 잘못인 듯하다.

⑤ 銅峴: 보통 구리개라고 하는 곳. 보은단동(報恩緞洞)과 마주 있는 거리 마을. 구름재[雲峴]라고도 한다. 방언으로 구리[銅]와 구름[雲]이 비슷한 까닭.

⑥ 披蘭洞(피란동): 옛날 披蘭寺가 있었으므로 이름. 避亂洞이라 함은 잘못임.

⑦ 靑石洞(청석동): 대사동 서편 너머 전의감동에 있는 조그마한 골짜기. 靑城부원군 김석주가 살던 집이 여기 있었으므로 청성과 청석의 음이 잘못 전한 것이라 한다.

⑧ 三靑洞(삼청동): 북악산 밑 鎭長坊에 있다. 옛날 三淸道觀이 여기에 있

었으므로 동명이 되었다. 혹은 산 맑고 물 맑고 사람 맑다 해서 삼청이라
했다고도 한다.

⑨ 報恩緞洞(보은단동): 미장동(美墻洞)이라 함은 잘못이다. 洪純彦이 중
국 통주에서 청루에 든 중국 소녀를 구해 주었다. 중국 예부사랑 石星의
계실이 된 소녀가 이 은혜에 보답하기 위해 '報恩'이라 수놓은 비단을 홍
순언에게 주었다. 그리하여 사람들이 홍순언이 살고 있는 동리를 '보은단
동'이라 했다.

이상으로 〈한경지략〉에는 〈신증동국여지승람〉의 곳곳에 나오는 것에
못지않은 설득력 있는 지명 어원설이 보인다. 이는 저자의 지명에 대한 해
박한 지식과 학자 집안에서 익혀 온 학문적 진지성에서 비롯했을 것이다.
저자 유본예는 중종 때 만들어져 여태껏 續集을 되지 못하는 여지승람을
속집하는 자가 이 〈한경지략〉을 뽑아다가 보충하는 것이 자기의 소원이라
고 하였다.[53] 이만큼 〈한경지략〉은 그 자부하는 바가 컸던 책이다. 필자는
여기에 실린 지명어원 또한 그만한 가치가 있다고 생각한다.

19. 요 약

이수광의 〈芝峰類說〉에는 한자에 견강된 민간어원설도 있으나 正鵠을
얻은 것들이 많으며 소박하나마 국어와 몽고어와의 비교는 큰 성과라 할
수 있다. 이것은 燕京行에 의한 明의 문물 및 그 곳에 와 있던 서양 문물
에 접한 후, 새 학문 방법의 터득에 연유함일 것이다.

不語怪力亂神을 신조로 하는 許穆의 〈眉叟記言〉에는 한자의 자의에
매인 약간의 어원설이 보이나, 김부식보다 더욱 철저한 儒者로서 허목은

---

53) 〈漢京識略〉 저자 서문 말미.

설화적 어원설이 대부분 산삭(刪削)하였다.

홍만종의 〈旬五志〉에 나타난 어원설은 속담에서 가져온 것 이외에는 취할 것이 없으나, 속담어휘의 淵源을 추구한 것은 소위 "속담어원설"의 선구로서 그 의의를 가진다.

이익의 〈星湖僿說〉에는 "安市城"의 어원설처럼 소박한 음운 변이에 의한 어원설, 범어의 어원설, 최초의 風名에 관한 어원설, 중국어 · 만주어 어원설 등이 보인다.

최초의 비교언어학자라고 할 수 있는 황윤석은 〈華音方言字義解〉에서 內外史書에 나오는 지명 · 인명 · 방언의 어원을 한자음 변천 · 여진어 · 몽고어 · 범어 등에서 밝히려 하였다. 황윤석의 어원연구는 국사연구의 의도에서 출발한 것으로 이것은 1920~1930년대의 민족사학자들의 방법과 의도가 전혀 동일하다는 점에서 선구적인 것이라고 할 수 있다. 이것으로서만도 頤齋는 최초의 어원학자라고 할 수 있다.

이긍익은 〈燃藜室記述〉에서 어학적 타당성보다는 說得, 敎化, 합리적 역사기술의 방편, 역사적 필연성의 강조를 위하여 조선조 역사상에 나난 인명 · 지명 · 풍속에 대한 어원설을 전개하였다.

유득공의 〈京都雜志〉, 김매순의 〈洌陽歲時記〉, 홍석모의 〈東國歲時記〉는 모두 풍속어휘의 어원을 한자의 자의에서 구했다. 이들은 풍속어휘 어원에 관한 최초의 시도란 점에서 그 의의가 크다고 할 수 있다. 황윤석의 〈華音方言字義解〉에 영향을 끼친 이덕무의 〈青莊館全書〉[54]는 몽고어 어원설 · 고유국어 어원설 등의 볼 만한 것도 있으나, 한자의 자의에 부회한 것이 대부분이다. 이의봉은 〈東韓譯語〉에서 방대한 語義와 어원을 풀이했으나 비과학적 민간어원이 많고, 인근 제국어도 정리했으나 비교언어학적 안목을 가지지는 못하였다. 정약전은 중국의 典籍을 참고하여 흑산도지역에서 나

---

54) 여기까지 나온 古書名은 〈 〉로, 이후의 現代書名은 「」로, 각주에 인용된 책은 ─로 표시하였다. 또 인용문의 「」나 중요어휘는, " " 또는 ' '로 통일하였다.

는 어류를 중심으로 최초로 어류명의 어원을 밝혔다.

가장 진보적 어원학자요, 규범주의자인 정약용은 〈雅言覺非〉에서 많은 국어 어휘의 어원을 밝혔으나, 이는 중국 한자음의 입장에서 당시 말과 글의 잘못을 고증하여 바로잡으려는 의도에서 비롯한 것이다. 이 같은 의도는 고전적 어원연구의 정통적인 것이다.

6,000종의 物名을 분류한 류희의 국어어휘집인 〈物名類考〉 속에는 동·식물명에 관한 어원설이 보인다.

윤정기는 〈東寶錄〉에서 고어의 어원 탐색을 시도하고 영남·호남의 방언을 열거 설명하였는데 그의 어원설은 민간어원설을 벗어나지 못했다. 유본예는 〈한경지략〉에서 최초로 서울의 지명 어원을 종합적으로 밝히고 있다.

이규경은 〈五洲衍文長箋散稿〉에서 고금의 사물을 訂正·고증하였는데, 이 과정에서 진정한 의미 파악을 위해 어원을 추구하였다.

박경가의 〈東言考〉에 나타난 어원설은 민간어원설의 대표적인 것으로, 모든 국어 어휘의 어원을 한자의 자의에 부회하였다. 이 과정에서 진짜 한자어 어원의 어휘는 偶合을 얻기도 하였다. 조재삼은 백과사전류의 기술과정에서 百科全書적 어휘의 어원을 한자의 字義에 牽强하는 어원설을 전개하였다.

이상에서 조선조 삼대 어원학자 및 업적을 든다면 황윤석의 〈華音方言字義解〉, 정약용의 〈雅言覺非〉, 박경가의 〈東言考〉라고 할 수 있다. 이들은 많은 오류에도 불구하고 투철한 어원의식을 가진 어원학자요, 이들의 업적은 이 같은 어원의식의 산물이기 때문이다.

Ⅵ. 언어의 분석적 어원연구

(갑오경장 이후~1940년대 이전)

1. 張志淵(1864~1921)의 「萬國事物紀原歷史」(1909)

「萬國事物紀原歷史」는 28章으로 된 일종의 백과사전이다. 백과사전의 성격상 당연한 것이지만 당시 각 방면의 신문물을 총망라·소개하면서 그 설명의 합리성을 추구하는 과정에서 당해 어휘의 어원을 설명하였다. 그 내용에서 서양의 문물·질서 등에 관한 새로운 지식을 소개하였으니 이는 "당시 중·일에서 번역되었던 서양 서적이나 일본 서적 등에서 이를 다시 重譯[1] 한 것이 없지 않으나 우리나라에 관한 것들도 포함 설명하였다. 당시 새롭게 접하는 서양문물의 稱名에 대한 연원(어원)을 최초로 국내에 소개했다는 데에 그 의의가 있다. 아래와 같은 어휘의 어원은 중국 서적에서 옮긴 것이 틀림없다.

① 瞽師: 自古로 盲의 人은 使之音樂을 학습하야 樂工을 作함으로 謂之瞽

---

1) 장지연, 萬國事物紀原歷史, 아세아문화사, 1978년 影印 所在, 白淳在, 萬國事物紀原歷史 解題, p.6 참조.

師라.

② 洋水: 諸候曰洋水 水一面은 缺故로 曰洋水라.

③ 辟癰: 辟癰(벽옹)은 辟과 如히 以水環圍故로 名이다.

④ 蔡候紙: 後漢 蔡倫이 始以樹 膚麻頭와 反敝布魚網으로써 紙를 造한대 天下가 咸用하야 名曰 蔡候紙라 했다.

⑤ 百種: 百種節(七月 十五日) 具百味五果하야 以著盆中하고 供養十方大德이라 하니 今所云 百種이 卽百味之謂也라.

⑥ 足下: 東方朔瑣語에 晋文公 時에 介子推가 抱樹自死하매 公이 撫樹哀歡하고 遂以爲屐하야 每思其功하며 輒俯視其屐曰悲乎라 足下여 하니 足下의 稱이 此에 始하니라.

⑦ 燕脂: 燕國의 所出故로 名을 燕脂라 하고 或云 匈奴 焉支山에서 出한 故로 名이라.

⑧ 箏: 支那 秦 蒙恬의 所造니 秦人이 薄義하야 父子가 爭瑟하야 分하고 因名箏이라 한다.

⑨ 總角: 穀梁赤이 云 子가 生하야는 羈貫은 交叉剪髮함이라 又曰 總角이라 하니라.

　우리나라 史實에서 연원한 아래와 같은 어휘의 어원 설명은 참신한 것이 별로 없다.

① 戌衣日(端午)·戌衣菜: 戌衣者는 東語에 車也라. 是日에 以戌衣菜로 作艾糕 象車輪形食之故로 謂之戌衣日이오. 艾名曰 戌衣菜라 하니라.

② 流頭飮: 高麗史에 國俗이 以是日로 浴髮於東流水하고 因會飮을 謂之流頭飮이라 한다.

③ 文萊: 文益漸이 棉花種을 得來하고 子車를 始造하니 卽今之去核車(씨아)오 其孫 萊가 又繅絲車(소사거)를 刱造한 故로 謂之文萊라 한다.

④ 筒布(통포): 川蜀의 賨布는 極細하야 一疋이 竹筒에 可入故로 曰筒布라 한다.

⑤ 楚布: 布는 亦曰蕉布니 以芭蕉로 織成함이다.

⑥ 伽倻琴, 奚琴: 大伽倻國王 嘉瑟이 始造함이라 奚琴은 本奚契丹의 樂이니라.

이 가운데 "玄鶴이 來舞故로 玄鶴琴(玄琴)이라 했다."는 것이나, "新羅時에 以國號羅故로 稱畫曰羅朝라 하니 謂其全盛이 如白日之光明也라"한 것은 민간어원의 대표적인 것이다.

일본 및 중국을 통해 들어온 차용어 및 영어 어휘의 어원을 보여주기도 한다. 이는 國內初有의 일로 어원 연구사에 중요한 의미를 가진다.

① 體操: 原語에 曰 占拿斯的이니 乃希臘語라 其法이 如角競走鬪拳 등이 皆裸體 或 薄着으로써 演한 故로 名함이다.

② 科學: 泰西人은 근대에 新發明ᄒᆞ야 作한 敎育界의 과정을 謂之科學이라 한다.

③ 拉衣巴: 羅馬人은 以樹皮로 爲書하야 卷而藏之故로 拉子語에 呼書籍曰 拉衣巴라 하니 卽樹之內皮之義也오.

④ 卜·里夫: 英語에 呼書籍爲(卜) 卜者는 本(比支)니 卽山毛欅의 轉訛云이라. 又英語에 呼紙一枚曰(里夫)라 하니 里夫는 葉之義라.

⑤ 擺布耳: 希臘이 此紙未有의 前에는 以把布耳斯草의 葉으로 爲書故로 今聖書를 稱曰(擺布耳)가 因是也라.

⑥ 月曜日: 月曜日은 英語에 曰 文地니 文은 捫과 與同하니 月之義오 地者는 日之義니 是日은 參拜月之日이오.

⑦ 火曜日: 火曜日은 英語에 超時地니 超時哥는 神人之父니 是日에 參拜故로 名함이오.

⑧ 水曜日: 水曜日은 英語에 溫時地니 溫時는 烏殿之變音이다. 烏殿은 天及戰爭을 主하는 獨眼神이니 是日에 參拜故로 名함이오.

⑨ 木曜日: 木曜日은 英語에 阿時地니 是日에 參拜雷神(沙) 故로 名함이오.

⑩ 金曜日: 金曜日은 英語에 夫及地니 是日에 參拜於烏殿之妻 夫利家故로 名함이오.

⑪ 土曜日: 土曜日은 英語에 沙他地니 是日에 參拜於索遜之神(施他) 及(沙祖) 故로 名함이오.

⑫ 日曜日: 日曜日은 英語에 曰新地니 新者는 太陽之義오, 地者는 日之義니 是日은 參拜太陽之日故로 以太陽之名으로 附之함이다.

①은 gymnastics의 어원 ③은 liber 즉 book의 어원 ④는 book의 어원이 beech(측참나무)고, leaf(종이 한 장)의 原義는 '나뭇잎'이란 어원 설명이다. ⑤는 Bible의 어원 papyrus의 설명이고 ⑥~⑫는 Monday, Tuesday, Wednesday, Thursday, Friday, Saturday, Sunday의 어원 설명이다.

이상 영어 어휘의 어원 및 차용어의 어원은 중국 한자음을 모르고서는 영어원음을 알 수 없고 그러면 그 眞意를 모를 수밖에 없음이 문제다.

2. 崔南善의 諸著述(1918~1948)

필자는 육당(1890~1957)의 국어 어원 탐구에서부터 '어원연구'라는 술어를 쓴다. 소박한 대로 현대적인 어원연구 방법이라 할 수 있는 비교연구를 시도했기 때문이다. 육당은 역사연구의 한 방법으로 어원을 추구하였다. 인명·지명의 경우에는 어원이라기보다 이두 혹은 향찰 독법의 결과와 유사한 것들이 많다.

육당이 역사서술의 방편으로 어원을 다룬 논문 및 저서를 보이면 다음과 같다.[2]

　「稽古箚存」: 1918. 6.
　「不咸文化論」: 1925. 12. 27. 稿.
　「朝鮮歷史講話」: 1930. 1. 12~3. 15. 동아일보 연재.
　「故事千字」: 1935. 6. 29~1936. 12. 31. 매일신보 연재.
　「故事通」: 1943.
　「朝鮮常識問答」: 1946(正編), 1947(續編).
　「朝鮮常識」: 1948.

---

2) 이들은 모두 고려대학교 아세아문제연구소 편, 六堂 崔南善全集(현암사)에 수록되었음. 國民朝鮮歷史(1945)에는 새로운 어원이 없기에 제외했음.

가. 「稽古箚存」(1918)

① 馬韓: 마(馬)는 '마리(首)'·'마루(宗)'·'맏'(長上·伯兄 及上部) 등의 '마'니, 馬韓이라 함은 곧 諸韓의 首長 혹 諸韓의 宗主國이란 뜻.

② 貊耳의 古讀은 '바구로'로 夫婁와 同源異號.

③ 弁韓: 辰韓과 弁韓의 名號가 상이함은 頭의 弁字(고깔, 즉 駕那)를 戴하는 異俗이 有함에 由함이니 弁韓이란 것은 곧 弁하는 辰人이라 함이요, 轉하여 弁韓의 名을 得한 것.

④ 夫婁: 增殖·繁滋·開拓·發展·光明·羅列·群聚의 義. 山林國의 檀이 原野國인 夫婁·扶餘가 됐다. 三韓의 卑離, 百濟의 負兒·夫里, 新羅의 伐·弗·火가 이것.

⑤ 夫餘: 夫婁(혹 符婁)라고도 하니 婁는 곧 城市 又 國邦을 意하는 '구루'에서 'ㄱ'음이 탈락된 것. 夫婁는 夫餘城·夫餘國의 뜻. 夫餘는 檀의 어원 '부가'에서 'ㄱ'음이 脫한 '부아'·'부어'의 對譯으로 天國을 意함일 것.

⑥ 王儉은 壬儉의 訛로 '임'은 主, '검'은 神의 義로 '壬儉'은 신성하신 주인의 뜻.

⑦ 주신(肅愼·肅 晉稷愼·息愼은 혹 撒恢·肅然·肅謹으로 변했으며 중간에는 貉이란 名字中에 統稱되었다.

⑧ 辰韓: 辰으로 韓에 統屬된 까닭에 진한이라 칭했다.

⑨ 韓: 貊人이 南下하여 半島로 入한 者는 豻(後에 韓이니 아울러 桓의 異稱 곧 天降을 표시하는 語)의 名을 得했다. 桓은 하늘(天)을 韓譯한 것. 大世界 或 우주의 뜻.

이상의 어디에도 논증은 없다. 否認·不認하는 자를 설득할 아무런 논거가 없다. 직관에의 호소가 있을 뿐이다. 민족주의사관에 의한 희망적 사고의 표현일 수도 있다.

나.「不咸文化論」(1925)

본 논문에서 육당은 역사연구에 있어서 어원연구의 효용성을 아래와 같이 밝히고 있다.

"古代의 通例로서 한 事物에 대하여 種種의 방면으로부터 관념을 그 名稱에 포함시키려고 애쓴 관계로 우리는 그 名稱을 더듬음으로써 古代文化의 내용을 窺知하기에 편리한 경우가 많다."

육당은 본 논문에서 소박한 의미의 同系統語 및 그 비교언어학적 방법을 의식하고 있다.

① Taigăr(檀君) : '동일한 語族內에 있어서의 타국어와 비교에 의하면 그것이 고대에는 天을 표현하는 어구였음은 의심할 여지가 없는' 것으로 天을 대표한다는 君師의 호칭이 된 말이다. '土耳其, 蒙古 등에서의 Tangri·Tengri의 類語이니……' '언어학적으로 동일한 문화권에 속한다고 생각되는 몽고어의 Tengri가 天과 한 가지 巫(拜天者)를 의미함을 인류학적으로 君主와 巫祝이 역시 동일어로 호칭되었다.

② '붉', '붉은' : 太陽을 일컫는 聖語, '하ᄂᆞ님'도 태양의 인격적 호칭, '붉'山은 神의 산으로 본다.

소박하나마 이 같은 비교언어학적 방법은 한국인으로는 최초의 것이다. 그러나 붉·朴(Pak)을 無不通知로 끌고간 흠이 있다. 朴(Pak)·花郎(părkăne)·弗矩內(părkunui)·方士(paksu)·百濟('붉'의 '지' 즉 'părk'의 都)·八關儀(prăkan)·'파미르'도 키르키즈어로 寂寥의 意지만 古形은 păkmor 발칸(Balkan)·Vulcano(volcano)로 '붉은'에 연결시켰음이 그 대표적 예다. 그래도 「不咸文化論」은 개화기 이후의 天才 육당의 동북아 역사를 다룬 대서사시다운 논문임에 틀림없다. 縱橫으로 동서양을 치달렸으매 개개 어휘의 穿鑿만을 기대할 수는 애초부터 불가능했다.

다. 「朝鮮歷史講話」(1930. 1. 12~3. 15)

육당은 국민계몽·민족의식 고취를 위해 역사를 썼다. 국민 계몽을 위한 歷史講話, 歷史講話를 위한 역사어휘의 어원 추구에서 깊은 어원 탐구를 기대할 수는 없다. 이것은 「故事千字」(매일신보 연재), 「國民朝鮮歷史」에서도 마찬가지다.

① 高句麗의 高는 今語 '크'의 古表音, 句麗는 谷地의 一小部.
② 東明의 鄒牟·仲牟·朱蒙은 '즘'의 表音으로 始祖
③ 樂浪(알내)·列水의 列도 '알'(水)의 訛인 '얼'의 表音이다. 國都를 고어로 '나라'라 하여 支那人이 '樂浪'의 '樂'을 '洛'음으로 읽어 '나라'의 음을 表한 것.
④ 成吉思汗: 강성한 군주의 뜻.
⑤ 溫祚는 上代의 義, 赫居世(弗矩內)는 神代의 義.

라. 「故事千字」(1935~1936)

① 壇君의 승계자인 箕子는 '기ᄋ지'라 함이요, '기'는 古語에 日, 'ᄋ지'는 子의 義로 '기ᄋ지'는 곧 日子를 의미하는 칭호다.
② 登高神: 天과 天神 내지 天神的 君師를 의미하는 '덩걸' 또는 '단굴'로 이는 檀君의 어원임.
③ 夫餘神의 夫餘, 柳花를 '불하'의 轉格譯으로 볼 가능성이 있고 일변 國名의 夫餘도 그 고형은 符婁·發·不與와 通. 夫餘神의 夫餘는 대개 '불'의 轉變形으로 國乘에 많이 보이는 고대에 있는 神의 통칭어인 '부루'의 寫音임.
④ 霜臺(別曲): 霜臺는 司憲府의 雅稱이니 사헌부는 그 威가 秋霜같다 하여 霜의 字를 用함이며, 우리 사헌부를 支那에서는 古來로 御史臺라 하고 그것은 單히 臺로 약칭하기도 하고 다시 雅化한 霜臺라는 語도 行하여 왔다. '臺'는 본래 高處의 義다.

⑤ 月季花: 다달이 개화하므로 월계화라 이르고, 音相似의 관계로 '月桂'를 冒用하는 일이 많다.

⑥ 玄琴: 震語에 琴을 '고'라 하고 '거문고'의 '거문'이 玄의 訓에 통하므로 玄琴으로 譯用하게 되었다. 玄鶴 云云은 支那의 鳳凰來儀니 九鶴舞庭이니 하는 전설을 모방한 것에 不外한 것이요, 또 玄鶴을 약하여 玄琴이 된 것이 아니라 玄琴에 덧붙여서 玄鶴琴이 된 것임에 의심 없다.

여기 玄琴·玄鶴琴의 어원은 종래 〈三國史記〉의 민간어원과 달리 정곡을 얻은 것이라고 볼 수 있다.

마. 「故事通」(1943)

故事通이 1943에 나왔으니 그간 쌓인 어원연구의 결과라고 볼 수도 있다. 여기서는 고자·담배·대마도·쌀·벼·설넝(탕)·수릐·아편과 같은 어휘의 비교언어학적 어원연구가 보인다.

① 고자, 火者(宦者): '힌두'어 Khojoh를 譯한 것. 인도 동부의 '벵골' 지방에서 隣國으로서 捕虜해 온 사람을 去勢·輸出하였는데 이것이 명칭과 함께 南支那 방면으로부터 수입되어 차차 일반화한 것.

② 苦椒: 椒와 비슷한 苦味의 것이라 하여 조선서 지은 이름. 外蕃의 것이라 하여 蕃椒, 南洋傳來의 것이라 하여 南蠻椒, 外國을 의미하는 唐字를 붙여 唐椒, 일본에서 온 매운 나물이라 하여 倭芥子라고도 함.

③ 南蠻: 포르투갈·스페인 등 당시의 서양인을 말함이니 南海로부터 航至함에 因.

④ 담배: Tabaco(葡萄牙人의 語)→タバコ(日本)→담바귀(조선)→담배. 南方傳來의 것→南草, 藥效있는 것→南靈草.

⑤ 對馬島: ツシマ(쓰시마)·두 섬.

⑥ 붉온(白: 붉→貊, 貃): 神明의 자손이란 義→부루·부군→風流·佛敎의 八關.

⑦ 百姓: 원래 四民을 통칭하던 것으로, 중국고대부터 평민의 意. 우리나라에서는 下民을 지칭. '상사람'은 鄕人의 轉訛.

⑧ 北甘藷(馬鈴薯): 北路로 들어온 甘藷라는 뜻.
   夏至甘藷: 하지 때에 결실한다 하여 稱名.

⑨ 불·부유·부여: 人民이 많이 모여서 秩序있게 사는 바닥.

⑩ 살, 쌀(米), 벼(稻): 印度 내지 馬來方面의 南方語.

⑪ 三奴八吏: 兩班의 出處가 奴에서 나온 것이 三이요, 吏에서 나온 것이 八임을 譏諷한 것.

⑫ 徐山: 徐偃王이 북으로 退居하니 백성이 萬數가 따라가서 因하여 그 산을 서산이라 했다.

⑬ 西洋布: ㉠ 印度方面의 産布. ㉡ 印度 東岸의 '코로만델' 지방에 당하는 西洋 瑣里國 所山布.

⑭ 설: 新羅時 上亥, 上子, 上午, 等日을 '설날'이라 하여 엄숙한 기분으로 百事를 조심해서 '설'은 悲愁·惕省의 義→후세에 正初全部의 이름.

⑮ 설넝(고기 삶은 空湯): 몽고어 '슐루', 蒙古語借用의 만주어 '실레'.

⑯ 수리(戌衣, 水瀨): 匈奴의 春期大會 '수리'. 신라로 전해져 支那의 단오와 習合했을 것.

⑰ 鴉片: 阿芙蓉이라고도 씀. 亞剌比亞語 Afyum, 영어 Opium의 譯字.

⑱ 流頭: 流水의 淨化力에 의해 특정 기일에 전신 혹은 일부를 流洗함. 漢文禊浴에 當하는 고유어로 流頭는 吏讀音.

⑲ 夷(支那에 있는 白人): 大人의 뜻. 音도 '대'.

바. 「朝鮮常識問答」(1946~1947)

1946년의 正編, 1947년의 續編을 東明社에서 간행한 것이다. 「朝鮮常識問答」은 다음과 같은 항목으로 되어 있다.

① 國號	② 地理	③ 物産	④ 風俗
⑤ 名日	⑥ 歷史	⑦ 信仰	⑧ 儒學
⑨ 諸敎	⑩ 語文		

第十「語文」의 내용을 보면, '常識'의 선을 훨씬 넘는 상당한 수준에 이르고 있다.

　　朝鮮語의 言語學上 地位
　　우랄 알타이 語族
　　朝鮮語의 淵源
　　朝鮮語의 構成 內容
　　外來語
　　朝鮮에 行하는 外來語

"朝鮮語의 構成 內容"에서 "고유어로 생각하는 말에도 자세히 살펴보면 다른 데서 들어왔음이 명백한 것들"의 예를 아래와 같이 들고 있다.

　　形容〉시늉, 陰凶〉의뭉, 惹端法席〉야단법석, 抖擻(정신차림)〉뒤수른다.

"外來語"에서는 "실상 수출어인 것이 있을는지 모름"을 경계하면서 많은 어휘를 제시하여 국어어휘의 어원을 밝히고 있다. "쌀"을 잠語의 "부살"에서 왔다고 설명하면서 〈鷄林類事〉의 예를 암시하고도 있다.

　이와 같은 것들은 현대적 의미의 어원탐구에 진일보한 것이다. 이는 물론 육당 자신의 연구 결과에 의한 것이 아님이 확실하나, 섭렵·이해하여 육당 자신의 연구에 援用하고 있음에 그 의의가 있다.

사.「朝鮮常識」(1948)

여기서는 歲時·풍속·종교라고 요약될 수 있는 16개 항목 어휘의 어원을 설명하고 있으니, 이 분야 어원연구의 선구라 할 수 있다.

　감투(宕巾)·곳갈·육개장·삼신·삿갓·설(愼日)·雙陸·角抵·장가든다·除夕·철릭(戎服)·茶食·端午·두루마기(후리매)·饅頭·換甲(還甲)·茶毗·鞦韆·굿·당굴·빈대떡·霜花·蒸餠·술·아랑.

이외에 신앙·占卜의 면에서 본 국사상의 제국명·강산명의 종합적 비교연구도 있어 이 분야 어원연구의 효시라고 할 수 있다.

이상으로 육당의 어원연구를 개관했으나 그의 본격적 어원연구 논문은 1929년에 나온 "朝鮮語 男女根名稱 語源考"[3] 임을 알아야 한다. 이는 한국인 최초로 비교언어학적 방법을 사용한 어원연구 논문이라고 할 수 있다.

육당의 어원연구는 국사연구의 방편, 민족계몽의 수단(조선상식)으로 吏讀 및 鄕札解讀의 과정에서 얻어진 것이다. 후기에는 日人 학자들의 업적을 통해 비교언어학적 방법도 시도하였음을 알 수 있다.

3. 權悳奎의 「朝鮮語文經緯」(1923)

권덕규(1890~1950)는 조선어학회의 창립회원으로 「朝鮮語文經緯」(1923)의 "語源몇"에서 20여 개 어휘의 어원을 故事와 연관시켜 추구하였으나 민간어원에 가깝다. 또 "朝鮮語와 불교"[4]에서는 "꼭 固執은 안한다"고 하면서 다음과 같은 어원설을 편다.

① 절(寺) : "절한다"의 절.
② 중(僧) : 大衆의 衆.
③ 맨드라미(鷄冠花) : 黃胤錫이 범어의 曼陀羅花에서 온 것으로 보았음은 잘못이다.
④ 僧曰福田의 福田(鷄林類事) : 佛敎語.

또 "버리다 만 散稿"[5]에서는 다음과 같은 어휘의 어원을 들고 있다.

---

3) 최남선, 怪奇 第2號(동명사, 1929).
4) 동인지, 한글 제2권 제2호, 1928년 10월, 「朝鮮語文經緯」와 중복되기도 함.

① 조선, 사불왕거리 · 서불엉거리, 仙王堂, 부처, 가시내, 虎班, 아지, 구의
(公), 실(谷), '한데'와 '항것'.

② 아이, 마리, 재와 잣, '기아'(sic)와 蓋瓦, '오양'과 饋養(위양), 오래(門),
약대.

"맨드라미"의 어원은 밝히지 않았으니 알 수 없으나, "절, 중, 조선" 등
은 동음어의 의미적 유연성에 매인 민간어원임에 틀림없다. 그러나 "버리
다가 만 散稿에서의 어원 연구는 그 謙辭의 논문 제목과는 달리 현대 한
국의 어원학 수준에서 보아도 손색이 없다. 이기문[6]과 조항범[7]은 각각
'어원론의 선구자' · '1920년대의 대표적 어원론자이면서 국어 어원론의
개척자'라고 높이 평가하고 있다.[8] 실제로 1920∼1930년대에 이 같은 어
원 연구가 나왔다는 것은 큰 의미를 부여해야 할 것이다. 그것은 國史古
語彙가 아닌, 위와 같이 많은 일반어휘의 어원을 튼실한 어학적 기초 위
에서 추구한 점, 소박하나마 비교언어학적 방법에 의한 어원연구를 시도
한 점 때문이다.

애류(崖溜) 외에 권덕규의 또 다른 아호인 듯한 '노덧물'을 필자로 한
논문 "間者의 辭典"에는 더욱 수준 높은 어원 연구가 보인다.[9] 이 논문을
권덕규가 쓴 것으로 보는 이유는 다음과 같다. 권덕규(1890∼1950)의 아
호 '애류(崖溜)'와 '노덧물'이 연상시키는 의미를 연합하거나, 문체[10], 어원

---

5) 한글 7권 1호, 2호(통권 63호, 64호, 1939. 1월, 2월).

6) 이기문(1987), 국어의 어원 연구에 대하여, 제1회 한국학 국제학술회의 논문집.

7) 조항범(1993), 20세기 초의 국어 어원 연구에 대하여, 開新語文硏究 제10집, 開新語文硏究會.

8) 이 같은 평가는 "間者의 辭典"(1921, 개벽 8호)을 쓴 '노덧물'이 바로 권덕규임을 고려하면,
그 정도를 더욱 높여야 할 것이다.

9) 굳이 추측을 하나 더 한다면 혹시 '노덧물'은 '노산' 이은상의 다른 아호는 아닐까 의심이 가
기도 한다. 이은상의 아호 '노산'은 그의 고향 마산의 鷺飛山에서 연유한 것이라고 한다. 그
러면 '노산'과는 거리가 있다. 노산이 1903년생이니 "間者의 辭典"이 실린 1921년 2월이면
노산이 나이 만 18세다. 집필 시기까지 계산하면 더 이른 나이가 된다. 글의 내용을 보면 나
이든 이가 쓴 듯하다. 권덕규(1890∼1950)로 보면 31세 때의 글이 되어 무리가 없다.

10) '間者의 辭典'에 나타난 문말 어미들이 권덕규 명의로 나온 다른 논문의 문말 어미들과 같다.

탐구의 내용11), 1920년대 초에 이만한 과학적 어원 탐구를 (할만)한 사람
은 권덕규 밖에 없다는 사실, 권덕규의 다른 논문들과 시기적으로 이어져
있다는 사실12) 등으로 보아 그렇다. 이보다 더 결정적 증거는 "閒者의 辭
典"이 권덕규 명의로 출판된 단행본「乙支文德」13)에 실려 있다는 점이다.
실제로 그의 어원 연구 결과를 보자.

① 양추질(養齒질): '질'은 일하는 것을 이름. '추'는 上下 사방으로 뒤흔드
는 일, 곧 '추스르-'의 '추', '양'은 '양냥이뼈'(顴骨,관골)의 '양'. (방언에
입을 양이라고 한다.) 따라서 '양추질'은 '양을 추스르는 질'이다.

이 당시 일반적인 글투 이상임이 확실하다. ~이니라. ~일지니라. 보노라. 하얏더라. 하느니
라. 하더라. 다르니라. 되나라. 나려오니라. 생기나라.

11) 이것은 조항범도 지적한(국어 어원연구 총설 pp.613~614) 바와 같이 '홀의새끼'에 대한 어원
해석이 권덕규(1923)와 같은 점을 말한다. 이에 대해 조항범은, 기존의 설을 두 사람이 그대로
옮겼거나, 두 사람 중 한 사람의 설을 다른 사람이 옮긴 것으로 본다. 그보다 필자는 노덧물이
권덕규 바로 그 사람이라고 본다. 이는 또 권덕규의 경력 중 1913년 국어 및 국사 교사로 근무한
점, 1936년부터 1년간 〈큰사전〉 편찬위원으로 일한 점, "閒者의 辭典"에서 어원 탐구 대상
어휘의 품사를 밝힌 점, 탐구 대상 어휘의 어원 설명 전개 방법이 사전 편찬 시 표제어의 낱말
뜻 설명 전개 방법과 아주 유사한 점, 한국어의 어원을 한자어 및 민간어원에서 찾던 구태의연
한 방법에서 탈피하여 고유어에서 찾으려 한 점, 권덕규의 다른 논문과 "閒者의 辭典"의 내용
이 유사한 점, 현대적 의미의 '어원'이라는 술어를 쓴 점 등이 잘 조화를 이루는 점 등으로
보아서 그렇다.
혹자는 '노덧물'이 아동문학가 小波 方定煥(1900~1932, 혹은 1899~1931)의 여러 아호 중의
하나라고 한다. 그리하여 개벽 8호(1921. 2.)에 실린 "閒者의 辭典"이 방정환의 글이라고 한다.
그러나 한국어 어원을 추구한 방정환의 다른 글이 없는 점, 이 글을 발표한 1921년은 방정환이
만 21세 혹은 22세 때다. 발표 연도가 이러하니 집필 시기는 이보다 이른 나이다. 이 글의 내용
은 老成한 사람의 것으로 보인다. 이 때 권덕규(1890~1950)는 만 31세다. 이로써도 이 글의
필자가 권덕규일 가능성이 더 크다.

12) 노덧물, 閒者의 辭典, (개벽 8호, 1921. 2.).
권덕규, 語源 몇, (조선어문경위, 1923).
_____, 소내기, 포리, (조선어문경위, 1923).
_____, 言語와 古代文化, (조선어문경위, 1923).
_____, 조선어와 불교, (한글 2권 2호, 1928).
_____, 朝鮮語研究餘草(一), (신생 2권 2호, 1929. 2).
_____, 조선어연구여초(三), (신생 2권 4호, 1929. 4).
_____, 버리다 만 散稿, (한글 7권 2호, 1939).

13) _____, 乙支文德(正音社, 1948) pp.51~60에 '閒者의 辭典'이 실려 있음.

② 홀의새끼(버릇없는 사람): '홀어미의 새끼'라는 말의 '어미'를 줄이어 이름.

③ 스님(저에게 무엇을 가르쳐 이르는 이를 높이어 말하는 일컬음): '스승님'이 준말.

④ 가사내(처녀): 사내에게 (시집)갈 것이라는 뜻의 말.
  가시내: '가시'는 '계집'(sic), '내'는 어느 편을 이르는 말. '자네네'·'아무개네'의 '네'가 바뀐 말.

⑤ 삭을貰(남의 집을 빌어 든 사람이 月終에 내는 세) : 한번 내면 곧 삭아 없어지는 세.

⑥ 바사기(잘못된 것 곧 나쁜 것 아무 것도 못할 사람) : '바보'의 '보'+子息을 '사끼'라 하나니, 이 '사끼'라는 '끼'의 첫소리가 줄어 된 말. 八+朔+我語의 名詞되게 하는 글씨 곧 '그 이'·'저 이' 따위의 '이'가 어울려서 된 말이 아니다.[14]

⑦ 넋의메 / 녹의메(검: 神에게 정성을 드리는 밥) : '메'는 '먹이'라는 말의 줄인 것. 飯의 訓→죽은 이의 밥. '의'는 명사에 딸리어 쓰이게 하는 토. '녹'은 '넋'이 바뀐 것.

⑧ 괜하[15](形容詞: 쓸데없다는 말): 漢字와 관계없는 말.

⑨ 시집(여자가 남편의 집을 이름): (남편의 집을 높이어)'합시'·'하시'의 '시'와, 사람이 사는 '집'이 어울려서 된 말.

⑩ 냥냠(국이나 膾 같은 먹이에 치는 파·고추·깨소금·기름 따위) : 藥(補로나 병 나으려고 먹는 것)+念(맛나게 생각되는 것)일지도 모르나, 갈수록 싫지 아니한 것을 「먹을스록(sic) 냥냥하냐」·「줄스록 냠냠하지」 하나니, '냥냥'의 '냥'과 '냠냠'의 '냠'이 모여서 된 말이라고 봄.

⑪ 외누리(장사치가 물품을 팔 때 턱없는 값을 불러 부당 이득을 취함을 이름): '누리'는 '가져서 잘 누리는 것을 이름'이고, '외'는 틀린 것 곧 그르다는 말.

⑫ 허영허제(헌칠하고 끼끗하고 열기 있고 시원스럽고 엄청난 짓을 하는 사

---

14) 권덕규의 '바사기'에 대한 어원 설명은 명쾌함이 부족하다. 그도 의식 속에서 망설인 흔적이 보인다. 그가 부인한 '八+朔+명사되게 하는 글씨'가 옳을 듯하다. 이 부분에 대한 『間者의 辭典』에 나타난 설명은 '개벽 8호, 1921. 2.'와 '乙支文德'(정음사, 1948)에 실린 내용이 조금씩 다르다. 여기서는 '乙支文德'에 실린 것을 따랐음.

15) '괜한 일', '괜히 그런다'의 '괜하다'를 말함인 듯하다.

람): 許英許璽[16] (허영허새)니 신장이 9척이나 되며 엄청난 獄變(옥변)
을 일으킨 고로 이름.

  "閒者의 辭典"은 우리말의 어원을 한자어 아닌 고유어로 해석하려는
강한 어원 의식을 가지고 국어 어원을 탐구한 최초의 연구물이라고 할 수
있다. 필자 노덧물은, 여기서 다룬 어휘의 대부분을 고유어로 인식하고
그에 따라 어원을 풀이하고 있다. 국어 어원에 대한 새로운 인식이 싹트
고 있음을 보여 주는 좋은 예다. 이러한 새로운 인식은 한자부회로 포장
되어 있는 특정 단어의 본질을 찾는 작업으로부터 시작되고 있다. 여기서
대상으로 삼고 있는 단어들은 오랫동안 다양한 어원 해석을 받아 온 것들
이 대부분이다. 이 단어들의 어원 해석을 한자부회의 전통적 해석 방법론
에서 벗어나, 고유어에로 시각을 바꾸었다는 점은 어원 연구사상 중요한
의미를 지닌다. 그러나 고유어에로의 경도된 어원 해석 태도로 인하여 한
자어에 집착하던 때와 같은 어리석음을 범하기도 하였다. 위에 보인 '⑥
바사기'의 어원 해석이 그 대표적 예다. '바사기'는 한자어 '八朔이'에서
온 말이기 때문이다.[17] '가사내'를 '사내에게 (시집)갈 것'이라는 뜻의 말
이라고 한 것은 억지다. 그러나 '가사내'를 '가시내'로 바로잡고 어원을 추
구한 것은 옳다고 본다. 즉 '사내'와 漢字'假'와의 부회의 결과로 생겨난
단어 '가사내'는 이제 버려야 할 때가 되었다. '⑨ 시집'과 '⑩ 냥냠'의 어
원 설명도 의심스러운 데가 많다. 신선하기는 하나 설득력이 부족하다.

---

16) 뒤에서는 '許瑛許璽'라고 썼음. 許瑛이 옳음. '허영·허새'는 南人에 속한 儒生. 1682년 8월
    전 兵馬節度使 金煥의 고변으로 모반죄로 체포되어 誅殺되었다. 이 모반사건은 庚申大黜
    陟으로 집권한 서인 金錫冑·金益勳 등이 남인을 숙청하기 위해 김환을 시켜 조작한 무고
    로서 후에 무죄가 밝혀져 신원(伸寃)되었다.

17) 이상의 설명은 조항범 편《국어 어원연구 총설(Ⅰ)》(태학사, 1994) pp.613~614.를 많이 참
    고하였음을 밝힘.

4. 小白頭陀

속명 기타 신원은 미상. 小白頭陀란 법명(?)으로 보거나 연구 대상 어휘 또는 글의 내용으로 보아 스님인 듯하다. 그는 3회에 연재된 글에서 불교 어휘의 어원을 설명하고 있다.[18]

① 十年工夫가 都盧阿彌陀佛(무슨 사업을 경영하다가 실패에 歸할 때 吁嘆(우탄)의 辭): '十念工夫都盧阿彌陀佛'이란 말의 잘못. '都盧'란 '但'의 뜻. '十年'은 '十念'의 잘못.

② 南無阿彌陀佛: 인도의 방언. 한문으로 번역하면 '南無'는 '歸依', '阿彌陀'는 '無量壽'로 佛은 具云佛陀「朝鮮音에난 부텨」어든 覺者로 되나니 이를 합하면 즉 '歸依無量壽覺者'인데 범어에 '陀'字를 약하고 漢譯에 '者'자를 약하여서 다만 '南無阿彌陀佛, 歸依無量壽覺'이라고만 한다. '阿彌陀'는 無量壽, 無量光, 難思光, 超日月光 등 12種名이 있어, 一義뿐으로 번역된 것을 쓸 수 없어 범어를 그대로 둔 것.

③ 三身할머니: 産鬼를 産神으로, 産神을 삼신으로 변음된 것도 아니다. 三神山 麻姑仙女도 아니다. 纖塵(섬진)을 蕩絶(탕절)하시고 萬德을 富有하시며 四生七趣에 慈父되시고 三聖六凡이 其奉하시는 法身, 報身, 化身의 三身佛陀이시다.

④ 가신애(嫁僧娥): 신라 고려시대에 불교의 융성으로 관혼상제까지 불교 의식을 따랐다. 이 때 인민이 신앙 상 부모가 자식을 사랑하는 관계로 삼보복전에 종자를 뿌리고자 하여 이런 名詞까지 기원되었다. 즉 여자 나이 17, 8세 시집가게 되면 부모가 매파를 불러 혼처를 정하고 부모가 인솔하여 佛寺를 찾아가서 혼수용 폐백을 佛卓에 받쳐 놓고 부부 장래의 화락 · 해로 · 장수를 기원한 후에 그 날 밤을 절에서 기숙하고 다음날 폐백을 가지고 돌아와서 婚日의 절차를 이행하고 정식 성례하기까지는 '가

18) 小白頭陀, 一號一言, (불교 7호, 1925. 1). 一號一言, (불교 8호, 1925. 2). 一號一言, (불교 9호, 1925. 3).

신애'라 불렀다. 조선의 척불 시대가 되자 이런 의식이 폐지되었다. '가신애'에 관한 다른 어원설도 소개한다.

㉮ 상고시대에 호남지방에서 병란의 酷禍(혹화)로 男子軍이 전몰되고 娘子軍이 義旗를 들었는데 男服을 가장하였으므로 '가사내'(假男)라 하였다. 따라서 '가사내'가 옳다.

㉯ '가신애'는 한문으로 '柴娥'(시아)다. 여자가 시집가서 보면 媤家(시가)에서는 근본 휘추리(枝)가 아니고, 外他樹枝로부터 來接한 것과 같다. 고로 '媤家'(시가)를 '柴家'(시가)라 하고 媤父母를 柴父母, 嫡母 외에 庶母를 '가신어머니'라 한다. 이는 元枝 외에 傍枝를 폄칭하는 말이다. 妻가 妾을 질시할 때 '시갓'(柴枝) 본다고 하니, 此枝에서 彼枝가 더욱 성장할까 미워함이다. 따라서 '가시애'가 확실하다.

⑤ 三寶: 佛, 法, 僧을 말함. 覺照를 佛, 軌持를 法, 和合을 僧이라 한다.
⑥ 福田: 12因緣을 닦으면 緣覺乘이 되고, 六度萬行을 닦으면 菩薩乘이 되고, 等妙二覺의 因을 닦으면 佛果를 성취하는 것이 良田沃土에 심는 씨대로 나는 것과 같다 하여 복전이라 한다.
⑦ 지명의 잘못을 바로잡기도 한다.
楊州 홍주원 ←弘濟院. 聞慶 관암원 ←觀音院. 安東 제비원 ←慈悲院. 안동 두실원 ←兜率院.

이상에서 '③ 三身할머니'·'④ 가신애(嫁僧娥)'의 어원은 민간어원이다. '三身'은 샤마니즘의 '샤만'·'삼'·'saman'·'sam'[존장자]+神으로 보아야 할 것이다. '가신애(嫁僧娥)'는 '갓 / 가시[女/妻]+ㄴ[첨가음]+아희[兒]'로 보아야 할 것이다.

5. 李能和의 「朝鮮巫俗考」(1927)·
「朝鮮解語花史」(1927)

가.「朝鮮巫俗考」[19]

이능화(1869~1943)는 최남선·朴勝彬·吳世昌 등과 잡지「啓明」·「新天地」등을 발행, 일제와 투쟁하면서, 조선문화에 대한 탐구 의욕에서 國學 방면에 많은 저술을 하였다.「朝鮮女俗考」·「朝鮮解語花史」·「朝鮮巫俗考」속에는 논술의 합리적 방편으로 어원 설명이 눈에 띈다. 이능화가 추구한 무속어휘의 어원은 다음과 같다.

① 才人(男巫): 以其所業才藝伎術得名者也.
② 才白丁: 才人與白丁同條 而縮稱曰才白丁.
③ 別神: 蓋特別神祀之縮稱也.
④ 打令·安靈: 蓋巫覡歌舞以賽神者曰安靈 今俗呼歌曲爲'打令'者 本於此者歟 打令與安靈音相同.
⑤ 太子: 曾聞痘死小兒 必爲太子云……愚意則附此鬼者 先作畫像以爲 此鬼之所依而稱撑子 我東方言 稱畫像曰 撑子仍訛爲太子 以音相近也.
⑥ 태주(Taichu)(神婆): 太子 '태ᄌ'(Taicha) 之轉也.
⑦ 명두(Myeng Too)(神婆之南方名): 卽明圖(명도)(Myeng To) 之訛也.
⑧ 后女: 初小后母孕 未産 巫卜之曰 必生王后 母喜 乃生名曰后女.
⑨ 江南: 巫祝之歌 有江南朝鮮之詞 蓋巫於歌詞 多用江南……本出巫語……蓋支那江南一帶之地 多古黎苗遺族 俗尙巫祝 好祀鬼神 九黎之君蚩尤氏來都涿鹿 與古九夷壤地密接 朝鮮巫俗 疑是蚩尤遺化然則巫呼江南之語 似有脈絡之相傳者也.

19) 이능화·최남선 저, 朝鮮巫俗考·薩滿敎劄記(啓明俱樂部, 1927). 이능화의 생몰연대는 구구하다. 1877~?(耘虛·龍夏, 佛敎辭典), 1869~1943(李弘稙, 國史大事典), 1868~1945(신구문화사, 韓國人名大事典), 1869~1945(이희승, 국어대사전, 신기철·신용철, 큰사전).

⑩ 강님도령(Kang Nim To Ryang)의 도령: 巫祝道場訛作徒領 '도령'(To Ryong) 蓋徒領者 新羅時花郎……今我俗呼貴家艸歲之童子曰 徒領 卽 新羅時遺語也.

壇君: 以其設壇祭天故號曰壇君 壇君者卽神權天子也.

⑪ 굿(Kut): 蓋我俗語 凶險之事謂之 '굿'(Kut)……則巫之行神祀也 其目的在乎祈禳凶災 故名之曰 '굿'(Kut)者歟.

⑫ 푸리(Puri): '굿'(Kut)之別稱. 或曰 '셕'(Suk) 意者 '푸리'(Puri) 譯義爲 「解」 卽解罪求福之事也.

셕(Suk): 譯音爲釋 卽釋放解脫也 蓋謂本命繫縛於災苦者 賴此神祀之力 而得釋放解脫之道者也 '셕'(Suk)之言根 是出僧家用源.

⑬ 君王神: 俗號君雄 乃君王之訛也.

⑭ 吉祥山: 藏(金庾信)胎於此山 因號吉祥.

⑮ 豆滿江: 女眞語 謂萬爲豆滿 以衆水至此合流故名之.

⑯ 萬神(女巫): 蓋巫者無神不祀 故稱之以萬神者歟.

⑰ 博士, 博數 박슈(Pak Soo: 男巫: 師巫): 卜師之轉 卜師或 博士之轉也.

⑱ 鉢里公主: 連生七女 第七女曰鉢里公主 生女太多故 王怒命投西海 故名曰鉢里公主 蓋方言謂棄去曰鉢里.

⑲ 府君: 恐是出於地名 各郡 亦有府君堂 而其神槪多守宰之死於任所者 而守宰亦稱府君故也.

⑳ 府君堂: 今京師各司有祠 名曰付根堂 訛號府君堂.

㉑ 付根: 木莖物爲宋氏姐而設 付根之名由木莖物而起.

㉒ 宋氏姐(孫閣氏): 宋氏姐云者 恐卽所謂孫閣氏者 是 俗爲處女未及嫁而死者 名曰孫閣氏 孫與宋音近相通也.

㉓ 새넘(Sai Num): 巫祝之壇 '새넘'云者 卽散陰之訛轉也.

㉔ 仙王堂: 城隍之誤 古叢祠之遺意歟.

㉕ 城隍: 城隍字本出易上六爻辭 謂城池也 傳所云掘隍土積累以成城者是也.

㉖ 孫閣氏: 蓋閣氏者 閣女之稱 孫卽客之義 爲侵害也.

㉗ 我王萬壽: 出於中國遼東東寧衛……不忘本也……

㉘ 어라만슈(Orahmansu): 於羅瑕萬壽 疑百濟時俗所遺傳者也 百濟方言王曰於羅瑕(어라ᄒ: Orah) 后曰於陸(어루ᄒ: Oruh) 我王萬歲 我后萬歲之義也.

㉙　어부심(Opusim)：以粟米作飯投水飼魚施　名曰魚布施　俗語訛爲(어부심：Opusim)者 是也.

㉚　次次雄：其語源出於桓雄……桓與寒音相近 而寒訓次.

　　이상 무속 어원설의 本領은 巫俗記述의 합리적 방편으로 시도된 것이지만 소박한 대로 음운변화 등을 援用하여 정곡을 얻은 것으로 볼 수 있다. ㉚의 桓∽寒→차→次에 의해 桓雄〉次次雄을 설명하는 것은 특이한 주장이다.

　　## 나.「朝鮮解語花史」

①　蝎甫(遊女之總稱)：蓋蝎者는 支那語所謂臭虫이라. 而夜間에 出來ᄒ야 吮血惱人이라 故로 擬於娼女矣라. 甫字는 우리말 이름 뒤에 많이 붙는다.

②　德伊：경성지갈甫는 猶松都之德伊니 德伊者는 俗所蝆[20](俗名眞德伊者 是也)之語也ㅣ라. 高麗末年에 亦盛於松都而時多娼女ᄒ야 如今之京城이라 故로 得名云云이러라.

③　코머리(Kohmori)：謝退妓界女 平壤語謂鼻頭(盤髻於頭上如鼻頭).

④　殷勤者(隱君子)：蓋隱密而多情曰殷勤이라. 故로 隱密賣春之女를 謂之殷勤者어늘 而今俗이 訛傳ᄒ야 呼爲隱君子矣로다.

⑤　社堂牌(捨堂)：優婆夷曰捨堂이라 牌者我語謂一團或一組也 例如人夫五人一組十人一組皆曰牌 男曰男社堂 或云居士 女曰女社堂.

⑥　回寺：女人之遊寓山寺者 方言謂謂之回寺(回寺稱曰 뎔돌님：Choltolim). 女社堂이라고도 한다.

　　①은 한자의 音相似 및 자의에 의한 견강부회의 感이 있다. '갈보'의 '보'를 국어 고유어 접미사라면 그 앞에 온 '갈'도 고유어일 것이다. '갈~'

---

20)朝鮮解語花史, p.140에는 蜫로 되어 있으나 蝆(비루비：牛蝨)로 바로 잡다.

(更新·交替)로 보아, 일부종사하지 않고 남자를 잘 '갈아치우는 사람'으로 풀어야 할 것이다.

① 妓生: 妓學 醫藥之術 歌舞之伎 故名妓生.[21]
② 水尺: 當時(高麗太祖) 之語에 謂漁於水者曰海尺 或 水尺.
③ 山尺: 獵于山者曰山尺.
④ 津尺: 津渡之舟子.
⑤ 尺: 尺者는 作也ㅣ오 作卽者ㅣ니 盖賤之之名詞也.

그러나 무속어휘 및 하층민들의 死語化된 어휘의 어원을 이만큼 추구하고 있음은 선구자적 업적이라고 할 수 있다. 또한 어휘의 음을 서양 발음기호로 표기한 것은 영·불·중·일 4개 국어에 통달했었다는 이능화 안목의 자연스러운 결과였을 것이다. 그러나 이 같은 외국어 실력에도 불구하고 외국어와의 비교방법이 전혀 보이지 않음은 현대언어학에 접하기 아직 이른 때문이었을 것이다.

6. 李秉岐[22]

뒷날에 시조시인, 국문학자로 자리 잡은 가람은 한글 창간호부터 '한글기림'이란 시조를 발표한 후 한글지에 계속 국어에 관한 글, 어원 논문 등을 발표했다.

① 설렁탕: 雪濃湯이란 漢文에서 나온 말이 아닐 것이다. 음만 취하여 쓴 것일 듯함.

21) 妓生은 '柳器匠'의 '器匠'이 轉音한 것이라 봄(1985). 姜憲圭, "'기생'의 어원", 한글, 제189호.
22) 이병기(1927. 4. 20),「한글」제1권 제3호, "原始語와 變成語".

② 못노술ㅅ집(선술ㅅ집): 남도에서 '주막'을 '봉노ㅅ방'이라 하니 '목노', '봉노'의 '노'가 같은 뜻?

③ 綠塞風: ㉠ '塞'(새)는 '鳥類'다. '새'는 12支의 '酉'다. '酉'는 '닭'이다. '酉'는 24방위의 西方이다. 고로 '녹새풍'은 西風이라고 한 것은 잘못이다. ㉡ 고어에 東(시·새), 西(하), 南(마), 北(노)이라 했다. 따라서 동풍(새ㅅ바람), 서풍(한의바람), 남풍(마ㅎ바람), 북동풍(놉새ㅅ바람). 따라서 '녹새풍'은 '북동풍'이라고 해야 한다.

④ '다섯'·'열'의 어원을 '閉'(닫-)·'開'(열-)에서 나온 말이라고 한 것은 견강부회다.

⑤ 어버이: 어머니(母) 아버지(父)가 줄어 합한 것.
사람서리(人間): 사람(人)과 서리(間)가 합한 것.
여리ㅅ군: 재여리(中媒)+군(徒).
물후미: 물(水)+후미(灣).

어원을 찾으면 마침내 原始語를 발견하게 된다. 원시어는 곧 摸擬音, 感歎音, 符號音 등과 같은 무연적 어형이라고 한다. 原形만 변하고 原義는 변하지 않은 말을 原始語라 하고, 原形과 原義가 다 변한 것을 變成語라 한다. 원시어란 '父'를 뜻하는 '아비, 아바, 아배, 아버니, 아버지, 아방'을 말하고, 변형어란 앞 ⑤의 '어버이(兩親), 사람서리(人間), 여리군(餘利軍), 물후미(灣)' 등의 단어를 말한다.

1920년대에 고어를 의식하여 분석적 방법으로 민간어원을 부정·극복하려는 점이나, 어원 연구에 어형과 의미 '변화', '原始語' 개념 등을 도입하여 어원 연구의 방법을 파악하고 있었다는 점 등에서 매우 진보적 안목을 가지고 있었다고 볼 수 있다.

7. 金東縉의 「사천년간 조선이어해석
(四千年間 朝鮮俚語解釋)[23]」(1927)

이 책에서 저자는 우리말 이어(俚語)[24]를 찾아 '가나다라' 순서로 정리하고 이름하여 〈俚語解釋〉이라 했다. '시속 말에 의심됨을 풀어놓았다'는 뜻이니 이는 그 어원을 풀이해 놓았다는 말이다. 김동진의 생애나 연구활동에 대하여는 알려진 바가 없다. 이 책은 1927년에 간행된 65면의 단행본이다. 이 책의 평석자 조항범은 이 책에 대하여 1920년에 나온 어원 관련 단행본으로서는 유일한 것이라고 이 책의 가치를 매긴다.[25] 이 책은 226항목에 달하는 단어 및 관용표현을 들어 어원을 밝히고 있다. 이 책은 기왕에 알려진 어원설을 소개·비판하고 자기의 어원설을 제기하는 순서를 취하였다. 전체적으로 보아 한자에의 부회라는 전통적인 어원 연구 방법론에서 크게 벗어나지 못하고 있다. 1920년대에 권덕규에 의해 새로운 차원으로 나아가고 있는 어원 연구에 비하면, 시대에 뒤떨어진 연구물이라는 평을 면하기 어렵다. 그러나 이 책에 대하여 조항범은 '특별히 주목할만한 점'을 다음과 같이 들고 있다.[26]

첫째 당시 민간에 유포된 우리말 어원을 잘 정리하고 있다.
둘째 한꺼번에 상당수의 단어와 관용표현의 어원을 종합적으로 다루고 있다.[27]

---

23) 이 책의 이름은 '사천년간 조선이어해석서문(四千年間 朝鮮俚語解釋序文)'(서문), '조선이어해석목차'(목차), '사천년간 조선이어해석 四千年間 朝鮮俚語解釋(본문 앞에서), '조선문에가나다라순서로 편즙하여놋코책일홈을 이어해석(俚語解釋)이라하엿스니'(김동진의 서문)으로 보아, 〈조선이어해석(朝鮮俚語解釋)〉'이라고 하는 것이 좋겠다.

24) 항간에 떠돌며 쓰이는 속말. 항간에 퍼져 있는 속담. 이언(俚言. 俚諺).

25) 이 책은 충북대학교 조항범 교수가 「선인들이 전해 준 어원 이야기」(태학사, 2001)라는 제목으로 評釋을 곁들여 간행하였다.

26) 조항범(2001), 선인들이 전해 준 어원 이야기(태학사), 평석자 서문(評釋者 序文).

이 책은 20세기 전반기 어원 연구의 성향을 살필 수 있는 좋은 자료의 하나라고 볼 수 있다. 김동진이 어원을 추구한 226개 항목의 관용표현 및 단어들의 성격을 보이면 다음과 같다.

(1) 관용표현

① 가던 날이 장날이다.
② 감쪽같다.
③ 개 보름 쇠듯 한다.
④ 갸륵한 사람
⑤ 거미가 치민다.
⑥ 건너다보니 절터다.
⑦ 게 발 물어 던진 듯하다.
⑧ 고양 밥 먹고 파주 구실한다.
⑨ 곽쥐 온다.
⑩ 광릉 굴린다.
⑪ 괴 죽 쑤어 줄 것도 없다.
⑫ 구렁이 제 몸 추듯한다.
⑬ 남산골샌님 역적 바라듯 한다.
⑭ 누워서 팥떡 먹기다.
⑮ 다 팔아 먹어도 내 땅이다.
⑯ 댐영을 갈 놈
⑰ 도령 서방 숨 세웠다.
⑱ 동곳 빼앗다.
⑲ 떼가 사촌보다 낫다.
⑳ 망석중이 놀리듯 한다.
㉑ 못된 송아지가 엉덩이에서 뿔이 난다.
㉒ 밉게 생겼다.

---

27) 이외에도 1920년대에 벌써 한글을 괄호 밖에 놓고 한자를 괄호 속에 넣은 것은, 출판 및 표기 문제에서 획기적인 일이라고 생각된다.

㉓ 밑구멍이 째지게 가난하다.
㉔ 바람에 돌부처 볼 수 없다.
㉕ 부처님 밑구멍을 들추면 상거울이 들어난다.
㉖ 뾰족한 수가 있다.

(2) 비속어

갈보, 백장(백정), 화냥년의 자식, 후레자식, 보지, 씹, 자지, 좆.

(3) 인칭어

가시내, 계집애, 도련님, 머슴애, 사내, 사돈, 샌님, 아기, 아기씨, 아버지, 아우, 아주비, 어머니, 완장, 자제, 지아비(제아비), 지어미(제어미), 할망구.

(4) 역사 고어휘

임금, 지위, 진지, 치마, 함흥차사.

(5) 일반 어휘

사람, 세간, 소낙, 소나무, 송장, 수수께끼, 시장, 쓰레기, 아침, 여드름, 요, 이쌀, 자두, 잔치, 저녁, 절구, 해, 달.

이상의 대체적인 분류로 김동진이 어원을 추구한 어휘의 대체적인 성향을 짐작할 수 있다. 그것은 갑오경장 이후 권덕규 이전의, 어원연구 대상 어휘가 가진 일반적 속성과 통한다. 그것은 비속어휘, 인칭 어휘, 역사·민속 어휘를 중심으로 호사가들의 호기심 충족 대상으로서의 어휘를 지칭한다. 그러나 가나다라 순으로 이만큼 체계적으로 많은 어휘를 대상으로 하여 그 나름의 어원을 추구한 공로는 인정해 주어야 한다. 또 이들 어원 연구의 방법도 한자어 내지 중국어 기원인 경우에는 타당성을 획득한 경우도 많이 있다.

그러나 고유어의 경우에는 한자의 의미에의 견강이 많다.

① 가뭄: 久＋無＋陰을 줄여서 된 것.
② 가시내: '사내'모양 같되 '참 사내'가 아니고 '거짓 사내'라 하여 '가(假)사내.
③ 갈보: ←빈대 갈(蝎)＋계집 부(婦).
④ 개떡: ←가(假)＋떡.
⑤ 고양이: ←怪樣狸.
⑥ 고추: ←苦草.
⑦ 기와집: ←蓋瓦집.
⑧ 까마귀: ←지저귈 가(呵)＋마귀 마(魔)＋귀신 귀(鬼).

이상으로 보아 현대의 과학적 어원과는 거리가 먼 한자의 字義에 부회(附會)한 어원설이 대부분임을 알 수 있다. 이상에 보인 어휘의 어원은 각각 다음과 같이 보아야 할 것이다.

① 가뭄: '가물다' 형용사의 어간 '가물'＋(으)ㅁ→'가물음'의 축약.
② 가시내: ←가시나희〈가시나희＋가스나희.
③ 갈보: 갈+보. 혹은 콜-[替]+보.
④ 개떡: 겨[糠]+떡. 개[접두사]+떡.
⑤ 고양이: 고이 / 괴+앙이(접미사).
⑥ 고추: ←苦椒.
⑦ 기와집: ←지와집〈지새집〈디새집〈*딜새집.
⑧ 까마귀: ←까마귀〈가마괴[28].

28) 이상의 현대적 어원 설명 조항범〈선인들이 전해 준 어원 이야기〉(태학사, 2001)의 평석을 많이 따랐음을 밝힌다.

8. 申采浩의 「朝鮮上古史」(1931)

신채호(1880~1936)의 어원연구는 「朝鮮史硏究」(1929)에 처음 보이지만 본격적인 것은 「朝鮮上古史」에 나타난다. 丹齋는 역사연구에 있어서 고어연구의 중요성을 인식하고 있었다.[29] 1920~1930년대는 고대사 연구의 방법으로 비교언어학적인 연구를 시도하던 때다.[30]

〈史記〉匈奴傳을 보고 쓴 다음과 같은 글은 소박한 의미의 비교언어학적 방법을 丹齋가 터득하고 있음을 알 수 있게 한다.[31]

　　"王公을 '汗'이라 함이 삼국의 '干'과 같으며, 官名 末字에 '치(鞬)'라는 음이 있음이 臣智의 '智'와 旱支의 '支'와 같으며, 后를 '閼氏'라 함이 곧 '아씨'의 譯이 아닌가의 假說이 일며……"
　　"朝鮮史를 연구하자면, ……滿·蒙 등 語를 연구하며……"

이 같은 진보적 견해는 丹齋의 천재성에 의한 광범위한 전적의 섭렵, 중국 및 만주의 踏破(東蒙古僧과의 면담), 日人學者(鳥居龍藏)의 조선·만주·몽고·土耳其 四族의 언어연구 결과 열람 등에 힘입었음은 丹齋가 밝힌 바다.

---

29) 申采浩 著 李萬烈 註釋, 朝鮮上古史(上), p.69, p.76. "'訓蒙字會'·'處容歌'·'訓民正音' 등에서 고어를 연구하고 〈三國遺事〉에 쓰인 향가에서 이두문의 용법을 연구하면, 역사상 허다한 발견이 있을 것이다." "朝鮮史를 연구하자면, 조선의 古語뿐 아니라……古代의 地名·官名의 의의를 깨닫는 동시에……."
　　실제로 丹齋는 "古史上 吏讀文 名詞 解釋法"을 발표한 바 있다. 丹齋와 거의 같은 시기에 朝鮮古代史를 거의 같은 방법으로 연구한 安在鴻의 朝鮮上古史鑑(1947刊), 鄭寅普의 朝鮮史硏究(1947刊)가 있다. 이들은 역사연구의 한 방법으로 역사상의 지명·인명·件名·王稱號 등을 고유어로 환원시키는 방법을 취했으나 과학적이지 못하여, "專斷된 결과를 유도"하는 경우가 많았다(崔範勳, 韓國語學論攷, p.240).

30) 이 방법에 대한 비판으로 震檀學報(38집, p.291)의 〈三國史記〉에 대한 討論中 李基文·金完鎭의 주장 참조(註釋 朝鮮上古史, p.291).

31) 전게서, pp.74~76.

그러나 이들로써 朝·滿·蒙·土 四語는 同系語라는 결론과 이 四族이 同血族이라는 결론을 내릴 수 있었던 것은 丹齋만이 가능했었다고 하겠다.

이 같은 비교언어학적 방법을 적용한 것이 다음과 같은 국사어휘의 어원이다.

① 朱蒙: 만주어 '주림물' 곧 善射의 義.
② 沃沮: 만주어 '와지' 곧 森林의 義.
③ 우굴로(만주 노동자의 가죽신: 草名): 고구려 고대 '우굴로' 대왕이 있어 微時에 불우하여 사방으로 돌아다니며 신었으므로 지금도 만주에서 가죽신을 '우굴로'라 함. 대왕이 풀씨를 뿌리고 다녔으므로 대왕의 名으로 名함.
④ 三韓官名 末字의 '支': 몽고어 말치(馬官) 활치(羊官)의 '치'의 類.
⑤ 三韓의 '韓'은 可汗의 '汗'과 같이 王의 稱.
⑥ 東蒙古말의 동서남북 '연나·준나·우진나·회차'는 (高句麗史의) 東部: 順奴(那)部, 西部: 涓奴(那)部, 南部: 灌奴(那)部, 北部: 絕奴(那)部와 有關.
⑦ 卓琳莽阿(주릴무얼): 滿洲源流考에 만주어로 善射者.

이상은 동계어와의 비교로 설득력을 높였으나 '우글로'大王: 만주 노동자의 가죽신: '草名'의 연결은 의문이 간다.

다음과 같은 국사어휘는 그 직관에는 감탄할 만하나 설득력은 적다.

① 新羅·沙梁: 모두 '새라'로 讀할 것이며, '새라'는 川名이니, '새라' 위에 있으므로 稱한 것이다. 沙梁은 沙喙라고도 했으니 沙喙(새불)는 '새라' 위에 있는 '불' 原野인 고로 칭한 것.
② (次大王의 名) 遂成: 수성(汚穢의 器를 淸潔시키는 '집몽둥이'를 가리키는 말).
③ 先人, 仙人: 선배('신수두' 교도의 보통명칭이더니 뒤에 여러 가지 내기에 승리하는 자를 '선배'라 칭함.
④ 乙支·優台(살치): 大王의 시종이니 이두자로 '使者'라 쓴다.
⑤ 安市城 或云丸都城 安市城舊安寸忽 '丸'은 알, 丸都·安市·安寸은 우리

말로 '아리'.

⑥ 近仇首의 近은 '건'이니 백제 때에 聖을 의미함. 仇首의 음 '구수'는 馬廐의 칭이니, 일본의 聖德太子의 聖德은 近仇首의 '近'을 가져간 것이요, 성덕태자가 馬廐邊에서 탄생하였으므로 '廐戶'라 명한다 함은 近仇首의 '仇首'를 본뜬 것.

⑦ 三韓의 '韓'은 可汗의 '汗'과 같이 王의 稱.

⑧ 高句麗는 국호를 '가우리'라 하여 이두자로 高句麗라 쓰니, '가우리'는 '中京' 혹 '中國'이란 뜻.

⑨ 彌鄒忽은 '메주골', 慰禮忽은 'ᄋᆞ리골·오리골'.

⑩ 加羅·駕洛·加耶·狗邪·伽倻·官國: '가라'로 讀하니 大沼의 義.

⑪ 九月山: 阿斯達山의 阿斯=아홉=九, 達=달=月로 봄은 臆解다. 阿斯達은 이두문에 'ᄋᆞ스대'로, 古語에 松을 'ᄋᆞ스', 山을 '대'라 한 것이니 지금 哈爾濱의 完達山이 곧 이것. 이는 곧 北扶餘의 故地.

⑫ 麻立干: 麻는 全聲을 취하여 '마', '立'은 ㄹ, '干'은 '한'으로 麻立干은 '말한'으로 王號다.

⑬ 蓋蘇文: 갓쉰동, 蓋는 '갓' 蘇文은 '쉰'으로 讀.

다음과 같은 지명·관명의 고유어 추정도 그 근거를 찾기가 쉽지 않다.

固城(구지), 咸昌(고링), 高靈(밈라), 大耶·大梁(하래), 星州(별뫼), 金海(신), 咸安(안라), 太大對盧(신크말치), 相加(신가),[32] 對盧(말치), 沛者(볼치).

직관의 결과에 대하여 아니라고 할 수 없다고 바로 그것이라고 할 수 없음에 유의해야 할 것이다. 과학의 특성은 직관의 내용을 검증하는 것이라고 한다면 단재의 어원설에 대하여 그 천재성에 탄복하면서도 아쉬움을 느끼지 않을 수 없다. 新羅, 近仇首의 近, 高句麗, 彌鄒忽, 慰禮忽, 阿斯達, 麻立干, 蓋蘇文 등에 대하여 오늘날의 연구결과는 대체로 부인하고 있음에랴.

---

32) '신가'는 '太大臣'이란 뜻으로 이두자로 '相加'라 쓰고, '신가'의 별명은 '마리'니 '頭'란 뜻, '팔치'는 '肱'이란 뜻이니 '沛者'는 이두자로 쓴 것(李萬烈, 前揭書, p.228).

또 단재 자신의 기술에서도 전후에 差가 있음을 볼 수 있다.

① ‘乙支’·‘優台’(살치): 大王의 시종이니 이두자로 ‘使者’라 쓴다.
② ‘乙支’ 혹 ‘優台’: 한문으로 ‘主簿’: ‘일치’.
③ 先人·仙人: 선배(‘신수두’ 교도의 보통명칭이러니 뒤에 여러 가지 내기에 승리하는 자를 ‘선배’라 칭함).
④ 先人·仙人: 국어 ‘선인’의 漢譯, 신라고사의 國仙과 같은 종교적 武士團의 단장.

단재는 일제하에서 민족의식과 독립정신을 고취하고 국민을 啓導하기 위해 민족사관 위에 국사를 연구하였다. 이 국사기술의 방편으로 國史古語彙의 原義를 파악하고 국어 고유어로의 환원 작업이 단재의 어원연구다. 이 과정에서 벌써 고어연구의 효용성을 말하고 비교언어학적 방법을 시도한 것은 선구자적 업적이라 할 수 있다. 그러나 이 작업은 민족사관에 의한 시야의 제한, 비교언어학적 방법이라고는 하나 소박한 경지를 벗어나기 어려웠던 것이 역사가·문필가·독립운동가로서 단재의 한계다.

9. 白南雲의 「朝鮮社會經濟史」(1933)

白南雲은 경제학자였다. 그는 왕조사 중심의 역사 기술을 비판하고 민중들의 경제사 중심으로 역사를 기술해야 한다고 하면서 「朝鮮社會經濟史」를 집필하였다. 이 과정에서 조선사회 경제의 역사적 발전 단계를 증명하려고 하였다. 이를 위하여 우리말 어휘의 어원을 자기류의 방식으로 풀이하였다. 이 어원설에 대하여 국어학자들은 냉소와 함께 한갓 笑談의 재료로써만 언급하였을 뿐이다. 한 동안은 언급 자체도 금기시되어 왔다. 남북 분단과 사상적 대립, 그의 행보와 저술의 성격 때문이었다. 백남운이 그의 저술에서 우리의 원시사회를 기술하기 위해 언급한 어원설은 순수한 국어 어원학의 면에서 보면 가치가 거의 없는 것들이 많다.

가. 전통적 어원설의 답습

1) 정곡을 얻은 예

① 할머니<한머니<한어머니(大母).
  할아버지<한아버지(大父).
  남편(夫): ←男便(女性에 대한 남성).[33]
  마마: ←至尊·最高←母性.
② 부경(桴京: 三國志, 魏志, 東夷傳): 私有倉庫. 평안도 지방의 '후간'.
③ 곡물의 '賣'·'買'를 '사다'·'팔다'라고 반대로 표현하는 것은 물품화폐가 발전한 흔적을 보여주는 轉訛語다.
④ 王儉(檀君王儉): '님금'의 음사로 帝王의 호칭이다. '님'은 '상감님', '손님'의 '님'처럼 인칭의 경어다.

2) 개연성을 병렬시킨 예

자가의 설을 증명하기 위해 과감했던 백남운도 다음과 같이 신중하게 여러 설을 제시한 경우도 있다.

① 和白: 1. 만주어 '赫伯' 즉 hebe〈商議〉의 음역어.
    2. '白'은 진술 또는 稟告(품고: 건의하는 것)로 '살욈(사룀)'. 따라서 '和白'은 '合議'라는 고어의 의역.
② 骨品: 1. '골'은 출생의 혈통 즉 '姓'을 의미.

---

33) 유창돈, 女性語의 歷史的 考察(숙명여자대학교 아세아여성문제연구소, 아세아여성연구 제5집, 1966) p.7, p.43.

2. '새골'·'신골'·'골이 났다'·'골 가린다'·'한골'의 '골'.
3. '骨'의 음은 '겨레'와 상통한다.(이것은 일본인 法制史家 宮崎道三郎에 의해 언급된 것임).

3) 오류를 답습한 예

① 아내: '안에 있으면서 밖에 대해 말하지 않는다'는 중국의 봉건적 도덕을 수입·윤색한 계급적 용어다.
② 서방(女婿, 夫, 郞君): ←書房의 음독. 유한계급 자제의 '書齋'의 전와→ '남편'을 의미.
③ 나락(稻): 羅祿의 음역어.
④ 朴·昔·金
⑤ 加(馬加, 牛加, 猪加, 狗加): '家'의 오역이다. 馬部, 牛部, 猪部, 狗部와 같다.

①의 어원설은 현재도 정설로 받아들여지고 있으나 여러 가지 이유 특히 '명사+처격'의 조어법에 의문이 있어 억설로 보인다. ②는 사위를 西房에 居處케 하였다는 고구려의 婚俗에 관련지어 설명하는 것과 함께 억지로 보인다. 오히려 '西房'·'書房'은 '女婿'를 뜻하는 고유어의 음차표기로 보인다. ③은 尹廷琦·東寰錄에도 나오는 민간어원설의 대표적 예다. ④는 삼국사기·삼국유사에 나오는 민간어원설의 비판 없는 옮김이다. ⑤ '加'를 '家'의 오역으로 보기보다 丹齋의 五方神, 혹은 오늘날 姓 다음에 붙이는 '哥'의 원형이라고 보아야 할 것이다.

나. 과감한 신설의 채택

1) 정곡을 얻은 예

① '값'(갑·갚)[價·値]: '갑풀'[報]이란 동사에서 비롯된 명사.
② 同婿(사위들 및 형제의 아내들 서로간의 호칭): 혼인의 동료←共有의 동료.
③ '어르신네'의 '네': 부친←1. 집단의 의미. 2. 母性의 비칭.
④ 베개동서: 베개의 동료. 본처와 첩이 夫를 공유하는 관계. 群婚 형태의 殘形이다.

①은 金澤庄三郎의 영향으로 보이며 ②는 오늘날 남성들끼리 笑話로 쓰여지고 있는 것으로 부분적으로는 수용할 수도 있다. ③④는 수긍이 간다. 백남운은 ④를 '행운의 化石'·'조선의 푸날루아 가족발견의 一大光明'이라고까지 하였다.

2) 正誤 반반의 예

① 며느리〈메누리(子婦): '마누라'(妻)와 같은 어원. '마누라'·'메누리'·'누이'는 同原語로 잠동무(寢友)를 가리킨다.
② 사우(사위: 딸의 남편): 자기의 남편인 '샤옹'과 어원이 같다. 원시 군혼 형태의 흔적이다.

①은 語基의 공통성을 가지고 보면 수긍이 가기도 한다. 그러나 '마누라'·'메누리'·'누이'의 同原語說은 믿기 어렵다. 이에 대해서는 「朝鮮社會經濟史」 출간 당시 洪起文의 비판이 있다.[34] 오히려 '누이〈누리'(姉·

---

34) 洪起文, 親族名稱의 硏究(8)-아들, 딸, 며느리, 사위-(조선일보, 1934. 6. 5), 趙恒範 編, 國語語原硏究 叢說(Ⅰ)(太學社, 1999) pp.260~261.

妹) : '메누리'(아들의 아내)의 관련 가능성은 있으나 '마누라'와의 관련
성은 적어 보인다. '마누라'는 '妻'를 뜻하는 말이 아니고, '마마'·'마님'과
같은 존칭어로 '말루하'(抹樓下)와 관련이 있어 보이기 때문이다. ②는
훈몽자회의 字訓에 부합한다.

3) 과오를 범한 예

① 계집·게집·기집·제집·지집(妻·女): 씨(種)+집(家)의 轉訛語.
② 마누님·마나님·마님: '마누라'의 전와어로 '祖母'의 개념을 내포. '마누
  라'는 주관적·상대적인 특정한 여성을 의미.
  마누라: '마'는 '마조'·'마주'·'마자'처럼 마주 대한다는 뜻. '누라'는 '臥'
  의 훈독. '마누라'는 '마주누리'(마주 눕는 자)로 '잠동무'·'베개동무'다.
③ 사내(夫): '사'는 '씨'와 상통하며 '내'는 '내다'·'나간다'의 어간이다. 따라
  서 '사내'는 '씨내'(種出)를 뜻한다.
④ 엄씨(엄마, 어머니, 어머님, 어멈): ←암씨. '암'은 雌性. '씨'는 種으로 '엄
  씨'는 '암씨'로 '암컷의 씨'.
⑤ 아씨(기혼녀의 존칭, 나이 찬 딸): '암씨'(암컷의 씨)의 轉訛語.
⑥ 압씨(아비, 아범, 아버지, 아버님, 아버니): '압'은 앞(前)·먼저(先)·처음
  (初)·원(原)을 뜻하며, '압씨'는 原種이다.
⑦ 아주머니←아지어머니(叔母·姑母)←아지암씨: '아지'는 아기(어린이),
  '아지머니'는 '어린이의 어머니'.
⑧ 아자비(舅: 母의 형제, 父의 父, 妻의 父): 아지아비(小兒의 父)의 전와어.
⑨ 딸·쌀(娘): '짜리' 즉 '따르는 자'를 뜻함. 母系氏族制의 유풍이다.
⑩ 아들(아달): '안짜리'의 전와어. '따르지 않는 존재'. 모계씨족제의 유풍
  이다.
⑪ 쌀: '씨알'의 단축어로 '씨'는 종자, '알'은 낟알로 '씨의 낟알'을 뜻함.
⑫ 어버이(親): 원래는 '어머니'만을 의미했다.
⑬ 각씨(氏): '各種'의 뜻으로 혈족이 분화된 계통을 의미함.
⑭ 骨蘇(周書): '골'에 쓰는 것이므로 冠을 뜻함.
⑮ 慰禮: '울'과 통하는 발음으로 '울타리'의 뜻.

⑯ 박굼: '바들'과 '줄'의 어근을 축소하면 합성명사 '바꿈'이 됨.

⑰ 皆叱知(삼국유사 권2. 효소왕대): '깨치'·'갯치'의 음을 쓴 것으로 일종의 伴侶 즉 '가치(같이)'이다. 더 자세히 말하면 皆叱知'는 '쌕기' 즉 깎인 머리(髡頭: 곤두)의 音寫다. '쌕기'의 '쌕'은 '깍는다'(sic)(剃)의 피동형, '기'는 동사의 명사형으로 '쌕기'는 머리를 짧게 '깎인 자'란 뜻이다.

이상 백남운의 어원설을 일일이 논급할 여유가 없다.[35] 국어학(어원론)에 약간의 소양이 있는 이라면 그 잘못을 알 것이다.

4) 前後의 진술에 일관성이 없는 예

① 장('시장'의 뜻): 장사판(상업계), 장판(시장)의 '場'에서 왔다.
② '장사'의 '사': '파는 것'·'사는 것'·'매매' 중 어느 것을 말하는 것인지 불분명. '장사'의 본뜻은 '직업적 매매'를 의미함.
③ 장사('상업'을 뜻하는 말): '장사'의 '장'은 시장 즉 매매를 위한 일정한 장소 '場'을 뜻할 수도 있고, 시간적인 계속성을 뜻하는 '줄장'·'장근'·'장단'과 같이 '언제나'를 의미할 수도 있으나 후자를 취한다.

5) 참고문헌의 誤讀에 의한 과오

① 甥과 姪 훈몽자회에 '마츳나둘'로 되어 있는데, 원형으로 환원하면 '마찬(同一) 아달(子)'이다. 고로 甥과 姪은 '같은 아들'(猶子)과 같다.
② '親'은 훈몽자회에 '아움'으로 되어 있는데 이것은 암(雌)과 같은 어원이다.

① 훈몽자회의 어떤 본에도 '마츳나둘'로 되어 있지 않고 '아츳나둘' 혹은 '아춘아둘'로 되어 있다. ② 훈몽자회의 모든 본에 '아슴'으로 되어 있다.
이상으로 보면 백남운의 어원설은 그가 설정하여 증명하려는 '조선사

회경제사' 단계의 확인을 위하여 국어의 어원설을 원용하였다. 이 과정에서 국어학의 과학적 어원론의 정설을 섭렵함도 없이 自家의 설을 세워 부회하였다. 이것이 결과적으로 假說의 증명을 위하여 가설을 원용한 것과 같다. 백남운 생존 당시나 오늘날의 국어학(어원학)의 연구 결과가 모두 정당한 것이라고 할 수는 없다. 그러나 당시 이 분야 연구 결과를 섭렵할 필요는 있다. 연구 방법의 섭렵은 더욱 필요했을 것이다. 이상으로써 백남운의 어원설은 그 동안 전부 부정되어 笑話의 재료로써만 쓰임은 온당치 못함을 알 수 있다. 많은 오류에도 불구하고 정곡을 얻은 곳도 있다. 어원학 초창기의 설을 모두 섭렵할 수도 없는 집필 상황이었다. 그러나 '朝鮮社會經濟史'에 나타난 백남운의 어원설은 功보다 허물이 많았음은 사실이다.

10. 洪起文의 「朝鮮文化叢話」(1946) · 「리두연구」(1957)

홍기문(1903~1992)은 국어학자 · 역사학자 · 언론인 · 문학연구가로 알려져 있다. 홍기문의 어원연구는 다음의 세가지로 분류할 수 있다.

1) 1930년대 초 조선일보에 발표한 어원설: 數詞의 諸 形態硏究(一) (조선일보 1934. 4. 8)를 시작으로 하여 歷史와 言語의 關係(九) (조선일보 1935. 2. 9)를 끝으로 하는 31편의 짧은 논문.
2) 「朝鮮文化叢話」(1946)에 보이는 어원설.
3) 「리두연구」(1957)에 보이는 어원설.

가. 홍기문의 어원의식

① 언어학의 최신 이론과 많은 언어에 접해 있었다. 홍기문은 당시 최신 언어학의 일반이론에도 접해 있었음을 알 수 있다. 그 결과 어원 연구에 있어서 방법론적 오류에 빠지지 않았다.

② 어원연구를 비교적 순수한 어학적 탐구정신에서 시종하였다. 홍기 문은 진지하고도 치열한 어원의식을 가지고 있었다. 그리하여 어원 연구를 타학문 연구의 방편으로 사용하지 않고 언어학의 일분과로서 연구하였다.

③ 어원연구의 필요성·방법 그리고 곤란점을 알고 있었다. 홍기문이 제시한 어원연구 방법은 오늘날 보아도 타당한 것으로 보인다.[36]

④ 당시 역사가들의 아전인수식 어원연구 방법을 준엄하게 비판했다. 통박의 대상은 당시 민족사학자들이라고 할 수 있는 신채호·최남선과 경제학자 백남운이다. 홍기문은 위의 3인 외에도 조선고대사를 연구하는 사람들의 어원연구를 모두 독단과 억측에 불과하다고 공격했다. 또한 그간 어원연구를 주도해 오다시피 한 歷史家 제위에게도 역사학과 함께 "언어과학을 겸해 연구하여 주기를" 부탁하고 있다. 그는 또 역사가들의 부업처럼 알려진 어원고증은 오히려 언어연구가들로부터 홀대를 받고 있다고 주의하고 있다. 어원연구의 이 같은 혼란에 대하여 언어연구가가 역사가 이상의 책임을 져야 한다고 경고한다. 홍기문은 다시 다음과 같이 외치고 있다.

"하루 바삐 言語科學을 세우자. 따라서 과학적 어원의 考證도 行하도록 하자."

이 같은 외침은 오늘날에도 타당한 것으로 보인다.

---

36) 조선일보 1935. 2. 2~2. 3의 논문.

나. 1930년대 조선일보에 발표한 어원설

1) 정곡을 얻은 것으로 보이는 어원설

① 수사: 이틀(제2일). 일본어 數詞의 倍加數詞에 착안하여 '여섯' : '여덟' · '여덟' : '둘'이 유사하다고 한 점. '열'과 토이기어 '온', '마흔', '쉬흔'의 '흔'은 同源語. 즈믄(千)과 몽고어 · 만주어 · 오로코어의 비교. '마흔'은 '나흔', '설흔'은 '서흔'의 轉訛. '쉬흔' · '쉰'(50)은 '다쉰'의 '다'의 소실. '스물'(20)은 스(두, 二)+물(열, 十)의 합성어.
② 친족명칭: 아버지, 어머니, 어버이, 남편, 안해, 마누라, 마마, 언니, 아우, 오래비, 누의, 아들, 딸, 며느리, 사위, 할아버지, 할머니, 손자, 아주머니, 족하, 외삼촌, 이모, 고모, 형제수, 시숙, 동서, 寸數, 어붓, 수양, 사돈.

2) 오류를 범한 것으로 보이는 어원설

① 지아비(夫): ←제아비. 지어미(婦): ←제어미.
② 어버이(親): 어머니 · 아버지의 축약.
③ 서방(김서방, 이서방의): 書房, 西房.
④ 게집: '게집'의 '게'는 '제아비' · '제어미'의 '제'가 '지'로 변한 것처럼 '게'로 변한 것. '게집'의 '집'은 '金집' · '朴집'(시집간 여자를 지칭)의 '집'
⑤ 안해(妻): ←안(內).
⑥ 시앗(한 남편을 섬기는 여자들을 일컫는 말): '쇠집'의 '쇠'와 '앗긴다' · '빼앗는다'의 '앗'.
⑦ 스승: ←師僧(중에 한하여 쓰던 말).

①은 '집아비', '집어미'. ②는 업(父)+엄(母)+주격 ㅣ. ③은 '사위'를 뜻하는 고유어. ④는 '여자'를 지칭하는 단일어인 듯함. ⑤는 '여자'를 뜻하는 말이 '처'로 의미변화 한 것. ⑥ '쇠집'의 뜻은 밝히지 않았다. '시앗'은 단일어인 듯함. ⑦은 '巫'를 뜻하는 '慈充'에서 온 것인 듯함.

다. 「朝鮮文化叢話」

1) 정곡을 얻은 것으로 보이는 어원설.

(1) 역사 관련 어휘

① 아찬
② 색윤어(solon) : ←몽고어 '솔롱고스'('신라'의 뜻).
③ 淘裏化(도리화) : '토끼활'이란 뜻.
④ 신라·서라벌·서벌·사라·사노·서울(京)·금성: '쇠땅'의 뜻.
⑤ 애신각라씨: '애신'(애신)은 '쇠', '각라'(조로)는 '부락'의 뜻.
⑥ 유아(옛날 변진에서 성문을 닫을 때 외치던 소리).
⑦ 화랑(무부창우의 천인) : ←복장의 眩麗로 冒稱(모칭)한 것.

(2) 민속 관련 어휘

① 가게: ←假家.
② 도가: 都沽(도고)의 訛語.
③ 송방: ←松房(개성 사람들이 상업에 종사한 까닭).
④ 장사(商人) : ←場師. 평안 방언은 '당사'.
⑤ 고자(환관·內侍): ←(궁중의)庫子(庫城子·고정자).
⑥ 고자: 火者(불알). '고자'의 '고'는 '고환'(睾丸)의 '睾'로 '腎囊(신낭).

이외에 다음의 어휘들이 있다.

故作(倡人·樂工의 아들). 고추(←苦椒). 왜개자(倭介子). 蕃椒(번초)·南蠻椒. 당초·당추. 무명(木綿). 물레. 기화(去核). 속화(소캐←束火). 木花: ←木綿의 '木'과 綿花의 '花'를 합한 말. 불한당: ←불(火)+현·컨+黨. 明火賊. 生覺·生起다·赤古里·查頓은 취음표기. 고시네. 곤쟁이젓. 너울(羅兀). 능금(←林檎). 동정(←幢停의 표지). 마고자(←만주인의 馬掛, 馬掛子). 모란(牡丹. 牧丹을 '목단'이라고 읽음은 誤讀). 母酒. 白眉·令白眉丈. 附椽·浮椽·婦椽·飛椽. 상두꾼(←香徒). 西房(書房은 억지). 숙주나물(신숙주와 유

관). 藥果(←꿀과자·蜜果). 연필(鉛筆←延筆: 붓을 잘 만드는 함흥 延澤).
철썩철썩흐물흐물(←蜥蜴蜥蜴興雲造郵: 석척석척흥운조우). 전중이(←工事
請負의 田中組). 호박(胡瓜).

(3) 인칭 관련 어휘

① 마님. 마누라. 마마. 도령(←徒衆의 領率者). 아기·아히. 아씨(←아가씨
   의 縮略). 새기씨 / 색시(새아가씨 縮略). 선생('先'도 敬稱, '生'도 敬稱).
   泰山(妻父←泰山의 丈人峰). 岳丈·岳父(장인). 岳母(장모). 聘丈·聘父
   (←劉聘君). 阮丈(남의 숙부←阮籍과 阮咸이 숙질 사이). 咸氏(남의 조
   카). 卯君(묘군: 남의 아우). 渭陽丈(남의 외숙). 椿庭(남의 아버지). 萱
   堂(훤당: 남의 어머니).

② 오류를 범한 것으로 보이는 어원설
   ○ 鷄林·始林·鳩林. 바삭이(←破砂器). 스승(←師僧). 주리(←周紐의
     訛語).

③ 미상인 것들 즉 의심이 가기는 하나 시비를 가리기 어려운 것들.
   ○ 우리 고어로 동서남북·좌우전후·상하전후는 서로 동일한 말.
   ○ 木覓山(목멱산): 맞은편의 뫼. 즉 '前山'의 뜻.
   ○ 된바람: 뒤(北)+바람(風)이 아니라 '强風'의 뜻.
   ○ 마파람: '南風'이 아니라 '맞은편 卽對面에서 불어오는 바람'·'앞바람'
     의 뜻.
   ○ 샛바람: '東風'이 아니라 '間風'의 뜻.

'木覓山'은 '남녘산'(南山)의 한역 표기인 듯함.

라. 「리두연구」

1) 정곡을 얻은 것으로 보이는 어원설

① 甘結(관청을 향해 서약하는 말).

② 겨시: '이시' 즉 '있다'란 말과 동일한 말.

③ 견(在): ←겨시('있다'의 뜻).

④ 광: ←고앙〈庫房〉.

⑤ 口訣: '입겿'의 한자표기.

⑥ 그지(己只): '끝'·'갓'과 같은 어원의 말.

⑦ 까지: ←그지(己只).

⑧ (주격토의 존칭)'께서': ←이두로 '敎是'(겨시).(여격의 존칭 '께'와는 유래가 다르다).

이하 단어만 발췌하면 다음과 같다.

께옵서 / 께오서(←겨시(敎示)+솝(현대의 옵/오). (가게끔·오게끔·다시금·하여금의) '-끔'·'-금': ←'-곰'. (과거 시칭) ㄴ·니(行의 뜻). 나으리(進賜: ←나술+줄). 뎌의·져의·지의·남의(他矣): ←현대어 '남'. 道場(도량). 동(垌: 두렁). 되지기(升落). 둑(堤防←두럭). 리두(吏頭)·吏札·吏吐·吏道: ←본래 한자 어휘. 무롭·말음·마름(토지 관리자←田莊). 마지기(斗落). 뫼갓(山枝: 마을 가까이의 산기슭). 무자(無上←水尺(무자이)). 발괄·발궐·술화(白活←관청을 향한 청원·신소). 밧자(捧上: 관청에 세금·물건을 바치는 것). 白丁(문맹·무식자←水尺). 보(洑←伏流). 보내다·브리·브리, 바니·부리·부려: 使內의 讀音. 分揀(죄를 용서함←죄인과 구별함). 불기·벌긔·별기·발기(←의복 기타 물건의 계산 단위 '벌'). 上典(웃사람·종의 소유자: 임금의 존칭 '마마'·'마누라'의 대용). 상좌·상제(중의 제자←上坐). (존칭의)'-시-'(시←'이시'(古語 '겨시'). 白(솝). 아딕·아직·아즉(先可)←'먼저'의 뜻. 오언(同)·오히(상대자가 이미 알고 있거나 이미 지적한 사물을 표시하는 말. 右記와 같은 말: ←'올훈'·'올희'가 변한 말). 원두한(園頭干: 채소 가꾸는 사람): 한(干)은 벼슬 이름·무슨 일에 종사하는 사람. 漁夫干. 豆腐干. 六矣廛←六注比廛·六注非廛. 장승←長生(標石·표목). 쟁이←尺(자). 저김·져기(題音: 소송장에다가 판결을, 신청서에다가 지시를 써 주는 것←'적다'의 명사형). 적바림(기록하는 것←'적'은 '저김'(題音)과 같은 어원의 말. 節(한자로는 마디·절개·계절의 뜻. 이두자로는 때·횟수의 뜻. 節의 음이 '철'이 되어 '계절'→'지각'으로 쓰임). 정자(城上): 城上所(고려 시대 성위의 감시소). 정자(城上): 守直하는 일. 守直者→조선조의 왕궁 안의 하인). 지위(목수←물건을 제작한다는 의미). (대명률직해의)직해(주해에 대해서 다른 말, 다른 문체로의 번역). (바느질·칼질의)질: ←즈시. 差備(① 예비 ② 중요치 않은 직책 ③ 임명. 토←'吏吐'의 '吐'. 티부(置薄: 장부. 장부에 올린다는 뜻). 後幸(뒷바라지).

2) 오류를 범한 것으로 보이는 어원설

① 단골: ←檀越(부처나 중을 원조해 주는 사람. 施主).
② 단오(端午): 戍衣·수레(車)와 연결. 수레바퀴 모양의 떡. 水瀨·屈原과
   연결시킴.
③ 빗기(관청의 증명을 맡음): 관청에서 서류를 증명해 줄 때 끄트머리에다
   가 비스듬하게 증명한다는 말을 써주기 때문.
④ 色(행정사무의 부서·분파): ←신라의 군대들이 소속부대를 따라 옷깃
   의 빛깔을 달리하던 군사제도와 유관→ 행정 사무의 부서→ 당파.
⑤ 스님: ←師님.
⑥ 스승: ←師僧.
⑦ 염촉(厭觸)·異次·伊處: 싫다(厭)의 뜻.

이하 단어만 보인다.

   伊伐湌·角干·角粲·舒發翰·舒弗邯. 角干=酒多. 대동강·王城江·한성
강 / 大城山·한성산/→평양: 漢城. 遷('병으다'·'버리다'와 '벼랑'·'벼ㄹ'의
유사관계). 向事(안일·아안일·아안〈ㅂ란 닐).

이상으로 홍기문은 철저한 어원 탐구 정신과 현대 언어학(어원학)의 연구
방법을 가지고 광범한 어휘의 과학적 어원탐구에 임하였음을 알 수 있다.
특히 「리두연구」에서 추구한 국어어휘의 어원연구는 앞 사람이 아직 밟지
않은 분야의 개척이었다. 신문에 발표함으로써(철저한 고증이 없이) 간결하
여 흥미를 고취시킴에 주력하였음은 그의 장점이자 한계라고 할 수 있다.[37]

---

37) 더 상세한 것은 필자의 졸고 "홍기문, '어원연구 결과의 분석 평정'(공주대학교 인문사회과
   학연구 10집, 1995.)" 참조.

11. 鄭寅普의 「朝鮮史硏究」(1936)

　정인보(1893~?)는 國學의 진흥과 민족정신의 고양을 위해 이익 · 정약용 · 신경준 등 실학자의 학문적 저술을 소개하는 한편, 국사학 · 국문학의 저작을 발표했다.[38]

　爲堂의 어원설은 그의 저서 가운데 하나인 「朝鮮史硏究」上 · 下(1936)에 나타난 國史古語彙의 어원설을 말한다.

(1) 국명

① 朝鮮: "管屬된 土境"의 意義이니, "朝鮮"은 "所屬"이란 말이다.

② 沃沮: 窩集으로 읽을 것이니 만주어로 森林의 뜻이다.

③ 三韓의 韓: 汗 · 干과 공통되는 것으로 大 · 君의 뜻이다.

④ 辰韓: 朝鮮의 王이란 뜻으로 辰은 "肅愼" "朝鮮"의 음이 合呼 · 轉變된 것이다.

⑤ 樂浪: "벌내"니 "벌"은 國의 뜻이고 "내"는 川의 뜻이다. 고조선이 大水에 의해 건국하던 것이 벌내의 名이다. 벌의 뜻인 國이 廣義로는 國土의 全域이요, 狹義로는 首都다.

⑥ 新羅: 새벌이니 "새"는 日初出의 뜻으로 東方의 명칭이다. 光明의 뜻 내지 神聖의 뜻을 취하여, 聖地 · 神墟의 美號를 加한 것이다.

(2) 지명

① 白岳 阿斯達: 白 "山"을 疊寫한 것이다.

② 名國爲邦 弓爲弧: 弧는 "활"의, 邦은 "벌"의 音寫다.

③ 熊心山: 검재, 蓋馬(大)山의 變寫이며 白頭山을 뜻한다.

④ 鴨綠水: 아리가람, 松河里江의 變寫며 松花江을 뜻한다.

---

38) 舊園 鄭寅普全集(연세대학교 출판부, 1983.)에 所收.

⑤ 挹婁·鴨盧·奧婁·懿路: 만주어 嚴穴의 穴을 葉瑠라 하는 것이 이들의 어원이다.

⑥ 百濟의 王城 "固麻": "검한" 古稱의 遺跡으로 "검"이다.

⑦ 萬盧·今勿奴·萬弩·䅅川(진천): 萬·今勿·䅅은 "골"로 읽음.

⑧ 蘇塗: "수리", "두레"라고 한다.

⑨ 弱水: 지금의 紅眼哈湯이니 哈湯은, 수렁이어서 빠지면 살아나올 수가 없으므로 稱한 것이다.

⑩ 仙桃: "서승이"니 "서"는 西, "숭이"는 "복사"(桃)를 "복숭이"라고 부르는 말에서 摘取한 것으로, "수리"의 轉音으로 "山"·"峯"을 일컫는 말이다.

⑪ 蛇山: 稷山의 古號가 蛇山인데, 蛇山은 本百濟 慰禮城이니 위례성이 구레재의 吏讀寫音으로 곧 蛇山, 다시 뱀으로 굴러 稷의 訓이 "피"임을 빌려 피·비의 互轉으로 稷山이 되었다.

(3) 官名·기타

① 秥蟬: 音이 "점지"니 天神이 人物을 造出하는 뜻이다. 三神信奉과 相通.

② 嘉俳: 正中이란 말인데 "가우"로 읽을 것이다. 원래 "가운데"를 "가ㅂ운데"라 하던 것이다.

③ 伊伐湌: "伊" 앞에 舒가 탈락한 것. "소"와 "이"가 합하여 "쇠"가 된다. "伐"은 "角"의 義譯. "湌"은 "上"의 義인 "자"(尺)와 "君長"의 義인 "칸" 或 "한"의 合音을 譯한 것이다. 고구려의 "沛者", 신라의 "大輔"와 相似다. 湌·干·粲·翰·邯·多(하)·尺湌·判(짜개)·尺干이 모두 "자칸" 혹 "자한"의 譯이다.

④ 葛文王: 葛의 訓 "츩", 文의 訓 "글왈"을 합하여 "츠글"이니 追封, 追上의 뜻이다.

弱水는 字義에 부합한 흠이 있고, 葛文王·新羅[39]의 해석도 무리인 듯하다. 또한 伊伐湌을 舒의 탈락으로 봄도 국어학의 연구결과 무리인 듯

---

39) 葛文王은 "갈분王"으로 보아 並王, 신라는 "人"(사람)의 뜻에서 部族名, 國名으로 보아야 할 것이다.

하다.[40]

　이상으로 국명·지명·관명 등 사서에 나오는 고어휘의 어원을 직관에
의해 추적, 국사를 기술하였음은 이 시기의 한 추세였음을 알 수 있다.

12. 朴魯哲(1902~1966)

　박노철은 國史古語彙[41] 및 民俗語彙[42]의 어원을 추구했다.

(1) 國史古語彙

　① 비돌: 비(祖)+돌(光)이니 '비(祖)의 빛(光)을 먼저 입었다' 하여 倍達이다.
　② 임검(王儉이 아니라 壬儉이다): 主神의 뜻으로 본다.
　③ 한검: 一神·天神·大神이니 桓儉은 한검의 漢字音譯이다.
　④ 선비: 音義譯으로 仙人이니 본시 武士·祭司·掌敎로 조선조의 선비가
　　　이것이다.
　⑤ 셔볼: 새로 만든 둥근 우리. 新圓柵之意.
　⑥ 활량: 신라 화랑도는 고구려 조의선인(皁衣仙人)의 '선비도'에서 나온 것.
　　　원화→풍월주→화랑→廣大·才人(조선)→倡優(가면을 쓰고 춤추는 '화
　　　랑이'·'활량'·'화냥'). 조선조의 유교 사상으로 말미암아 '화랑이'·'활량'·
　　　'화냥'은 '창우'를 천대하는 명칭이 되었음. 현대의 의미는 조금씩 다르다.
　⑦ 화랑이: 풍류를 울리며 노래 부르고 춤추는 자를 천대하여 부르는 말.

---

40) 이숭녕, "'伊伐飡·舒發翰' 音韻考"(國語學硏究, 형설출판사, 1982)는 몽고어 eber·ebur과
　　'伊伐'·'伊罰'을 연결시킨(p.65.) 李基文說을 인정하고, V-~CV-形의 대립(울긋불긋, 아깃
　　자깃처럼)(p.77.) 으로 보고, '伊伐飡'이 주체적 형태이고 '舒發翰'은 부차적 형태로 본다.
41) 朴魯哲, 화랑이 『'활량』, 『화냥』의 語源" 한글 제2권 제3호 통권13호, 1934.
　　_____, "古語源流考(一)", 한글 제2권 제7호, 통권17호, 1934.
　　_____, "古語源流考(二)", 한글 제2권 제9호, 통권19호, 1934.
42) ㅂ, ㄴ, ㅊ, "語源 怪考 數題", 한글 8권 6호, 1940. ㅂ, ㄴ, ㅊ은 박노철의 頭文字로 본다.

⑧ 활량: 언어 행동이 호협한 자.
⑨ 화냥: 말괄량이같은 여자.

신라의 국선 화랑이 고려의 '구사'(驅使)·'당인'(堂引), 조선의 '광대'·
'재인'·'박수'(覡) 등의 천한 이름을 가지게 되었다.

(2) 民俗語彙

"三神, 부시(燧鐵), 主人, 당기(辮髮細), 고시레, 곤장이젓"의 어원이 있다.

이상의 "셔볼"은 직관에 의해서, "곤장이젓"은 전설에 근거를 둔 것이
민간어원에 가깝다.

13. 金台俊

天台山人 김태준은 평북 운산 출신으로 〈조선소설사〉·〈조선한문학
사〉를 쓴 국문학자다. 그는 윷놀이 어휘의 어원에 대하여 다음과 같이 속
설을 소개하고 있다.

○ 도: 徒, 徒刑者, 도야지. 豚氏.
○ 개: 丐(개), 乞人, 강아지, 狗氏.
○ 걸: 杰(걸), 豪族, 象氏(?).
○ 유: 流, 流民, 牛氏.
○ 모: 耗, 소모자, 빈민, 馬氏(혹은 모 즉 猫?).

자설을 보류한 속에서도 계림유사를 인용하면서 '서희[三]를 '걸'이라
고 한 증거'를 대고 있다. 그것은 '六'을 '손이'라고 하는 현대 포목상인 사
이의 암호를 예로 들고 있다. 그는 이들 어휘의 어원을 캐려면 고구려 계
통의 數詞 연구를 제안하고 있다. 그는 윷은 '북방민족의 자연인 시대부

터 占木으로 쓰여 온 도구로 일즉 일본에까지 전파된 것'으로 본다.[43] 조심스러우나 온당한 견해라고 본다.

김태준은 또 '열두 달의 별칭'[44]의 어원(1934)을 추구하고 있다.

① 「설」 명절(정월 1일~15일). 「설」 날(정월 1일)의 '설': '서울'로 그 뜻은 '사물의 비롯(創初)', 또는 '태생'이란 뜻?
② 어정 정월: 어정어정 보내 버리게 되는 정월.
③ 二月은 영등달의 영등: 여지승람에 제주 사람들이 2월 초하룻날에 장대(竿) 열둘을 세우고 귀신을 마지하여 제시하며, 躍馬戲를 하여 이를 '燃燈'이라 하였다. 이 연등의 변화일까?(燃燈〉永登〉靈登?)
영남 일대의 집집에서 제사하는 '영등'·'영등신'은 風神이란 의미에서 아마 농사의 풍흉을 점복하는 버릇이 생긴 후에 받들기 시작한 귀신일 듯하다.
④ 상달, 霜달(10월): 上月? '시월상달'이란 말의 성질상 귀신 섬기는 데 관계된 어귀? 神事를 표시한 말?
⑤ 동짓달(11월) : 중국에서 온 말.
⑥ 섯달, 서웃달(12월). 臘月(섣달): 섯달 납. 수렵 경제 시대에 수렵에 대한 제사의식이 있었던 것. 납향(臘享)·臘平날에 새를 잡아 먹는 풍속도 여기서 난 듯함. 臘: 나평납(訓蒙.上2). 섣달납(서북지방).

14. 李殷相(1903~1982)

역사학자·시조작가·언론인이기도 한 노산은 20대 중반에 벌써 속담 어원에 대하여 깊은 관심을 보였다. 30대 초반에는 어원에 대하여 관심을

---

43) 天台山人, 擲栖小考 -윷소리에 對하야-(학등 4, 1934. 3.). 이 논문은 김태준의 아호를 사용하여 발표하였다.
44) 김태준, 열두 달의 별칭(한글 2권 6호, 1934.).

보였다.[45] 이 때 노산은 정약용의 〈耳談續纂〉 劉松田의 〈耳談續纂拾遺〉
를 보았던 듯하다. 그리하여 이은상은 의미나 말이 잘못 전해지는 이언을
다음과 같이 분류 설명하면서 바로잡고 있다.

1) 俚諺의 類音的 轉訛

① 얼마라도 갈아타면 좋다.(새 것을 즐긴다는 뜻). ← 역마도 갈아타면 좋
   다.(새 것을 즐긴다는 뜻).
② 지권연 말든 솜씨로 인경을 싼다.(어림없다는 뜻). ← 지권연 말든 당지로
   인경을 싼다.(어림없다는 뜻).
③ 여물 안 먹고도 잘 가는 말.(무보수로 사업에 충실하다는 뜻). ← 여물 안
   먹고도 잘 자는 말.(愚直者라는 말).
④ 사향쥐 새끼.(極小하다는 뜻). ← 사향쥐 발싸개.(極賤하다는 뜻).
⑤ 高哥집 강아지.(사납다는 뜻). ← 都家집 강아지.(눈치만 본다).
⑥ 세 살에 도리질.(成長 遲鈍의 뜻). ← 세 살에 도리깨질.(成長 早速의 뜻).
⑦ 족제비가 비행기 탔다.(家勢 漸衰의 뜻). ← 족제비가 빌어준 탓이라.(가
   세 漸盛의 뜻).

2) 이언의 語義的 전와

① 언제 쓰려는 한울타리냐 / 일음 좋은 한울타리[울타리(籬) ← 못 먹는 것
   으로서 天花實의 열매].
② 포천 소(牛) 까닭 ← (포천 사는 최익현 선생이 고종 황제께 올린) 抱川
   疏 까닭.

---

45) 이것은 다음의 논문 발표 시기로 알 수 있다.
   朝鮮俚諺의 轉訛에 對한 一考(신생 통권 13호, 1929. 10.).
   鴨綠江의 名稱(조선일보, 1935. 6. 5.).
   甲串의 어의(조선일보, 1935. 10. 27).
   이상의 자료는 조항범편(1994), 국어 어원연구 총설(Ⅰ)(1910~1930년대)(태학사)를 참고
   한 것임.

③ 앵도[46] 장사(동리 아이들에게 동무가 되는 자) ← 앵도 장사[앵도는 곧 벗지 / 버찌 / 벗(不正)나가는 놈을 寓諷하여].

④ 쓴바구도 外家 낮으면(賤) 못 먹는다. ← 쓴바구(茶)도 외(水瓜)가 나지 면 못 먹는다.(제 시절이 각기 따로 있다).

3) 이언의 부연적(敷演的) 전와

① 가든 날이 장날이라 술값 내라네.(공교히 만난 禍의 뜻) ← 가든 날이 장 날이라.(우연한 好機의 뜻).

② 外孫防築이라고 허수히 하랴.(누구에게나 待遇 一般이라는 뜻) ← 外孫 防築(심상시尋常視한다는 뜻).

③ 상감님 망건 사러 가는 돈이라도 써야만 하겠다.(나중에 죽을지라도 우 선 급박한 사정을 면하고 보자는 뜻) ← 상감님 망건 사러 가는 돈(귀중 히 여긴다는 뜻).

이상과 같은 속담의 연구에서 출발한 노산은 '압록강'과 '甲串'(갑곶) 의 어원 추구로 나아간다.[47]

① 浿江: 史記에 浿江이라고 적혀 있으니(난하灤河, 요하遼河, 대동강大同 江, 저탄猪灘, 패하浿河, 마자강馬訾江, 청하靑河, 용만龍灣과 함께) 압 록강의 다른 이름이기도 하다.

② 마자(馬訾): '마'는 '南'이란 뜻. 북에 있는 黑水松花江에 대하여 남에 있 는 강으로 압록강을 지칭.

③ 靑河: 푸른 강이란 뜻으로 압록강을 이름.

④ 龍灣: 義州의 古號를 그대로 부른 것.

⑤ 鴨綠江: 고어에서 '아리'란 말은 '길다'란 뜻. 이것이 이두로 阿利水, 郁里 河, 烏列白, 句麗河, 鴨子河, 鴨綠江으로 적혔다. 松花江, 遼河, 灤河, 漢

---

46) 여기서 이언의 정확한 의미 전달을 위하여 원문의 표기를 자주 따르고 있음을 밝힘.

47) 본격적으로 어원을 논급한 것이 아니고, 기행문 속에서 여행한 곳의 연혁을 추구한 결과물이 란 아쉬움이 있다.

江, 洛東江도 '아리'란 말로 '긴 강'의 뜻. 이로써 '鴨綠江'의 뜻은 '長江'이라고 한 신채호의 설은 옳다. 水色이 鴨頭와 같이 푸르기 때문에 이름했다고 하는 任士洪의 말은 한자에 구애된 억설이다.

⑥ 甲串(갑곶)

江華의 연혁은 다음과 같다. 甲比古次(가비고지) → 穴口郡(고구려) → 海口郡(신라 경덕왕) → 江都(고려 고종때 遷都).

甲比古次(가비고지 → 갑고지) → 甲串(갑곶). '고지'란 입(口)의 뜻. 육지가 바다 속으로 쑥 내밀어 입주둥이처럼 생긴 곳. 古地名의 穴口·海口의 口의 명칭이 그 형상으로 생긴 말인 동시에, '고지'란 조선어의 對譯임. 입의 고어가 '고지'인 증거는 '아구지, 아구리, 아가지, 아가리'의 '구지(구리, 가지, 가리)'와 일본어 'クチ'가 그 증거다.

위에서 말한 바와 같이 노산이 추구한 초기의 속담 연원 추구는, 엄격한 어휘론 하위 분야로서의 어원론은 아니다. 그러나 이 같은 탐구욕이 어원론으로 나아가는 것을 선인들에게서도 보았다. 과연 노산의 '압록강'·'甲串(갑곶)'의 어원 추구는 오늘날 보아도 그 방법에서나 결과에서 조금도 손색이 없다. 그러나 이 이상 진척이 없다.

15. 蒼厓學人

신원 미상의 창애학인은 신라의 국호·왕호의 어원을 추구하고 있다.[48]

① 朴始祖를 收養하던 高墟村長 蘇伐公의 蘇伐: ← 徐氏의 轉.
② 金城: 金의 訓은 '소', 城은 '支, 忽, 伐'. 여기서 伐은 혹 弗(野), 支는 '재'(嶺), 忽은 '골'(谷). 따라서 金城은 蘇伐이니, 徐伐의 異譯.

48) 창애학인, 新羅의 國號(下) (조선일보 1936. 10. 17.). 신라의 王號(조선일보 1936. 10. 20.). 신라의 王號(조선일보 1936. 10. 21.).

沙梁·沙啄·沙涿·徐菀(서울)[49]: 徐伐의 異譯.

思內·詩惱: 徐那의 異譯.

詞腦野: 徐那伐의 異譯.

蛇陵: 徐那의 轉.

舒發翰·舒弗邯의 舒發·舒弗 : 徐伐의 轉.

疏川丘의 疏川: 徐那의 異譯.

③ 居西干: 것간. '것'은 '花'의 속칭 '꽃'의 轉音. '꽃'은 美人少年. 그러면 居西干은 花王의 뜻.

④ 仙都山(西嶽)·西述. 西兄. 西鳶: 鳶의 속칭은 '수리'. 촉음은 술. 따라서 西鳶은 西述의 異譯. 西兄은 西述의 轉音.(兄의 俚音은 '성' 중국음은 '숭'). 따라서 西述·西兄·西鳶: 神母의 名. 娑蘇의 와전.

仙都: 蘇塗의 轉.

娑蘇: 神市의 轉.

安蘇: 神市의 轉.

⑤ 慈充: 娑蘇의 轉音(比斯伐/比自伐의 斯/自, 武烈王父 龍春/龍樹의 春/樹의 混訛). 神直의 稱을 慈充이라 칭하는 것은 仙都山 神母의 名에서 始한 것.

⑥ 慈充: '白楊'을 사시나무, 무당나무, 자장나무라고도 한다. '사시'는 '娑蘇'의 轉音. '자장'은 '慈充'의 轉音. 고로 '慈充'은 '娑蘇'의 전음.

白楊에 娑蘇·慈充의 이름이 붙은 것은 ㉠ 葉의 동요 또는 동요의 聲이 귀신 잡혀 그렇다고 생각하기 쉽다. ㉡ 중국에서 墳塋栽植하여 白楊古墓의 설이 있는 고로 백양과 귀신을 연상.

⑦ 尼師今/尼叱今/齒叱今: 니ㅅ금. '니ㅅ금'은 '니' 차례의 王이란 뜻. 즉 '年齒次序'의 왕이란 말.

⑧ 麻立干/寐錦: '麻立'은 '마리'/'머리'니 元首의 뜻. '寐'는 '마이'의 合音. '마리'의 轉音.

錦/今 : 干의 轉音이므로 寐錦은 麻立干의 뜻.

---

49) 菀: ①더부룩할 원(茂木) ②우거질 울(菀然盛貌).

16. 田蒙秀

전몽수는 "古語硏究"[50]에서 출발하여 "語源攷"로 나아갔다가 "古語硏究草"로 돌아온다. "語源攷"는 「한글」에 3회에 걸쳐 연재된다.[51]

- (一) 아ᄎ나둘(① 아츰명질 ② 아츠조금 ③ 아치, 亞退 ④ 아자비, 아ᄌ미 ⑤ 了寸了姐 ⑥ 開智 ⑦ 開粲).
- (二) 오라비, 누의.
- (三) 이틀, 오늘, 모래(sic), 글패(sic).

그는 위에서 본 바와 같이 소박한 의미긴 하지만 單語族의 연구방법을 사용, 계열어를 연구하였으니 이는 확실히 진보된 태도였다. 그러나 〈鷄林類事〉나 15C 문헌이 주가 되어 조사된 어휘는 시야를 한정할 수밖에 없었다. 한국어와 주변 여러 나라 말과의 비교는 엄두도 못냈던 것이다. 또 언어연구, 어원연구의 결과를 원시사회의 群婚制度에 연결시키는 모험을 서슴지 않았다. 오라비(男兄), 오러미(男兄의 妻)가 "올, 오올(全)+아비, 어미"임을 설명하기 위해, "원시시대의 야만적인 혼인형태를 연상"한 것이나, "男兄"과 "男兄의 妻"가 "全然히" "父"·"母"와 같았으므로, 이렇게 稱하여 온 것이라고 한 것이 그 예다. 이는 "누의"(妹)의 어원을 설명하여, 눕(臥)에서 왔고, '누에'(蠶)도 '누베'에서 유래하여 妹(臥人)와 同源語라고 설명한다. 필자는 이 설명의 正誤보다 이 같은 隣接科學의 도움을 조심 경계해야 함과 그 한계성을 말하려 함이다. 전몽수도 註에서 "妹"와 "蠶"은 "동계어다뿐이지 결코 동의어가 아니요, 또 우리는 어디까지든지 언어 사실에 치중하여야 하므로 서로 그 원형을 다르게 보는 바"라고 하고는 있다. 이 같이 성급한 결론으로 끌고 간 대표적 예가 白南雲임을

50) 田蒙秀, "古語硏究"(上), (下), 한글 제5권 8호, 제9호(1937년 9월호 10월호).
51) 한글 제6권 제4호, 제5호, 제7호, 통권 55호, 56호, 58호(1938)에 연재된다.

전몽수도 경계하고 있다. 이 같은 한계성의 인식은 전몽수로 하여금 語源
攷를 三回에서 중단하고 國名 "新羅"의 어원으로 나아가게 한다.[52] 新
羅·斯羅·斯盧는 "실애" 즉 "谷間", 加羅·迦羅·駕洛·加耶는 マ 라 즉
水鄕, 高句驪·高句麗·駒驪·高麗·句麗는 マ 볼로 村邑을 뜻한다는 것
이다. 이 후는 결국 다음과 같은 古語語彙의 의미풀이 및 出典解明과 같
은 "古語研究草"[53]로 돌아온다.

古語研究草(一)
곳(花), 고(琴), 그제(痕), 그리메(影), 갗(皮·革), 깃(領), 거붐(龜), 것
(魔), 끝(末), 가히(犬), 거우를(鏡), 걷나(渡), 고(杵), 고키리(象).

古語研究草(二)
갇(收, 斂), 갈(刀), 골회(環), 곰(씩 해당어), 곳고리(鶯), 간대로(妄), 고
붐(瘧疾), 가로(分, 派), 가마오디(鸕鶿), 구위(官廳), 구위실(事), 깃(樓),
그늘(陰), 구종(叱), 구지람(叱責).

이것은 古語研究草(三)에 10개 어휘, (四)에 14개 어휘, (五)에 9개 어
휘, (六)에 8개 어휘, (七)에 8개 어휘(「한글」 통권 71호), 5개 어휘(「한
글」 통권 72호, 7권 10호), (八)에 6개 어휘(「한글」 통권 74호), (九)에
6개 어휘(「한글」 통권 75호), (十)에 1개 어휘(「한글」 통권 76호) 등이 보
인다. 이어 古語雜考(一), (二), (三)[54]의 古歌謠 註釋 및〈雞林類事〉해석
과 菜名攷(一), (二)[55] 禾穀名考[56] 彩色語彙考(一), (二), (三)[57] 및 菓名攷
(一), (二)[58]의〈訓蒙字會〉所載 訓의 연구는 모두 어휘론임에 틀림없다.

---

52) "'新羅'의 名義", 한글 통권 77호, 1940. 6.
53) 한글 통권 65호(7권 3호, 1939년 3월)에서 시작, 통권 76호(1940년 4월)에 10회를 연재했다.
54) 한글 통권 81호, 82호, 84호.
55) 한글 통권 85호, 86호, 1941. 4. 5.
56) 한글 통권 87호, 1941. 6.
57) 한글 통권 88호, 89호, 90호, 1941. 7. 8. 9.
58) 한글 통권 91호, 92호, 1941.11. 1942. 1.

이상으로 보면 전몽수는 초기에는 어원론에 몰두하다가 그 한계성에
부딪혀 상위 범주인 어휘론으로 그 연구대상을 바꾸었음을 알 수 있다.
그러나 전몽수의 이 같은 고어휘의 의미 및 표기 연구는 어원론에 많은
자료를 제공했음도 사실이다.

17. 方鍾鉉(1905〜1952)의 「一蓑國語學論集」(1963)

이 책은 一蓑의 사후에 여러 곳에 발표된 논문을 후학들이 모은 것이다.
그러나 실제 발표는 1930년대 말에 이루어졌다. 이 연구는 대학에서 정통
적 국어학의 학문적 방법에 의해 이루어지면서 쉽사리 직관에 의한 논단
을 거부하였다. 그는 방언 조사에서 바람 이름의 어원을 찾기 시작한다.

(1) 바람 / 바람에 관련된 어휘[59]

① 바람: ← 부름(ㅂ롬) ← 불다(吹: 동사).
② 서칼(西風): 서(西) + 갈(바람의 뜻?).
③ 새벽(晨), 샛별(曉星), 건새(東北風), 새운(明)다, 새(新), 해(日): 새/사
   (東方)와 유관?
④ 마주(相面), 맛(前 혹 對面): 마(南方)와 유관?
⑤ 된바람/댐바람(北風)의 '된' · '댐': '뒤'(後)가 변한 것.

(2) '말'(馬)에 관련된 어휘[60]

① 노새[驢(려)父馬母로 출생한 것], 버새[騾(나)父馬母로 출생한 것]. 그

---

59) 方鍾鉉, 동서남북과 바람(조선어문학회보 2호, 1931).
60) 方鍾鉉, 言語片感(문장 4, 1939. 5.).

러면 '새'는 '馬母'의 뜻?

② 것귀(馬父驢母로 출생한 것), 특(馬父牛母로 출생한 것). '것귀'는 鬼를
뜻하는 '귓것'. 혹은 그 귀가 말보다 커서 (耳大於馬) 耳와 의미가 相通?
몽고 방언에 '以驟爲老殺'란 말이 있는 것으로 보아 '老殺'는 '노새'이니 몽
고어에서 기원한 방언이다.

(3) 풍속 어휘

방언 수집 과정에서 풍속 어휘의 어원 탐색이 보인다.[61]

① 龍: 만주, 몽고, 인도어와 同기원일지도 모르니 비교해 볼 필요가 있다.
龍은 '물'(水 · 泉 · 洲 · 潭)과 不可分離의 관계를 가지고 있는 듯하고,
'물', '미리', '매' 등이 다 물의 의미를 가진 同源의 語音이라고 본다.

② 가윗날: 嘉俳, 보름날, 가비〉바웃날, 가윗날, 가읏날.
또, 島嶼지방의 방언조사에서 동서남북의 어원을 '새', '한'(하늬), '마' '높'
이라 한다.[62] 이외에 딸, 아들, 스데기, 떡, 加波島, 서양인의 제주도 지칭
어인 "켈파르" 등의 어원을 추구했다. 특히 "딸, 아들"이 同源語일 것이
란 말은 큰 암시를 준다.

「세시풍속집」에도 풍속 어휘의 어원탐색이 보인다.[63]

① 삼월삼질: "三月三日"의 朝鮮音化.
② 손돌목: 전래의 孫乭의 頸이 아니고 島嶼가 많은 地所의 목임.
③ 설비임 · 설빔(歲庇廧): 歲粧.
④ 낟가리(禾竿 · 露積대 · 낟가릿대): 낟(穀)+가리(가린다는 동사. 뉘어서
가리는 것).
⑤ 부름(보름날 부름 깐다의 부름): 부으름(癤), 부스럼.
⑥ 端午: 한문명사 車衣(수리) · 水瀨(수뢰)는 純祖鮮語다.
⑦ 부채: 불다(吹)와 연관.

---

61) 方鍾鉉, "私見二題", 한글 제8권 7호, 1939.
62) 方鍾鉉, "方位名", 한글 통권 63호, 1939.
63) 方鍾鉉, "歲時風俗集", 한글 통권 63호, 1939.

⑧ 秋夕: 歲夕(12월), 月夕(晦일), 七月七夕과 유관, 夕은 月字를, 즉 月夕을 관련시켜 명명된 것.
⑨ 강정:〈乾飣.
⑩ 빙자떡:〈餠빙餹져(朴通事諺解 · 漢語).
　　餠餹빙쟈(徐命膺의 方言輯釋 · 譯語類解 上卷).

一簑는 빈재 · 빈자떡 · 빈대떡 · 富者떡 · 賓待떡보다는 '빈자'라고 함이 좋겠다고 한다.

(4) 기타

① 사람(사룸) ← 살-(生).
② 부처(佛): 부톄, 보데, 부두는 범어. 日語 hotoke도 '부톄'에 합함.

이상 一簑의 어원론은 비교언어학에 기초한 것은 아니지만 방언의 조사연구에 의해 어휘의미론 · 어원론을 개척한 데 그 공이 있다. 이외에 방종현은 다음과 같은 '俗談語源'[64]도 추구하였다.

① 鷄卵에도 有骨이다.
② 복 없는 가시내는 봉내房에 가 누워도 고자 곁에 가 눕는다.
③ 財類 없는 砲手는 곰을 쏘아도 膽이 없다.
④ 福 없는 봉사는 卦文을 배웠어도 개좃뿌리(感氣라는 말) 하는 놈도 없다.

①의 '有骨'의 '骨'은 '곯았다'는 의미라고 一簑는 해석한다. 방종현의 합리적인 사고방법을 엿볼 수 있는 대목이다.

---

64) 方鍾鉉, "俗談 語源", 한글 제9권 2호(통권 84호), 1941.

18. 李聖柱

"若干의 語源 分析"[65]에서 이성주는 맞춤법과 표준말의 제정, 국어사전 편찬을 위해 어원연구의 현실적 필요성을 강조한다.

어원 분석과 맞춤법 급 표준말은 엄밀한 의미에 있어 서로 떠날 수 없는 관계를 가지고 있다. 완전한 표준말이 제정되고 사전이 생긴 후에 어원을 분석하여야 할 것인 동시에, 보다도 완전히 어원을 분석한 후 어원에 알맞은 낱말(단어)을 표준말로 세우고 그것을 사전에 집어넣어야 하겠다는 노파심도 없지 않다.

그리하여 이성주가 추구한 어원은 다음과 같이 사전 편찬용이라고 할 수 있다.

① 고수머리: '곱슬머리'일 것이니, '곱슬곱슬한 머리'라는 말의 와음(訛音)일 것임.
② 곰배팔이: '곰배'는 '曲'의 뜻. 따라서 '곰배팔이'는 팔이 고부라진 사람'. '곱·꼽·곰'은 '曲'의 뜻.
   곰보: '곰'은 '曲', '보'는 '사람'의 뜻. → 얼굴에 굴곡(屈曲)이 생긴 사람.
③ 꼬리: '꼴이'일 것이니 곧 '끝의 것'. '꼴'은 '末'.
④ 몰골: '몸꼴'의 와음. 곧 '몸의 모양'이란 말.
⑤ '심술구러기'·'잠구러기'·'장난구러기'의 '구러기': '구러기'는 '구럭이'라고 쓰는 것이 좋을 듯함. 촌에서 무엇을 넣어 두는 큰 주머니를 '구럭'이라 한다. 그러므로 '구럭이'는 많은 '사람'이다. '구러기' : 袋, 多.
⑥ 구정물: '궂은물'의 와음. '굳'은 : 惡, 汚.
⑦ '노오라기'·'지푸라기'의 '오라기': '올아기'로 씀이 옳겠다. '올'은 원래 '細片'으로 통용되고 '아기'는 '小'의 뜻이니 '올아기'는 곧 '小細片'이겠다. '라기'·'오라기'는 '細片'.

---

⑧ 망난이: 실은 '막난이'로 막 되어진 사람. '막'은 '粗'.
⑨ 몹슬 놈: '못쓸 놈'(無用者)의 와음. '못'은 '不'.
⑩ 애꾸눈이: '외꾸눈이'가 옳겠다. '외'는 '一', '꾸'는 '破', '눈'은 '目', '이'는 '人', 곧 '한 눈 상한 사람'.
⑪ 나무가지: 원래 '낡아지'. 지금도 '가지'를 흔히 '아지'라고 하며, 이 '낡아지'가 '나무가지'로 되었다.
⑫ 황소(大牛)·황새(大鳥)의 '한'·'황': '大'의 뜻. '황소'·'황새'는 古語에 '한쇼'·'한새'였다.

⑤의 '구러기'를 '구럭'(袋)과 유연적이라고 한 것은 조심스럽다. ⑨도 '못'(不)+'쓰-'(用)+'ㄹ' 관형사형 어미+'놈'(者)으로 보아야 더 옳을 듯. ⑪'나뭇가지'(枝)의 '가지'(枝)를 '낡아지'의 '아지'에서 왔다고 보는 것은 신선하기는 하나 조심스럽다. 모든 '가지'(枝)를 접미사 '아지'에서왔다고 보는 것이 조심스럽기 때문이다. '가지'(枝)는 '갓-'(分, 絶·切·折, 剃, 削, 剔, 刊, 刪)+'-이' 접미사로 봄이 좋을 듯함. 따라서 '가지'(枝)와 '가지'(種類)는 동기원어일 것이다.

그러나 당시 현안인 맞춤법과 표준말의 제정, 국어사전 편찬에 충실하면서 83개의 항의 접사 및 형태소 추출을 시도하면서 어원을 탐구한 공로는 인정할 만하다.

19. 安在鴻의 「朝鮮上古史鑑」 上卷(1947)·下卷(1948)[66]

안재홍(1891~1965)은 "少年時代에 이미 述史家가 될 입지"를 굳혔다
고 自述하고 있다. 그는 민족운동·독립운동의 일환으로써 한국문화의 원
류, 민족문화의 원형을 찾아 훼손이 덜한 채로 묻혀 있는 한국고대사를 연
구하였다. 이것은 "단군건국"을 "뚜렷한 事實"로 파악하는 데서 나타난다.
안재홍의 이 같은 민족사관은 上古史 기술의 구체적 의도를 밝힌 다음
과 같은 서문에서 간파할 수 있다.

> "半萬年文化를 云爲하는만치 하나의 文化的 總決算으로서 透徹한 朝鮮通
> 史를 쓰어서 新時代創成의 精神的 根幹을 지어야할것이 要請되고……"
> "政治로써 鬪爭함은 한동안 거의 絶望의 일이오 國史를 硏鑽하야 써 民族
> 正氣를 不朽에 남겨둠이 至高한 使命임을 自任하였을새 이에 國史攻究에 專
> 心한지 다시 거의 十年인데……"

이것은 최남선, 신채호, 정인보로 이어지는 하나의 맥이었다. 안재홍은
조선상고사의 기술에서 한자로 표기된 모든 국사상의 술어, 국명·지명·
인명 등을 吏讀式으로 해독하여 그 어원을 밝힘으로써 우리의 上古
史를 밝히려 하였다. 안재홍은 실제로 "朝鮮上代史를 말함에는 지명·
국명·職官名 또는 특수한 인명 등의 語義解明이 매우 주요한 열쇠"[67]라

---

66) 상권의 출판은 1947년에 되었으나 脫稿년도는 이보다 10년 앞선 1937년이었다. 하권은 1948
년에 간행되었으나 각편의 탈고년도는 다음과 같이 상이하다.
夫餘·朝鮮考(1938).
붉·불·비어原則과 그의 循環公式(1941).
高句麗와 平壤別考(1938).
朝鮮上代地理文化考(?).

67) 朝鮮上古史鑑 下卷, p.259.

고 파악하고 있었다. 그리하여 많은 한자표기 국사어휘의 原義를 추구하면서 한자표기 이전의 고유어를 밝혀내려 했다.

(1) 국명

① 高句麗: 커골·커고리의 표기로 골은 郡의 義니 "커고리"·"커골"(高句麗)은 各 골을 統裁하는 "郡上의 郡", "大郡"의 뜻.
② 君子國: 큰지·큰기國, 昆支國, 近支國의 존재가 중국의 역사기술자에 의해 "東方君子國", "君子不死之國"의 존재를 轉聞 및 단정한 것.
③ 朝鮮: 후세의 "나라"라는 뜻으로 "管領"의 뜻.

(2) 王名 및 王稱號

① 箕子(朝鮮): 크치朝鮮 즉 大公(朝鮮).
② 南解王(次次雄): 南解王은 "남기", "남기"로 읽을 것이다. 次次雄의 첫 "次"는 "지"의 표음으로 首長·元首라는 뜻, 다음 "次雄"은 "지웅" 즉 '중'의 표음이니 僧職의 "중"을 의미한다. 따라서 "지중"(次次雄, 慈充)은 "元首僧職" 즉 大僧正祭司長의 뜻이다.
③ 檀君: 匈奴의 撑犁孤塗의 撑犁, 몽고의 騰格里(등거리), 突厥의 탱그리, 女眞의 숭아리 등과 함께 돼얼, 당걸, 단굴로서 天王의 뜻.
④ 東明王: "새붉한" 즉 新神皇(新檀君), 東白王, 東夫餘王의 뜻이다.
⑤ 朱蒙(鄒牟, 鄒蒙, 仲牟, 都慕): "初"인 "처음"의 表音. "夫餘俗語 善射爲 朱蒙 故以名云"이라 한 것은 稱譽·特出 혹은 第一等의 뜻으로 되어 "武藝絶倫의 第一人者"의 뜻.
⑥ 解夫婁: "커볼", "커부루"로 太白의 一異型이다.

(3) 관직명

① 鞬吉支: "큰기지"의 寫音, "큰기"('크치'의 異型)는 上長의 뜻이니 곧 "大公長"을 뜻함.
② 仇台·近支·韓岐·臣智: 크지·큰지·한지·신지의 표기로 모두 "大公"의 뜻.

③ 弓尺: "활치"의 吏讀文으로 弓手·弓官의 뜻.

④ 古雛加: "크치가", "커치가"의 寫音이니 즉 頭大兄이오, 大卿, 大公, 大公長, 大司馬에 比할 자다.

⑤ 對廬: "마로"이니 "對"의 "마주"의 첫음 "마"와 "廬"의 음을 취한 字로 "宗長", "宗伯", 最大裁決官의 뜻이다.

⑥ 馬黎: "마리"로 莫離支의 一原型.

⑦ 謀支: 현대어로는 "꾀치"로 謀士 즉 參謀官의 吏讀文.

⑧ 使者: "使"는 그 原義가 言語命令의 전달에서 기원된 者이므로 "上白, 奏達"의 뜻에서 "살" 혹 "사리"고 "者"는 沛者의 者처럼 "치"로 音讀하야 官이란 뜻이니, "使者"는 "살치" 혹 "사리치"로 즉 "啓奏官" 또는 "佈政使"의 뜻이다.

⑨ 大使者·太大使者: 크사리(혹 큰살치), 신크사리치(신크살치).

⑩ 臣雲遣支: "신구큰지"로 "세고도큰지" 즉 "强且大한 公"(首長)이란 말.

⑪ 阿直: "아치"의 寫音으로 舊 "邑借"의 轉型.

⑫ 阿直岐: "아치기"는 新羅의 "阿飡"과 같은 것으로 "官吏長" 즉 "長官" 혹 "大臣"을 이름이다.

⑬ 阿飡: "아치한"의 寫音으로 "吏員長官" 즉 "吏部卿"에 해당함.

⑭ 烏干: "우한"으로 "上干"이니 즉 優台의 一變型.

⑮ 優台·于台, 烏拙, 鬱折, 意俟奢, 乙支(文德): "우치" 즉 上卿의 뜻으로 唐宋의 尚書에 해당.

⑯ 伊尺干(伊飡): "이치한"의 표음. "이치"는 "承宣官" 즉 "承政官"의 뜻. "한"은 大官으로 의역하면 "承府卿"으로서 門下侍中에 해당함.

⑰ 波珍飡·波珍干: "밭치한"으로 "田官長" 즉 "司農卿".

다음과 같은 것은 견강임에 틀림없다. 동음 또는 유사음과 지나친 유연성의 추구로 말미암았을 것이다.

① 浦東·河東: 震人古語에서 이들은 "가시"이니, '가시나'의 '가'는 그 생식기의 형식이 江河의 개와 같음에 依하여 된 것.

② 모심아: 남자의 생식기가 山의 뫼와 동일형식인 데서 "모심아"로 되었다.[68]

③ 벼슬(官·卿): "베어실"의 促音으로 夫餘城, 百牙城, 白城, 碧城 또는 白
  岳城의 義오 "仕官"을 "벼슬한다"로 하고 官吏를 "벼슬아치"라고 하니
  "夫餘城 또는 百牙城에 奉仕하는 吏員"이란 뜻이다.
④ 구슬: "굿실"로 今 "굿당"(祭堂, 神堂)에서 생각할 수 있는 것처럼 祭殿,
  神官(실은 祭城의 義)의 뜻이매 조세를 "구실" 혹은 "구실돈"이라고 한다.

(4) 산명·지명

① 九月山: 걸 혹은 골산의 表音으로 하나는 영토적(골-郡) 또 하나는 "統
  領者" 내지 "優崇한 주권자"라는 뜻.
② 撥川·沸流川, 不耐, 渤海, 淇河, 白江, 夫餘川: 불내.
③ 白頭山·不咸山: 붉한山, 불한산으로 "붉한"은 "한붉"의 異型.
④ 白岳, 百牙岡, 平壤 夫餘: 빈달, 비어달, 비땅, 비어들의 표기로 腹地孕壤의
  뜻으로 고대사회에서 국제적 공통성을 가진 原生地 혹은 原生山을 이름.
⑤ 平壤: 夫餘川·淇河, 즉 天河·原生河로서의 비나·비어나의 都市名
  化한 것. 卞那, 平那, 虵川(稷山의 古號)도 同語異字.
⑥ 阿斯達: 女系時代에 神事를 主管하는 族長的 地位에 있는 분을 아지
  어머니(官母의 뜻)로 하고, 그 尊號的 名號로서 아씨(聖母)를 뫼시어, 그
  땅(地域)를 아씨땅(아시달/아씨달)이라 한다.[69]
⑦ 阿珍浦: 아지개로 聖母浦의 一異型.
⑧ 淹滯水(奄利大水): 엄지내의 표음으로 聖母河의 뜻.
⑨ 優渤澤: 우ㅅ벌못 즉 上坪池, 天坪水의 雅化.
⑩ 熊心淵: 곰마못 즉 검못으로 神池·天池의 뜻.
⑪ 哈達: 하따의 표기. 여진어의 山峰·高地의 뜻.
⑫ 桓都山: 한붉山으로 太白山의 異寫.

이상으로 단군의 설명은 최남선을 따랐고, 선행 업적으로서 신채호를
참고했음을 짐작할 수 있으나[70] 보다 발전시켰음을 알 수 있다.

---

68) 朝鮮上古史鑑 上卷, p.117.
69) 조선상고사감 상권, p.69, p.71.

한자표기가 의도하는 조선 고유어를 추정하고, 그 원의를 밝힌 점에서 그렇다. 특히 달, 불, 나의 진행법칙,[71] 붉·볼·비어 원칙과 그의 循環公式[72]을 세워 설명한 것은 특이한 견해라고 할 수 있다. 또 "비어들"의 표기로 夫餘를 파악하면서도 이를 "古代震人이 자기의 종족을 일컫는 명칭"[73]이었었다고 본 것은 卓見이라고 할 수 있다. 알타이족들은 종족명으로써 국명을 칭했다는 후대의 연구 결과를 미리 보는 것 같기 때문이다.

20. 이 밖의 어원연구

개화의 새 물결 속에서 신학문이 전개되는 속에서도 구태의연하게 한자의 자의에 견강한 樵隱의[74] 「俚諺四叢」(1911)이 있고 千東嘩(천동호)·尹定夏 등이 있다.

1) 초은의 「이언사총」

벼락: 別渥·別惡	번개: 翻改	무지개: 無枝盖
난쟁이: 難長이	민빗: 面빗	

---

70) 安在鴻, 申丹齋學說私觀, 朝光, 제2권 제4호, 1936년 4월호.

71) 安在鴻, 朝鮮上古史鑑 上卷 高句麗建國事情考, p.122.

72) 下卷, p.69.

73) 上卷, p.93.

74) 雅號만 전할 뿐 성명·생활연대 미상.
    崔範勳, 韓國學散藁(이우출판사, 1980.), p.155.
    _____, "俚諺四叢解題", 韓國文化研究(경기대학교 한국문화연구소, 1984.), p.171.

2) 천동호(千東皥)[75]

① 한을(天): 韓乙(乙은 조선文의 ㄹ之義). 韓의 浩火無量흠을 지칭.
② 해(日): 夫餘王 夫婁(조선 단군의 후예)의 姓이 解氏라 하는 고로 그 姓
으로써 日을 呼함.
③ 랄(신라인이 日을): 羅乙(그 國號로서 日을 칭함).
④ 보음(春): 伏陰의 變音. 陽이 長하고 陰이 伏흔다 흠.
⑤ 가월(秋): 嘉月. 만물이 嘉成하는 月.
⑥ 북(鼓): 浮. 腹이 浮하고 虛한 때문이다.

이상 천동호의 어원설은 민간어원설이라는 점에서 동언고략을 전재했
다는 혐의가 짙다.

3) 尹定夏(1937)[76] 등

이 시기에 한자의 字義에 견강하여 구태의연한 어원연구를 시도한 윤정
하, '아리랑'은 '我耳聾', '스리스리'는 '洗耳洗耳'라고 한 '一讀者'(1940)[77]
의 비과학적 어원설은 연구방법의 중요성 · 학회지의 논문채택 심사의 필
요성을 재인식시켜 준다. 이에서 조금 나아간 것이 어류학자 鄭文基의
'명태의 이름과 어원'(1936)[78]이다.

明太: 明川郡의 太氏가 잡아서 明太라 했다.
網太: 그물로 잡은 생명태.
北魚: 北海에서 많이 나는 고기, 북해에서 몰려오는 고기란 뜻.

이외에 灌奴 · 絶奴 · 溝漊 · 固麻 등 歷史古語彙의 비교언어학적 어원추

---

75) 천동호(1914. 1), 朝鮮語原因及變化(신문계 2권 1호).
76) 尹定夏, "語源의 一考察", 조선어학연구회, 正音 통권 18호, 19호, 20호(1937).
77) 一讀者, "'아리랑'과 '스리스리'의 語源一考", 한글 8권 7호, 통권 80호(1940).
78) 鄭文基, "명태의 이름과 어원", 한글 제4권 제6호(1936).

구를 시도한 金泰鍾(1936),[79] "興淸의 어원"을 쓴 金允經(1939),[80] 또 "가시내"(女兒)와 "강강술레"(圓十環狀行進)의 어원을 캔 車一路(1941) 등이 있다.

1940년대에는 沈鎭衡(1940), 玉蘇山人(1940), 한샘(1941), 金判南(1941)[81] 의 속담어원이 추구되었으나 이들은 고사나 전설에 근거를 둔 것으로 1930년대에 비하여 퇴보한 감이 있다.

> 十年工夫 나무아미타불, 망석중이(妄釋僧) 놀리듯 하다. 咸興差使
> 숙주나물, 春府丈.
> 상수리, 도토리.
> 가재는 게 편.
> 저 먹자니 싫고 남 주자니 아깝다.
> 대매에 때려죽일 놈.

어원론이 어휘론, 나아가 형태론의 것인 한 속담어원은 엄밀한 의미의 어원론은 아니다.

---

79) 한글 35호(제4권 6호, 1936)에 고구려의 灌奴·絶奴와 滿蒙語의 方向語를, 백제의 固麻와 만주어 "꺼문", 고구려 "溝漊"와 만주어 "꾸룬"을 비교한 "역사에 나타난 어원"이란 글이 있다. 표지의 목차에는 필자를 金泰鍾이라 해 놓고 내용의 제목 다음에는 필자 이름이 없다. 편집자 혹은 앞글의 필자 文世榮 등보다 金泰鍾을 따른다.

80) 金允經, "興淸의 어원", 博文書館, 博文 통권 11호(1939).

81) 沈鎭衡(沈衡鎭으로도 보인다), "俗談語源", 한글 제8권 8호(통권 81호), 1940.
    "'저 먹자니 싫고 남 주자니 아깝다.'의 어원", 한글 제9권 7호(통권 89호), 1941.
    "'대매에 때려 죽일 놈'의 어원", 한글 제9권 8호(통권 90호), 1941.
    玉蘇山人, "語源二題", 한글 제8권 8호(통권 81호), 1940.
    한샘, "'상수리'와 '도토리'의 어원", 한글 제9권 2호(통권 84호), 1941.
    金判南, "'가재는 게편'의 어원", 한글 제9권 5호(통권 87호), 1941.

21. 요 약

張志淵은「萬國事物紀原歷史」에서 각 방면의 신문물을 소개하면서, 그 설명의 합리성을 추구하기 위해 어원을 설명하였다. 일본 및 중국을 통해 들어온 차용어 및 영어어휘의 어원을 국내 최초로 보여주기도 한다.

崔南善은 최초로 동계어와의 비교방법을 援用, 국사연구의 한 방법으로 어원을 추구했다. 이것은「稽古箚存」·「不咸文化論」·「朝鮮歷史講話」·「故事千字」·「故事通」·「朝鮮常識問答」·「朝鮮常識」등에 나타나 있다. 그는 또 최초로 어원연구 논문을 쓴 사람이란 점에서도 의의가 있다.

權悳奎는 이 시기의 대표적 어원학자로서 가장 많은 일반어휘의 과학적 어원을 추구하고 동계어와의 어휘비교도 시도했다. 小白頭陀는 불교관계 어휘의 어원을 추구하였다.

李能和는「朝鮮巫俗考」·「朝鮮解語花史」에서 논술의 합리적 방편으로 어원설을 폈는데, 무속어휘 및 하층민의 死語化된 어휘의 어원을 추구하였다. 4개 외국어에 능통했었다는 그에게 비교언어학적 방법이 보이지 않음은 아쉬운 일이다. 이병기는 한글지에 초보적 어원연구 결과를 보였고, 김동진은 민간어원적인 많은 어원을 단행본으로 발표하였다.

신채호의 어원연구는「朝鮮上古史」에 나타난다. 국사기술의 방편으로 국사 고어휘의 原義를 파악하고 국어고유어로의 환원작업이 단재의 어원연구인데, 소박한 의미의 비교 방법을 시도하였다.

백남운은 그간 국사 연구의 결점을 통박하면서 사회경제의 역사적 발전과정을 본질적으로 분석·비판·總觀하려는 뜻에서『朝鮮社會經濟史』를 집필하였다. 이 과정에서 自說의 증명을 위하여 국어 어휘의 어원을 추구하였으나, 그 대부분이 민간어원설과 가까운 것들이었다. 홍기문이 비판한 바와 같이 '과학적 역사연구의 제창자'가 그를 위하여 '비과학적 어원고증'

을 원용하였다는 것은 이리를 몰아내려다 호랑이를 불러들인 형국이다.

홍기문은 '언어과학의 한 학도'로 자부할 만큼 인근 제국어 및 서구제 어에까지 접근하여 과학적 어원연구를 시도하였다. 이 같은 방법론적 확신을 가진 홍기문은 국사학자들(최남선·신채호)과 경제학자(백남운)의 견강부회식 어원론을 통박하였다. 언론인으로서 그는 이 연구결과를 신문에 발표함으로써 연구를 촉진시키고 그 결과를 홍보하였다. 이 발표 결과의 일부가 『朝鮮文化叢話』(1946)에 수렴되었다. 그는 또 『리두연구』(1957)에서 국어어휘의 어원을 추구하였는데 이것은 홍기문 특유의 공로라 할 수 있다.

鄭寅普의 어원설은 「朝鮮史硏究」에 나타나 있다. 그는 이 시기의 추세대로 고어휘의 어원을 직관에 의해 추적, 국사를 기술하였다. 단재·위당과 함께 연구 분야·방법·史觀이 유사한 안재홍의 「朝鮮上古史鑑」은 국사고어휘의 정교한 어원연구를 보여준다. 이것은 전설의 계승·발전으로 보인다. 이로써 1920~1930년대의 한 경향 즉 국사고어휘의 어원탐구에 의한 국사연구의 한 시기를 긋기도 한다.

박노철은 국사고어휘 및 민속어휘의 어원을 추구했는데, "셔블"은 직관에 의해서, "곤장이젓"은 전설에 근거를 둔 것이 민간어원에 가깝다.

민속 어휘의 초보적 어원 연구를 시도한 김태준, 俚諺 및 지명의 어원을 추구한 이은상, 국사 어휘의 어원을 탐색한 창애학인이 있다.

전몽수는 單語族의 연구 방법을 사용, 계열어를 연구하였으며, 어원연구에 타 학문 분야 연구 결과의 원용을 강조하였다. 이것은 어원연구방법에 있어서 일단의 발전이라고 할 수 있다.

방종현은 風名·馬名·풍속 어휘·속담 등의 어원을 실증적으로 추구하려 하였다. 樵隱은 「俚諺四叢」에서 고유어의 어원풀이를 했는데, 이는 한자의 자의에 견강한 민간어원설이다. 樵隱은 신문물에 접한 듯도 한데 새로운 어원연구 방법을 시도하지 않았음은 새로운 연구방법의 도입·응용이 얼마나 중요한가를 보여주는 좋은 예라 할 것이다.

사전편찬·맞춤법 통일안 제정 등의 현실적 필요성에 의한 어원탐구에 대한 의욕과잉과 방법론의 미숙은, 초은이나 윤정하의 민간어원설을 낳기도 하였다. 즉 한자의 자의에 의한 견강을 낳기도 하고, 단편적이고도 비과학적이어서 엄격한 의미에서 어휘론의 대상이 아닌 많은 속담어원설을 낳기도 하였다.

Ⅶ. 言語理論에 의한 어원연구

(1940년대 이후)

1. 趙東卓(1920~1968)

조동탁은 "절(寺), 부처(佛), 중(僧), 명색"의 어원을 밝힌 "語源小考"[1](1939), "新羅國號研究論考"[2], "아름다움" 등 한국적 미의식과 관계 있는 어휘의 어원을 밝힌 "멋의 연구"를 발표하였다.

절(寺)은 許永鎬의 설과 같이 毛禮에 있다고 보아 毛禮를 吏讀式으로 음독하여 "털예"로 보기는 하나, 毛禮는 인명이 아니라 巴利語로 長老의 意인 Thera의 音譯으로 본다. テラ는 절의 音譯이고, 또 巴利語 Thera에 그 음이 가까우므로 원어의 직역이라 볼 수 있다.

---

1) 趙東卓, "語源小考", 朝鮮語學會, 한글 7권 11호, (1939).
   절(寺)의 어원에 관한 許永鎬의 논문이 1931. 8. 1.에 나왔으니 9년 후의 논문이다. 절(寺)의 어원은 대동소이하다.
   "語源小考"는 朝鮮語學硏究會의 正音(통권 32호, 1939)에도 실렸으나 논제, 발표년도, 내용이 한글의 것과 동일하나, 한글은 四單語의 어원을 취급했고 正音은 "절(寺)" 한 단어의 어원만 언급했다.
2) 趙東卓, "新羅國號硏究論考: 新羅原義攷", 高大50周年紀念論文集, (1955).

부처(佛)는 범어 Buddha의 音譯이다. Buddha는 석가 혹은 불상, 승려, 석탑의 의미를 포함한다. "佛"자는 Buddha의 音譯에 쓰인 뒤로부터 부처佛字로 변했다.

중(僧)의 어원은 "衆"이다. 三寶 중의 하나인 僧의 원어는 범어로 Samgha인데 音譯하여 "僧加", 略하여 "僧" 한 자로 쓴다. 僧은 譯하여 衆이라 하고, 敎團生活을 하는 적어도 3인 이상의 比丘가 한 곳에 모여 수행하는 것을 이름인데, 原意는 "衆和合"이란 뜻이다.

"명색이 주인이다"란 말에서 "명색"의 어원은 불교의 "名色"이다. 名色은 범어로 Namawpa로 12因緣 중의 하나다. 名은 心이요, 色은 物體로 名色의 뜻은 두루뭉술이 시대 즉 物體와 타고난 心만 품은 미완성물이란 뜻이다.

이상 조동탁의 어원기술 중 중(僧)의 어원을 衆에서 구한 것은 의심이 간다.

"신라국호의 어원연구"는 단독 논문으로는 가장 방대한 것이다.

다양한 신라 국호 표기의 原音形은 '스르볼'(ㅅ+ㄹ+ㅂ)形으로 '스르볼'의 원음형은 '上國'·'高國'이다. '스르'·'소로'·'수리'가 다 上·高의 義, '볼'의 원의가 '原, 土, 國, 火, 明'이기 때문이다. '新羅'는 '新土·新國'의 부차적 의의를 띠기도 한다는 것이다.

"멋의 연구"에 나타난 어원탐색은 "멋"은 "맛"에서, "나쁘다"는 "낮브다" 즉 "낮다"에서, "아름다움"은 梁柱東의 설과 같이 "아름"(私)+"답다"(如)로 "私好"를 뜻한다는 것이다.[3]

芝薰의 시 "僧舞"가 「文章」지에 발표된 것이 1939년임과 관련하여 생각할 때, 芝薰의 불교어휘 연구는 그의 불교에의 傾倒를 짐작할 수 있게

---

3) 멋의 연구-한국적 미의식의 구조를 위하여-는 副題가 말하듯 우리의 미적가치관·미적범주 또는 미의식을 추구한 長論文으로 「한국인과 문학사상」(1964년 6월)에 발표되었고, 다시 金鵬九 외 5인의 공저(일조각, 1982)에 부분적으로 재수록 되었다.

한다. 또 "신라국호 연구"나 "멋의 연구"도 청록집에서 보인 신라정신에
의 회귀·회고적·토속적인 것의 추구, 한국문화의 본질적인 것의 파악을
위해 「韓國文化史 序說」을 쓴, 그의 탐구정신이 작용한 것이라고 볼 수
있다. 따라서 그의 논문은 냉정한 비교언어학적인 어원연구라기보다는
탐미적, 語源穿鑿임을 알 수 있다.

2. 高在烋(生沒 未詳)

朴勝彬의 朝鮮語學研究會(正音)의 常務로서 고재휴는 比較言語研究
草[4]에서 어원연구에 엄격한 비교언어학적 방법의 적용을 강조한 이 시기
의 대표적 학자라고 할 수 있다. 그는 아래와 같이 강조하고 있다.

> "言語學研究는 比較言語學으로 발전함에 비로소 學的 價値를 가초게 된
> 다……同族語일디라도 音韻類似로써 同源語라고 일률적으로 결정지은 것은
> 위험성이 만흔 것이다. 우리는 借用素를 嚴密히 分別하고 同源語를 蒐集比
> 較하야야 할 것이다"
> "語彙한개라도 과학적으로 비교고찰하려면 各語派語의 전통을 밝히 알고
> 各異한 傳統語를 比較考察하는데 엇더한 法則을 세워야 할 것이다."

이 같은 방법에 의해 알타이諸語와의 비교를 통해 아래와 같은 어휘의
어원을 밝혔다.

> 구리(銅), 구슬(珠玉), 기름(油), 구린내(臭氣), 갈보(娼婦), 거러지(乞人),
> 골치(頭), 겨를(暇), 고래(鯨), 꿀(蜜), 굴레(勒), 꼭대기(高處), 갈그(剝), 가
> 락(指), 갈외(盜賊), 구지(口).

이것은 뒤에 1980년대에도 오히려 갈보(娼婦)를 서양 배우 이름에서

---

4) 正音 제34호, 36호, 1940.

왔다고 하는 것보다는 훨씬 진보한 어원연구 방법이다. 이 같은 과학적 연구방법은 고재휴가 일본언어학회의 동향 및 언어의 역사적 연구에 주목했던데도 기인했다.[5] 그러나 "거러지"(乞人)의 어원연구에서 〈三國遺事〉의 "左人: 鄕云皆叱知 言奴僕也"[6]를 언급하지 않았음은 서구적 방법 및 내용에의 편향인 듯한 인상을 준다. 또 아쉬운 것은 이같이 치밀한 방법의 적용에 의한 연구를 이 이상 더 발견할 수 없는 점이다.[7]

3. 李崇寧의 「國語造語論攷」(1961)·「國語學硏究」(1966)

이숭녕의 주요업적은 국어계통론·형태론·음운론 분야에 있다고 할 수 있다. 그 주업적 속에서도 어원논의가 보인다. "魚名雜攷"[8]는 고유국어의 魚名을 들고 그 어원을 추적하였다. 이 과정에서 우랄어·사모예드어·몽고어에서 "魚"를 지칭하는 어휘를 들면서, "魚"를 의미하는 고유국어의 廢語時期를 추정하였다.

"時間의 어휘에 대하여"[9]에서는 〈三國史記〉에 나타난 金大問의 "以年

---

5) 高在烋는 실제로 正音에 다음과 같은 논문들을 발표하고 있다. "原始時代의 語音과 'ㄹ'音", 正音 29호(1939), "日本言語學會紹介", 正音 30호(1939), "언어와 역사적 연구의 의의", 正音 32호(1939), "언어상으로 본 內鮮關係", 正音 37호(1941).

6) 〈三國遺事〉(卷二 孝昭王代 竹旨郎).

7) 다만 正音 제35호(1940)에 "'담사리'(雇傭人)에 對하야"가 있을 뿐이다. 이것은 동아일보에 발표한 '담사리'의 어원(種田사리)이 잘못이고, '더브사리'라는 辛兌鉉의 비판을 받아들인다는 내용이다.

8) 震檀學報(통권 2호, 1935)에 발표되었던 것을 어류의 어원을 상고하는 데에 크게 참고가 되리라고 하여 한글지에 상·하로 전재하였다(한글 통권 39호·40호, 1936)는 편집자의 해설이 있다.

9) 한글 통권 77호, 78호, (1940).

長而嗣位"와 "以齒長相嗣"를 동일 내용으로 보고, "니"(齒)와 "나히"(年齡)를 同源의 어휘라고 조심스럽게 말한다. 또 "時空關念의 상관성"에서 "즈음 · 즈움〉짬, 쁴(時) · -쁴 · 끼, 빼 · -때"의 발달을 보이고 어근 "쁴"를 抽出한다. 이 이후 어원을 논한 주요업적을 보이면 다음과 같다.

   ① 접미사 -k(g)-, -ŋ-에 대하여(1956)[10]
   ② 韓日兩語의 語彙比較試攷(1956)[11]
   ③ 「伊伐飡 · 舒發翰」音韻攷(1956)[12]
   ④ 「ᄒᆞᄫᆞᅀᅡ」攷(1959)[13]

   ①은 알타이諸語 특히 土耳其語의 造語方法과 비교를 통하여 國語造語法을 밝힌 방대한 논문으로 형태론적 어원론의 규범이라고 할 만하다.

   toma(俎)→toma+k〉tomak(俎) : 고어로서는 '几 · 机 · 案'을 뜻하던 toma가 후세에 '俎'로 발달했다.
   nad(穀)→nad+ak〉narak(稻 · 穀物).
   an(內)+ak〉anak(內室 · 家庭).
   kit(긴 · 柱)→kit+oŋ〉kidoŋ〉kiduŋ(기둥).
   kol→kol+aŋ〉koraŋ(谷→畎).
   ˆip→cip+oŋ〉ciboŋ〉cibuŋ(家→roof).

   ②는 遺事(卷四 二惠同塵)의 "汝屎吾魚 · 吾魚寺 · 芼矣川" 및 현대어 "大便 · 매유통 · 梅花틀 · 매화打鈴"의 어원을 밝혔다. 이숭녕은 상기 遺事의 기록을 다음과 같이 해석한다.

---

10) 서울大學校論文集 인문 · 사회과학편 제4집, 1956년 脫稿, 1958년 修正. 國語造語論攷(을유문화사, 1961)에 재수록.

11) 學術院會報 제1집 1956. 國語學硏究(형설출판사, 1982)에 재수록.

12) 斗溪 李丙燾博士 還曆記念論叢(1956)에 실린 것을 1964. 9. 18 수정 보충하여 國語學硏究(1982)에 재수록.

13) 韓國語文學會, 語文學 통권 4호(1959). 國語造論攷(1961)에 재수록.

"mara(魚)를 먹고 몰(大便)을 누었기 후세에 吾魚寺(mara寺)가 이 자리에 建立되고 그 내(川)는 有名하여져 mara川이 된 것이나 訛傳되어 芼矣川이 되었다고 함이 眞意일 것이며 적어도 新羅時代의 大便은 m∼l(r)形의 語彙였을 것이다."

매유통: "매"는 meri〉mei〉mɛ(大小便)＋유?＋桶임. 귀족 간에 사용된 便器를 梅花와 관련시켜 梅花形의 器具라 하여 "梅花틀", 士流가 便器에 앉아 作詩와 吟詩, 便器를 두드리며 朗吟함에서 "매화打令"[14]이라고 했다 함은 "매유"의 민간어원설이다.

④도 語辭의 雙形·三重形의 병행적 발달을 밝히는 과정에서 "혼자·홀로"의 형태론적 어원을 추구하였다. ③은 민간어원설에 지배된 김부식을 비판하면서, 〈三國史記〉(卷一 祇摩尼師今)에 나온 '酒多'와 '角干'의 어원설을, "이와 비슷한 설화와 어원해석이 야합한 것"이라고 밝히고, 伊伐湌·舒弗翰은 "울긋불긋·아깃자깃·요모조모"와 같이 "V-∼CV-形 대립의 존재"로서 나타난 것임을 同系統語와의 비교를 통하여 증명하였다.

이로써 이숭녕의 어원연구는 타 논문 혹은 造語論의 전개과정에 나타난 것으로서, 형태론적 어원론이 그 本領임을 알 수 있다. 또 造語論을 형태론적 어원론으로 볼 때 "접미사 -k(g)-, -ŋ-에 대하여"는 이 분야의 가장 큰 업적이라고 할 수 있다.

4. 許永鎬(生沒 未詳)

허영호는 "寺의 語源에 對하야"[15]를 발표한 후 "樂浪語義考"[16], "計

---

14) 心岳의 논문에서는 '매화打鈴'이라고 하였으나 '매화打令'이 옳음. '매화타령'의 '梅花'는 똥을 뜻하는 말의 雅字 표기임. '몰〉마리〉매유 / 매'(이숭녕, 전게 논문 국어학 연구 p.58 참조).
15) 許永鎬, "'절(寺)'의 語源에 對하야", 佛敎社, 佛敎 통권 86호, 1931. 8. 1.

數觀"[17], "火風觀"[18], "君長觀"[19], "天地日月觀"[20]을 발표하였다. 최초로 발표한 1931년부터 마지막 논문이 나온 1950년까지는 20년의 세월이 걸렸으니 가히 평생 국어어원을 궁구했다고 할 수 있다. 그러나 이에 앞서 日人 및 서양인 학자들에 의해 전개된 비교언어학적 방법에는 크게 미치지 못한다.

"'절(寺)'의 어원에 대하여"에서는 다음과 같이 주장한다.

　　海東高僧傳에 나오는 毛禮, 毛祿을 "털래·털"로 읽어 (ㅌ>ㄷ>ㅈ의 음운변이에 의해) 毛禮(털래·털)의 집에 가는 것이 '절'에 가는 것이 되어서, 털래·털이 寺院의 보통명사가 되었다.

"'樂浪' 語義考"에서는 다음과 같은 주장을 한다.

　　樂浪은 列陽, 涅陽과 함께 ① 라랑-나랑 ② 락랑-랄랑-라랑-나랑의 音寫다. 이 「나라」·「나랑」의 語義는 「日土」·「太陽의 地」에서 「太陽所照之地」의 뜻을 가진다. 「나」는 「周邊·限界·領域」의 뜻으로 「나라」는 「限界된 地域」을 의미한다.

"計數觀"은 한국어 數詞의 어원이다.

　　五(다섯, 다숫): 二의 '두-, 드부-, 드ㅸ-, 드'와 三의 '셋-, 세-, 서이-, 스이-, 스-'의 語基, '스'의 再構韻 '숫'과 결합된 합성어다.

　　四: '넷-, 너이-, 너리-, 늘'이란 語音이 多數란 語義를 잊어버리고 四의 數를 확실히 표현하는 어형에 고정된 것이다.

　　三: "설-세"는 多를 뜻하는 "설-살" 韻에서 분화되어 聲調上 구별을 스스로

16) 許永鎬, "樂浪語義考", 新生社, 新生(其一) 통권 1호, 1946. 3. 1.
　　　　　　　　　　　　　　　　　　　(其二) 통권 2호, 1946. 4. 1.
17) ＿＿＿, "計數觀-語源記-", 서울신문사, 新天地 5권 2호, 1950. 2. 1.
18) ＿＿＿, "火風觀-語源記-", 서울신문사, 新天地 5권 3호, 1950. 3. 1.
19) ＿＿＿, "君長觀-語源記-", 서울신문사, 新天地 5권 4호, 1950. 4. 1.
20) ＿＿＿, "天地日月觀-語源記-", 서울신문사, 新天地 5권 5호, 1950. 5. 1.
　　"天地日月觀"을 "天地明觀"이라고 한 곳도 있으나, 이는 베끼기의 과정에서 나타난 오자임.

가지면서 三을 표현하는 말에 고정된 것이다.

六: 여섯은 再+三, 倍+三에서 구성된 것. 再三, 重三, 疊三의 뜻.

七: 일곱-닐곱, 五+二다. "곱"은 倍·重, "일"은 yil-jil-sil의 轉韻으로 原音 '술'·'술'은 五.

八: 여듧, "여듣"은 '여+들'의 합성어. "여"는 重·疊의 뜻, "들"은 四. '再+四' 의 뜻.

九: "앗-아ㅅ", 九를 上代에는 "아스, 아사" 또는 "아시, 아소"라 했는데 "아 ㅅ, 아소"의 뜻은 "上,首, 最". 九는 최고의 수이므로 "아소".

十(열): 多, 諸, 群, [여+수리]의 轉韻으로 "再+五"의 뜻.

스물: "스"는 "ㅅ-싀"의 轉韻이며, 六·八의 '여'의 原韻으로 再를 뜻함. "물"은 群多.

천(즈믄): 幽暗-不明-不知의 뜻. "날이 저므다"의 "점-즘".

이상은 數詞의 어원은

① 類似音의 견강이 대부분이다. 특히 전혀 계통이 다른 언어와의 다 음과 같은 비교는 우리를 놀라게 한다.

온(百)은 "영어의 all과 그 傳承을 같이 한 語韻"이다. 영어사회에서는 굳이 l韻을 固持하면서 傳承하는데 조선사회에서는 ㄹ이 ㄴ으로 변해서 전승될 뿐이다.

② 數詞의 대부분을 합성어로 보았으나 합성어는 人智가 상당한 정도 로 발달된 후의 산물로 보아야 할 것이다.

③ 한국어 數詞의 이 같은 어원은 白鳥庫吉[21]의 일본어 및 아이누어 數詞의 어원연구 결과에 영향을 받았음이 분명하다. 아이누족은 十을 wan이라고 하는데 이는 u：雙(手)+an：有라고 한다. 그러나 한국어 數詞의 造語法이 일어의 그것과 똑같았다고 할 수는 없다. 더구나 고구 려 數詞 三(密), 五(于次), 七(難隱), 十(德)의 해명을 보류한 것은 설

---

21) 白鳥庫吉, "日·韓·아이누 三國語의 數詞에 대하여", 史學雜誌 第二十編 第一·二·三號, 1909.

득력이 부족하다.

"火風觀"에서는 다음과 같은 주장을 편다.

> 日·天·火의 固有古語는 '볼'로, 火·風의 語韻이 받침을 除하면 동일하였다. 그리하여 볼>불로 본다.

그러나 비교언어학의 기초도 망각한 다음과 같은 언급도 있다.

> 관념, 사상, 문화의 교류는 새로운 語韻을 그 기본언어집단에 이식시켰던 것이다. 그러므로 영어 속에 tall(高)이 있고 조선어에 달(tal-tar 高)이 있다고 해서 의심할 필요는 없다. 漢語에 甲(cap)-이 있고 조선말에 가보(cabo 最高=九)가 있고, 영어에 cap-이 있는 것을 이상히 여길 것이 아니다.

그러나 볼(風)→불(吹), 불(膨·飽), 발·벌(動搖), 불음=부으름-부스름(腫物)은 同根派生의 소박한 모습도 보인다.

"君長觀"은 居西干, 尼師今, 次次雄 등 군장 칭호의 어원을 추구했다.

> 일본의 古事記 及 日本書紀에서는 신라, 백제의 왕을 コキシ·コニキシ라 훈독하고 王后를 コムヲル·コオルク·コニヲルク라고 훈독하는 것을 보면 居西·居世·鞬吉支 또는 於陸·阿里只와의 음운이 상동함을 直覺할 것이다.
> 箕子·解氏(慕漱)·高氏(朱蒙)도 "가시-긔시"·"ㄱ시-고시"의 語韻에서 온 것이다. "가시"는 "갓이"의 轉韻이니, "갓"은 冠, 笠의 명사로 지금 남아 있다.

이는 〈三國史記〉에 나오는 居西干, 중국사적에 나오는 渠帥와 같은 것으로, 東夷語로는 首長, 君長, 首主, 君主를 뜻하는 말이다. 渠帥는 吉支의 "キシ"와 같이 "ㄱ시-기시-긔시"의 음을 記寫한 것으로 보아야 할 것이다.

또 마한 장수의 하나 臣智를 "시+ㄴ+지"라 하여, "시한 사람" 즉 "높은이"로 보고, "갓을 쓰다, 신을 신다, 짐을 싣다" 등의 "쓰-스, 신-싣"과 同系의 語+지, 치(者)로 본 丹齋를 따른 것은 무리다. 그러나 "어른"의 어원을 "어울은이"(어불은이) 즉 "夫婦된이"로 보지 않고 "나보다 나이 많은이"·"나보다 높은이"로 보아, "ᄋᆞ르니" 즉 "上者"로 解한 것은 특이하다 할 수 있다.

"天地日月觀"의 주장은 다음과 같다.

① 하늘(天): 한(大, 多)+올('얼안'의 '얼'의 古形으로 領域·廣原의 뜻), "하늘, 할늘"은 高原의 뜻. 일본의 高天原의 天은 高의 뜻이다. 太陽은 日이요, 天은 大日이다.
② 땅(地): "ᄯᅡ"는 "다, 달, 당〉라, 랄, 랑"의 轉變으로 보아, "다"의 硬音化다.
③ 바달(海): "바"는 雨水의 '비'와 同根으로 水의 뜻. "다, 달, 당"의 原始語根은 "ᄃᆞ"로 그 원의는 下의 뜻도 있으나, 空間·限界·領域의 뜻이니, "바달"은 "水地"의 뜻.
④ 희(日): 原語根 "ᄒᆞ"(日=天=神)+名詞化接尾辭 "이".

許永鎬는 또 명사화접미사 "이"를 인정하여 '물이 깊다'의 '이'는 水의 名詞인 '물'의 主格을 표시하는 吐라 하나, 원래는 '물이'는 '水란 것'이란 뜻이 있다고 본다. 이것은 소위 格助詞의 기원을 밝힌 점에서나, 한국어가 기원적으로 名詞文이었음을 파악한 탁견이라고 할 수 있다.

달(月): '月懸于空'의 "懸"에서 온 것이 아니라, 원의는 "밝다"는 뜻으로 또는 日과 같은 것이라는 뜻에서 '달'이라 한 것이니, 이 말은 '日'을 'ᄃᆞ-디' 또는 'ᄃᆞ디-ᄃᆞ리'라고 太陽을 가리키던 언어사회의 전승을 가진 종족의 어휘다. 上代 조선인은 日·月·星을 함께 같은 말로 표시하였던 것 같다.

이상 허영호는 한국인 최초로 數詞의 어원을 연구했으며, 소박한 의미로나마 單語族을 찾아 어원을 추적하였음을 알 수 있다. 그러나 알타이 고유어를 同系統語내에서의 과학적 비교만이 아니라, 인류 공통어의 가정하에 한자·범어·그리스어·라틴어에까지 비교하여, 인류 보편의 지각능력까지 추구하고 있음은, 언어학·어원학의 본령을 넘어선 비과학적인 것이라고 할 수 있다. 앞에 제시한 국어 "온"(百)과 영어 all의 대비는 그 좋은 예다. 다음과 같은 것들도 과학적이라 하기 어려운 것들의 예다.

  ① 바람(風)을 한자음과 비교한 것.

  ② 'ᄒᆞ'는 日＝天＝神의 뜻을 가지게 된다. 日은 光이요, 光은 明의 관념으로
     분화하면서 日도 'ᄒᆞ', 光도 'ᄒᆞ', '明'도 'ᄒᆞ'가 되었다. 즉 原初에는 日, 天,
     神, 光, 明의 종합적 관념을 'ᄒᆞ'라는 음운으로서 일괄한 것.

  ③ 위에 보인 것과 같이 音韻, 語韻 등 술어의 개념규정 및 사용의 混線.

그러나 1950년대 혼란의 와중에서 이만한 어원론을 펴고, 이 때 벌써 대
학에서 어원론 강의를 베풀었다는 것은 허영호의 공적이라고 할 수 있다.

5. 梁柱東(1903~1977)의 「古歌硏究」(1942)[22] ·
「國學硏究論攷」(1962)

널리 아는 바와 같이 「古歌硏究」는 鄕歌註釋書다. 그 과정에 많은 고
어휘의 어원을 밝혀 놓았다. 시인이요, 영문학자요, 국문학자인 无涯는
국어 어원학자로서도 그의 천재적 재능을 향가의 註釋 과정에서 마음껏
발휘하였다. 순수 국어(어원)학을 위한 것은 아니었고 언어학의 훈련이
있었던 그도 아니었지만, 아래와 같은 기술은 오늘날도 오히려 수긍하지
않을 수 없을 것이다.[23]

    "純粹形容詞는 名詞에 直接 冠用되는 「새 · 외」(新 · 孤) 等뿐이오, 述語로
쓰이는 一切 形容詞, 例컨댄 「붉 · 크」(赤, 大) 等은 本源的으로 動詞라 생각
한다. 例컨대 「자 · 크」(眼, 大) 및 「먹 · 붉」(食, 赤) 等은 一動詞 · 一形容詞

---

22) 梁柱東의 朝鮮古歌硏究가 나온 해는 1942년이나, 여기 臺本으로 하여 조사한 것은 1970년
    에 일조각에서 나온 增訂 古歌硏究다.

23) 梁柱東, 增訂 古歌硏究(일조각, 1970), p.327.

로 區別하되, 이는 語義로 본 便宜的·常識的 區別뿐이오, 兩者는 各히 「ㄴ·
ㄹ·는·다」 等 助詞우에서 何等用法의 區別이 업스며, 다만 現在時相助動詞
「ᄂ」의 添加與否가 問題이나 古語法에선 그것도 絶對的 差別이 잇는 것이 아
니다."

　관형사로 쓰이는 '새'와 함께 '외'·'날'(生) 등 몇몇 낱말은 형태상 아무
런 변화 없이 명사 앞에 올 수 있다. "알타이 제어에서는 명사와 형용사가
형태상 구별되지 않는다." '외'·'새'·'날' 등은 "명사로도 사용되고 형용사
로도 사용된다. 그러나 현대어에서는 명사로서의 사용은 없어지고 다만 수
식어로서의 기능만을 가지게 된다."[24] 여기 중세국어의 '외'·'새'·'날' 등은
알타이 제어의 nomen(形容名詞)과 동일한 것이다. 이 같은 알타이 제어의
특징을 정확히 간파했던 것이다. 이것은 한국어에는 형용사가 없다고 한
Ramstedt나 Poppe의 설이나 한국어의 형용사를 상태동사 혹은 형용동사라
고 부른 Knobloch의 견해와도 완전 일치하는 것이다.[25] 无涯는 '깨우다'와
같은 단어 하나도 얼마나 철저히 분석하고 있는가를 보자.

　자동사 '깨'(寤, 覺, 悟, 醒)와 '우'의 합성어인 타동사. '깨'의 본형은
'짜', '짜'는 타동사, '깨'는 자동사(被動形), '깨우'는 타동사. 동일 양상으
로 '무·뮈·뮈우, 프·픠·픠우'(動·發) 등을 들고 있다.

　또 无涯는 몽고어에도 유의하여 몽고어의 '치'(赤)가 麗代에 수입되어
轉寫된 '必闍赤, 吹螺赤, 鞍赤' 등도 밝혔다. 또 金史語解·元史語解의 다라
치, 차치, 모도치, 아올라치(農夫, 司茶人, 木匠, 司山人), 淸文鑑의 必闍赤,
筆帖式(비지치: 官衙의 書記)에도 유의했다. 이 같은 어원추구는 「麗謠箋
注」에도 많이 있으나 「古歌研究」에서만 뽑아본다(괄호 안은 해독).

24) 김방한, 韓國語의 系統, pp.181~182. '늦가을'의 '늦'이나 '납거미'(壁蝥)의 '납'도 nomen일
　　것으로 본다.
25) 김방한, 前揭書, p.181.

(1) 국명

① 加耶, 駕洛(가락) ② 馬韓(마한), 辰韓(신한), 弁韓(가락한 또한 가락신한) ③ 肅愼(息愼), 朝鮮[26](붉신, 붉싯나라, 붉샌나라) ④ 新盧‧新羅‧斯盧‧斯羅‧徐那‧尸羅는 '東部‧東土‧東方'이란 義의 '시니', '徐耶伐‧徐伐'은 '시니볼‧시볼'로 도시명인 동시에 국호 '斯盧'의 '斯'(시), 신라(시, 시니, 시니볼, 시볼)의 '시'는 族名[27] ⑤ 阿羅伽耶‧阿尸良‧阿那加耶‧安羅(아래 ㅅ 그락 즉 下加羅), 南加羅(앒그락).

(2) 왕칭‧관직명

① 居西干, 居琴邯(又한으로 始祖王의 뜻) ② 鞬吉支(큰깃치 혹은 큰것‧큰거시‧大者) ③ 儉側(검치, 큰치), 樊祇(불치), 邑借(골치), 莫離支(ᄆ락치, 말치, 만치 곧 大人)[28], 乙支(웃치) ④ 遣支‧近支(큰치, 大者), 健牟羅(큰ᄆ올) ⑤ 國仙(붉순) ⑥ 吉士, 吉次(地方長官의 義인 길치)[29] 稽知‧稽次(길치의 ㄹ脫落形 깃치) ⑦ 奈麻‧奈末‧乃末(내말, 川官의 義) ⑧ 尼師今‧尼叱今‧爾叱今‧齒叱今(닛금, 嗣王, 繼君)[30] ⑨ 酒多(수볼한) 角干(시볼한-쌀한)[31]의 附會, 大庖(한볘, 韓歧) ⑩ 麻立干(말한) ⑪ 毛末(터몰)[32], 毛禮(터리), 毛祿(터락) ⑫ 昔脫解의 昔(녜) ⑬ 我刀干, 汝刀干, 彼刀干(나도한, 너도한, 뎌도한) ⑭ 阿湌‧阿叱干‧謁旱支‧阿尺干‧阿粲‧閼粲‧遏粲(앚찬, 앚자한, 앚한: '앚'은 小‧弟‧次로 小相‧次相의 義) ⑮ 三國志, 魏書 東夷傳 韓의 阿殘(아촌‧아존의 寫音, 魏書의 기록은 附會說: 辰韓人이 樂浪僑民을 弟視하여 '아촌사롬'이라 이른 것 혹 小吏의 義‧'아전'은 앚잔‧阿尺干의 轉)

---

26) 古歌硏究, p.391.

27) 古歌硏究, p.386, 41, 42. 徐廷範은 Ainu, e30, Nanai, Evenki, nivx 등이 그들 각각의 언어로 "사람"을 뜻하는 말에서 그들 종족명이 되었음과 같이 斯盧(新羅), 夫餘(渤海), 百濟, 句麗(高麗), 朝鮮 등의 종족명이 "사람"의 의미를 지닌 말에 어원을 같이함을 밝혔다. 서정범, "國語의 祖語硏究", 語文硏究 42, 43 合倂號 제12권 제2, 3호(일조각, 1984).

28) p.56에는 ᄆ락치, p.71에는 말치, p.116에는 말치. 그 간의 점진적 변화와 表라도 보여야 할 것임.

29) 同書, p.178에 '길치'는 '路人' 곧 '行人‧使者'의 義로 解.

30) 用言語幹+名詞=명사의 조어법이 고대국어에는 없었다고 한다.

31) 角干은 '쌀찬(p.155), ㅅ 볼한, ㅅ 불한(p.387), ㅅ 블한(p.413), 불한(p.693), 시볼(p.597) 등으로도 보인다.

32) '朴堤上 或云 毛永'은 '毛末'의, 骨蘇多는 骨蘇曷의 誤임을 바로잡은 것은 无涯임. 그는 骨蘇曷(伊)은 곳갈(弁)의 표기로 보았음.

⑯ 儒理・琉璃(누리・世) ⑰ 伊罰干, 角干, 舒發翰, 舒弗邯(ㅅ불한, 쁠한・京長의 뜻)・伊伐飡・于伐飡・角粲(ㅅ불자한・쁠찬・京長의 뜻) 迊飡(잣찬・城長) 波珍飡(바둘찬・海官의 뜻) 奈麻, 乃末(川官) ⑱ 一吉飡・乙吉干(웃길찬・웃길한・上吉干의 義) 句麗官名 乙耆次(웃길치, 웃깃치) ⑲ 舍知(말치) ⑳ 臣智(센치・强者) 遣支(큰치・大者) ㉑ 迊飡, 匝判, 齊旱支(잡찬, 잡한, 城長) ㉒ 處干(굿한, 庫直, 佃客) ㉓ 處閭近支(或 虎閭의 誤로 골큰치, 郡長) ㉔ 和白(수스리, 衆語의 義인 '수슬'・'수스워리'의 명사형, 만주어 '赫伯': '헤베'에 擬하는 구설도 있음).

(3) 지명・城名

① 盖馬山(김뫼・神山, 現白頭山) 玄菟(굠도, 神基) ② 王險城(검잣) 金馬渚(검도) 險瀆(검도, 검터) ③ 皆伯(금마지: 王逢, 遇王) ④ 皆次山, 介山(깃뫼, 김뫼, 神山) 也次忽(엊골) ⑤ 槐壤・仍斤內(늣네・는네) ⑥ 陰城・仍忽(느름ㅅ골・늠ㅅ골) ⑦ 穀壤・仍伐奴(넷불너, 닛불너, 너블너) ⑧ 進禮, 進仍乙(긴느리, 진느리) ⑨ 徒山・猿山(냇뫼, 납뫼) ⑩ 東安・生西良(시너) 東浦, 薪浦(새애) 東津, 失浦(싯ㄴㄹ) 柴原(시블) ⑪ 杜門洞(둠: 圓, 四圍+골・洞, 두무ㅅ골) 두메(山峽)는 둠뫼의 訛 ⑫ 買溝婁(미ㅅ골・水城)・靺鞨도 同語異寫 ⑬ 未谷, 昧谷(미도, 水谷) ⑭ 百濟(붉잣, 불재: 光明城・國原城・扶餘城) 日譯 クタラ는 マ드르・ㅋ드르(大野). 'マ돌, マ드르'의 'マ'는 'ㄹ'(始)의 轉, '始開地'의 義 ⑮ 伐知旨(벌치ᄆ르・볼디ᄆ르 光明嶺) 舒脚의 전설은 俗音에 의한 附會 ⑯ 北龜旨(뒤ㅅ거붑 ᄆ르・뒷검ᄆ르, ᄆ르는 뫼) ⑰ 夫首只(붓기・種) ⑱ 邪頭昧(너둠의 轉, 예두메) ⑲ 沙梁(새도, 새터, 新址) ⑳ 徐伐, 所夫里, 沙伐, 東原京, 鐵原, 東州(시블) ㉑ 蘇塗(수도, 수터: 聖地, 聖基) ㉒ 始林, 雞林(시블) 金城(시블의 別稱 싯잣, 쇠잣) ㉓ 阿利那禮(불내의 轉音, ㅇ리나리, 閼川) ㉔ 아리랑고개(볼-볼-올의 轉, 아리嶺) ㉕ 阿莫城(암잣, 母山城: 굠잣, 神山城의 轉) ㉖ 阿斯達(앛달・小山・子山) 父岳(볼뫼) 母山(굠뫼) 弓忽(금골) 今彌達(금달) ㉗ 惡支縣(압기ㅅ골・악기ㅅ골・前城) ㉘ 迎日(듣이, 힉도디) 斤烏支(도치・돗귀) ㉙ 乙密臺(웃미르덕: 上龍堰) ㉚ 蠶台(갈디) 蠶頭峯(갈뫼: 加乙頭) ㉛ 枝良坪(가재ㅅ벌, ᄀ존벌: 完乎坪) ㉜ 幘溝漊(젹골: 小城) 置溝漊(뒷골) ㉝ 川(나리) 津(ㄴㄹ) 國(나라)은 同源語 ㉞ 鵄述嶺(수리재) 車踰(수리나미) 酒岩(수리바회) ㉟ 置音浦(둠개, 두무ㅅ개, 圓浦) ㊱ 濟州島, 耽羅, 耽牟羅, 屯羅, 儋羅(둠너) 漢拏山・頭無岳(圓山) ㊲ 國內, 不耐, 平那, 平壤(볼너, 벌내) 列水, 浿水(볫너・빌너→蛇水) ㊳ 風流山, 樂山(블뫼・불뫼) 風月道(불道: 震域古敎의 근본적 사상) ㊴ 黃澗(수리 縣北所伊山에 依) ㊵ 斤尸波衣(글바의) 奈吐(냇도) ㊶ 盖斯水(김너) 淹㴲水・奄利水, 鹽難, 冉路(엄너), 阿莫城, 母城(암잣).

(4) 인명

① 皆叱知(奴隷의 古語 거러치) ② 弓巴(활보) ③ 耆婆郞의 耆婆(길보, 기보, 長命의 뜻, '보'는 人名尾辭)(治病의 義, 人名 Jiva는 固活, 能活의 義) ④ 仇道(굳도리) 努盼夫等(노프도리, 노프들, 높도리: 騰騰의 義) 智大路, 智道路, 智哲老(디도리, 기도리, 長命의 義) ⑤ 內珍朱智(넛돌치) 伊珍阿豉(잇돌치) 昔脫解(녯도희·닛도희〉옛도희) ⑥ 恒恒朴朴(달달박박: 苦節) ⑦ 得烏, 谷烏, 失烏(실오, 烏는 羅人 男女名에 쓰이는 添尾語) ⑧ 抹樓下, 瑪樓下(마노라, ᄆᆞᄅ하) ⑨ 寐錦(믿금, 始祖) ⑩ 毛麻利叱智(터말ㅅ치 곧 場上) 微叱許智(믿희치, 末子, 美海, 未斯欣, 未吐喜) ⑪ 毛末(도ᄆᆞᆯ, 터말) ⑫ 味鄒尼叱今, 未照, 未召(믿닛금) ⑬ 卜好, 寶海, 巴胡(ᄇᆞᆰ희, ᄇᆞᆰ희, 복희) ⑭ 朴沙覽(ᄇᆞᆰ사롬·羅人의 義) ⑮ 朴堤上(ᄇᆞᆰ터ᄆᆞ로·羅邑長이란 職名) ⑯ 强首(쇠말) 原宗(ᄎᆞᆯᄆᆞ로) ⑰ 國事房의 房(안즌방이, 주정방이, 거렁방이, 게으름방이……) 등 '방'의 어원, 音借字 ⑱ 弗矩內(ᄇᆞᆯ근뉘, 赫居世의 譯語)[33] ⑲ 薯童(ᄆᆞᆺ둥, 막둥, 마퉁, 末子의 義) ⑳ 書房(西房의 轉, 原義를 書室, 書齋로 봄은 附會) ㉑ 善花(일희, 혹 셋희, 第三女) ㉒ 蘇伐都利(ㅅ볼도리, 도리는 '石': 壽命堅固의 義, 人名語尾) ㉓ 炤知·毗處(빛치: 光) 猒髑, 異次頓, 伊處(잋치, 이치) ㉔ 世里智(누리치) 居七夫智(거칠믈치) 福登智(복둥치) 覓薩智(막새치) 助富利智干(시불치한·샐찬, 角粲, 角干) ㉕ 阿其拔都(아기바톨, 바톨은 勇者) ㉖ 阿殘(아촌, 아즌으로 弟視하여 아촌사롬) ㉗ 아지, 아기는 '앚'의 主格形이 명사형화 앚+아비〉아ᄌᆞ비, 앚+아미〉아ᄌᆞ미 ㉘ 아희: 兒孩, 阿孩는 偶合. 고유어 아비, 어미가 阿父, 阿母가 아니듯 ㉙ 阿好里(아ᄒᆞ리로 重九生女兒의 幼名) ㉚ 良志(아치[34])〈바치: 工·工匠) ㉛ 元曉(새돌이: 新幢·誓幢은 新地民의 義인 '새돌') ㉜ 伊宗, 異斯夫, 苦宗(잇ᄆᆞ로) ㉝ 朱蒙(善射者, 滿語 卓琳莽阿: 쥐린망아) ㉞ 天明夫人의 天明, 元曉(새ᄇᆞᆰ, 새배) ㉟ 波吾赤(ᄇᆞ리치, ᄇᆞ로치) ㊱ 解慕漱(김수, ᄀᆞᆷ수), 神雄(ᄀᆞᆷ수), 解慕·盖馬(ᄀᆞᆷ) ㊲ 桓雄(한수, ᄀᆞᆷ수) ㊳ 希明(희ᄇᆞᆰ: 日明).

---

33) 이 기록에 대하여는 그 義를 誤認함일 것이니 御諱는 붉(朴赫)뿐 '居世王'은 '居西干'과 동일한 'ᄀᆞᆺ한'이라는(p.634, 313) 无涯의 주장과 李男德 교수의 반대의견이 있음. 한국어 어원연구(1985), pp.21~24 참조.

34) '良志'는 "두렵건댄" '아치'의 借字라 하였으니 마음속으로 얼마나 신중하려 했음도 알 수 있다.

(5) 풍속·신앙

① 矩矩吒(닭을 꼬꼬, 꾸꾸로 稱, 혹은 '까': 孵字로도 해석) ② 곰(神): 어원은 '감, 검'(玄, 黑) '김'은 '혀'+ㅁ 名詞添尾語, '王'의 古訓에 仍用, 어원은 '幽·玄' ③ 怛忉의 '슬·설'과 歲의 '설·살'은 通, 悲愁而禁忌百事는 附會 ④ 東盟, 東明(시붉: 曉) ⑤ 舞天(한붉춤: 天祭舞) ⑥ 寶(부·原義未詳, 償債, 增殖의 '부·붇'과 관련된 말) ⑦ 蘇塗(수도, 수터, '수'를 祭하는 聖地, 聖基) ⑧ 迎鼓(마지굿) ⑨ 遺子禮(遺可禮: 곳갈, 곳갈의 誤?) 尉解(우히, 웃히) 柯半(ᄀ뷕) 洗具(신) ⑩ 八關會(볼ᄀ會) 東盟(시블) 寒盟(한블, 한붉)과 同淵源, '한붉'은 天의 古訓 寒盟의 寒이 賽 또는 塞의 誤라면 역시 '시붉'.

(6) 歌樂名

① 徒領歌(徒領은 돌·도리·道令과 같은 男女名의 尾辭, 花郎歌) ② 突阿歌(突阿는 '돌아'·'돌아, 돌아'로 시작한 노래) ③ 兜率樂(兜率은 돗·도리·두리) 兜率歌(돗놀애, 두리놀애, 社歌: 農樂) 原義는 '두리둥둥' 打鼓冬冬의 擬音, 兜率의 佛典原語 Tusita) ④ 詞腦: 意精於詞 故云腦也는 附會 ⑤ 山有花歌(시니樂, '뫼나리'로 訂) ⑥ 辛熱(樂) 詩惱(樂) 思內(樂) 詞腦(歌) (스니, 시니, 싀니, 시너) ⑦ 碓樂(방아타령) ⑧ 會蘇(아소, 原義는 奪取의 訓과 同語인 '去·祛'의 義의 '앗'의 명령형 '아소' 곧 禁止의 辭(마오, 그만 두오)다).

(7) 범어

① 乾達婆(간달바, 原義 '嗅香'·'尋香'의 義로 '俳優'의 稱이 됨. 現行語 건달) ② 摩耶斯(魚의 語 '맛사'의 寫) ③ 부텨(Buddha) ④ '施主, 施惠, 施食, 布施' 등의 '施'는 범어 Dana(檀那의 譯, '與也, 惠也'의 義이나 '捨也'의 義를 겸함) ⑤ 범어(往, 來)는 ga, '往過'는 gam, 과거형 gata ⑥ 刹(범어 ksetra, 漢譯의 掣多羅, 差多羅, 紇差怛羅의 不半語音 多羅, 怛羅만을 취하여 '뎔' 日訓 'テラ'가 됨).

(8) 일반어휘

① 굴(日): 어원은 'ᄀᄅ치'(指, 敎)의 '굴오', 궁극적으로 '分別'의 義 ② 얼(交合) 오올, 올(完·全) 얼(凍) 얼의(凝) 등과 유의어 ③ '일꾼, 짐꾼, 홍정꾼, 쌈꾼' 등의 '꾼'은 軍과 무관, 原義 '큰'의 轉, '큰'은 '한'(可汗, 干)의 동의어로 長의 義. 예: 豆腐한·圓頭한 ④ 南의 古訓 '마' 馬訾水(마ㅅ니: 南川) ⑤ 돌

(月)의 어원은 懸(둘), 突阿樂의 突阿는 '둘아'(돌아) ⑥ 慕, 畫(그리~)는 同
어원이다. ⑦ 母, 枝, 鶯의 訓의 어원은 '엄, 갓, 곳골'. '어미, 가지, 곳고리'는
주격형 '어믜, 가재, 곳고리'는 持格 方位格形 ⑧ 믈잇(凡) : '믈'(群)의 持格形
임. 語義는 '衆多한 事實잇, 만흔 事實로 미루어 보아서잇'의 뜻 ⑨ 비홋 : 學의
명사형, 노릇(戲)이 놀(遊)의 명사형 ⑩ 병아리〈비육+아리 ⑪ 다뭇, 다뭇(並,
與)의 副詞形 다미지 속어 '도모' ⑫ '菩提'나 '十方'을 '보리'나 '시방'으로 읽음
(女根의 속어와 유사) ⑬ '브즐'은 '規規(驚視貌)의 原義로 '操心 · 辛勤 브즐
업시(無常守) : 漫 · 空, 브즈런(혼)(勤), 브즘브즘, 부짓부짓, 부진부진(長常 ·
不斷) 버정(泰然 · 正常) ⑭ 싀집(媤家)의 '싀'는 시(新) '싀집, 싀아비, 싀앗'은
新家, 新父, 新妻 ⑮ '시 · 겨시'의 '시'(샤)의 어원은 '이시'(이샤)임 ⑯ '아래'의
原義는 '向훈날' ⑰ 어버싀〈업(父)+엇(母)+이 주격형 ⑱ 어싀(母)→親(父系
家族制度 確立後) ⑲ 자리〈잘(寢)+ㅣ 抽象名詞, '寢所'의 뜻→座席 ⑳ 절(拜) :
古訓 '저흐'('畏, 懼'의 義), '절'은 '折'의 轉일 듯 ㉑ 혀(點火)〈혀(引)에서 불
을 만드는 원시적 사실의 발견 ㉒ 주비(矣) : 部, '六矣'는 '六部'의 義 ㉓ 즘성
(獸)〈즁싱(衆生 : 鳥獸 · 虫 一切 生物) ㉔ 즁(容貌→身形, 姿態, 行動), 낯(面,
顏), 얼굴(人與物의 形, 體, 形骸→容貌) ㉕ 궂(盡, 窮)→궂(最) 몯(兄, 伯) 굿
몬져, 굿처섬〉맨몬저, 맨처음 ㉖ 빼앗-(奪)〈'싸'(拔, 抽)+앗 ㉗ 굼(穴) : 검(黑)
곰(女神)과 同源語.

위와 같이 명결한 추정도 있으나 언어학, 국어학에 관한 전문적 지식의
결여는 곳곳에 오류도 낳았다.

> ① 누리(世)의 원형은 뉘, '뉘-누리'의 轉은 맛치 뫼-모리 · 모로(山), 미-므
> 리 · 믈(水), 내-나리(川), 싀-서리(間) 등의 互轉과 동일한 'ㄹ'음의('ㄹ'
> 음을 子音連音素로 보고) 音便上 개입이다.[35]

오늘날의 정설은 'ㄹ'음이 들어 있는 "누리, 모리, 므리, 나리, 서리" 등
이 원형이고 'ㄹ'음이 탈락되어 이중모음〉단모음의 길을 걸어왔다고 본다.
'미'와 '믈'을 북방계어 남방계어로 나누는 설도 있다. 모음 사이에 끼어 있
던 'ㅎ'음이나 'ㄹ'음 탈락(즉자히〉즉재, 님자히〉님재, 막다히〉막대, 누리〉
뉘), 이중모음 중에는 자음의 탈락을 거쳐서 형성되었다는 것은 周知의 사
실이다.[36] 서정범은 이에 대한 광범한 이론과 예를 제시하고 있다.

---

35) 梁柱東, 前揭書, p.84, p.634.

② '늘근'(老)의 고어형을 '느읅훈'(倦・懈)이라고 본 것. 즉, '느읅훈'은 '懶, 無氣力'의 義로서 '老'의 訓 '늘근'의 원형이라 한 것도 실은 늙~(老): 낡~(朽)의 Ablaut에 의한 분화임.

③ 시내(溪)의 原義는 '싀닉'(東川)라 한 것도 定說은 실(谷)+내(川)이나, šinai(本流)〈Ainu〉・činnu(淸)〈Ainu〉・šimpul(井水)〈Ainu〉・seri(泉水)〈만주어〉로 보아, 합성어로 볼 것이 아니라 단일어로 보아야 할 것이다. 합성어는 기본어휘 성립 훨씬 후, 즉 人智가 많이 계발된 후 생겼을 것이다. 따라서 시내(溪)는 原義 谷川 또는 井水・泉水에서 本流(šinai)・溪로 의미변화를 입었다고 보아야 할 것이다.

④ 汝湄縣本百濟仍利阿縣(三史卷36 地理3)의 '汝湄'도 '느리개' '너리애'로 읽을 것이 아니라, 內米・餘美・汝湄・猿 등의 記寫로 보아,[37] nami~namu(海, 池의 뜻)로 읽어야 할 것이다.[38] '仍利阿'는 '나리애'로 읽어야 할 것이다.

瀑池縣本高句麗內米忽縣 景德王改名今海州 內米忽一云池城.

海・波를 뜻하는 이 말은 알타이어에 두루 보인다. /namu/(만주어)(골디어)/lamu/(올차어)/nami/(波)(일본어).

⑤ '樂浪'을 '볼닉'라고 읽고 혹은 '느르'・'나리'로 읽어 津・州・國[39]의 뜻으로 봄은 스스로 둘 중의 하나를 부인하는 것이 될 것이다. 이 같은 예는 "位宮"의 해석에서도 보인다. 즉 "이슷"(相似의 義)의 最古出典으로 "位宮"의 "位"를 "잇"(續)의 訓으로도 해석, 位宮을 닝궁(嗣宮, 繼宮)으로 본다. 无涯는 "前說"을 釆한다[40]고 했다.

36) 李崇寧, 中世國語文法(을유문화사, 1982), p.59, p.70.
　　徐廷範, "原始國語再構를 위한 韓日兩國語의 共通祖語硏究", 慶熙語文學 6집(1983), p.18.
37) 梁柱東, 前揭書, p.783.
38) 李基文, 國語史槪說(탑출판사, 1978), p.35.
　　金亨奎, 國語史槪要(일조각, 1978), p.31.
　　都守熙, "百濟前期의 言語에 관한 硏究"(지식산업사, 1982), p.284.
　　拙 稿, "就利山 周邊 二三地名考",(公州師大論文集 21輯, 1983), p.99.
39) 梁柱東, 前揭書, p.527.
40) ____, 前揭書, p.443.

⑥ 彡麼를 범어 沙門(srmana) · 沙彌(sramanera)의 轉이라고 하는 것[41]보다, 당시는 불교가 들어오기 전 혹은 정착하기 전이니 샤마니즘의 shaman 만주어 saman, 당시 尊長者를 가리켰던 sam으로 보아야[42] 할 것이다.

⑦ 둘(月)의 어원을 懸(둘)에 둠은 국어 어휘만 본 탓. 동계어 sara(몽고어) bja(만주어) tuki(일본어)는 어떻게 설명할지. '懸'에 두는 것보다 懸 혹은 回轉이 달(月)이란 명사에서 왔다고 보아야 할 것이다.

⑧ 싱각, 스랑(愛)을 省覺, 思量에서 그 어원을 찾음은 의문. '생각'은 그 音相으로 하여 불교 관련어인 듯도 하나, 김선기는 '마음'을 몽고말로 [sanaga]라고 함에 유의, 한국말 [sɛŋgag]과 말이라고 한다.[43] 사랑(愛)은 아무래도 "살(肌), 사람(人), 삶(生), 살~(生), 살림, ~살이" 등과 같은 단어족에서 기원한 말로 보아야 할 것이다. 한자어 기원설, 중국어 기원설은 字義에의 부회일 것이다.

⑨ '斜, 斜是'(빗 · 빗기) 즉 '官의 證明書'의 原義를 미상. 혹 '書記'의 義인 筆帖式(비지치)의 약어일까 하는 의문을 제기했다. 홍기문은 어떠한 서류를 관청에서 증명해 줄 때는 반드시 그 끄트머리에다가 비스듬하게 증명한다는 문구를 써 주는 까닭에 '빗기'라고 하는 것이라고 하였다. 무애가 제기한 의문이 옳은 듯함.

⑩ '오늘'은 "온(來의 旣然連體形)+볼(光明)"로 보기보다는 '올〉온+올'(접미사)로 보고, "얼 · 온"은 Ablaut로 봄이 좋을 듯함.
ㄴ下에서 ㅂ탈락의 예가 없기 때문이다. '얼'은 얼〉엊+제〉어제(昨)의 '얼'이다.

⑪ 하늘(天)은 '한(大)+볼'(光明, 國土)로 보는 데는 同系統語와의 비교가 전제되어야 할 것이다. 徐廷範은 '한(太陽)+알'(접미사)로 본다.[44]

⑫ "오롬 · ᄀᆞ롬 · ᄇᆞ롬 · 사롬"(岳 · 江 · 風 · 人) 등이 "오ᄅᆞ · ᄀᆞᄅᆞ · ᄇᆞ · 살"

41) _____, 前揭書, p.436.

42) 徐廷範, "삼神考 · 處容歌考", 淑明女大 亞細亞女性研究所, 亞細亞女性研究 9, 1970, pp.217~219.

43) 김선기, "한 · 일 · 몽 단어 비교", 한글 142호, 1968, p.18.

44) 徐廷範, "韓國語語源研究", (慶熙大論文集 13輯, 1984), p.21. "〈보름〉의 語源考"(국어국문학 51호, 1971), p.79에서는 한(大)+알(卵)로 보았으나 수정하였다. 한울, 한얼(大靈)로 보는 분도 있다.

(登·歧·吹·生)의 명사형이라는 것[45]도 문제다. 인간의 의식에서 사물
(명사)이 먼저 있어 의식하고, 뒤에 동작(동사)을 의식한다. 소위 동사 어
간이라고 하는 것들도 실은 명사였을 것이다. 이는 同系統語의 연구가 지
시하는 사실이다.[46] '어룬'(長者)〈'어루'의 旣然連體形(旣合者, 有配偶者)
도 재고되어야 할 것이다.

이상으로 양주동의 어원연구는 중국의 사서와 우리의 古典籍에 나오
는 거의 모든 어휘에 걸쳐 있음을 알 수 있다. 이것은 실로 자타가 공인
하는 그의 천부적 재능으로만 가능했던 것이다. 그러나 시대적·인간적
한계는 어쩔 수 없는 것이니, 同系統語에 대한 비교언어학적 연구 방법
의 부족은 국어에만 시야를 국한시킴으로써, 의미적 유연성의 추구에만
그친 흠이 있다. 李基文의 다음과 같은 언급은 주목할 만하다.[47]

　　　"古代 固有名詞의 語源論에 대한 가장 包括的인 한 試圖(「古歌研究」를
　　말함: 筆者註)에 있어서는 '시, 붉, 한, 곰, 니' 등의 數語로써 거의 모든 古代
　　固有名詞의 語源을 밝히고 있는 듯한 印象을 받는다."

그러나 无涯는 「朝鮮古歌研究」(1942)를 낸 후 국어어원에 관하여 더욱
많은 논문[48]을 써서 「世代」·「思潮」·「새벽」·「文章」·「朝光」 등에 발표

————————————

45) 梁柱東, 前揭書, p.584.

46) 徐廷範, "國語의 祖語研究", 語文研究 42, 43 합병호, 1984.
　　 "韓國語 語源研究", 慶熙大論文集 제13집, 1984.

47) 李基文, "言語資料로서 본 三國史記", 震檀學報 38호, p.214.

48) 梁柱東, "上代語研究의 길에서", 조선일보사, 朝光, 2권 1호, 1936. 1. 1.
　　 梁柱東, "稽古襍俎－近者研究의 主題", 朝鮮日報社, 朝光 3권 1호, 1937.
　　____, "語義攷數則", 朝鮮語學會, 正音, 통권 27호, 1938. 11.
　　____, "詞腦歌釋註序說－鄉歌의 原稱과 그 原義", 文章社, 文章, 통권 21호, 1940.
　　____, "古歌研究抄－雅三·俗四攷", 思潮社, 思潮.
　　　　1권 5호, 1958. 10. 1, 도령, 님, 년, 놈, 아리랑, 가위, 수리.
　　　　6호, 1958. 11. 1, 서방, 바보, 마누라, 건달, 화냥, 문둥이.
　　　　7호, 1958. 12. 1, 이두, 입겻·고(遣), 화백, 月顚, 束毒, 걸.
　　____, "님, 년, 놈考－古語研究抄", 民族文化社, 民族文化 4권 3호, 1959. 3.

하였다. 연구대상 어휘들은 논제가 말하는 대로 국사 고어휘 및 풍속어 혹
은 비속어들이 주를 이루었다. 연구대상 어휘들을 보이면 다음과 같다.

① 國史古語彙: 朝鮮·阿斯達·樂浪·和白 등(국명·지명·시조·位號·
   官名·인명·祭政·歌樂名).
② 風俗語: 端午, 流頭, 秋夕, 아리랑, 月顚, 束毒, 걸, 도령, 가위, 수리.
③ 卑俗語: 님, 년, 놈, 서방, 바보, 마누라, 건달, 화냥, 문둥이.

이들 중 색깔이 없는 일반어휘라고 할 수 있는 것은 다음 몇뿐이다.

　우리, 모ᄅᆞ, ᄇᆞ호, ᄀᄅ치, ᄃᆞ, ᄉᆞ, 添尾語 곰.

이 같은 성격은 鄕歌註釋을 위한 고어연구의 부수적 산물이니 당연한
것이었다. 여기서 비교언어학적 방법은 기대할 수 없고, 중국 및 우리 古
典籍에 관한 无涯 특유의 해박한 고증만이 있을 뿐이다. 또 國史古語彙
는 사학자들의 연구대상으로서, 풍속어 혹은 비속어들에 관한 어원연구
는 好事家들의 지적 호기심의 대상으로서는 충분하지만, 어휘론의 一分
野로서는 부족한 것이다. 물론 이 같은 지적 호기심이 이 분야 연구의 계
기를 만든 것도 사실이다. 육당의 어원연구[49]에 관한 최초의 논문이 이를
증명한다.

"國史古語彙考-古語研究抄(上)" 새벽사, 새벽 6권 4호, 1959. 9. 朝鮮, 阿斯達, 樂浪. 이상
의 논문들은 재분류 수정되어 "國學硏究論攷"(乙酉문화사, 1962)에 수록되었다. "아리랑
고설-아울러 우리의 어원" 漢陽 2권 5호, 東京, 1963. 5.
"端午·流頭, 秋夕考-그 본말과 語源故事" 漢陽 2권 7호, 東京, 1963. 7.
"한국어의 音聲美-아울러 님, 아리랑考, 대한교육연합회, 새교육 18권 3호(통권 137호),
1966. 3. 1.
"國語 語彙의 聲調美, 構成美-대표단어 10개, 그 語源", 世代 4권 11호(통권 40호), 1966.
"國史古語彙 借字原義考-國號·地名·始祖·官名·祭政·歌樂名 등", 明知大論文集 1집,
1968. 7. 10.
49) 崔南善, "朝鮮語男女根名稱考", 東明社, 怪奇 1권 2호(통권 2호), 1929.

6. 池憲英(1911~1981)

지명연구의 필요성은 이희승에 의해 일찍이 강조되었으나[50] 본격적인 지명어원 연구는 지헌영에서 비롯된다고 할 수 있다.

"朝鮮 地名의 特性"[51](1942)과 "鷄足山下 地名考"[52]가 그것이다. 앞의 논문은 지명연구의 가치 및 과학적 연구방법을 논하고, 그 방법으로 實査와 「歷史學·人文地理學·人類學」 등과의 제휴를 강조하였다. 또 조선 지명의 특성으로는 이중성·조화성·서민성·강인성을 들고 약간의 지명어원을 추구하였다. '地理山'의 '地理'를 '般若'(智)와 관련시키려 한 佛敎徒의 觀照에서, 羅末이래 통용하여 온 '디리'(드리)의 표현으로 보는 것이 그것이다. 뒤의 논문은 遺事의 白月山下 地名과, 大田근교의 鷄足山下 地名과의 비교를 통한 지명어원을 밝힌 것이다. 지헌영의 지명어원 연구는 단절되다시피 하다가 1970년대에 이어진다. 그의 지명 어원연구는 한국 어원학자들의 이정표 중의 하나인 향가연구로 나아간다.[53] 따라서 이후의 연구는 王稱[54]에 관한 연구를 빼고는 향가연구[55]가 주를 이루고 있다. 지헌영은 "居西干·次次雄·尼師今"을 '잇긴'의 異寫로 보고 '잇'은 '神聖·尊貴·高貴·長者·頭上', '存在·住居·生活·活動·搖動'을 뜻한다고 본다. 이것은 이제까지 이 분야 연구를 망라하여 가장 精緻

---

50) 李熙昇, "地名 硏究의 必要性", 한글 제1권 제2호(1932).

51) 朝光 第8권 第9號.

52) 朝光 第9號.

53) 池憲英, 鄕歌麗謠新釋(서울: 정음사, 1947).

54) _____, "'居西干·次次雄·尼師今'에 대하여", 語文學 第8輯, (1961).

55) 池憲英, "'阿冬音'에 대하여(上)", 韓國言語文學 創刊號, (1963).; "'阿冬音'에 대하여 (上)", 韓國言語文學 第2輯, (1964).; "鄕歌硏究를 둘러싼 迷와 疑問", 語文論志 第1輯, (1972).; "鄕歌의 解讀·解釋에 대한 諸問題", 崇田語文學 第2輯, (1973).; "「薯童說話」 硏究의 評議", 新羅時代의 言語와 文學, (1974).

한 것으로 보인다. 이 점에서도 그의 논문이 寡作인 것이 아쉽다. 지헌영의 지명어원 연구는 국사상의 古地名 比定[56]으로 흐르기도 하고, 고전문학 주석의 일환이 되기도 하였다. "井邑詞의 연구"(1961)에서 "廣津의 지명어원에 대하여"가 그것이다. 지헌영의 지명어원연구는 그의 거주지 대전 주변 백제 故地의 小地名이 중심이었으나, 都守熙에 의해 百濟故地 전체로 확대 발전되어 "百濟語研究"로 나타난다.

7. 金源表(生沒 未詳)

許永鎬에 이어 어원연구를 계속한 이는 김원표다. 그는 「한글」에 "술의 어원에 관한 一考察"[57]을 발표하면서부터 가시와 각시,[58] 쌀,[59] 보리,[60] 토끼[61](阿斯達·吐含山), 누에[62]의 어원을 계속 발표하였다. 최초의 논문이 나온 때와 마지막 논문이 나온 때의 간격이 15년이니 생애의 중요

---

56) _____, "「熊嶺會盟·就利山會盟」의 築壇 위치에 대하여", 語文研究 第5輯, (1967).: "「炭峴」에 대하여", 語文研究 第6輯, (1970).: "「善陵」에 대하여", 東方學志 第12輯, (1971).: "「豆良尹城」에 대하여", 百濟研究 第3輯, (1972).: "産長山下 地名考", 百濟研究 第4輯, (1973).

57) 金源表, "술(酒)의 어원에 관한 一考察", 朝鮮語學會, 한글 12권 2호(통권 100호) 1947. 5. 20.

58) _____, "'가시'와 '각시'의 어원에 관한 한 고찰", 朝鮮語學會, 한글 12권 3호(통권 101호) 1947. 7. 15.

59) _____, "'벼(稻)'와 '쌀(米)'의 어원에 관한 고찰", 한글학회, 한글 13권 2호(통권 104호) 1948. 6. 20.

60) 金源表, "'보리(麥)'의 어원과 그 유래", 한글학회, 한글 14권 1호(통권 107호) 1949. 7. 15.

61) _____, "古書에 보이는 '兎'의 語源考―어원학상에서 본 阿斯達과 吐含山의 지명", 한글학회, 한글 통권 130호, 1962. 9. 30.

62) _____, "누에(蠶)의 기원과 그 어원고(語源考)" 한글학회, 한글 14권 2호(통권 108호) 1949. 9.

한 때의 많은 부분을 어원연구에 바친 셈이다.

"술"(酒)의 語源: Sur의 동계어는 아세아(歐洲의 일부분)에 광범위하게 분포되어 있다.

> 다달어: 실(Sir).
> 몽고어: 桑郞, 索郞, 答剌速(打竦酥).
> 우갈(回鶻·回紇)어: 샐(Ser).
> 마기알(馬扎兒)어: 샐(Ser).
> 범어: 수라(Sura).

우리의 "술"은 "수라"·"수볼"·"수을" 등이 줄어서 된 말로 본다.

"가시"와 "각시"의 어원: "가시"는 古代韓語(신라말) 계통의 방언으로 "갓"이란 말은 "가시"의 줄어진 말이며 곧 "각·시"와 같은 계통의 말이다. "假廝兒"(金史)는 "가시네"·"가시나이"의 동계인 외래한 여진어(고려말)를 한자로써 取音한 말인 동시에 고려 때에 함경도 이북의 땅에서 土着거주하던 女眞族屬의 한 殘遺의 말이라고 한다.

"벼"와 "쌀"의 어원: "벼"(稻)는 馬來語(인도어)의 베라스(biras), 파디(padi) 또는 파디(paddy)에서 온 말이다. 한자 "米"의 한국음 mi, 일본어 mai, pei도 이 馬來語의 轉訛된 음이다.

살·쌀(米)은 菩薩(psal)의 寫音인 뿔(psal)의 訛音에서 온 것이며, "살·쌀"은 인도에서 米粒을 의미하는 "싸리라"(舍利＝sarira)의 舍利의 "싸리"(sari)가 줄어서 된 것이다.

"보리"(麥)의 어원: 周의 來牟(리모)는 몽고족의 선조인 獯鬻(獫狁)의 유물로 당시 北狄과 東夷의 음으로 牟來(보리)였던 듯하다. 맹자의 麳麥은 "모리" 또는 "보리" 日語 "무기"도 牟來의 取音이다. "麥"을 보리, 牟來(모리), 麳來(보리), 일어 布止(보시) 몽고어 布亥, 러시아어 쁘세니차, 불어 Froment, 영어 barley, 앵글로색슨어 baerlic(밸리크)〈bere, 고트어 baris가 모두 동일어원에서 온 것이다.

이상 "술", "가시·각시"의 어원은 그 祖語를 재구하고 그 원의를 밝혀야 할 것이나 同系統語 해당 어휘의 古形을 열거하는 데 그치고 말았다. 계통이 다른 범어와 餘他語의 유사음 s~r을 공유한 이유도 설명하지 않고 있다.

"보리"의 어원도 전혀 계통을 달리하는 인도·유럽어와 알타이어 사이에 아무런 음운변화, 그에 의한 음운대응의 설명도 없이 유사음의 나열이 아쉽다고 할 수 있다. "누에"(蠶)의 어원도 누에가 실을 吐하고 움직여 가는 꼴이 마치 바늘로써 옷을 "누비"는 모양과 같다고 하여 "누베벌레〉누베〉누에"가 되었다고 보기보다는 "눕다"(臥)에서 온 臥虫으로 보는 것이 "臥蠶·臥蠶眉" 등으로 보아 자연스러울 듯하다. "兎"의 어원은 최현배(1963)가 "다시 朝鮮의 말밑에 대하여"에서 인정한 바와 같이 정곡을 얻은 것이라고 본다.

8. 金亨奎의 「國語史硏究」(1962)

김형규는 한국인 최초로 〈三國史記〉 지명의 종합적인 연구[63]를 내서 신라어의 재구를 통한 어원탐색의 길을 열었다. 또 "계집"(女)의 어원을 "在家"(겨집)라고 주장하여[64] 이후 이 단어에 대한 어원 논쟁의 계기를 마련했다. 동사 어간 "겨"(在)와 "집"(家)의 합성이 고대국어의 조어법상 가능한가가 문제의 초점이다. "신발, 감발, 달팽이" 등으로 보아 贊意를 표하는 劉昌惇(1966), 崔鶴根[65]과 단일어(simple word)라 하여 否를

63) 金亨奎, "〈三國史記〉의 地名考", 震檀學會 16號, 1947.
64) 金亨奎, "「계집」에 대하여", 한글 통권 119호, 1956.
65) _____, 전게논문, p.40 참조.

표하는 최근의 연구가 그 예다.

또 "국어 어휘의 역사적 연구"[66]는 음운탈락에 의한 어형단축과 그에 대한 보강현상을 주로 하여 국어어원을 추적하였다. 그 방법으로, ㄱ, ㅂ, ㅅ 음의 약화탈락에 의한 음운 및 형태의 변화연구, 방언 및 同系統語와의 비교, 의미변화 등을 연구하여 보다 과학적 어원 추구에의 길을 열었다. 그러나 이들 연구는 어원연구 窮極의 도달점인 祖語再構의 시도가 없다. 「國語史研究」는 강렬한 어원탐구의식에 의한 어원연구 결과가 아니고, 국어어휘의 형태적 변천사의 연구라고 할 수 있다. 또 그는 한국인 최초의 「國語學槪論」[67]을 내어, 계통론연구의 방법으로 "어휘, 음운, 어형"의 연구를 소개함으로써 어원연구 방법의 개선에도 공헌했다고 할 수 있다.

9. 李丙燾의 「國史大觀」(1948)·「國譯三國史記」(1977)

국사연구자들은 고대사연구의 한 방법으로 1920년대 이래 國史古語彙의 국어고유음과 原義 추정을 시도해 왔다. 이것은 물론 국어 어원 추구가 그 목적이 아니었으나, 그들의 목적이 절박한 만큼 진지한 것이었다. 그러나 史觀, 그에 의한 국사기술의 목적, 언어학적 소양 및 과학적 어원 연구방법의 결여는 아전인수식의 어원탐색에 그치게 하고 말았다. 그러나 비교언어학적 방법의 도입 이전에 이루어 놓은 先功을 경청할 필요는 있다. 국사학자들과 국어 어원학자들의 상호 보조적이어야 할 이유가 여기에 있다.

66) ____, 國語史研究(일조각, 1962).
67) ____, 國語學槪論(一成堂書店, 1949), p.168.

이병도는 사학자이면서도 「廢墟」 同人으로 문학에도 관심을 두어 향가 서동요의 해석[68]에도 일가견을 가진 학자다. 이 같은 그의 연구 경향은 다음과 같은 國史古語彙의 어원을 추구했다.

물 옴(舍音),[69] 朝鮮,[70] 高句麗,[71] 于山·竹島,[72] 두레.[73]

土地管理人을 뜻하는 물 옴(舍音)은 물(集會所의 接舍)+곰(監·干=長)으로 보고 '朝鮮'은 阿斯達의 雅譯으로, 阿斯는 朝·朝光·朝陽·朝鮮의 義로, 達은 山岳·谷地로, '高句麗'는 '수릿골'·'솔골'의 譯으로, '두레'는 圍繞·圓周로 본다.

이외에 그의 역저 「韓國史大觀」, 「高麗時代의 研究」, 「韓國古代史研究」, 「國譯 三國史記」, 「譯註兼原文 三國遺事」 등의 곳곳에 國史古語彙의 어원탐색이 보인다. 「斗溪雜筆」[74]에는 다음과 같은 어원이 수필 속에 들어 있다.

① 수리: 上, 高, 山, 神의 뜻으로 어원은 '솟'·'소슬'이다. 十月을 上달이라고 하는 것은 '수리달'의 譯이다.
② 在城: 國王 御在의 城으로 임금이 계신 城이란 뜻이다. 예말의 讀法은 '견성'이다.

---

68) 李丙燾, "薯童說話에 대한 新考察", 歷史學報 1권, (1952).
69) _____, "古代南堂考-原始集會所와 南堂-", 서울대학교 논문집, 人文·社會科學 第一輯, (1954).
70) _____, "阿斯達과 朝鮮", 서울대논문집, 人文·社會科學 第二輯, (1955.) "開天節의 歷史的 意義", 1952, 9월. 斗溪雜筆(1956) 所收
71) _____, "高句麗國號考-고구려명칭의 기원과 그 의의에 대하여-", 서울대학교 논문집 3, (1956).
72) _____, "'于山' '竹島' 名稱考", 趙明基博士華甲紀念論文集, (1965).
73) _____, "두레와 그 어원에 대한 재고찰", 가람 李秉岐先生頌壽論集, (1966). _____, "무을과 두레에 대하여", 思想界, 16권 4호, (1968).
74) 李丙燾, 斗溪雜筆, 일조각, (1956).

③ 삼한의 국명 優休牟涿國, 彌離彌凍國, 古資彌凍國 등의 牟涿, 彌凍: 물둑·물동(水堤)의 음독인데, 이들 국명은 다 水堤로 인하여 생긴 것이다.

④ 아리랑 고개: '樂浪'은 '악랑'으로 '알라'·'아라'·'아야'의 寫音이다. '라'는 新羅·加羅의 羅와 같이 國邑을 의미한다. '아'·'알'은 '卵·알맹이·核心·中心·中樞'의 뜻으로 '알라'는 中心國·中央國, 즉 中國으로 '아리랑'·'아라'는 알라(樂浪), 아리랑고개는 樂浪의 南界인 慈悲嶺이다.

이병도의 어원연구는 日人사학자 및 어학자들의 실증사학적·과학적 연구방법을 수용하여, 國史古語彙의 광범한 비교언어학적 어원연구를 시도하였음을 알 수 있다. 그러나 그의 연구도 國史古語彙에의 限定을 부인할 수 없고, 국사연구방법에 의한, 국사연구를 위한 어원연구의 한정성을 부인할 수 없다.

10. 李鐸(1898~1967)의 「國語學論攷」(1958)

독립운동가요, 해방된 조국에서 서울대 사대 교수였던 그는 독특한 견해로 국어의 사적 고찰을 시도하였다. 만주 新興軍官學校를 졸업, 그후 오랜 중국 체류의 경험에서 쌓은 중국어·만주어 및 고대 한자음에 대한 지식은 비교언어학적 방법을 援用 국어어원의 탐구에 새로운 경지를 열었다. 이탁의 한국어 어원연구는 한·중 문화의 교섭관계[75]를 밝히면서 시작한다. 이 논문은 한·중의 언어 중 우리말이 중국으로 간 것과 우리 고유의 문자가 있었다는 것을 밝힌 것이 주 내용이다. 이는 모든 문화내용이 중국에서 창조되어 우리는 그저 배우기만 하였다고 생각한, 조선조 儒者들의 사고와 비교하면 天壤의 차이만큼이나 큰 것이다. 이것은 물론 협소

---

75) "言語上으로 考察한 先史時代의 桓夏文化의 關係", 한글 제11권, 3, 4, 5호, 1946.

한 국수주의를 부를 위험도 크지만, 중국과 접한 altai人으로서 우리 조상들이 저들 중국인들의 조상들과 함께 그들 문자의 制字 및 造語에 협력했을 것이라는 주장은 六堂 이래 자연스러운 것으로 볼 수 있을 것이다.

이 같은 그의 주장을 전개하는 과정에서 다음과 같은 어원연구가 보인다.

(1) 歷史古語彙

① 臣智: 신치(大帝).
　　儉側: 검치(黑帝).
　　樊祇: 판치(靑帝).
　　殺奚: 살치(赤帝).
　　邑借: 히치(白帝).
　　斯盧(新羅): 辰의 末音 ㄴ이 ㄹ로 變, 뜻은 仁.
　　壇君: 壇은 땅, 君은 검의 音譯, 地上神의 뜻.
　　震壇: 震은 [손]의 音寫로 天神·天을 의미. 壇은 땅의 音意表現으로 震壇은 "天地"의 뜻으로 본다.
② 風流: "노래"의 어원인 "불(火)에서 假借.
③ 八關: "불몯"의 吏讀式 표기로 "노래 모임"의 뜻.
④ 메나리(山有花): "메+나리"의 합성어로 "舊時代"의 뜻.
⑤ 詞腦, 思內, 詩惱, 辛熱: "스늘"으로 "새 시대, 새 세상"의 뜻.
⑥ 三代目: 三은 "스"로 新의 뜻. 代는 "뉘"의 뜻. 目은 "못"으로 集의 뜻.

이외에 黃帝(신치),[76] 蒼頡(판치) 등도 있다.

또 한·중어의 음운법칙 비교[77]에서는 "音則"(음운법칙)을 14가지로 나누어 한·중·일 기타 제국어와의 廣範 精緻한 비교를 통하여 어원을 밝히고 있다.

---

76) 國語學論攷, p.42에는 "麻帝는 골치"라 하였고, p.44에는 麻帝를 "신치"라고 하였다.
77) 李 鐸, "韓國語와 中國語에 共通한 系統的 音韻法則", 한글 115호, 118호, (1956).

(2) 일반어휘

① "契"·"寫"는 우리말 "글"·"쓰"에서 중국으로 간 것으로, "글"은 다음
과 같은 과정을 거쳤다.

ㄹ>글(명사) ──→ 긋−(動)
                 ↘ 그리다(畵)

② "누르"의 고어 "골"은 金의 고어 "골"과 그 어원이 같다.

골(金) ──→ 누르(黃)
          ↘ 골(金)

③ "붓"의 고어 "붇"은 "불"에서 분화된 것. 단붓(火針)은 燒書法이 있었던
증거. 이 방법이 "붓"이란 단어와 함께 중국에 수입되어 聿字에 弗의 음
이 생겼다.

④ 차례〈찰: 祭天의 의식이 곧 절하는 것이었으므로 "절"·"찰"이 한 말에
서 분화된 것. 濊의 舞天도 만주어 "마차례"의 前身, "마찰"의 音譯.

⑤ 우리말 "종이"의 고어 "족"(片)〉策. '策'의 ㄱ탈락〉紙.
"紙"를 뜻하는 족(쪽), 조개(쪼개)의 ㄱ→〉종이.

⑥ 중국 음계 宮商角徵羽도 철, 훌, 닥, 둥, 딩〉청, 훙, 당, 동, 딩에서 된 것이다.

⑦ 팔매(投棒): 눌("날다"의 前次語)의 前次語가 "불"이니 "날아가는 매"
의 뜻.

⑧ 박쥐(蝙蝠, 飛鼠): "발쥐"는 "나는 쥐"의 뜻.

⑨ 나라(邦)〈ㄴ랒〈눌〈닡〈볼.
나(我)〈바〈받.

⑩ 씨(種) 쌀(米)〈살(肉, 裏).
겨(糠)〈갗(皮, 表).

⑪ 공변되다〈公平.

⑫ 돝·쥐는 각각 그 擬聲語에서 되었다.

또 우리 시가에 관한 原論 연구[78]에서도 일반어휘의 어원 연구가 보인다.

───────────────

78) 李 鐸, "語學的으로 考察한 우리 詩歌 原論"(1949). 國語學論攷(1958)에 所收.

① 메나리(꽃): 산이나 들(古語 미)에 나는 "나리".
② 개나리(꽃): 水邊에 나는 나리.
③ 머구리(메구리): 들에 있는 蛙類.
④ 개구리: 물에 있는 蛙類.

抽象語는 具象語에서 왔다는 추상어 발달의 原則[79]을 밝히면서 다음과 같은 추상어의 어원을 밝혔다.

① "물어 뜯다"의 "물": 구상명사 "니〉이(齒)"의 轉化로 어원은 "믇·몯"이다. 이것은 尼師今=寐錦에서 尼=寐=몰〈믇, 몯으로 보아 그렇다.
② 위(上)〈頭, 마디=마데〈맏+이場所助詞, 위〈뮈〈믜〈믇〈몯 또는 위〈뮈〈믜〈미〈몯.
③ 아래(下)〈알〈발(足).
④ 풀(臂)〈볻.
⑤ 다리(腿)〈돈.

이상 뒤에 나온 단행본[80]에 실린 논문을 중심으로, 그 논리 서술의 과정에서 언급된 어원들을 일별해 보았다. 이 과정에서 우리는 이탁도 경계한 바 있지만, 국수주의에 빠질 염려와 중국어 음운법칙에의 편향, 직관에의 호소, 동계통이 아닌 중국어와의 비교 등에 의문점이 있음은 사실이다. 특히 "한·중 양어는 근원이 같다"[81]고 한 것은 일방의 차용으로 보아야 할 것이다. 그러나 이탁의 본격적인 어원연구는 이 이후의 업적에서 보인다. 그는 개개 단어의 어원을 추구하는 데 머물지 않고 다음과 같은 현대적 방법을 파악하고 있었다.

---

79) _____, "抽象語 發達의 原則과 이에 依據한 연구의 一端"(서울대학교 사범대학, 國文學 第九號). 이 논문은 註 1)에서 이 분야만을 상술한 것으로 國語學論攷(1958)에 所收.
80) _____, 國語學論攷(정음사, 1958).
81) 李 鐸, 국어학논고(정음사, 1958), p.103.

"韓國語의 語源을 밝히기 위해서는 韓國語에 적용된 수 있는 音韻法則을
발견하여 이것에 依한 對應關係에 의하여 그 前次語 및 語源을 밝혀야 한다."

그리하여 그는 앞에 나온 한·중어에 공통되는 음운법칙을 적용, 다음
과 같이 국어어원을 추구한다.[82]

① 떡닢(겁닢).
② 수수께끼(黃牛: 수소+競·賭: 걷기).
③ 상사뒤어(삳삳: 빠짐없이·모조리+뒤지다·뒤다).
④ 여기, 저기, 거기(어디, 그디, 저디).
⑤ 도끼(보칙, 보치?).
⑥ 탈(갈: 虎).

그는 또 어원연구의 한 필수적 방법으로서 조심스럽기는 하지만 언어
학 이외의 방법을 도입하기도 하였다.[83] 그리하여 '드러눕다'(臥)란 단어
는 穴居時代의 化石으로 '入臥'의 뜻을 가지게 되었다고 설명한다. 또 이
시기 어원 추구의 일반적 경향인 민속적 어휘의 어원에도 관심을 가져
'강강수월래'의 유래[84]를 밝히려고도 하였다. 그러나 이탁 어원연구의 본
격적 논문은 그의 유고 "국어 어원풀이의 일단"[85]이다. 여기서 그는 어원
풀이가 "귀걸이 코걸이식으로 아무렇게나 말할 수 있는 것"이 아님을 강
조한다. 또 어원연구의 방법으로서 "언어의 변천원리, 곧 음운 변천의 원
리와 의의"를 찾아서 "이것을 수단으로 하고, 고전어와 방언들을 방증으

---

82) ____, "音韻法則과 語源 밝히기", 이 논문은 1957년 한글학회서 연구발표한 것을 1976년
   그의 제자 朴甲洙가 정리, 국어교육 29호(1976)에 게재한 것임.
83) ____, "言語上으로 考察한 우리 고대 社會相의 片貌"(한글 124호, 1959).
84) 李 鐸, "'강강수월래'의 유래", 한국 국어교육 연구회, 국어교육 11호, 1965.
   '강강수월래'란 고려시대에 포악한 관원에게 사랑하는 아내 沙里花를 빼앗기고 자살한 수월이
   란 농부의 원혼을 위로하기 위하여 하는 풀이굿을 흉내 내는 데서 유래된 것이라고 했다. 엄격
   히 말해서 어원추구는 아님. 민속적 어휘는 앞(1957)에서도 보였다.(수수께끼, 상사뒤어, 탈).
85) ____, 한글 통권 140호, 한글학회, 1967.

로"할 것도 제시한다. "이러한 방법으로 찾아낸 어원 풀이는 현재 문화의 유래를 알려 주는 좋은 자료가 되는 것"이라고 효용성까지 밝힌다. 이 같은 서문은 그가 1967년에 타계했는데 "1967년 3·1절 전날 아침 필자는 병석에서 적었음"을 밝히고 있으니 죽음에 바로 앞서기까지 국어 어원을 생각하다가 갔음을 알려 주는 것이다. "국어 어원 풀이의 일단"에서 언급된 어휘들을 보이면 다음과 같다.

① 次次雄, 朱蒙, 徐羅伐 등의 國史上 고어휘(國名, 王稱, 古地名) 25개.
② 아름답다, 거짓, 곰보, 소경, 고드름, 멍석 등 61개의 土俗·民俗 및 일반 어휘.

총86개 어휘의 어원을 탐색하고 있다. 국사상의 고어휘(국명, 왕칭, 고지명)는 이제까지의 연구방법과는 다른 신선한 것들이다. 그가 국사상 고어휘의 어원 및 국어 고유어 어원 추적을 한자 古音에 의했음은, 오늘날 B. Karlgren 및 董同龢 등의 漢字古音 연구결과에 의거하는 방법에 앞선 선구적인 것이라고 할 수 있다. 이제까지 역사학자들 및 고전문학 연구가들의 방법이, "三國遺事 撰者가 신라시대의 고유명사의 讀法"에 대해 가졌던 지식: 전자는 訓讀, 후자는 音讀(譯上不譯下)[86]의 방법에만 매달렸던 데에 반해 새로운 해독의 가능성을 제시한 것이다. 이제 추적의 결과를 조금만 보자.

次次雄, 慈充, 居西干, 居瑟邯, 蘇塗: 즌옴(무당의 原語).
鄒牟, 朱蒙, 東明, 朱留: 즌모(만주어 샤만의 原語).
尼師今,[87] 麻立干, 寐錦: 믇옴(가장 높은: 믇, 어른: 옴).
徐羅伐(徐羅 固有名詞+伐 普通名詞).

---

86) 〈遺事〉(卷三 原宗興法 猒髑滅身)
87) 尼師今의 '尼'를 음차 '니', '니'의 원음은 "믇"으로서 "믇>믜>미>니"와 같이 순음(ㅁ)이 설음(ㄴ)으로 음운 변화했다 함은 설득력이 부족하다. 다음에 나오는 '伐·夫里'의 ㅂ>ㄴ 음운 변화도 마찬가지 경우다.

徐伐(크다는 뜻. 스+'나라', 伐: 볼→불).
伐·夫里: 볼〉ㅂ두〉ㅂ른〉ㄴ른 또는 볼〉눌〉ㄴㄷ〉ㄴ른.

여기서 조음위치가 전혀 다른 순음(ㅂ)과 설음(ㄴ) ㅂ〉ㄴ의 음운변화는 어렵다고 할 수 있다. 그러나 "徐那, 徐羅, 斯盧, 斯羅, 始林, 鷄林, 新羅"를 "스담〉스단〉스랑" 변천의 중간과정 자음으로 "스람, 스남"(人)을 추출한 것은 알타이제어에서 국명, 부족명이 그들 말로 '人'을 의미한다는 오늘날의 연구결과에서 보면 실로 卓見이라 할 수 있다.

百濟, 慰禮, 扶餘, 樂浪, 平壤(볼단〉ㅂ단〉ᄆ단〉ᄆ달).
高句麗(감볼─감불).
烏邦(감나라).
兎郡: 一善(은손).
八關(볼몬=노래모임).
上監(맏감←맏음).
大監(한감).
令監(넝감←냄감←내마감).
進賜(나ᄉᄉ→나ᄉ른→나ᅀ리).
아름답다(美)〈알음답다〈안음답다. 또 안음〉한음이니 '한음'은 '큰 女性'으로, '아리땁다'는 '아씨답다'.
사나이〈손(丁)+나히(내)複數接尾辭.
사오납다〈숩〉손(丁)+답다(如).
벼슬〈볼(나라)+술(살림).
가을〈ᄀ술←ᄀ술: '곡식'의 뜻.
花郎=國仙=곳손=花判.

그러나 다음과 같은 것들은 비약이 너무 심해서 설득력이 부족하다고 할 수 있다.

모스매〈모숨〈못숨+아이(未成昏男子).
수수께끼〈수소(황소)+걸다〈걷다(競·賭).
'가자미'는 전실자식에게 눈흘긴 繼母에서 유래. 겉어미〉거짓어미.
얼〈魂〈혼〈온).
가위날〈갓의 날〈갑의 날(婦女日).
까투리〈ㄲ、ㄷ(꿩의 原語)+똘(꿩의 딸).

이들 중 수수께끼, 가자미의 어원은 민간어원과의 구별도 어렵다고 할
수 있다. 또 밉다(惡, 厭)를 미(연기)에서 어원을 찾은 것도 설득력이 부
족하다.

미(연기) ── 닉
        ── 미브다 ── 닙다
                 ── 밉다 ── 밉다
                          ── 맵다

설득력은 부족하다 하더라도 곳곳에 보인 단어족의 표는 크게 암시적
이다. 이로써 철저한 비교언어학적 방법에 의하지 않은 언어학 이외의 방
법 원용에는 한계가 있음을 알 수 있다. 이제 이탁의 업적은 그의 독창적
방법에 의한, 시종일관한 국어어원 탐구에 있다고 말할 수 있다. 그의 어
원탐색에 대한 열성은 국어어휘에만 국한하지 않고 영어어휘에까지 나아
갔음을 주의해야 할 것이다.[88]

11. 南廣祐의 「國語學論文集」(1960)

남광우의 어원연구는 고등학교 국어교과서에 "우리말의 어원"이란 글
이 실릴 만큼 널리 알려져 있다. 여기서 언급된 어휘의 어원들을 발췌해
보면 남광우 어원연구의 특성을 알 수 있다. 고어휘의 합성 및 파생과 그
과정에 나타난 음운 · 형태 · 의미의 변화를 추구한 것이 그것이다.

---

88) Lee Tack, "A New Etymological Study of the English Word 'Eleven' 'Twelve',
'Antagonist' and 'Language'"(영어 단어의 새로운 어원), 東方學志 第7輯에 게재된 것을
한국 국어교육 연구회, 국어교육 제8호(1964)에 요약, 전재하였다.

(1) 명사

　짐승〈즘승〈즘싱〈즁싱.
　고뿔〈곳불[鼻火](코에 火氣·熱氣가 있다).
　가위〈가외〈가비〈갑[半·中間]+이.
　담배〈담바고〈다바꼬〈타바코(포르투갈어+tabacco).
　남포〈램프(lamp).

(2) 형용사

　고약하다〈怪惡하다("괴"가 複母音으로 발음되던 관계).
　아프다〈알프다〈앓+ㅂ다.
　고프다〈골프다〈곯+ㅂ다.

(3) 부사

　마냥〈ᄆᆞ양〈미양〈미샹〈미상〈밍썅.

(4) 동사

　품다[懷]〈품(가슴)
　비다[孕]〈비(腹).
　넓다[履]〈발[足].
　뼘다(팔로 재다)〈뽈(팔).
　읊다[咏]〈읖+ㄹ+다〈윤다〈입다(잎다)〈입[口].
　골다〈고+ㄹ+다〈고[鼻].
　되다[升量], 신다[履], 띠다[帶], 재다(〈자히다, 尺長)는 名詞와 유관한 말.

　이들 중 '고뿔'(감기)의 어원을 '곳불'[鼻火]에서 찾은 것은 그의 어원론을 비판하는 사람들의 최고 무기가 되었었다.
　"우리말의 어원" 및 이에 앞서 나타난 남광우의 어원연구는 그의 역저 「古語辭典」[89]의 편찬과정에서 고문헌의 광범한 섭렵과 어휘의 意味評定 중에 수확된 것으로 보인다. 대표적인 논문을 중심으로 그의 어원탐구 결

---

89) 南廣祐, 古語辭典, (일조각, 1960).

과를 추적하여 본다.

가. "고대국어 조어법의 한 고찰"
(數個語彙의 파생어를 중심으로)(1956)

이 논문은 어원연구의 정통적 방법의 하나인 단어족(word family)을 설정하고 그 파생과정을 설명했다는 점에서 국어어원연구사에 중요한 위치를 차지한다. 즉, ① "굴, 갈"群 ② "궂, 긎"群 ③ "앗, 엇"群 ④ "알, 얼"群의 四群을 설정하고 그 파생과 轉成에 의한 많은 어휘의 어원을 추구했다. 이것은 뒷날 "單語族" · "同根派生語群" 등에 앞선 선구적 업적이라고 할 수 있다.

나. "名詞 曲用에 있어서의 ㄱ의 고찰"(1957)

龍歌(第二章)에 나오는 "남ㄱ"(木)의 단독형을 nam〉namʌ〉namo〉namu(?) 또는 nam〉namo(오母音 첨가)〉namu(?)로 봄으로써 "木"을 뜻하는 고유어를 "남"으로 봄은 이 말의 어원 추정에 큰 문을 열어 놓았다. 그리하여 이와 유사한 ㄱ末音語(ㄱ曲用語)의 "ㄱ"를 삽입으로 보고 "나무, 구멍, 풀무, 닭, 흙, 밖(外)" 등의 원형을 각각 "남, 굼, 붊, 둘, 홀, 밧"으로 본 것은 어원에의 좀 더 가까운 접근이라고 볼 수 있다.

앗 · 앛(弟)〉아ᅀᆞ〉아ᄋᆞ〉아오〉아우.
엿 · 엱(狐)〉여ᅀᆞ〉여ᄋᆞ(여호 · 여후)〉여우.
(부름)〉붊〉불무〉풀무(輔): 불(吹)+음(접미사).
ᄀᆞᆯ〉ᄀᆞᆯᄋᆞ〉ᄀᆞ르〉ᄀᆞ로〉가루(粉).
둘(鷄)〉둙, 달〉닭(ㄱ 개입).
홀(土)(hʌl)〉흙〉흙(ㄱ 개입).

다. "ㅎ曲用(添用 declension)語攷"(1957)

이는 종래 曲用時에 나타나는 "ㅎ"를 體言 終聲 · ㅎ末音名詞로 보던 견해를 부정하고 ㄱ曲用과 같이 "連音關係에 의한 음운론적 사실"[90]에 "ㅎ"가 개입된 것으로 설명한다. 이것은 결과적으로 體言의 原形(단독형)과 辭典標題語의 결정 및 어원의 추구에 큰 암시를 주는 것이다. 고등학교 교육에서 한때 "ㅎ曲用"으로 기운 적도 있었다.

본 논문에서 특히 轉成副詞化 접미사 "이, 히, 리, 비, 기, 시" 등의 실제적 전성부사화 기능은 "-이" 접미사에 있고, 사동 · 피동형화 접사들도 기실 그 사동 · 피동형화 기능이 "-이" 접사에서 오는 것이라고 본 것은 탁견이라고 할 수 있다.

라. "고문헌에 나타난 稀貴語 고찰"
(古語辭典 編纂餘錄 其一)(1959)

이 논문은 단순한 註釋이 아니라 훌륭한 "어원론"으로 볼 수 있다. 이숭녕은 이 논문을 보고 "어원론에 한하여 학계에서 氏만치 풍부한 자료를 통한 추리의 자신을 가진 학자는 거의 없을 것"[91]이라고 극찬을 했다.

한편 남광우도 언급한 바와 같이 "근래에 國語學界에서도 흔히들 일컫는 同系統語와의 比較研究도 試圖되어야 할 것이겠지마는……. 先輩同學에게 미루기로 하고 삼하가려는 바"라고 한[92] 것은 謙辭이기도 하

---

90) 南廣祐, 國語學論文集, (일조각, 1960), p.219.

91) 南廣祐, 國語學論文集, p.370. 金亨奎도 "特히 많은 어휘에 대한 語原的인(sic) 考察은 이 방면의 研究가 不足한 우리 學界에 많은 도움을 줄 것으로 믿는다"고 했다.(1962년 11월 ○ 일자 한국일보, 蘭汀 南廣祐 博士 停年退任紀念文集, p.24.)

92) ＿＿＿, 國語學論文集, p.222.

다. 그러나 이로 인해 現代比較言語學적 연구방법보다는 유추에 의한 의
미론적 유연성에 중점을 두고 15세기 문헌을 중심으로 文證을 찾은 것도
사실이다.

마. "ᄀᆞ시개연구"(1961)

이는 河野六郎의 "ᄀᆞ시개(kʌ-si-gai, 鷄林類事의 割子蓋)→ᄀᆞ새→가
이→가위"의 일원설을 부정하고 새로이 "ᄀᆞ시개"·"가위"의 이원적 어
원론을 편 논문이다. 그것은 "ᄀᆞ시개"가 먼저 이루어졌고 "ᄀᆞ새"(〈ᄀᆞ새)
는 뒤에 별도로 형성된 말이라는 것이다.

그것은 河野의 일원론(ᄀᆞ시개〉ᄀᆞ새)을 주장하려면 "母音下 ㄱ脫落"
을 긍정해야 되는데 "개·게 접사가 붙는 말로 ㅣ모음하에서의 ㄱ탈락의
예는 전무할 뿐 아니라 오히려 모음하에서는 개·게 접사가 붙어 명사를
이루는 것이 통례"[93]라는 사실에 근거하고 있다. 따라서 ᄀᆞ시개는 "ᄀᆞᆽ
다"(斷·絶)의 동사어간 "ᄀᆞᆽ"+개입모음 "이"+명사화 접사의 합성으로,
"ᄀᆞ새"는 "ᄀᆞᆽ다" 동사어간+"애" 접사로 "물건을 끊는 데 쓰는 연장"이
란 뜻을 지닌 말로 본다.

바. "사동·피동형의 역사적 고찰"(1961)[94]

이 논문은 현행어에서는 그 형태론적 구성을 잊은 많은 어휘의 어원을
사동·피동 보조어간(改定 文法述語로는 사동·피동 接辭 以下 接辭)의

---

93) 南廣祐, 前揭書, p.139.
94) 남광우는 이 논문에 대하여 〈1961. 7. 30 집필 완료, 1962. 2. 28. 자료 보충 수정 집필 완료〉
라고 밝히고 있다.(국어학논문집, 일조각, 1962. p.64.)

개입에 의해 이루어진 것을 밝힌 논문이다. 예를 들면 다음과 같다.

돌(廻)+ᄋ調母音+혀(引)다의 합성(사동형)〉도ᄅ혀다〉돌이키다.
닐(起)+으調母音+혀다의 사동형+니르혀다〉일으키다.
알(知)+ᄋ調母音+혀다〉아ᄅ혀다〉알으키다.
굽(曲)+으 리使動形化 접사+다〉구브리다〉구부리다.
숙(垂)+으 리使動形化 접사+다〉수구리다.
엎(伏)+으 리使動形化+다〉어프리다.

이 같은 그의 연구는 오늘날 起源的으로 사동형 혹은 피동형임을 잊어버린 어휘의 어원을 밝히는 데 큰 도움을 주고 있다. 즉 "사ᄅ다(살게 하다·살리다), 도ᄅ다(돌리다·돌게 하다), 기르다(자라게·성장하게 하다)" 등도 어원적으로는 "ᄋ·으" 사동접사에 의한 사동형이라는 것이다. 본 논문의 어원연구에 있어서의 의의는 크게 다음 네 가지로 나눌 수 있다.

① 사동·피동형화 접사의 어원을 ㉠-이- 계열 ㉡-오, -우- 계열 ㉢-ᄋ-, -으- 계열로 三分한 점.
② 15세기쯤에 이들 접사가 "-오-, -ᄋ-"냐 "-우-··-으-"냐는 대체로 모음조화법칙이 적용되어 있음과, 사동·피동형화 접사는 결국 2종뿐임을 밝힌 점.
③ 이들 접사의 사동(예, 이, 히, 기, 리, 오, 우, 호, 후, ᄫ, 보, 고, 구, 초, 추) 피동형(이, 히, 기, 리)화 기능은 주로 모음에 있음과, 이들에 붙는 자음 ㄱ·ㄹ·ㅎ 등은 本語幹(語根) 末音과 밀접한 관계가 있음을 밝힌 점.[95]
④ 本語幹(語根)에 사동·피동형화접사가 붙어 造語된 후 의미변화를 입어 대부분의 언중은 사동·피동의 原義를 잊어버린 많은 어휘의 어원을 밝힌 점.

---

95) 南廣祐, 前揭書, pp.59~61.

사. "-브다, -비, -ㅂ다 접미사 연구"(1961)

이 논문은 오늘날 대부분의 언중들이 그 어원을 잊어버린 다음과 같은
어휘의 어원을 밝히고 있다.

① 동사 어간+-브다(-ㅂ다) 접미사가 붙어 형용사로 바뀐 어휘들의 어원.
  ᄌ다(疲)>ᄌㅂ다>가쁘다.
  깃다(喜)>깃브다>기쁘다.
  알타(痛 앓+다)>알프다>아프다.
  골타(內虛 곯+다)>골프다>고프다.
② "-ㅂ다" 접미사를 붙여 형용사가 된 어휘의 어원.
  눌(刃)+ㅎ+갑다>눌캅다.
  깃(喜)+겁다>기껍다.
  안(內)+ㅎ+닶갑다>안타깝다.
  둗(厚)+ㅎ+업다>두텁다.
③ "-브다(-ㅂ다)" 접미사가 붙어 이루어진 형용사 語幹·語根에 "-비" 접
  미사가 붙어 부사로 전성된 어휘의 어원.
  깃다(喜)>깃브다<깃비.
  낟(낫)다>낟ㅂ(브)다<낟비.

아. "향가연구"(1962)

여기서는 "鄉歌·詞腦·三代目"의 어원에 대한 先學들의 諸說을 언
급, 비평하고 조심스레 그의 견해를 펴고 있다.
이외에도 남광우는 그의 논문 곳곳의 논지 전개과정에서 어원을 추구
하고 있다.
用言 語幹+"이", "-의" 접사>명사형이 그 예다.

눞(高)+이>노푀   둗(厚)+ㄱ+의>둗긔
길(長)+의>기릐   넙(廣)+의>너븨

옅(淺)+의〉여틔   믁(重)+의〉므긔
굵(太)+의〉굴긔   깊(深)+의〉기픠

이상은 물론 남광우에서 비롯한 견해는 아니다. 그러나 "語源은 分明
ㅎ지 않다"고 하면서도 동일한 조어법으로 본 다음과 같은 어휘는 남광
우의 어원의식을 엿볼 수 있는 신선한 것들이다.

굴거믜(蛸)   굴머긔(鷗)   거믜(蛛)
기믜(痣)   빌믜(祟)   모긔(蚊)
보미(穰)   호미(鉏)   나비(蝶)[96]

이상에서 후학들은 "(굴)검, (굴)먹, 검, 김, 빎, 목, 봄, 홈, 납"의 用言
語幹 추출을 시도, 고문헌·방언·同系統語와의 비교에 의하여 用言 및
體言을 확인, 어원을 밝힐 날이 올 수도 있을 것이다.

이 같은 그의 어원연구는 한자음과 국어발음 연구로 그 분야를 옮긴
후에도 나타난다.[97] 그것은 명사가 장모음으로 되어 활용하면서 동사화하
는 규칙을 밝힌 것이다. 따라서 音長의 파생접사적 기능과 의미변별 기능
을 추구함으로써 그 어원을 밝힌 것이다.

꾀→꾀 : 다   내→내 : 다
누리→누 : 리다   띠→띠 : 다
발→밟 : 다   배(腹) → 배 : 다

이로써 남광우의 어원연구는 다음과 같이 요약할 수 있을 것이다.
① 그의 고어사전 편찬을 위한 고어휘 의미 탐색과정에서 얻어진 것으
로, 실증적 자료제시에 충실하다.
② 한국학자 최초로 단어족에 의한 파생과 전성과정을 밝힘으로써, 새
로운 어원 연구방법을 개척했다.

---

96) 南廣祐, 前揭書, p.466.
97) 南廣祐, 韓國語의 發音研究 (Ⅰ), (일조각, 1984), pp.181~189.

③ 사동·피동접사의 원형 즉 어원을 밝혔다.

④ "ㄱ시개"·"ㄱ새"의 어원을 밝혔다.

⑤ zero파생에 의한 동사화의 과정에 나타난 명사의 音長이 가진 접사적 기능을 밝혔다.

⑥ 고등학교 교과서에 나온 "우리말의 어원"은 교사·학생 및 일반인들의 어원에 관한 관심을 고양시켰다.

12. 劉昌惇(1918∼1965)의 「李朝國語史研究」(1964)· 「語彙史研究」(1971)

일본 중앙대학 법과 졸업, 경희대 및 연세대 교수를 역임한 그는 많은 논문 및 저서를 냈다. 대표적 저서로 「李朝語辭典」(1964), 「李朝國語史研究」(1964), 「語彙史研究」(1971) 등이 있다.

특히 「語彙史研究」는 국어어원 연구의 면에서도 훌륭한 저술로, 그의 사후 동료와 제자의 손으로 간행되었다. 語彙史는 品詞史로 나뉘어 서술되었으니 궁극적 어원연구 결과물은 아니라 하더라도, 어원연구에 보다 가까운 형태로 국어 어휘연구를 끌어올렸다. 유창돈의 어원연구는 「李朝語辭典」의 편찬과정에서 이루어진 것이라고 볼 수 있다. 즉 조선시대 한글표기의 문헌에 나오는 어휘의 의미 評定 과정에서 얻어진 것이다. 이는 남광우의 경우와 동일하다 할 것이다.[98] 「語彙史研究」는 저술명 그대로 어휘 중에서 가장 오래된 어휘가 어원이라 한다면 「語彙史研究」는 소박한 의미이긴 하지만 어원론 또는 어원연구일 수 있다.[99] 그 중에도 "語根·語源

---

98) 南廣祐의 많은 어원연구가 古語辭典(1960) 편찬과정에서 이루어졌음은 旣述.

99) 그러나 유창돈의 어원은 15C 이상 소급할 수 없음도 사실이다.

考"[100]는 대표적이라고 할 수 있다.

① '끼니'(食事)〈'시간'의 뜻으로 쓰인 '끄'의 파생어다.

② (귀)'먹다'의 뜻은 '食'이 아니라 '塞'이다. "막/먹"의 변형으로 '먹먹ᄒ다'
의 어근 '먹'과 같다.

③ (눈)'멀다'(冥)의 뜻은 '遠'이 아니라 '흐리다, 疎略하다, 잘못보다'의 뜻인
'멀다'다. '눈멀다'를 眼遠'으로 해석하면 도리어 '眼光'이 되기 때문이다.

④ '언청이'(割脣)는 '엉덩이'에서 변한 말로 어근 "엉"(割)에서 파생된 말.
어텅이〉어청이〉언청이(모음과 口蓋子音 사이에 ㄴ 첨가현상).

⑤ 포개다〈부사 '포'+동사 '개다'. '포'는 '푸다'(重)란 동사에서 '푸오〉포'로
이루어진 부사.

'語源考'는 그 어원에서 파생된 조건에 따라 삼분한다.

① 음운적 파생어의 어원: 딤치(沈菜)〉김치, 석류황(石硫黃)〉성냥, 현마(幾
量)〉설마.

② 현태적 파생어의 어원: 버우(다)(말을 더듬다)+어리〉버워리〉버어리〉벙
어리.

③ 어휘적 파생어의 어원: 가시(음식물에 생긴 "구더기")〈"지렁이, 뱀, 회
충, 구더기"를 의미〈"긴 버러지"의 통칭. 銅頭酒〉동동주, 사돈, 사둔(親
戚〉姻戚), 즁싱(衆生)〉짐승.

또 외래어를 밝힘에서 漢語系, 滿語系, 蒙語系, 기타(梵語系, 日語
系[101])를 밝힌 것은 조선 주변어에 대한 관심의 표명이다. 또 族稱系
列[102]語, 시간 계열어, 공간 계열어, 수량적 계열어 등 계열어를 가지고

---

100) 劉昌惇, "語根·語源의 片貌"(淑明女大國語國文學會, 靑坡文學 第七輯, 1967)라 하여 논
문으로 발표되기도 했음.

101) 劉昌惇, 語彙史硏究, pp.89~104.

102) '어원'이란 발을 명백히 내세우고 쓴 논문은 '族親稱號의 어원적 고찰"(思想界 2권 2호,
1954. 2월호)뿐인 듯하다. "女性語의 역사적 고찰"(淑大 女性問題硏究所, 亞細亞女性硏究
5집, 1966. 12. 30) 참조.

의미 및 어원을 추적한 것도 그 의의가 크다고 할 것이다. 「東方學志」에
실린 "느지르샷다"도 주석의 한계를 뛰어 넘은 어원추구의 의미에서 쓰
여진 논문임에 틀림없다.[103] 그러나 사랑(愛)의 어원을 한자어 '思量'에서
왔다고 하는 것은 무리인 듯하다. 사랑(愛)은 살(肌, 膚), 사람(人), 삶
(生), 살림, ~살이 등과 같은 단어족일 것이다. ③ 어휘적 파생어의 어
원의 예로 든 '동동주'의 어원을 '銅頭酒'로 본 것도 잘못이다. 이 같은 오
류는 〈譯語類解〉(上 50)의 '鋼(강)頭酒'를 '銅頭酒'로 잘못 본 데서 기인
한 듯하다. '동동주'는 '밥알이 동동 떠 있는 술'이란 말에서 왔다.[104]

13. 朴時仁의 「알타이 人文研究」(1970)

박시인은 알타이文化史[105] 및 알타이어와 한국어의 관계를 밝히려는
과정[106]에서 한국어의 어원을 추구하였다.

---

103) 劉昌惇, "'느지르샷다'攷 東方學志 第6輯, 1963. 李朝國語史研究(선명문화사, 1973)에 재
    수록, 龍歌에 나오는 이 "느지르샷다"를 유창돈은 "늦(조짐+이(叙述토 곧 指定詞 語幹)+
    르(强勢의 形態素)+시(존칭의 先行語尾)+아(주관적 의사를 加한 형태소 또는 강조의 형
    태소)+ㅅ(감탄의 형태소)+다(원료의 末語尾)"로 "조짐이시도다"로 봄(李朝國語史研究,
    pp.322~332).
104) 강헌규, '동동酒·고조목술·강술'의 어원, 공주대학교 사범대학 국어교육과, 우금티문학 제
    26집, 2000.
105) 알타이 人文研究(서울대학교 출판부, 1970).
    알타이 文化史研究(探求堂, 1970).
    알타이 神話(三中堂, 1980).
    日本神話(探求堂, 1977).
106) 알타이系語 研究方法攷, 서울대학교 어학연구소, 語學研究 2권 1호, 1966.
    알타이語와 한국어, 咸鏡北道誌-.
    알타이系語 研究: 語音, 서울대학교 어학연구소, 語學研究 3권 2호, 1967.

(1) 王稱·人名

① 金閼智: 김(alocu)+閼智(alocu)다. 쇠(金)를 당시 altyn, alocu라 하였으니, 金(alocu) 閼智(alocu)란 金金의 뜻이다.

② 東明: ㄱ. 아침 해가 솟아나서 日中의 光明을 내게 된다는 뜻의 王名이다.
  ㄴ. 식(東·新·始)로 난 日子가 붉은(明), 불(火) 같이 光彩를 발산하는 日中의 왕이 되었다는 것이다.

③鞦鞨: 麻立干(宗 汗)으로 大王의 뜻.
  不咸: 角干(朴汗)으로 日王의 뜻.

④ 阿道: 아득(子, 支), 아지(支), 아ᄉ(朝, 初), 식(金·東·新)를 의미한다.

⑤ 玁狁,[107] 匈奴, 戎: 알타이계 大移動人軍을 가리킨 이름. 韓語 일군의 '군'과 같은 말이며 사람을 뜻한다.

⑥ 王儉: 王汗으로 '王'과 '汗'을 重用한 것.

⑦ 朕·鄒牟, 朱蒙, 祇摩: Cheremiss語의 Jumala(天神), Jumo, Jumon과 같이 天王을 뜻한다.

②의 東明은 전혀 다른 두 개의 연구방법이 동일한 결론으로 견강된 듯하고, ④의 讀法은 너무 多岐(다기)한 듯하다.

(2) 國名

① 高句麗: 수리고우리.

② 百濟: 日地·迎日地의 뜻.
  : 붉지·明城의 뜻.

③ 新羅(斯盧·馹盧國).
  : 식니·新州.
  : 金(식)과 月(Sara)을 의미.
  : 몽고어 Sara(月)에서 왔다.

---

107) 玁狁(험윤)은 흉노(匈奴)의 古稱임. 夏代에는 山戎(산융)·獯鬻(훈육), 殷(商)代에는 鬼方, 周代에는 험윤·獲猱(확유), 秦·漢代에는 匈奴(흉노)라 했음.

④ 馬韓: 馬는 干支로 午이므로 馬韓은 午汗, 中日汗이다.

⑤ 扶餘·肥如: biya·月.

⑥ 辰韓: 朝日汗·日支汗·新汗·東汗.

⑦ 貊: 붉·明으로 알타이계 이동민족의 拜日月理念에서 나온 것.

⑧ 沃沮: ♀슨.

⑨ 韓: 汗·可汗으로 알타이계 人의 대군주 또는 왕을 가리키는 말이 氏名으로 이용된 것.

⑩ 玄菟: ㄱㄹㅇㅅ.

②③은 동일한 대상에 대한 相異한 해석이고, ④는 malhan으로 보아야 할 것이다.

(3) 지명

① 迦葉原: ♀슨불.

② 沸流水: ㅂㄹ.

③ 松壤: 솔닌

④ 수물(二十): 열(十)손가락, 열(十)발가락 모두 가락(族·kara)을 다 세면 天山의 이름 Sumer, Süro, Meru와 같이 완전한 사람, 셈의 頂上이라는 데서 수물(二十)이 되었다.

⑤ Eden·Adam(성경의 지명·인명): 알타이어 '아ᄃ, 아ᄉ' 즉 '가디, 가지, 갓', '아ᄃ, 아지, 앗' 등의 移動이라고 본다. 이것이 한국어에서 "아돌(子), 아침(朝)"이 되었다.

⑥ 엿(6): ヨソ(他)ナタ(手)로 세기 시작한 데서 생긴 말.

⑦ 列陽: 불陽. 外地語와 中土語의 重用이다.

⑧ 濊: 새(新).

⑨ 卒本: 솔블위·솔블.

⑩ 土門(江), 豆滿(江): 몽고어 tümen의 移動이다.

④⑤⑥는 牽强인 듯하다. 특히 ⑤의 Eden·Adam은 유사음에의 견강

인 듯하다.

(4) 풍속어 · 기타

① 그믐:〈검음.
② 박수 · 박시: 무당을 뜻함. 몽고어에서 Baksi는 '知者, 스승'을 의미함.
③ 보름:〈밝음.
④ 正月: 진시황제가 일년의 첫달(十月)을 자기 이름 政과 같은 뜻으로 正
月이라 하였다.
⑤ 초승:〈달의 '初生'.
⑥ 八關: 붉훈(明汗), burkhan으로서 알타이계 天照大日神이었다.
⑦ 花郞: 곳아지(華子), 곧아지(太子, 一男). Kusanag'i → Kusanoag'i(日
子)라 訓解되고, 만주어 하라(姓) · 하랑가(姓族)라 音解된다.
⑧ 和白(신라의 御前會議): 허버, 會議를 뜻하는 몽고어 kebei 또는 hoobi,
만주어 hebe, 일본어 habe, wabi와 같은 것으로 蒙 · 滿 · 신라에서는 王
庭에서의 政務會議를, 일본에서는 御前에 侍伏 · 伏白함을 의미하였다.

이상으로써 박시인은 국사상의 고어휘 및 풍속어휘의 어원을 밝힘으로
써 알타이 문화사를 밝히려 하였음을 알 수 있다. 이 과정에서 과학적 어
원 연구방법에 의한 新境地의 개척보다는 梁柱東, 日人 및 한국사학자들
의 연구 결과를 원용하였음을 알 수 있다.

14. 徐廷範의 「語源의 探究」(1979) · 「語源別曲」(1986)

서정범의 어원연구는 白丁社會에서 사용되는 은어의 어원을 밝힌 "韓國
特殊語硏究"[108]에서부터 시작된다. 이어서 "색채 형용사에 대하여",[109]
"轉成形容詞의 形成考"[110] 등에서 형태론적 접근을 거쳐 「自由文學」에

연재된 "語源의 이모저모"[111]에서 본격화된다. 여기서 다루어진 어휘는 모두 89개로 다음과 같다.

(1) 일반어휘[112]

① 붉다(赤) ② 희다(白) ③ 검다(黑) ④ 노랗다(黃) ⑤ 젖(乳) ⑥ 쌀(米) ⑦ 외롭다(孤) ⑧ 아름답다(美) ⑨ 사랑하다(愛) ⑩ 예쁘다 ⑪ 꾸미다 ⑫ 그립다 ⑬ 고요하다 ⑭ 용하다(용ᄒ다) ⑮ 다스리다 ⑯ 알다(知) ⑰ 얼리다(시집보내다).

(2) 은어

① 개살구 ② 게비 ③ 견우성 ④ 꼰데 ⑤ 꽃잡이 ⑥ 너추리 ⑦ 똘마니 ⑧ 넥타이 풀다 ⑨ 다구리 ⑩ 따리 ⑪ 땡이다 ⑫ 두활이 ⑬ 모듬 ⑭ 모라이 ⑮ 무꾸리 ⑯ 빵깐 ⑰ 뺑코 ⑱ 별께비 ⑲ 사뗑 ⑳ 四十四번 ㉑ 새김질꾼 ㉒ 10번 ㉓ 솔거풍 ㉔ 술레쪽지 ㉕ 씨날코 ㉖ 시다이 ㉗ 아카시아 ㉘ 양아치 ㉙ 염라국 비용 ㉚ 염생이 몰다 ㉛ 왕초 ㉜ 짜브 ㉝ 조다 ㉞ 질거바리 ㉟ 찹쌀떡 ㊱ 토끼다 ㊲ 펨푸 ㊳ 피조리 ㊴ 하루뻥 ㊵ 호두 ㊶ 홍장이 ㊷ 홍부리 ㊸ 힝.

(3) 비속어

① 신나다 ② 바가지 ③ 따라지 ④ 수학공부 ⑤ 사바사바 ⑥ 하바하바 ⑦ 오뎀바 ⑧ 야코 죽었다 ⑨ 깍쟁이 ⑩ 서부씨(西部氏) ⑪ 야전군악대 ⑫ 호랭

---

108) 徐廷範, "韓國特殊語研究: 隱語發生起源을 중심으로 하여 은어로 본 백정사회", 慶熙大 大學院論文, 4·6배판, (서울, 1958).
이어 "隱語文字考: 주로 서울 裏巷社會 group을 중심으로", 국어국문학 통권 19호(1958). "特殊語名稱攷", 慶熙大, 高鳳 3권 2호(통권 6호), 1959. "轉成形容詞의 形成考", 慶熙大, 文理學叢 1輯, (1961).

109) _____, 慶熙大文理學叢 (1960).

110) _____, 慶熙大文理學叢 (1961).

111) _____, 自由文學 통권 52호, 54호, 56호, 62호, 63호, 64호, 6회 연재.

112) 일반어휘란 은어, 비속어, 민속어휘, 國史古語彙 등에 대응하는 개념으로 필자가 사용한 것임. 國語國文學 6권 9호(통권 54호, 1961. 10. 1)에서 '거서간'을 빼어 國史古語彙에 넣고 同誌 7권 8호(통권 64호, 1962. 11. 15)의 ① 알다(知) ② 얼리다(시집보내다)를 일반어휘에 넣었음.

이 ⑬ 낚시질 ⑭ 10년 묵은 과부 ⑮ 인삼탕 ⑯ 말대가리 ⑰ 노타치 ⑱ 박호순
씨 ⑲ 6 · 7 · 8 ⑳ 콩나물 ㉑ 보라색 예술 ㉒ 오촌오빠 ㉓ 시사회(試寫會) ㉔
秋夕氏 ㉕ 밤중 ㉖ 케네디 시장(市場) ㉗ 스틱 보이(stickboy) ㉘ 삼국사기
㉙ 국토개발 ㉚ 구라마 · 구라친다 ㉛ 쥬다 벤어, 쪼다 벤허.

(4) 고대 誕生說話[113] 술어

① 혁거세(赫居世)의 탄생 ② 주몽(朱蒙)의 탄생 ③ 탈해왕(脫解王)의 탄
생 ④ 김수로왕(金首露王)의 탄생 ⑤ 김알지(金閼智)의 탄생, 설화의 분석,
혁거세 거서간의 탄생, 탈해왕의 탄생, 고주몽(高朱蒙)의 탄생, 김수로왕의
탄생, 김알지의 탄생.

이상 등에서 언급된 어원을 계산하면 國史上의 고어휘는 그 수가 더 늘
수 있다. 이로써 일반어휘의 어원추구가 크게 확장되었다. 특히 은어 비
속어의 어원추구는, 日人학자 鮎貝房之進이 국사상에 나타난 백정, 楊水
尺 등에 대하여 언급한 것이 있긴 하나 共時的인 연구는 최초의 것이라
할 수 있다. 이것은 많은 일화를 남긴 '韓國特殊語研究'(1958)와 상통하
는 모험적 탐구욕의 산물이라 할 수 있다. 뒤이어 「高凰」(1966)에 발표
된 '語源의 이모저모'[114], '女性에 관한 名稱攷'[115], 박 · 시치미고[116], 神話
와 言語[117](1970) 등에 나타난 어원설은 수필집에 녹아들어 '語源의 이모
저모'란 副題[118]로 나타난다.

---

113) 徐廷範, 自由文學 7권 8호(통권 64호) pp.129~134, 1962. 11. 15. '국사 고어휘'라고도 할
　　수 있으나 내용의 전개에 따른 분류임.

114) 徐廷範, 慶熙大, 高凰 13호(1966. 11). 여기서 연구된 어휘는 좋다(好), 기쁘다(喜), 슬프다
　　(悲), 몰다(驅), 골(腦), 씨(種)의 6개 어휘다.

115) ＿＿＿, "女性에 關한 名稱攷"(淑大 亞細亞女性問題研究所, 亞細亞女性研究 8집, 1969.
　　12.) 여기서 언급된 어휘는 다음의 20 개다. 멋, 아즈미, 아기씨, 어미, 지어미, 가시내, 각시,
　　올케, 겨집, 갈보, 아내, 아낙네, 누이, 니믈리기, 할머니, 마누라, 딸, 고마, 그네.
　　이 논문은 3년전 同誌에 나온 劉昌惇 교수의 "女性語의 歷史的 考察"(淑大 亞細亞女性研
　　究, 1966. 12. 30)과 상통함을 볼 수 있다.

116) ＿＿＿, 한국민속학 2집 (1970).

117) ＿＿＿, 藝術院論文集 第9輯 (1970).

삼, 섬귀, 심방, 숨, 삼불, 말슴, 處用 등의 어원을 언급한 "삼神考·處容歌考"[119] (1970), "'보름'의 語源考"[120] (1971), "꼭둑각시語考"[121] (1972), "새타니語考"[122] 등은 "巫女의 사랑 이야기"[123] (1979)에 "第4部 語源의 探究"라 하여 재수록 되었다. 서정범이 무속에 관심을 가진 것은 "인간 해석의 실마리를 발견하는 데도 있었지만 국어의 어원을 밝혀 보고 싶은 욕망에서"[124]라고 한다. 수필은 그 표현방식이었다. 그것은 서정범의 거의 모든 수필에서 어원설을 볼 수 있음으로도 알 수 있다. 서정범이 "수필에서 추구하고자 하는 세계"는 전통적인 정신문화 속에 숨어 있는 "아름다운 무지개"[125]라고 스스로 말한다. 累千年 漢文化의 浸潤속에 제 빛깔을 잃은 지배층·지식인층의 언어에서보다, 피지배층·최하층민의 언어에서 우리말의 원형을 찾을 수 있다고 믿는 것은 자연스러운 일이다.

어원연구도 그 원형의 보존 가능성이 보다 큰 이들 최하층민(백정, 무당)의 어휘에서 찾았던 것이다. 시각도 Shamanism쪽의 것이었으니 이것은 정당한 견해라고 본다. 그러나 언어학(어원학)은 그 補助科學으로 문화인류학·역사학·민속학·종교학 등의 도움을 받아야 한다는 점에서는 정당하지만, "언어학은 언어 자체를 위해서 또는 그 자체를 목적으로 하여" 언어를 연구해야 한다고 말한 F. de Saussure의 말도 음미해야 할 것이다.

이 같은 반성은 이후 일반어휘의 어원연구 결과를 수필의 형식으로 묶

---

118) ____, 놓친 열차는 아름답다: 語源의 이모저모(범우사, 1974).

119) ____, 淑大 亞細亞女性研究 9집 (1970).

120) ____, 국어국문학회, 國語國文學 51호 (1971).

121) ____, 한국종교학 1집 (1972).

122) ____, 국어국문학 55~57 합병호 (1972).

123) ____, '巫女의 사랑 이야기'는 일본어로 번역되어 일본 同朋舍에서 "韓國のシャーマニズム"란 제목으로 출간되었다(1980).

124) ____, 靈界의 사랑과 그 빛(汎潮社, 1985) 서문.

125) ____, 學園別曲(범조사, 1985), p.47.

은 "語源의 이모저모"[126)에 나타난다. 최하층민의 어휘 및 巫覡語彙의 어원추구에 대한 한계성의 자각은 다음과 같은 계통론에 기초한 造語論的 어원추구로 발전한다.

"原始國語再構를 위한 한일 양국어의 共通祖語研究"[127)(1983)가 그 대표적 논문이다. 이 논문은 한·일 양국어 어휘의 형태소분석을 통하여 한국어의 조어를 재구하였다는 점에서 의의가 있다. 조선조 고문헌에서 현대국어 어휘의 중세어형을 찾거나,〈三國史記〉·〈三國遺事〉또는 중국 고대 史書에 散見되는 고대 한국어의 원형 추정을 어원연구라고 생각했던 것에 비하면 실로 今昔의 감이 있다. 高·百·新 삼국시대 초기의 국어 고어 원형을 재구하여 가지고, 알타이 공통조어를 추정한다는 것은 그 시간적 거리가 너무도 멀기 때문이다. 또 이 논문이 어원연구방법의 정곡을 얻은 것은 양국어의 음운대응을 밝혀 그 규칙으로 양국어의 어휘를 비교한 것이다. 물론 이것은 서정범에서 비롯한 것은 아니다. 선학들도 뜻했던 것이나 서정범은 이를 확대 발전시켰던 것이다. 그는 同系統語間의 공통요소 중 가장 불변적인 '문법', 그 중 형태론(조어론)에 기초하였다. 즉 [t](ㄷ)末音語는 [l](ㄹ), [s](ㅅ), [z](ㅈ), [n](ㄴ) 등의 前舌子音으로 변화하기 때문에 語幹末音으로 [l](ㄹ), [s](ㅅ), [z](ㅈ), [n](ㅁ) 등은 [t](ㄷ)音으로 재구할 수 있다고 했다. 아울러 [k](ㄱ), [m](ㅁ), [p](ㅂ)의 末音은 [t](ㄷ)〉[l](ㄹ) 말음에 개입되고 [s](ㅅ) 말음에는 [k](ㄱ)음이 첨가된다고 했다. 이 같은 규칙을 설명하고, 당해 어휘를 대조하여 공통조어를 추구한다. 그리하여 본 논문은 국어 어원설명·조어재구를 위한 결론으로서 다음과 같은 견해를 표명하고 있다.

① ㅒ, ㅖ, ㅚ, ㅟ, ㅢ 모음은 어간모음과 접미사 ㅣ모음 사이에 끼였던 자

126) 徐廷範, 學園別曲(범조사, 1985),
127) ____, 慶熙語文學 第6輯 (1983).

음의 탈락에 따라 형성된 이차적인 발달음으로서 원시국어에는 없었다.
② 원시국어의 자음은 ㅂ·ㅁ·ㄷ·ㅅ·ㄴ·ㄱ·ㅎ의 7개이고 ㄹ·ㅈ·
ㅇ는 후대의 발달이다.
③ 韓·日 고대어는 거의 一음절의 閉音節語였을 것이다.

"國語의 造語硏究"(1984)는 국사상의 고어휘에 관한 어원연구로서 "共通祖語硏究"(1983)의 -m系접미사에 관한 세부 논문이라 할 수 있다. 서정범은 斯盧·扶餘·句麗·高麗·百濟·朝鮮의 국명도 실은 '사람'의 의미를 지니는 말과 그 어원이 같다고 한다. 그것은 다른 Altai 민족(Ainu, ezo, Nanai, Evenki, nivx 등)에서도, 그들 말로 '사람'을 의미하는 말이 종족명이 되었다가, 국명이 된 것으로도 추측할 수 있다는 것이다.

"韓國語 語源硏究"(1984)[128]는 ㄹ系접미사에 관한 논문이다. 이 논문에서 서정범은 ᄀᆞ롤(江), 바롤(海), 버들(柳), 구슬(玉), 寶姐(女兒), 드틀(塵), 거울, 오눌(今日)……벼슬(官), 하눌 등 47개의 ㄹ末音語를 들고 이 'ㄹ'는 'ㄷ'가 변한 것이며, 알타이어에서 동명사형이라고 보는 {-m}, {-ƚ}(r)은 근원적으로 명사형성 접미사라고 하는 것이 그의 견해다.

계통론자들이나 어원론자들의 호기심에 찬 관심 대상의 하나는 한국어 數詞다. 서정범도 "數詞의 造語硏究"[129]에서 數詞의 변천과정을 밝히고 數詞의 형태소분석을 통하여 접미사를 분리하고, 일본어 數詞 및 Orokko어(Olcha 방언에 近似) 數詞와의 비교를 통하여 기본수사의 조어를 재구하고 있다. 이것은 한국어 數詞 어원에 관한 許永鎬(1950), 崔鶴根(1964, 1971), 姜吉云(1980)의 연구에 이은, 비교연구 및 조어재구에 관한 논문이다.

서정범은 1, 2, 3……의 조어를 다음과 같이 재구한다.

---

128) 徐廷範, 論文集 第13輯, 경희대학교, (1984).
129) 徐廷範, "數詞의 祖語硏究", 語文論叢 第1輯, 경희대학교 대학원 국어국문학과, (1985).

홀, 돋, 섣, 넏, 닫, 엳(넏〉넛〉녓〉엿), 닏, 엳(덛〉겯〉섣〉엳), 앋, 엳(덛)

이들 연구의 결론으로 서정범은 조어재구를 통해서만이 보다 만족스러운 어원연구는 가능하다고 강조한다.

또 수필의 형식을 빈 어원설은「한국수필」[130]·「月刊文學」[131]·「季刊藝術界」[132] 등의 문예지,「편지」[133]와 같은 機關誌 대중모체 등을 통해 국어어원에 대한 언중의 의식 고양과 世敎에도 공헌하고 있다.

15. 李基文

이기문은 자타가 공인하는 Altai계통어 및 비교언어학자다. 그는 〈三國史記〉에 나타난 고구려어와 고대 일본어의 어휘를 비교하여 많은 공감을 사기도 하면서, 고구려어와 고대 일본어의 비교 가능성을 높였다. 이것은 국어 어원탐색의 길을 넓혀 놓은 것이었다.

그는 직접적으로 어원탐색이란 말을 사용하지 않았지만, Ablaut적 현상에 의한 語辭分化에 대한 연구(1954)[134]에서 단어족의 추구에 의하여

---

130) ____, "나는 사람이다", 한국수필 통권 37호, 한국수필사, (1984)

131) ____, "봄의 語源" 月刊文學史, 月刊文學 통권 187호(1984. 9.). "胎夢" 月刊文學史 月刊文學 第18卷, 통권 193호(1985). "무당 이야기", 季刊藝術界 창간호(1984) 가을호.

132) ____, "우리말의 슬기"(조어재구와 어원탐구) 季刊藝術界, 第2卷 제5호 통권 第7號 (1985. 12).

133) 편지쓰기 장려회, 격월간 편지 제4호(1984. 11), 제5호(1985. 1), 제6호(1985. 3), 제7호 (1985. 5), 제8호(1985. 7), 제9호(1985. 9), 등에서는 "편지속의 바른말"을 위해 "사랑, 사람, 봄, 아름답다, 어이어이, 닭도리탕, 찌개, 사냥, 가위, 바위, 보, 바보, 육개장, 頭流山 兩端水" 등의 어원을 밝혀, 바른 사용을 강조하고 있다.

134) 이기문, "語辭의 분화에 나타나는 ABLAUT적 현상에 대하여", 최현배 선생 환갑기념논문집(사상계사, 1954).
　　"A Comparative Study of Manchu and Korean", Ural-Altaishe Jahrbücher, Band XXX.

어원을 탐색하였다. 또 중세국어의 몽고어 차용어 연구[135]나 중국어 차용
어 연구[136]에서 국어에 동화된 몽고어 및 중국어 어원을 밝혔다. "女眞語
地名考"[137]도 같은 방향의 논문이다. 이기문이 직접적으로 "어원"을 다룬
논문은 두 편[138] 밖에 되지 않는다. 이 중에도 "어원"이란 말을 직접 사용
한 논문은 단 한 편뿐이다.

앞의 논문은 3단어(정확히 4단어), 뒤의 논문은 한 단어의 어원을 추
적하고 있을 뿐이다.

"語源數題"는 다음과 같은 내용이다.

① 나라〈나(퉁구스諸語의 na)+랑(名詞派生名詞의 접미사로 '空間의 外延'
   을 의미).
② 이름(名)〈中世語 일훔〈일콜- / 일콜-(稱)의 '잃'-+움.
③ 名詞 '＊ㅎ볼'+造格語尾 '-로'〉ㅎ올로.
   '＊ㅎ볼'+强勢의 添辭 '-사'〉ㅎ볼사.

뒤의 논문은, "글"(書)의 어원이 "契"에서 왔다는 것이다. 이처럼 "어
원"·"어원연구"란 말을 아끼는 것은, 고유명사의 어원론은 "위험한 장
난"이 되고, 고유명사의 어원론에 각별한 관심을 가진 어원학자는 "어원
학의 모험가"[139]라고 불린다고 한 A. Meillet의 말에 傾倒되어, 고유명사

Heft 1-2(1958).

135) ____, "Mongolian Loan-Words in Middle Korean", Ural-Altaische Jahrbücher 35
   (1964).

136) ____, "근세 중국어 차용어에 대하여", 아세아연구 8권 2호, 1965. "鷄林類事의 再檢討"
   (東亞文化⑧. 1968)에서 중세국어 '쟝'·'뎧'·'쇼' 등은 각각 중국어 "尺"·"笛"·"褥"에서 온
   것으로 본다.

137) ____, "女眞語 地名考", 문리대학보 61, (1958).

138) ____, "語源數題", 金亨奎博士頌壽紀念論叢, 일조각, 1971. "'글'에 관한 斷想", 지헌영
   선생 고희기념논총, 형설출판사(1980).

139) 이기문, "어원자료로서 본 三國史記", 震檀學報 38, p.213.

의 어원론을 일반어휘의 어원론에까지 확대하는 것은 아닌지 의문이다.
　그는 지금까지의 어원론 및 어원연구에 대하여 다음과 같이 반성하고
있다.

　　"語源論은 國語學의 미개척 분야의 하나다. 적어도 과학적인 방법에 의한
　語源研究는 극히 드물었다. 앞으로 이 방면에 거대한 노력이 있어야겠음을
　절실히 느낀다. 그동안 서울에서 쌓아올린 국어의 역사적 연구는 새롭고 진
　정한 어원 연구를 위한 기반의 일부를 구축했다고 할 수 있다.[140]

그는 또 어원사전 하나 없는 우리의 형편을 다음과 같이 말한다.

　　"科學的 語源 研究의 基盤은 이미 어느 정도 이루어져 있음에도 불구하
　고 이 기반 위에서의 精力的인 探索이 전혀 없었던 것을 반성하지 않을 수
　없었다."

　이 같이 철저한 自省과 모험을 않으려는 신중성과 同系統語에 대한
깊은 조예와, 어원사전 출현의 갈망을 모아 보다 많은 어휘의 과학적 방
법에 의한 적극적 어원연구를 고대할 뿐이다.

16. 崔鶴根

　최학근은 "동사 '붓도도다'(培)의 어원론적 고찰"[141], "國語數詞와 Altai
語族數詞와의 어느 공통점에 대하여", "數詞의 연구"[142]를 그의 "語源研究

---

140) ＿＿＿, "語源數題", 金亨奎博士頌壽紀念論叢.
141) 崔鶴根, "동사 '붓도도다'(培)의 어원론적 고찰", 한글 통권 124호, 1959. 알타이語學論攷
　　(현문사, 1980)에 재수록.
　　＿＿＿, "國語數詞와 Altai語族數詞와의 어느 공통점에 대하여", 趙潤濟博士回甲紀念文集
　　(1964).
142) ＿＿＿, "On the Numeral Terms of Korean Language", 金亨奎博士頌壽紀念論叢(일조

方法論小考"[143]에서 밝힌 어원의 과학적 연구방법을 적용·시도하였다.

"붓도도다"를 형태소로 분석하여 "붓+도도다"의 복합어로 본다. "도도다"는 使役形(돋오다, 돋우다)으로, "붓"은 "붓기"[pu+s+ki]에서, 다시 "부"[pu]를 추출, "불"[pul]을 원형으로 본다. "불"은 현재 "남자 생식기"를 의미하지만, 옛날에는 "종자", "근원", "선조", "조상", "이삭", "식물의 싹"(芽)을 의미했다. 따라서 "붓도도다"는 "식물의 싹을 나오게 하다" 또는 "식물의 싹을 도와서 크게 하다"의 의미를 가진다.

數詞의 어원은 다음과 같다.

셜흔: Sŏi·Se(three)+L(Euphonic)+'-hɯn'(Suffix).

접미사 hɯn은 gɯn, gen, gon〉ɣɯn, ɣen, ɣon〉hɯn의 발달을 했을 것으로, 滿·蒙·퉁구스어의 數詞에서 볼 수 있는 것과 상관성이 있다는 것이다. 마순(40)도 과거에는 "혼·흔" 접미사가 接尾되어 "마슥혼〉마ᅌ온〉마순"이 되었을 것으로 본다. 이것은 그의 "語源研究方法論小考"에서 밝힌 과학적 연구 방법에는 미치지 못한 곳이 많다. 그는 과학적 연구 방법을 다음과 같이 논하였다.

"어원연구"는 "음운"과 "의미"와 "형태"의 삼자의 일치가 없으면 성립할 수 없다. 즉 음운대응에 의한 어형의 일치가 선결되고 의미론적, 형태론적 일치가 있어야 한다.

그리하여 그는 만주어, 몽고어의 문법 더 크게 알타이어학 즉 계통론으로, 방언연구로 연구 분야를 바꾼 듯하다. 그쪽 방향의 연구업적이 績出하기 때문이다.

각, 1971).

143) _____, 語源研究方法論小考", 한글 통권 126호, (1960. 2), 한글 통권 127호, (1960. 10), 알타이語學論攷(현문사, 1980).에 재수록.

17. 金善琪

김선기는 파리 Sorbonne대학에서 음성학을 연구, 1937년 런던대학에서 국어 음성학(Phonetics of Korean)으로 석사학위를 받은 언어학자다. 언어학자로서 그는 향가해독의 과정에서 신라어의 비교언어학적 연구로 신경지를 개척하였으니 이는 곧 국어 어원연구로 연결되었다.

「現代文學」에 향가의 '새로운 풀이'를 내기 시작한 것이 1967년 1월부터다.[144] 이것이 1975년까지 계속된다. 다시 '가라말의 덜'(韓國語의 語源)①이 「現代文學」에 발표되기 시작한 것이 1976년 2월(22권 2호, 통권 254호)부터니 이 사이의 자연스러운 관계를 고려한다면 향가연구의 결과가 한국어의 어원연구에 영향을 끼쳤다고 보아야 할 것이다. 김선기 자신도 "한국말의 역사, 특히 삼국시대 한국어가 향가의 연구에 의하여 재구될 수 있다"고 하였다.[145] 이는 梁柱東의 국어 어원연구가 향가연구의 과정에서 비롯된 것과 유사하다. 김선기의 한국어 어원연구는 「한글」에 게재된 "한·일·몽 단어비교"(1968)와 「現代文學」에 연재된 "가라말의 덜"[146]로 요약될 수 있다. 앞의 논문은 계통론의 기초 위에 스와데시의 言語年代學的 방법을 사용, 한·일·몽어의 분리 연대를 추정하면서 한국어의 어원을 찾고 조어를 재구한 논문이다.

'가라말의 덜'의 '가라'란 韓(ㅋ, gara)을 새겨서 한 말이요, '덜'이란 元

---

144) 김선기, "길뿔불노래(彗星歌): 신라 노래의 하나", 現代文學社, 現代文學 通卷 145호 (1967. 1).

145) 김선기, "한·일·몽 단어 비교: 계통론의 긴돌", 한글 142호, (1968), p.61.

146) 1976. 2월호에 ①회 연재가 시작되어 1979. 3월(33회)에 '계속'이라고 하면서 끝나고 있다. 이외에 어원에 관한 논문은 다음과 같은 것들이 있다.
　　"「慰禮城」의 어원", 명지대학 주최 동아일보사 후원, 제1회 백제문화 학술강연회 강연요지, 1973. 3, pp.24~25.
　　"백제 지명 속에 있는 고대 음운변천", 충남대학교 백제연구 제4집, (1973).

朝祕史에 나온 '源'에 알맞은 terigün의 [teri][147]니, 모두는 '한국어의 기원'이란 뜻이다.

그의 어원연구는 언어학자답게 비교언어학적 방법을 동원하고 있다. 한국어의 어원탐색에 만주어·몽고어·터키어 등 同系統語를 비교하고 그 사이의 음운대응규칙, 동일어 내에서의 음운변화규칙에 의해 祖語를 재구하고 있다. 그가 사용한 알타이어의 음운변화규칙의 대표적인 것은 다음과 같다. 이는 분명히 진보적인 방법이다.

　　[g]>[w]>[b]>[m] 또는 [p]

이 규칙에 의해 '검~'을 뜻하는 [gara]가 [bara](어둠)로 되고 다시 [baram]>[bam](夜)이 된다고 했다. 또 뫼(山)도 "burag>morog>moroi>moji>moi>mø/me/mi"가 되었다고 설명한다. 이 외에도 [k]>[h]>[Ç]>[s], [d]>[r], [d]>[n], [g]>[b]>[d], [p]>[ph], [g]>[ŋ]의 규칙을 적용한다. 물론 이 모두가 김선기의 창안이란 말은 아니다. 또 일어의 경우 모음 간 [g]>[w]의 규칙을 제시하여 同系統語의 어휘를 비교한다. 그러나 이는 다분히 臨床的·對症療法的이란 인상이 짙다. [g]가 [b](>[d])[148]로, [ŋ]으로, [ɣ](>[r])로도 변한다고 함은 그 폭이 너무 크다고 할 수도 있다.

그러나 同系統語 간의 음운대응 규칙 및 동일언어 내에서의 음운변화 규칙의 탐색 그 후 현대 비교언어학적 방법에 의한 어원추구는 확실히 진보적인 것이다. 또 어원추구에서 형태소분석 후 출발하는 다음과 같은 태도는 당해 어휘 어원의 타당성 여부보다 그 방법론에서 선구적이라고 할 수 있다.

---

147) ＿＿＿, 現代文學 22권 2호 통권 254호 (1976. 2. 1), p.329.
148) [g]가 [b]로 됨은 [g]>[w]>[b]>[m]/[p]의 규칙에 포함된다. 그러나 다시 [b]>[d]의 규칙은 결국 [g]>[d]의 규칙을 낳아 [g]가 너무 다양한 음으로 변함을 보여준다. "가라말의 덜" ③ 참조.

Ko.[mu-l-r], Ja.[mi+zu] Ma.[mu-ke]에서 mu, mi는 '水'의 뜻이고 [r], [zu]는 복수를 나타내는 [d]에서 온 것이고 ke는 조어소(formatie element)다.[149]

또 바달(海)도 [바](물)+달·다라(曠野, 넓은 벌판)로 보고 몽고어·위글어[dadara]〈[wadara]〈[adara]〈[daria]와 비교한 것은 일보 나아간 것으로 볼 수 있다. 이것은 고대국어를 開音節語로 봄을 전제로 한 것이다. 그러나 고대국어는 고대 일본어에서와 같이 閉音節語였던 증거가 보인다. 그러면 "받+올(접미사)〉바돌〉바롤〉바ᄅ"로 보아야 할 것이다.

또 '오늘'(오날)을 '이(是)+날'로 본 것이나, '꼭대기'를〈꼭(곡 : 하늘)〉+〈대기(대가리 : 위)〉=〈하늘위〉로 본 것은 정곡을 얻은 것이라고 본다.

그러나 만주 사람이 한국인을 칭하는 말 '솔롱고'를, 만주어 '솔롱고'가 '무지개'인 것으로 보아 "朝鮮"을(무지개와 같이) '고운 나라'[150]란 뜻으로 풀이함은 국수주의적 냄새가 풍김을 부인할 수 없다. 또 死語가 된 고유어나 고유어로 된 新造語를 어원의 추적과정에서 무상으로 사용함[151]은 그 진의를 이해하려 노력하면서도 거부감을 어찌할 수 없음은 사실이다. 언어학의 分派로서 어원학은 과학적 냉엄성을 가지고 연구해야 할 것은 물론이다.

사계절 중 한국어 '여름'의 어원을 구태의연히 '녀름짓'으로 봄은, '태양'을 뜻하는 "nat"[nar(日)〈蒙〉, nara(太陽)〈蒙〉, niyala(太陽)〈蒙〉의 基

---

149) 김선기, 現代文學 通卷 259, (1976), "가라말의 덜"⑤ p.330.

150) 만주어로 무지개(虹)는 nyoron이며, soloŋga(虹)는 몽고어임. sol이 人을 의미함은 크게 암시적임. 또 중세한국어 '숡'(狸)을 만주어로 solohi(족제비), 에벤키어 soligā, 몽고어 soloŋɣo(이기문, 국어사개설, p.17)라고 함도 고려해야 할 것임.

151) 아삼(親族), 아삼말(親族語), 보람(기호), 시래(재조), 말덜풀이(어원설), 마춥잘(증명), 얼굴쪽(형태소, morphemes), 덜얼굴(原形), 나라 한아버지(국조), 여름짓기(농사), 악(역사), 드멘(만), 엉엣(영역), 옛돌그릇적(구석기시대), 말두레(언어사회), 중세(가웃누리), 여린거훔(軟口蓋, Velum), 지난끼(과거), 돋쪽(파생소), 흐름결(법칙), 소리흐름결(음운변천법칙), 덜말(부사), 말긴(語系), 한칫누리(근세·중세), 옛누리(고대), 긴(계통), 가락(성조), 말낱(단어, Word), 몸말(체언, Substantives), 소리낱(음소, phoneme).

語]에 둠보다 설득력이 부족하다.

"農事(농사)를 〈녈름짓이〉라고 한 것을 보면 〈녈음〉은 더욱 〈열매〉를 짓는 일로 봄이 옳다.……〈녈음〉은 〈녈은 것〉이란 뜻이요, 녈매가 맺는 것은 녈름이 되니까……. 그리하여 녀름이란 말은 〈여름짓〉이가 비롯한 뒤에 생긴 말"[152]이다.

이는 의미적 유연성에 지나치게 매달린 감이 있다. 의미적 유연성에 지나치게 매달림은 과학성의 결핍을 반증하는 것이다. 또 〈鷄林類事〉의 雨曰霏微와 비(雨)의 어원을 [borogan]의 [bo]가 [bi]로 된 것으로 보고 borogan〉bogan〉bowi에서 雨曰霏微를 설명하려고 하는 것보다는, 람스테트가 본 퉁구스말 [higin](rain with wind)이 더 설득력이 있다고 본다. 즉 "p〉h〉g〉w"로 보면 〈雞林類事〉의 기록과도 부합한다.

그러나 전체적으로 이제까지 가장 진보적인 비교언어학적 방법을 사용하여 가장 진지한 자세로 국어어원을 추적한 업적을 부인할 수는 없을 것이다. 곧 「現代文學」에 연재된 모든 어원연구에서 삽화만을 제거하는 정도의 수정으로도 충분히 훌륭한 단행본 저서가 될 수 있음은 한국어 어원론을 위해 경사스러운 일이다. 이제 아래에 매회별 어원연구의 대상어휘를 보이면 다음과 같다. 이로 보면 김선기의 어원연구는 이제까지의 국사상의 고어휘나 호기심에서 비롯한 비속어·풍속어의 어원탐구가 아니고 어휘론의 하위분야로서의 본격적 어원론임을 알 수 있다.

"가라말의 덜"에서 어원을 탐구한 어휘를 연재회수별로 보이면 다음과 같다.

① 가라, 덜 ② 하늘, 꼭대기, 단(檀), 텅거리 ③ 해, 밝, 밤, 맑(晴), 밝(明), 달(月), 그늘, 희다다(日入), 별 ④ 비, 구름, 바람(風) ⑤ 물, 바다, ㄱ롬, 고랑, 거품, ⑥ 싸, 흙, 씨글 ⑦ 봄, 녀름(夏), 가을, 겨슬ㅎ, 때, 째, 쩨 ⑧ 사람, 몸, 마리, 머리, 입, 눈, 귀 ⑨ 코(鼻), 혀, 손, 발 ⑩ 무릎, 허리, 배, 비, 부하

152) "가라말의 덜 ⑦" 1976. 10, 現代文學 통권 262호, p.343.

(肺), 염통(心臟), 지레 ⑪ 톱(指甲, 爪), 볼기(臀), 꼬리/쏘리, 땀(汗), 구리(屎), 오줌(尿), 피 눈물(淚) ⑫ 가치(鵲), 닭(鷄), 두루미(鶴), 새(鳥), 까마귀(鴉·烏), 제비, 독수리, 매, 거위, 한새(鷺) ⑬ 짐승, 개, 소/쇼(牛), 말, 염소/ 명소(羊), 돝, 괴(猫) ⑭ 아바(父), 어마님, 아우/아ᅀᆞ, 누이, 아돌(子), 딸(女兒) ⑮ 첫아바(시조), 아즈바, 언니(兄), 아촌아들(姪), 나ᄂᆞ(孫), 아ᅀᆞᆷ(親), 겨레(族), 깔재(來日), 오늘(今日), 어적계/어제(昨日), 그지/그적긔/그적의/그젓긔/그제(前日), 모리/모뢰/모릐(後日), 이튿날/이튼날(翌日) ⑯ 하나, 둘ㅎ, 셋 ⑰ 넷, 다숫 ⑱ 여듧/여덟, 아홉 ⑲ 스물, 셜흔, 마ᅀᆞᆫ, 쉰, 여쉰, 닐흔, 여든, 아흔, 온, 즈믄, 드믄, 잘(一千萬兆) ⑳ 갈옴말(대명사) ㉑ 가리킴 갈옴말(지시대명사) ㉒ 물음모름갈옴말(의문부정대명사) ㉓ 뮈욤말(동사), 그림말(형용사) ㉔ 형용사: 멀~, 높~, 깊~, 길~, 짧~, ㉕ 형용사: 크~, 작~/적~, 잘~, 꼬마, 오뚝이앙, 조무락이, 몽글다, 늙~, 적~, 굳~, 무르~ ㉖ 형용사: 달~(甘), 쓰~(苦), 따~, 싀~(酸), 밉~(辛), 웗~(澁), 옷곳하~ ㉗ 검~(黑), 붉~(紅), 븕~, 누루~(黃), 푸르~(靑), 보랏빛, 밤빛(古銅色), 파랗~(綠), 잿빛(灰色), 흔빛깔(純色) ㉘ 둏~(好), 궂~, 이든/이든, 사오납~, 잔인(殘忍), 밉~(猛), 모딜~, 이르~/일르~(早), 일쯕, 쌔르~, 얼핏(快)/얼른, 늦~/느릐~/느지럽~, 더듸~ ㉙ 이시(有), 이(是) ㉚ 가~(去) ㉛ 웃~, 울~(哭), 알~(知), 모ᄅᆞ(不知) ㉜ 비롯~/ 비로소(始) ㉝ 낳~(生), 놓~(放), 넣~(入), 닿~(接着), 땋~(辮), 좋~(好), 쌓~(積), 죽~(死), 죽이~.

18. 辛兌鉉(生沒 未詳)

신태현의 어원연구도 국사연구와 관련되어 있다. 즉 국사연구의 과정에서 삼국의 지명·직관명·왕명·위호의 어원연구가 나타났다. 그의 어원연구는 "三國史記地理志의 연구"[153]와 "新羅職官 및 軍制의 연구"[154], "三國王名位號考"로 요약된다.

"三國史記地理志의 연구"는 기왕의 연구 방법을 비판, 그의 방법을 제

---

153) 新興大學校 論集1(1958)에 나왔던 것을 단행본(우종사, 1959)으로 출판했음.

154) 新興大學校創立十周年紀念論文集 第2卷(1959).

시하고[155] 〈三國史記地理志〉의 역사, 지리, 국어국문학에서의 가치를 다음
과 같이 강조하였다.

> "古地名의 해석으로서만 그 地名의 위치가 정확히 比定될 것이고 古代國
> 語가 밝혀질 것이며 또 固有國語를 記寫한 漢字音訓借의 實例와 방법이 밝
> 혀짐으로써 삼국시대 및 신라시대의 각 位號, 官名, 人名, 기타 固有語의 原
> 義를 알게 될 것이다. 또 國文學의 起源을 일우고(sic)있는 新羅鄉歌도 地理
> 志의 정확한 연구가 없이는 정확한 해독을 기대할 수 없을 것이다."[156]

그러나 이 같은 의욕은 연구 대상의 과다로 주도면밀한 탐구와는 거리
가 먼 직관에 흐르고 있음을 알 수 있다.

예를 들면 "西火縣－尙藥縣"에서 '西火'는 '새볼'일 것이므로 '尙藥'도
'새볼'의 音寫로 생각된다. '尙'은 '사－새'의 음차이고 '藥'자는 '藥바르'에
서 '바르'만을 '볼'의 훈차로 戲用한 것[157]이라고 한 것이 그 예다. '尙藥'
의 藥을 '바르'→'볼'의 훈차 戲用으로 보는 것보다 '藥'의 고유국어원음
으로 봄이 옳을 듯하다.

內米忽郡(長池·池城)－瀑池郡(內米忽)은 '낮은골'로,[158] "仍利河縣
－汝湄縣－和順縣"의 '汝湄'는 '늪(沼)의 음차[159]로 본 것도 [nami]로
보아야 할 것이다.

또 熊津·熊川을 모두 大川(큰 나르, 큰 니), '古麻山－龍山縣'의 '古
麻山'을 '고마뫼'로 '큰뫼'(大山)[160]로 본 것도 특이하다.

---

155) "地理志의 기사를 기본으로 하고〈高麗史〉,〈慶尙道地理志〉,〈世宗實錄地理志〉,〈興地勝
覽〉에 의해서 지명의 내역을 삼국－신라－고려－조선으로 계보식으로 명시하는 동시에 字
句의 相異를 摘記하고〈三國史記地理志〉의 한자음훈차 用例만을 논거로 해서 하나하나 해
독한다."

156) 辛兌鉉, 前揭論文, p.1.

157) _____, 前揭論文, p.2.

158) 辛兌鉉, 前揭論文, p.14. 여기 '內米'도 최근의 연구로 水·波를 의미하는 고구려어「nami」
임이 밝혀졌다.

159) _____, 前揭論文, p.95.

이 논문을 독파하고 나면 그 직관력과 대담성·논문의 방대함을 높이 사면서도 이 논문이 이 분야 학자들의 망각 속에 버려진 이유를 다시 생각하게 한다. 다만 이것들이 〈三國史記地理志〉에 대한 국내학자 최초의 종합적 연구란 점에 그 의의가 있다고 할 것이다.

後 二의 논문도 그 포폄이 반반이나 "三國王名位號考"의 다음과 같은 견해는 정곡을 얻은 것이라고 본다.

> "三國의 地名, 官位, 職官, 王名, 位號 等이 모두 吏讀式으로 漢字의 音·訓을 借用하여 記錄되어 있으므로 그들을 우리말로 還元하기 前에는 詳細한 歷史事實을 밝힐 수 없는 것이다. ……歷史의 敍述에 있어서 이러한 吏讀式 漢字의 記錄을 漢字音 그대로 읽히는 것은 無意味한 일이다. ……例를 들면 「赫居世居西干」은 漢字音대로 「혁거세거서간」이라고 하였던 것이 아니고 실제로 新羅에서는 「붉거뉘닛큰」이라고 하였던 것을 固有文字가 없기 때문에 부득이 漢字를 차용하여 부정확하나마 「赫居世居西干」으로 記錄한 것에 不過하다. 그러므로 우리는 이들의 漢字를 본디말대로 읽어야 할 것이며 國史記述에 있어서도 漢字에……「곁새김글」을 붙여서 기술하여야 할 줄 안다."[161]

그러나 오늘날 한자로 표기된 이들 고유명사를 본디 말대로 읽어야 한다는 것이나 그렇게 하는 것만이 "애국애족의 정신을 고양하는 길이 되는 것"이란 생각은 재고되어야 할 것이다. 한자로 표기되기 전의 본디말로 정확히 읽는다는 것에 대한 국사연구 상의 필요성은 인정한다 하더라도 오늘날 그 가능성이 의문이기 때문이다

---

160) ____, 前揭論文, p.21, p.104.
161) ____, "三國王名位號考", 慶熙大學校 文理學叢 1, (1961), p.8.

19. 姜吉云

강길운의 어원연구도 초기에는 개개 단어의 어원을 고찰하는 데서 발생한다. '겨집'[162] '달팽이'[163]의 어원추구가 그것이다. 뒤에 同系統語와의 비교연구로 나아가 轉義語와 死語 및 계열어의 어원연구로 발전한다.[164] '겨집'은 '겻-'(在)에 명사전성어미 '-ㅂ'이 결합되어 이루어진 파생어라고 보고, '달팽이'는 小倉이 말한 "달려있는 팽이"가 아니라 "돌(山)+팽이"(蝸·螺·蠐)로 보아 '山野에 사는 蝸螺類로 본다.

국어의 轉義語와 死語의 어원은 다음과 같은 어휘를 다루었다.[165]

① 안히(母〉妻: 內에).

② 굴외다〈굴괴다(侵).

③ 고마ᄒ다(* 허리를 굽히다, 절하다〉尊敬하다〉感謝하다).

④ 곰(後). 님(前).

---

162) 姜吉云, "造語論小考－「겨집」의 어원을 중심으로"(현대문학 55,56, 1959). 김형규에 의해 '在家者'(女→妻)의 뜻에서 왔다는 (김형규, "「계집」에 대하여", 한글 통권 119호, 1956). 「겨집」은 "신발"·"감발"의 조어법으로 보아 타당하다는 유창돈, 최학근의 견해와 강길운의 반대의 견이 있음.

163) ＿＿＿, "달팽이 名稱考"(한글 125, 1959).

164) A. ＿＿＿, "三韓語·新羅語는 土耳其語族에 속한다－數詞·季節語·方位語의 체계적 비교"(國語國文學 68, 69, 국어국문학회, 1975).
   B. 姜吉云, "韓國語와 土耳其語의 名詞形成接尾辭의 비교"(忠南大論文集 Ⅱ·2, 인문과학연구소, 1976).
   C. ＿＿＿, "국어의 轉義語와 死語의 연구"(語文論志 2, 충남대학교 문리과대학 국어국문학과, 1976).
   D. ＿＿＿, "백제어의 계통론"(百濟研究 8 충남대학교 백제연구소, 1977).
   E. ＿＿＿, "한국어의 형성－한민족의 기원"(國語國文學 79, 80 합병호, 1979).
   F. ＿＿＿, "數詞의 발달(Ⅰ)(Ⅱ)"(忠南大論文集 Ⅶ·1, 南廣祐博士華甲紀念論叢, 일조각, 1980) "國語의 轉義語와 死語의 語源研究(Ⅲ)", 藏菴池憲英先生古稀紀念論叢 (1980).

165) 姜吉云, "국어의 轉義語와 死語의 연구", 충남대학교 문리과대학 국어국문학과, 語文論志 第2輯, 1976.

⑤ 고이훈(＝버릇이 나쁜).

⑥ 갸록ᄒ다(＊斜視하다〉오만하다〉善壯히다).

  거록ᄒ다(＊놀라다〉大端하다).

⑦ 고단ᄒ다(＊〈gadan：＝孤獨하다〉疲勞하여 느른하다).

⑧ 고둘ᄑ다(＊牽馬하듯 하다〉억지로 하다〉몹시 고단하다).

⑨ 구위실〉구의실〉구실(官職〉租稅〉職務).

⑩ 굴헝(巷〈＊國：구렁〈壑〉).

⑪ 꿈(＊空虛〉夢).

⑫ 뿔(＊乳〉蜜).

⑬ 뿌다(＊懇求〉借).

⑭ 끠(＊一刻〉時刻〉食事).

⑮ 갓(妻〈＊울타리 안에 있는 것).

⑯ 갓나희(美女〉女兒 · 娼女).

⑰ 괴다(＊고시다：寵愛 · 慈愛).

⑱ 고명(＊風流스러운 것〉볼품으로 얹은 양념).

⑲ 결의(금에 · 龜裂에〉틈에〉卽時에).

⑳ ᄀᆞᄅᆞᆷ(湖〉江 · 河身).

　비교연구는 다시 계통론으로 나아가 자연히 한국어 및 일본어의 계통론[166]으로 발전한다. 이것은 그 친근성 때문일 것이다. 여기서 마침내 한국어와 Ainu어, 한국어와 Gilyak어의 어휘를 비교한다.[167] 이 같은 同系

---

166) _____, "日本語의 系統論小考" 언어, 1, (충남대학교 어학연구소, 1980) "國語系統論散攷" 國語國文學 85. (1981).

167) _____, "韓國語와 Ainu語와의 비교", 語文硏究 11집. (1982).
　　姜吉云, "伽倻어와 드라비다어와의 비교(Ⅰ)", 언어 3輯, 충남대학교 언어훈련원, (1982).
　　_____, "길약어와 한국어의 비교연구(Ⅰ)" 秋江 黃希榮博士頌壽紀念論叢, (집문당, 1983).
　　_____, "한국어와 길약어는 동계이다." 한글 제182호, (한글학회, 1983).
　　_____, "伽倻語와 드라비다語와의 비교(Ⅱ)" 水原大學論文集 1輯, (1983).
　　_____, "길약어와 한국어의 비교연구(Ⅱ)" 具壽榮華甲紀念論叢(충남대학교 어문논지 4 · 5집, 1985).

統語와의 어휘 및 음운비교는 바람직한 것이다.

강길운이 이같이 한국어와 Ainu어, 한국어와 Gilyak어를 비교하는 것은, 다음과 같은 믿음에 기초하고 있다.

"韓國語는 古아시아語인 Gilyak語와 Ainu語를 基底語로 하고 여기에 Altai 諸語인 터기系語, 蒙古系語, 滿洲퉁구스系語와 中國語가 영향을 주어 이루어진 말"이다.

그러나 종종 類意와 類音에 이끌려 개별적 대립의 표가 보임은 조심스러운 일이다. 한국어와 Gilyak어의 비교는 국내학자로는 진작부터 강길운에 의해 시도되어 왔다. 최근에는 金芳漢도 끄레이노비치가 비교한 Gilyak어와 한국어의 어휘를 제시하고 한국어에 깔려 있는 Gilyak어 어휘를 보여주고 있다.[168]

이상으로 강길운은 삼한어·신라어는 토이기어족에 속하며 Gilyak어와는 동계라는 계통론의 기초 위에 Gilyak어·토이기어·드라비다어·일본어와 비교하면서 국어 일반어어휘의 많은 어원을 추적하였음을 알 수 있다. 이것은 국어어휘의 의미적 유연성에만 집착하던 종래의 어원연구를 국어어휘 속에 들어 있는 복잡한 요소를 밝힘으로써 단순한 호기심의 대상, 타목적의 방편으로서의 국어 어원연구를 독립·향상시켜 놓았다. 그러나 한편 국어 어원론이 계통론의 부산물처럼 취급될 위험성도 크다. 한국어의 계통론과 국어 어원연구는 상호 보조적이어야 할 것이다. 또 한국어계통론의 성급한 판단도 아직은 금물일 것이다.

168) 金芳漢, 韓國語의 系統(민음사, 1983), pp.126~135.

20. 金完鎭

　김완진은 "韓漢 두 민족의 접촉의 역사"를 "언어들의 분화 이전에까지 거슬러 생각해야 할 문제"라고 하면서, "국어한자음의 체계가 성립되기 이전에 있어서의 차용관계를 추구"하고 있다. 따라서 국어고유어라고 간주되는 語詞들 중에서 자료를 선택하고 있다. 이 경우 "어느 편이 차용주이고 어느 쪽이 그 차용어를 제공해 주었는가 하는 문제는 그리 간단히 투시될 수 있는 성질의 것이 아니"라고 한다. 최근의 中國語史硏究는 고대의 중국어가 주위의 제민족에게 많은 語詞들을 제공하고 있을 뿐만 아니라, 한편으로는 상당한 외국어 단어들을 흡수했음을 증언하고 있다[169]고 한다. "오히려 고대의 중국어 쪽에서 차용해 간 것이 아닌가 하는 심증을 주는 예들이 존재"한다고도 한다. "차용"대신 "접촉"이란 용어를 쓴 이유도 여기에 있다고 한다.

　　① 부텨(佛): 佛陀〈Buddha ② 힝뎍: 行跡 ③ 적, 제: 時 ④ 석(집세기): 屣 ⑤ 격지: 履, 屐 ⑥ 자: 尺 ⑦ 쇼: 俗 ⑧ 뎌: 笛 ⑨ 쇼: 褥 ⑩ 뎔(佛寺): 邸(큰 建物) ⑪ 예(倭): 倭 또는 夷 ⑫ 살: 矢 ⑬ 절−(鹽浸): 齏, 젓〈* čers 또는 čerč ⑭ 절: 祇 ⑮ 톳기: 兎 ⑯ 갓: 芥 ⑰ ㄱ(邊): 界 ⑱ 붇: 筆 ⑲ 먹: 墨 ⑳ 적−(記): 志, 誌 ㉑ 닥: 楮 ㉒ 스−: 書 ㉓ 곰〈고마: 熊 ㉔ 거위〈* 거루 또는 * 거로: 雁 ㉕ 그러기(雁): 䳇 ㉖ 작−('자갈'에서): 石 ㉗ 둙(鷄): 鳥 ㉘ ㄱ볼: 郡 ㉙ 수볼(酒): 水 ㉚ 이볼−: 菱 ㉛ 거붐: 龜 ㉜ 몰: 馬 ㉝ 되(升): 斗 ㉞ 뵈: 布 ㉟ 벼(稻): 稗 ㊱ 녀믜−: 祍, 衽.

169) 金完鎭, "이른 시기에 있어서의 韓中 言語接觸의 一斑에 대하여", 서울대학교 어학연구소, 語學硏究, 제Ⅵ-제1호, 1970. pp.1~2.

21. 朴甲千의 「말」(1965)·「世界의 地名」(1973)·
「語源隨筆」(1974)

박갑천은 「말」, 「세계의 지명」, 「語源隨筆」 등의 어원에 관한 저서를
낸 저널리스트다.

가. 「말」(백만인의 어원학)[170]

(1) 사람을 지칭하는 유행어휘

① 깔치(여자친구, 미혼녀): girl과 '저치·이치·장사치'하는 '치'가 어울려
　　된 말.

② 깡패: 영어의 gang과 우리말 '패'가 한데 어울려 된 말.

③ 노랑이(吝嗇漢): 황금의 노란 빛깔.

④ 레지 ← register.

⑤ 사꾸라(상대쪽을 교란하기 위해 넌지시 끼어들어 훼방을 놓는 야료꾼·
　　사기꾼·모리배).

　　㉠ 일본어 sakuraku(들어박혀 섞이다)에서 왔다.

　　㉡ 일본어 sakura(말고기)에서 왔다. 쇠고기로 속여 말고기를 파는 데서.

　　㉢ "앵매기"(충청 방언)의 앵(櫻)을 일본말로 바꿔치기한 것.

　　㉣ 필 때 싹 피었다가 하룻밤 바람에 싹 흩어지는 벚꽃의 생리에서 왔다.

⑥ 38따라지(38선을 넘어온 피난민): 노름판에서 세 끗과 여덟 끗의 합계가
　　한 끗인데, 그 한 끗을 따라지라 한다.

⑦ 얌치·얌체(염치없는 사람이란 뜻): 얌치(머리)없는 친구←염치(청렴결

---

170) 原名은 "말─백만인의 언어학"으로 「週刊한국」이 창간되던 1964년 9월부터 1년 동안 '말'
　　이란 제하에 연재되던 것을, 1965년 말에 단행본으로 낸 것이다. 여기서는 1968년에 한림각
　　에서 나온 것을 대본으로 하였다. 대상어휘의 표기는 대본을 따랐다.

백하여 부끄러움을 아는 마음이란 뜻).

이외에 빵빵걸(매소부), 선생, 화랑, 엄마 등의 어원 설명이 있으니 時
流를 반영하는 어휘들이 대부분이다.

(2) 印歐語系 외래어

① 나이론('최신'이란 뜻의 매김씨): 미국 듀폰(Du Pont)사의 상표로부터
   비롯된 것.
② 메리야스: 본디 속 샤쓰의 상표명임. 스웨덴에서 온 medias(한 켤레의 양
   말이란 뜻)에서 ㄷ와 ㄹ의 넘나듦, 홀소리의 순행동화에서 온 것.
③ 蜜月: honey moon의 직역
   ㉠ 스칸디나비아에서는 신혼의 남녀가 1개월 동안 꿀로 빚은 술을 마심에
      서 온 것.
   ㉡ 달을 부부 간의 차츰 이지러져 가는 것에 비유한 것.
④ 버버리 코트: 영국 Burbery회사가 만들어낸 버버리천으로 만든 레인 코
   트의 상표이름.
⑤ 쎄비다(훔치다, 얻어 놓는다): 영어 save를 부서뜨려 우리 움직씨로 만
   든 것.
⑥ 銀幕(영화): silver screen의 직역. 활동 사진의 영사막.
⑦ 클랙슨(경적): 제조회사 클랙슨(klaxon)에서 나온 상표.
⑧ 카네이션(크림, 煉乳): 카네이션(꽃 이름)이 그려진 미국제 煉乳.
⑨ 팔등신(미인의 표준 또는 미인): eight-head figure의 직역. 신장을 얼굴
   의 길이로 나눈 몫, 곧 頭身指數가 8이 되는 몸.
⑩ 호치키스(紙綴機): 미국의 발명가 Hotchkiss가 발명한 기관총(Hotchkiss
   gun)을 이르던 것이 紙綴機(Stapler)의 상표가 됨.
⑪ 펨프: pimp 또는 Vampire에서 온 것이라고 하나 전자가 가까운 것 같다.
⑫ 하이 칼러: 개화기 와이샤쓰는 깃이 쭈볏하게 올라가 있었다. 이것이 하
   이 칼러(high collor: 높은 깃)다.
⑬ 하와이(전라도 사람): 미국을 가는 길에 의례 들르는 곳이 하와이인데
   군인이면 으레 들르게 되는 상무대를 둔 전라도이기에 군에서부터 비롯
   하였다.

이외에 아르바이트(arbeit. 독어), 颱風(타이푼: 중국어 또는 그리스어 typon?), 正宗(일본 청주에 붙은 상표)의 어원 설명이 있다.

이상 대부분의 어휘들은 1945년 이후 서구 특히 미국의 문물이 들어오면서 함께 들어온 외래어들이다. 이 어원 기술의 과정에서 외래어들의 어의를 밝히고 바른 사용을 계도하려는 뜻을 짐작할 수 있다.

(3) 일반 고유어

① 괜찮다: 관계하지 아니하다.
② 모가지: 목+아지, 바가지 ← 박+아지, 소가지 ← 속+아지, 싸가지(싹수) ← 싹(芽)+아지.
③ 무색옷(물을 들인 옷감으로 지은 옷): 물+색+옷.
④ 아버지: 압(업·옵: 우리 고대사회의 외경적 대상)+어지(아지).
⑤ 이물개(어린애들에게 주는 과자 같은 먹을 것): 울며 보챌 때 울음을 막자는 뜻을 가져 "이에 물리는 것"이란 뜻에서 온 것이다.
⑥ 재다(뻐기다): 힘깨나 쓰는 못난 친구가 어깨를 펴 보이며 그 어깨의 벌어진 도수를 살피는 데서부터 온 말.
⑦ 점잖다: 젊지 아니하다.
⑧ 팔다: 중세어에서는 "흥정하다"는 뜻이었다.

일반 고유어는 조어론의 견지에서 어근+접미사의 형성을 설명한 것이다.

이상 박갑천의 「말」에 나타난 어원탐구는 조어론에서 살핀 약간의 국어 고유어와 일어계 외래어 및 대부분의 영미계 외래어가 주를 이루고 있음을 알 수 있다.

나. 「世界의 地名」

본서는 「週刊한국」[171]에 연재된 것을 단행본으로 낸 것이다. 흥미를 무시할 수 없는 주간지의 성격상 당연한 것이지만 순수한 학문적 기술은 아니다. 그러나 다음과 같은 성격은 본서의 공로로 인정되어야 할 것이다.

① 우리의 고유지명을 분석하여 그 요소로서 '시'(太陽의 故鄕), '붉'('배달'사상의 黎明), '달'(내 겨레 생활의 근거), '말'(사물의 으뜸자리), '술'(생활의 수단·능력), '굴'(생활의 단위공동체), '올'(사물의 中核) '한'(多·大·盛·一)을 추출한 점.

② 국어 고유지명의 전이에 의한 의미 및 어형의 변화를 밝히려고 시도한 점.

③ 서구 지명의 어원을 밝히고 그 의미 및 어형의 변화를 밝힘으로써, 이들 외래어의 原義 및 어형을 파악하도록 시도한 점.

④ 현대지명과 옛 지명을 접합시키면서 세계지명과 공통성 추출을 위한 "민속학적인 어프로치"를 "시도"했다는 점.

1) 한국의 지명

(1) 小地名

① 乾川洞: 마른내골(비가 안 오면 늘 말라 있으므로).
② 굴레방다리: 큰 소가 이 곳에 굴레를 벗어 놓았다는 전설에 의하여 명명.
③ 老姑山: ㉠ 老姑山〈할미산〈漢尾山.
        ㉡ 할미〈한미〈한메.
④ 똥통길: 일본강점기에 서울시의 똥을 부었던 데서 명명.
⑤ 뚝섬: 뚝섬〈둑섬←임금의 사냥시 纛旗(둑기)를 세움.
⑥ 망우리고개: 이 태조가 身後之地를 정하고 오는 길에 이 고개에 이르러 "이제야 모든 근심을 잊겠노라"고 했다는 데서 연유.
⑦ 모래내: 모래내←말내 또는 몰내〈몰내.

---

171) 1966. 9. 18~1967. 11. 12까지 1년여에 60회 연재.

⑧ 배나무골: 배(梨)가 난 것과 무관하고 '붉'의 자손인 배나무가 심어져서 붙은 이름.

⑨ 배고개·백고개·백채: '백 사람이 짝지어야 넘을 수 있다'해서 명명된 것보다, 배고개〉뱃고개〉배꼬개〉백고개(梨峴)로의 추리가 가능하다.

⑩ 樊洞(번동·벌리): 伐李使를 두었다 해서 '벌리'가 아니라 '붉'의 자손 '벌'일 것이다.

⑪ 벌고개, 박석고개: 벌을 주어서가 아니라 '붉'이 새끼친 것이다.

⑫ 쌀바위: 하루 먹을 양식이 바위 밑에서 나왔는데 욕심을 내어 마구 긁어내서 안 나오게 되었다는 전설에 의하여 명명되었다기보다는, '술바위'에서 왔을 것이다.

⑬ 石串洞(돌고지): 지형이 고지로 되어 있어 붙은 이름. 돌로 된 고지란 말이 아니라 달(山野)→돌의 고지란 말이다.

⑭ 새우고개: 고개지형이 새우같이 생겼으므로 명명된 것이 아니고, '새고개'가 세월이 흐르는 동안 '새우'를 끌어들여 지형과 관련시킨 것이다.

⑮ 선돌개(立石浦): 바위가 한강을 둘러 깎아지른 듯이 서 있음으로 해서 붙은 이름.

⑯ 술우물: 술을 좋아하는 병든 아버지께 술을 구해드릴 수가 없어서 물이라도 떠다 드리려고 갔더니, 샘물이 술이 되어 갖다 드리니 병이 나았다는 전설에 의하여 명명.

이외에 유연성을 밝힌 지명들을 대충 들어보면 다음과 같다.

아차고개, 延曙, 오빠들, 牛耳洞, 인형왕후터, 정릉터, 짱바탕, 절두산, 허백당터, 玄石洞, 활목 등.

(2) 도시명

① 公州: 곰내(熊川).

② 馬山: 山에서 龍馬가 나왔다 하여, 또는 산이 말같이 생겼다 하여 비롯했다기보다는, 말메·마르메에서 기원했을 것이다.

③ 釜山: 산의 모습이 가마와 같이 생겼다 하여 명명되었기보다는, 가마메

(가마〈곰〉)에서 왔을 것이다.

④ 서울: 곳 이름←나라 이름.

이상을 보면, 유사음에 유추, 전설에의 유연성 부여, 지명에 얽힌 전설의 소개 등이 지명 어원의 과학적 탐구 시도와 뒤섞여 있음을 알 수 있다.

(3) 江河名

① 공갈못: 고링가라(咸昌)가 와전되어 공갈이 되었고 여기 못이 공갈못이 되었다(申采浩 說).
② 錦江: 熊川·곰내·검내·炭川이 곰의 전설을 곁들인 것.
③ 薩水: 淸川江이라 하지만 '살내' 같은 것으로 불렸을 것이다.
④ 米石灘·쌀섬여울: 인조 때 築城에 얽힌 碧岩大師와 李晦의 아내에 얽힌 전설에서 명명된 것이라고 하나, 쌀섬은 우리의 고어 '살'·'술'에 바탕을 둔 것이다.
⑤ 漢江, 帶水, 阿利水, 郁利水, 泥河, 王逢河, 洌水, 漢水, 漢山河, 北瀆, 沙平渡, 沙里津: 아리내(나).

(4) 國史上의 국명 및 지명

① 高句麗: 커골·커고리의 寫音으로 큰 고을의 뜻.
② 百濟: 붉지─붉의 지─로서 붉의 도읍을 뜻함. 지는 城으로 고개, 생활 단위의 도읍을 의미했다. '붉의 재'로서의 '배재'가 '백재'로 불려졌다.
③ 馬韓: 말한·마루한으로 종주국의 뜻. "한"은 '나라' 및 '君王'을 의미.
④ 新羅: '시'와 '붉'을 의미.
⑤ 松岳: ㉠ 왕건의 시조 康忠이 들난 바위를 덮기 위해 심었던 솔로 인하여 명명.
　　　　㉡ 두 용이 서로 다른 쪽을 보고서 푸른 소나무에 몸을 숨겼던 때문으로 해서 명명. 이는 왕건의 生誕을 신성시하려는 설화다. 松岳은 부여의 扶蘇山과 同系로 '술'에 연원을 둔 것이다.
⑥ 安市(城)·丸都(城): 알티·아리티로서 올의 한 분맥임.

⑦ 慰禮城: '울ㅅ기'였으니 江都의 뜻.[172]

관직명으로 大角干, 麻立干, 赫居世 등의 原義 설명도 있으나, 국사상의 고어휘는 사학자들의 설을 원용한 것들이 그 주를 이루고 있다.

이외에 아호·인명의 연원이 있으니 공달이(← 윤달에 출생), 三峰(← 島潭三峰), 西山大師(←妙香山), 鷺山(←鷺飛山) 등이 그것이다.

(5) 熟語

① 강원도(지리산) 포수(가고 소식 없는 사람):←강원도로 호랑이 사냥을 가서 호랑이한테 먹힌 포수.
② 개평(남에게서 얻은 공것): ← 加平의 떡장수가 준 우수. 그러나 이것은 후세인의 견강일 것이다.
③ 고려장: ← 고구려 때의 순장 습속.
④ 골로 간다: ← ㉠ '고태골 가다'(옛날에 묘소만 있던 곳). ㉡ 高氏 當者가 살았다 해서 '高宅골'.
⑤ 南陽 원님 굴회(膾) 마시듯: ← 南陽골의 어느 원님이 굴회를 좋아해서.
⑥ 大邱湯: ← 大口란 고기에서 유래한 것이 아니고 지명 대구에서 유래.
⑦ 무주 구천동(미개한 곳): ← ㉠ 具씨와 千씨가 산 곳. ㉡ 白蓮庵에서 十千의 중이 수도. ㉢ 元純帝의 명명.
⑧ 三水甲山: ← 兵火가 있을 때마다 고생을 한 三水군과 甲山군.
⑨ 삼척(얼음장 같은 방): ← 三廳冷突에는 불을 때지 않았음.
⑩ 안성맞춤: ← 安城 鍮器.
⑪ 왕십리(엉덩이): ← 채소밭이 많아 오물의 집결처.
⑫ 평양감사: ← 아름다운 기생이 많아 호강하던 자리.
⑬ 평양 황고집: ← 서울 왔다가 친구 초상을 만났는데, 조문 가기 위해 서울 온 것이 아니라면서 급히 평양에 갔다 다시 와서 조문했다는 평양의 황씨 성 가진 고집쟁이.

---

172) 박갑천, 세계의 지명(정음사, 1973), p.59.

2) 외국의 지명

(1) 국명

① 네덜란드(Nederland): ← 낮은 땅.
② 뉴질랜드(New Zealand): ← 새로운 젤란트. 네덜란드 탐험가 타스만이 발견하여 자기 나라 젤란트(Zeeland＝바다의 땅)를 생각했다.
③ 덴마크(Denmark): ← 데인족의 영토(The territory of the Danes).
④ 룩셈부르크(Luxemburg): ← 작은 성(Lutzelburg).
⑤ 스페인(Spain): ← 고대 페니키아어로 토끼를 뜻하는 shapan.

이외에 어원을 밝힌 국명은 다음과 같다.

베네수엘라, 볼리뱌, 불가리아, 실론, 아르헨티나, 인도, 인도네시아, 체코슬로배키어, 콜롬뱌, 파키스탄, 폴런드, 핀런드, 필립핀, 헝가리.

(2) 수도명

① 바르샤바(Warszawa): ← Varsovia. var는城, masovia는 정부의 소재지라는 뜻.
② 빈(비엔나): ← 켈트어로 흰색 또는 城을 뜻하는 Vindabna.
③ 아테네: ← 그리스 신화의 여신 Athena(Athene).
④ 워싱턴: ← 대통령 G. Washington.
⑤ 레오폴드빌(콩고): ← 레오폴드의 도시라는 뜻. 콩고 개발의 국제 단체를 형성한 벨기에 왕 레오폴드 2세에서 유래.
　브라자빌(콩고): ← 브라자의 도시. 佛의 탐험가 브라자에 의해 건설됨.
⑥ 프놈펜: ← "프놈"은 타이어로 "언덕", "펜"은 일반 여성의 이름. 프놈펜은 "펜이란 이름이 붙은 언덕".

이외에 먼로비어(리베리아), 몬테비데오(우루과이), 뱡탄(Vientiane, 라오스), 베오그라드(유고슬라비야) 등의 수도명과 기타 도시명의 어원이 있다.

(3) 지명에서 유래한 사물명

① 네이블(navel, 귤의 일종) : ← Naple(Napoli의 영어)에서 온 것이 아니고 이 귤에 배꼽이 있는 데서 기원.

② 뉴펀들랜드(헤엄 잘 치는 개) : ← 뉴펄들랜드가 원산.

③ 뉴햄프셔(닭의 종류) : ← 원산지 뉴햄프셔.

④ 던커크(패군의 필사적 철퇴) : ← 佛 북부 항구도시名(영국군이 이곳을 철퇴하면서 독일군의 치명적 공격을 받았음).

⑤ 로맨스(romance) : ← "로마인의"의 뜻.

⑥ 레그혼(알 잘 낳는 닭) : ← 생산지 이탈리아의 리보르노.

⑦ 레즈비어니즘(여성끼리의 동성애) : ← 여성 상호 간에 성적 유희가 성했던 그리스령의 섬 레스보스.

⑧ 마드라스(무명천) : ← 생산지 인도 동남부 州 마드라스.

⑨ 마라톤 : ← 그리스 아티카에 있는 평원.

⑩ 마요네즈(서양 조미료) : ← 스페인의 항구 도시 "마욘".

⑪ 메카(총본산·동경의 대상) : ← 사우디 아라비아 서부 상업도시. 모하메드 탄생지.

⑫ 보헤미안(방랑인) : ← 오스트리어領. 지금은 체코슬로바키아 서부 도시.

⑬ 올림피크 : ← 그리스 북쪽 경계에 있는 올림포스산.

나아가서 지명에서 유래한 코피·술(포도주)·닭·돼지 등의 종류를 뜻하는 보통명사들의 어원이 설명되어 있다.

다. 「語源隨筆」

박갑천은 어원연구를 "단순히 흥미뿐만 아니라 우리말을 바르게 이해하고 곱게 다듬는 일에 긴요한 바탕이 될 수 있는 일"[173]로서 그 의의를 의식

---

173) 朴甲千, 語源隨筆, 을유문고 156(을유문화사, 1947), p.3 머리말.

한다. 또 이 일은 "국가적 차원에서의 노력"을 희망하면서 "그러한 示唆라도 던져야" 겠다는 뜻에서 80개 낱말의 어원을 추적했다고 밝히고 있다.

대상어휘가 시사성을 띤 것(갈보, 깡패, 꼬마, 제왕수술, 딴따라, 또순이, 사모님, 사바사바, 쪼다), 서양 외래어(고뿌, 컵, 레지, 마담, 보이코트, 브래지어, 빵, 샌드위치, 샐러리맨, 아르바이트, 오라이, 카메라, 칵테일, 탤런트) 등이 주를 이룸은 저널리스트가 쓴 것을 고려하면 오히려 당연한 것이다. 저자의 고백대로 저널리스트니 고증에 강할 수 없음이나 견강부회가 끼어들 수 있음도 사실일 수밖에 없다. 그 대표적인 예가 '갈보'(매춘녀)의 어원을 Greta Garbo에서 구한 것이다.[174]

또 대중적 기호, 어원연구로서의 성격을 고려하면 이해할 수 있는 일이긴 하지만, 그 흔한 비교연구방법의 시도가 전혀 보이지 않고 15세기어 또는 한자어와의 대비만이 보임은 아쉬운 일이다.

또 다음과 같이 가능한 양설을 모두 소개하면서 취사를 유보함도 후학을 기다리는 신중성을 기릴 수도 있고 그 우유부단함을 나무랄 수도 있다.

① 고자(宦官): ㉠ 宮中의 庫子(물건을 맡아 지키던 宦官)는 宦官이었으므로 庫子에서 왔을 것이다. ㉡ 木手의 먹통 '먹고즈'가 불알 모양인 '8'자와 같이 되어 있어 '고자'란 '먹고자'란 말과 관계가 있을 것이나 아닌지 모른다.

② 고뿔: ㉠ 중세어로 '곳불'이었으니 고(鼻)+불(火) 즉 코에서 불 같은 열기가 풍긴다는 데서 왔다.[175] ㉡ 고(鼻)+블(膠), 즉 감기가 걸렸을 때 노상 그 풀과 같은 콧물을 흘려야 하므로 '곳블'이라고 했다고 생각할 수도 있다.[176]

③ 숨바꼭질: ㉠ '소꿉놀이'를 '바꿈살이'라고 하는 것으로 보아 '숨는놀이 하

---

174) 갈보는 '갈다'(更新)의 어간 '갈'에 신라어 이후 고유국어 인칭어미에 붙는 「보·부」가 붙어서 된 말로 "남자를 자주 갈아치우는 사람"이란 뜻일 것이다.

175) 고2 국어교과서에 나온 남광우의 "우리말의 어원"도 '고뿔'의 어원설을 鼻+火"로 본다.

176) ㉠의 어원설보다 더 민간어원설에 떨어져 있다.

는 바꿈살이'에서 왔다. ㉡ 巡邏가 술래(+잡기)됨으로 보아 巡바꿈질에
서 왔을 것이다. 巡邏잡기>술라잡기>술래잡기로 보아 순바꿈하는 질>숨
바꿈질>숨바꼭질이 된 것이다.

또 다음과 같은 유사음의 動員 그 견강도 보인다.

　① '찹쌀', '멥쌀'의 '술'이 '우리의 옛말에서 생명의 원천으로서의 본딧말을
　　이루었던 것'으로 '살다'·'살(肉)'·'살(양식)'이 이 '살'에서 출발되고 '솔
　　(松)'은 '살'이었으며, '사리'·'소리'·'수리'·'소라'·'사라'……따위 음이
　　나 뜻으로 번저 지명으로 뻗쳐 나갔다.
　② '이야기'는 '니'(齒)+'악' 접미어로 니(齒)가 있는 공간이다.

　①의 언급처럼 '술'에서 '살다'·'살(肉)'·'살(양식)'·'솔(松)'·'사리'·
'소리'·'수리' 등으로 번져간 근거는 희박하다. 동음어들의 의미에 부회한
嫌이 있다. 솔(松)은 실(絲)·살(箭)과 함께 Ablaut적 발달로 보아야 할
것이다.

　②는 '이야기'를 뜻하는 경상도 방언이 '이바구, 이바기, 이바우, 이박,
이배기'임을 고려하지 않은 때문으로 보인다. 이 경상도 방언은 입(口)과
유관한 것이니 입(口)의 경상방언이 "이바가리, 이바구지, 이바구"(포항)
임을 유의하면 충분하다. '이야기'란 입(口)의 것, 입으로 하는 것임을 알
수 있다.

　그러나 많은 오류에도 불구하고 이 같은 업적들이 타분야 종사의 인사
들에 의해 나오고 있음은 과학적 어원학자들이 유념할 일이다.

　박갑천의 「語源隨筆」[177]과 함께 생각나는 것은 日人 岩淵悅太郎의 「語
源散策」이 있다.

---

177) 岩淵悅太郎, 語源散策(동경, 매일신문사, 1974). 이 책은 1982년까지 31쇄(刷)를 거듭했다.

22. 김영황의 「조선민족어발전력사연구」(1978)

본서는 사회주의 시각에서 국어사를 기술한 책이다. 이 과정에서 국어
의 어원을 언급하였다.

① 桓因: '天君'을 뜻하는 '하님'이라는 고대어를 한자 유사음에 따라 표기한
   것. '하님'의 '하'는 '큰벌'을 뜻하는 '한볼〉한볼〉하늘'의 '하'로서 '大'를 뜻
   하며 일정하게 '高', '天'과도 통한다. 그리하여 이것은 '大者'의 뜻으로서
   고조선의 시조를 천제와 결부시키려고 한 당시 지배계급의 지향을 반영
   하고 있다.

② 檀君: '地君'을 뜻하는 고대어인 '다님'을 한자의 음과 뜻을 빌려서 표기
   한 것. '다님'의 '다'는 '基'를 뜻하는 고대어인 '도'와 통하는 말로서 현대
   어 '땅'은 여기서 나온 것. '檀君'을 '밝달임금'의 표기로 보는 데는 문제가
   있음.

③ 桓雄: '天雄'을 뜻하는 고대어인 '하수'를 한자의 음과 뜻을 빌려 표기한
   것. '하수'의 '하'는 '하늘'을 의미하며, '수'는 '암'과 대립되는 것으로서 '남
   성'을 의미한다. '환웅'을 '하눌임금'에서 온 '하누임'의 표기로 보는 데는
   문제가 있음.

④ 阿斯達: '初地' 또는 '新地'를 뜻하는 고대어인 '아시다'를 한자 유사음으
   로 표기한 것. '아시다'의 '아시'는 오늘 '아시빨래', '아시동생'의 '아시'로
   그 흔적을 남기고 있으며 '아침'과도 통한다. '다'는 '땅'을 의미하나 고구
   려 고장 이름에서 '山'과 '高'의 뜻으로 쓰이는 '達'과 관련이 있는 것으로
   보인다.

⑤ 今彌達: '熊岳'을 뜻하는 고대어인 '고미달'을 한자 유사음으로 표기한
   것. 원시적 토테미즘에서 유래한 '곰'이란 명칭은 원시 종족명으로부터
   시작하여 그들이 거주하고 활동하였던 지대의 명칭에 이르기까지 널리
   쓰이게 되었다.

⑥ 解慕漱: '神雄'을 뜻하는 고대어인 '고모수'를 한자 유사음으로 표기한
   것. '고모수'의 '고모'는 원시적인 곰 토템과 관련하여 '신성' 또는 '최고'의

뜻으로도 쓰이게 되었다. '고모수'란 곰 토템을 가진 부계씨족 - 종족공동
체의 족장을 의미하는 것.

⑦ 解夫婁: '日火'를 뜻하는 고대어인 '해부루' 또는 '하부루'를 한자 유사음
에 따라 표기한 것. '태양신'에 대한 숭배에서 나오게 된 이 말에는 고대
국가의 시조를 '천제의 아들', '해와 달의 아들'로 신성시하려는 당시 통치
계급의 의도가 반영되어 있다.

⑧ 阿蘭弗: '아라불' 또는 '아라부루'를 한자 유사음으로 표기한 것. '해부루'
의 '해'는 '높다'는 뜻으로 통하는 바 그의 신하라고 하여 '아래'를 뜻하는
고대어인 '아라'를 붙여 '아라부루'라고 한 것.

⑨ 迦葉原: '가시벌' 또는 '가시부리'를 한자 유사음과 한자의 뜻을 빌려 표
기한 것. '가시'는 '邊'을 뜻하는 고대어.

⑩ 朱蒙: '주무'를 한자 유사음으로 쓴 것. 제왕운기에는 활을 잘 쏘기 때문
에 '주무'라고 한다고 하였다. 고대어의 '주무'는 중세어에서 '활 가운데
손잡는 곳'을 가리키는 '좀'이라는 말로 남아 있다. '주무'는 '東明'이라고
도 쓰는 바 그것은 한자 유사음으로 쓰면서도 한자의 뜻으로도 좋은 것
으로 되게 하려는 데서 비롯된 것.

이외에도 표제어로 내세워 그 어원을 설명한 국사 고어휘들이 많다. 다
음이 그 예다.

弓忽, 魏率善, 臣智, 邑借, 卑離, 牟盧, 溝漊, 彌離, 蘇塗.

이외에도 인명·지명의 어원 설명이 많이 보인다. 그러나 앞에 제시한
건국설화에 반영된 국사 고어휘의 어원 설명은 음운 및 어휘 변화에 관한
아무런 설명이 없다. 따라서 직관적인 면이 많다. 특히 '사동'을 '뱀둥'이라
고(p.43) 읽은 것은 너무 안이하게 생각한 듯하다. 15C 음운 및 어휘만 고
려해도 '虵'를 [뱀]이라고 읽을 수 없기 때문이다. 또한 '虵童'은 分註에서
'虵卜'·'虵巴'·'虵伏'으로도 쓴다(下或作蛇卜又巴 又伏等 皆言同也)고
함을 고려하면 '童'을 단순하게 '둥'으로 읽을 수만은 없다. 이기문은 이들을

*puk으로 추정하고 이것은 '*pugtu〈*pigtu로 소급하는 것'[178]으로 본다.

23. 金昇坤의 「韓國語助詞의 通時的 硏究」(1978)·
「한국어의 기원」(1984)

김승곤의 종합적 어원연구는 「韓國語助詞의 通時的 硏究」[179]와 「한국어의 기원」[180]에서 이루어졌다. 앞의 논문은 그의 학위논문으로 "'이'주격조사의 어원고"[181]를 정점으로 하여 조사의 어원을 종합적으로 밝힌 것이다. "格助詞는 대명사, 명사에서 발달하고, 보조조사는 명사, 동사, 부사 등에서 발달"하였다는 것이다. 소위 특수조사 및 격조사의 어원은 부분적으로 연구되었으나[182] 체계적·종합적인 것으로는 처음 있는 일이다.

신체부분어 등 계열어 기타 명사 및 용언, 한국어 조사의 어원을 단어족(word family)을 의식하고 다루었다. 이들 연구에서 아쉬운 점은 과학적 어원연구에서 가장 중요한 同系統語와의 비교를 전혀 시도하지 않은 점이다. 따라서 결과도 舊態를 벗지 못하였음은 유감이다.

① "아버지"의 "압"은 "앞", "처음·시초·시발"을 뜻하여 "압"(父)은 가정

---

178) 이기문(1970), 新羅語의 '福'(童)에 대하여, 국어국문학 49·50.《국어 어휘사 연구》(1991), 동아출판사 재록.

179) 김승곤, 韓國語助詞의 通時的 硏究, 大提閣, 1978.

180) ＿＿＿, 한국어의 기원(건국대학교 출판부, 1984) 뒷부분에 "한국어의 어원"이 있음.

181) ＿＿＿, "'이'主格助詞의 語源考", 건대학술원, 建大學術誌 12, 1970.
＿＿＿, "한국어 이두의 처소격조사 「良中」의 어원연구", 두메 박지홍교수 회갑기념논문집, 1984.

182) 일본인의 연구로는 石原六三 "고대일본어의 格助詞라고 불러지는 「イ」와 조선어의 格助詞 「이(i)」에 대하여"(天理大學學報, 1950)가 있다.

에서 제일 처음 가는 사람 또는 어른을 높인 말.

② 엄지: "덧붙여서 난 손가락"의 뜻("엄"은 "덧이"의 "덧"에 해당).

③ 엄(母): "아버지에게 덧붙은 사람"의 뜻.

④ 아촌: 단순히 "小, 次"의 뜻은 물론 "일가"의 뜻도 있다.
아촌아비〉아차나비〉아자비.

⑤ 다리(脚): "달다"의 어간 "달"+접미사 "이"로 "몸에 매달려 있는 물건"의 뜻.

⑥ 손톱: 손+톱(〈돕), "돕는 물건"의 뜻. 돕다〉돑다(삼을 삼기 전에 삼뿌리 부분의 껍질을 벗겨내다).

⑦ 팔뚝(肚)〈불독: 팔에서 배(復)처럼 불룩 튀어나온 데.

⑧ 귀(耳): 본 물건에 붙어 있으면서 구멍이 나 있는 물건.

⑨ 얼굴: 사람의 감정을 나타내는 "모양"이란 뜻.

⑩ 이마:〈니마 "니"는 "이다"의 어간 "이"+"마파람"(南風)의 "마"로, "이마"란 앞(얼굴)을 이고 있는 데(부분) "얼굴의 제일 위에 붙어 있는 부분"

⑪ 뒤〈두위〈두비〈듧.

⑫ 나이: "몇 살 나다"의 "나"의 주격형이 명사로 굳어진 것.

⑬ 꾸중〈꾸종〈쑤종〈구죵〈구숑.

⑭ 하늬바람〈하눐ㅂ롬(天風).

⑮ 새벽〈새박(新) 명사+박(밝다, 光明)으로 "새로운 밝음"의 뜻.

⑯ 고깔: "꽃을 꽂은 관"의 뜻. "곳"은 "초목의 봉오리"의 뜻.

⑰ 주격조사 "이":〈3인칭 대명사 "이". 주격조사 "] "(亦)계의 "가히"에서 "히"가 탈락된 데서 발달된 것. "가"는 "또" 혹은 "모두"의 뜻을 지닌 말(「吏讀集成」에서 "도……"의 뜻으로 설명했음).

이상으로 김승곤 어원연구의 공은 一般語辭에서보다 격조사 및 보조사의 어원추구에 있음을 알 수 있다.

24. 李炳銑의 「韓國古代國名地名硏究」(1982)

이병선의 「韓國古代國名地名硏究」[183]는 "언어의 발달과 그 合法則性"을 알려주는 지명어원학의 처지에서 그 "第一義的 목적"을 아래와 같이 두고 있다.

① 고대 국명·지명에 대한 어원을 탐색하여 고대어를 재구함.
② 고대 국명·지명표기에서 동음이의어를 고찰함.
③ 여러 동계 국명·지명과의 비교에서 고대 국어의 음운변화를 고찰함.
④ 고대 국명 발생의 유래와 기원을 고찰함.
⑤ 고대 국명의 유형을 고찰함.
⑥ 고대 국명·지명의 표기법을 고찰함.

다시 그 '第二義的 목적'을 '고대사 연구의 보조학'에 두었다. 본서는 10여 년 동안 이 분야에 대한 저자의 연구업적을 총정리한 것으로 어휘와 음운으로 나누어 고찰한 것이다. 어휘는 이를 또 다음과 같은 계열로 나누었다.

---

183) 李炳銑의 어원연구는 韓國古代國名地名硏究(형설출판사, 1982)로 요약된다. 이에 앞선 연구들을 보이면 다음과 같다.
　　이병선, "任那의 名義에 대하여"(동경, 한국연구원, 1972).
　　＿＿＿, 駕洛國의 국명·왕명, 성씨명·인명의 표기와 金海地名考"(釜山大論文集 15, 1973).
　　＿＿＿, "지명에 나타난 kVm〈神·君〉어와 古代國名考"(문교부연구조성비에 의한 논문, 1974).
　　＿＿＿, "고대 郡縣名과 國名考"(釜山大論文集 20, 1975).
　　＿＿＿, "扶餘國名考"(金亨奎敎授 停年退任 紀念論文集, 1976).
　　＿＿＿, "高山名考"(韓國語文論叢, 姜馥樹博士 回甲紀念論文集, 1976).
　　＿＿＿, "慰禮城과 百濟十濟國名考"(語文學 37 한국어문학회, 1978).
　　＿＿＿, "木出島의 名義와 比定에 관한 고찰"(국어국문학 78, 1978).
　　＿＿＿, "tɔrɔ〈山〉의 표기와 분포에 대하여"(韓國古代國名地名硏究 부록, 1982).
　　＿＿＿, "대마도 지명고"(韓國古代國名地名硏究 부록, 1982).
　　＿＿＿, "「乙支」의 어원에 대하여"(부산대학교 국어국문학 21집, 1983).
　　＿＿＿, "日本 對馬·壹岐島 綜合學術調查報告書"(서울신문사, 1985)

① asa(大)와 tara / tɔrɔ(城·邑)系.
② kara(城·邑)系.
③ pərə(城·邑)系.
④ kɔma(君)系.
⑤ nara(主·國)系.
⑥ sara / sərə(首·長)系.

　이는 그간 사학자들에 의해 고대사의 재구를 위한 방편으로 착수된 연구들이, "지명 어원 음운변화에 대한 지식 등 언어학적 뒷받침이 부족한 관계로 직접적 견강부회"가 많았음을 경계함에서 출발한 것이다. 그리하여 전철을 피하기 위해 20개 항목의 연구 방법을 들고 있다.

　이상과 같은 연구방법은 많은 진전을 보인 것이나, 우리의 고대 국명·지명이 위와 같은 6개 語系에만 한정될 것인가, 그리하여 이 6계열에 무리한 묶음은 없을까, 第二義的이라고는 했지만 순수해야 할 국어학 연구가 "고대사 연구를 위한 보조학"에 그 "목적"을 둠은 자기비하가 아닌가, 또 고구려 국명·지명의 경우 동계어와의 비교의 한계성, 국어학이 언제까지 어휘론, 어원론의 연구대상을 고대 국명·지명에 두어야 할 것인가 하는 의문들이 앞선다.

　물론 한국어 어원연구에 고대 국명·지명의 탐구·섭렵은 필수불가결한 것이다. 따라서 이같이 종합적·체계적인 연구 특히 "음운"의 연구는 그 방법에서 주목할 만한 것이다.

25. 崔昌烈의 「우리말 語源硏究」

　최창렬의 「우리말 語源硏究」는 수년 간 그가 쓴 어원연구 논문 및 방송원고를 정리 발표한 것이다. 그는 의미론에 관한 단행본 및 공저를 낸 바도 있다.[184] 이 같은 그의 학문적 성격은 어원연구를 의미론의 관점에서 始終하게 하였다. 그리하여 계열어의 개념을 도입하여 계절풍·시간·친족·시집살이·목숨·색채 등 계열어의 어원적 의미를 추구하였다.

이 '계열어'의 개념은 의미망에 둘러싸여 있는 어휘군과 어휘망을 확대한 것으로 남광우,[185] 유창돈,[186] 심재기,[187] 이남덕[188]의 술어 개념과 상통하는 것이다. 또 최창렬의 계열어 개념은 F. Saussure의 투명어의 개념과도 일맥상통하는 것이다.

이 같은 계열어·한자어 및 기타 고유어의 어원연구는 이남덕 다음으로 많은 어휘의 어원을 추구하였다. 그러나 다음과 같은 문제점들도 露모되었다.

첫째, 유사음을 가진 어휘와의 의미적 유연성에의 집착.

'봄(春)'을 '보~(見)'+'ㅁ 접미사', '도무지'를 '塗貌紙'에서 그 어원을 찾은 것이 그 대표라 할 것이다. 전자는 양주동, 후자는 黃玹에서 비롯했지만 민간어원임이 확실하다. 다음과 같은 것들도 마찬가지다.

---

184) 단독으로 韓國語의 意味構造(한신문화사, 1980), 공저로 國語意味論, 國語學槪論 등이 그것이다. 최창렬의 어원연구 논문중 중요한 것을 들면 다음과 같다.
崔昌烈, "국어 透明語 類型攷", 김형규교수 정년퇴임 기념논문집, (1976).
_____, "우리말 계절풍 이름의 어원적 의미", 한글 183호, (1984).
_____, "한국어 어원 探索 試考: 새로 익은 우리말의 어원추적", 전북대학교 어학연구소, 어학 11호, (1984).
_____, "우리말 친족어의 어원적 의미", "우리말 색채의 어원적 의미", 새결 박태권선생 회갑기념논총, (1985). 한국 국어교육 연구회, 국어교육, 51·52호, (1985).
_____, "우리말 시간 계열어의 어원적 의미", 한글 188호, (1985).
185) 南廣祐, "고대 국어 조어법의 한 고찰"(1956, 한글 121호). 굴·갈 群, 굿·긏 群, 앗·엇 群, 알·얼 群.
186) 劉昌惇, 語彙史研究(선명문화사, 1971). 族稱·시간·공간·수량적 계열어.
187) 沈在箕, 國語語彙論(집문당, 1982). 時令語.
188) 李男德, 한국어 어원연구, 1985, 1986, 同根派生語.

① 가시(妻)+나히(胎生)〉가시내〉간나희〉간난이.

② 어미(母)+나히(胎生)〉어미나이.

③ 슨(丁)+나히(胎生)〉사나이.

④ ㉠ 가르치다[골아(耕, 研+치다(育)] → 가르치다(教育) ← 가르다 ← 갈다 ← 골다(가루로 부수다의 뜻)[골/ᄀ로(粉)+다]. ㉡ 가르치다[골아(耕研+치다(育)] → 가리키다(指摘).

이것들은 각각 ① 가시(妻보다 原義는 女 · 妣)+아이(兒), ② 어미(母보다 原義는 女 · 妣)+ㄴ+아이, ③ 슨(丁)+아이(兒)로 봄이 좋을 것이다. ④ '가르치다'도 골다(耕, 研)+치다(育)의 합성어, '골다'의 '골'을 粉으로 보는 것보다 '치'를 접사로 하여 파생어로, '골'은 '곧'으로 재구하면, 고구려어의 '古次' 卽 '입'(口)으로 'ᄀ로다'(日) 즉 '말하다'로, '가르치다'는 ᄀ로다(말하다)+치(사동접사)로 보아 '말하게 한다' 혹은 '골다'를 '磨 · 研'의 原義 '分'으로 보아, '使分別'을 그 原義로 봄이 좋을 것이다.

둘째, 隣接諸國語와의 비교 무관심.

同系統語와의 음운 · 의미 · 문법의 비교를 통해서만 과학적 어원연구는 발전할 수 있다. 물론 그 能함을 따라 혹자는 음운, 혹자는 의미, 혹자는 문법에 중점을 두어 어원연구를 진행함으로써 後學이 종합할 수도 있겠으나 이렇게 하면 각자로서는 跛行的일 수밖에 없기 때문이다.

셋째, 수필적 성격에의 집착.

의미론의 관점에서 시종하다 보면 의미변이의 과정에 나타난 間隙의 극복을 위한 설명의 수단으로써 수필적 성격은 필요악일 수도 있다. 그러나 「우리말 語源研究」라는 학문적 저술에서는 이를 제거하여 엄정하고도 객관적인 서술이어야 할 것이다.

26. 徐在克의 「中世國語의 單語族 研究」(1980)[189]

　서재극은 "국어 어원의 內的再構"를 위한 동일어근을 가지는 단어군 즉 단어족을 연구하였다. 그는 그의 단어족 연구가 한자 음운에 대한 연구에서 발상되었다고 밝힌다. 한자의 單語家族 연구는 멀리 동일 혹은 유사 etymon(語의 原義, 원형)을 추구한 B. Karlgren의 「Word Families in Chinese」(1933)에 보이고, 가까이로는 藤堂明保의 「漢字語源辭典」에 나타난 동음류의 단어가족 연구에 출현한다. 서재극은 또 국어단어족의 의의를 비교언어학 연구의 선행작업[190]에서도 찾는다.

　그리하여 다음과 같이 동일어근을 가진 어휘들이 단어군 즉 단어족을 설정하고, 그 의미 基底를 '小'라고 한다.[191]

　아들(子), 아ᅀᆞ / 앗(弟), 아즈미(嫂,姑), 아ᄎ아들(姪, 甥), 아ᄎᆞᆷ(朝), 앛다(微, 鮮), 알다(未), 아직(且, 姑), -아지(小)……

　또 '아시(弟)'〈남부방언〉와 as'k, ask(弟 또는 妹)〈Gilyak어〉, ači(孫)〈몽고어〉, az(少)〈土耳其語〉도 이들과 깊은 관계가 있는 것으로 본다. 형용사의 "아독ᄒ다(昏, 茫), 아ᅀᆞ라ᄒ다(昏, 茫), 아줄ᄒ다(昧)"도 同一語核을 취한다고 본다.

　모음교체(Ablaut)에 의한 단어족의 탐색은 다음과 같은 共通語核을 추출한다.

---

189) 徐在克, 「中世國語의 單語族 研究」-試論을 위한 자료 배열(계명대학교 출판부, 1980).
190) ＿＿＿, 前揭書, "책머리에"(서문) 참조.
191) ＿＿＿, 前揭書, "책머리에" pp.108~109.

- 共通語核: k~r[192]

  ᄀᆞ락(指), ᄀᆞᆯ치다(指), 가락(指), 가ᄅᆞ(叉), 가롤(分派, 脚), 갈다(分), ᄀᆞᆯᄒᆞ다(擇, 枌), ᄀᆞᆯ히다(擇, 辨, 別), 가ᄅᆞ(支離), 가ᄅᆞ톳(臂), ᄆᆞᆯ가래(派), 가로(岐), 가리다(岐), 가림(岐), 거리다(岐), 거리(岐, 衢).

- 共通語核: k~m~[193]

  ᄀᆞ물(旱), ᄀᆞ물다(旱), 그뭄, 그믐(晦)

　단어족의 연구에 의한 意味基底 및 共通語核의 추구는 이제까지 盲信해 왔던 많은 어휘의 어원에 대하여 새로운 해석 및 문제점을 제시하고 있다. 이 같은 연구방법은 국어어원 연구의 요체를 파악한 것이라고 할 수 있다. 아직도 유사음을 가진 인근 제국어 어휘의 비교에 머물고 있는 일부의 어원연구에 비하면 말이다. 그러나 모음교체에만 머물렀음은 불가피한 것이었겠으나 아쉬운 일이다. 또 이 분야의 선행업적으로는 이기문(1954), 남광우(1956), 이남덕(1977~1979)의 연구가 있었다. 특히 이기문의 업적은 B. Karlgren의 연구방법을 따른 모음교체에 의한 語辭分化 과정을 추구한 점에서 유사하다고 할 수 있다.

27. 李男德의 「韓國語 語源硏究(Ⅰ·Ⅱ·Ⅲ·Ⅳ)」
(1985~1986)

　이남덕은 경성대학 조선어학과를 졸업한 후 오랫동안 대학에서 국어학을 가르쳤다. 그는 계통론을 의식하면서 어원론을 전개하였다. 이 과정에서 선행업적[194]을 기초로 하였음은 그가 토로한 바다. 그가 주로 사용한 방

---

192) 徐在克, 前揭書 pp.7~9. 聲調 표시는 생략한다.

193) ＿＿＿, 前揭書. p.9.

법은 "하나의 개념이 여러 가지로 변모해 나타난다는 사실"에 착안, "同根派生語群"을 설정, 그것의 "심층비교"였다. 파생어군이 큰 말을 "중요어휘 내지 기초어휘"라 하였다. 이 같은 방법론을 가지고 국어어원을 추구하면서 1977년(2월)부터 1979년(6월)까지 사이[195]에 「文學思想」에 실렸던 것을 가려 싣고, 새로이 체계를 세워 단행본으로서의 어원연구서를 냈으니, 이것이 「韓國語 語源研究(Ⅰ)」[196](1985)다. 본서는 G. J. Ramstedt의 「Studies in Korean Etymology」가 1949년에 나온 후 국내인에 의한 최초의 학적 어원연구의 단행본으로서 그 가치가 크다고 할 수 있다.

이남덕은 순수한 학적 탐구욕과 한국어에 대한 철저한 어원의식을 가지고 계통론의 이해 위에 한국어의 어원론을 전개하였다. 또 同계통어간의 개개 어휘의 비교가 아니고, 단어족(word family) 즉 "동근파생어군" 간의 음운대응에 의해 어원을 추적하고 조어를 재구하려 하였다. 이 같은 의도는 높이 평가해야 할 것이다. 그러나 '동근파생어군'과 유사한 방법의 사용은 이미 남광우[197]에서, 뒤에 서재극[198]에서 볼 수 있었던 것이다. 그러나 선공도 중요하지만 그 守成 · 발전도 중요한 것이니, "圓形語의 語源(Ⅲ), '가르다' 어원고(Ⅳ), 人體語의 비교연구(Ⅴ), 식물어휘의 어원(Ⅵ)", 등에서 볼 수 있는 단어족은 새로운 것들이 보인다. 그러나 한 · 일어의 비교 후 그 同系統性이 증명되면 그 연결선상에서 만주어 · 몽고

---

194) 양주동의 古歌研究, Ramstedt의 Studies in Korean Etymology, 유창돈의 李朝語辭典 이희승의 국어대사전, 최학근의 韓國方言辭典 등을 말함.
    이남덕, "太陽의 語源", 文學思想 148호 통권 148호(1985. 2) 참조.

195) 이 이후에도 文學思想에 "한국 새이름의 어원"(上)(中) (1981. 4) "민족의 원초시대 그리고 말의 답사"(1984. 3) 등 어원에 관한 글이 실렸다.

196) 한국문화연구원, 한국문화총서 1, 梨大出版部, 1985.

197) 南廣祐, "古代國語 造語法의 한 考察"(한글 121호, 1956). 李男德, "韓日語比較方法에 있어서의 同根派生語研究에 대하여", 李崇寧先生古稀紀念, 國語國文學論叢(탑출판사, 1977).

198) 徐在克, 中世國語의 單語族 研究(계명대학교 출판부, 1980).

어·터키어를 연결할 수 있다는 가정 하에 만주어·몽고어를 제3·제4의
증인으로 등장시킴으로써 日語例에 치우쳤다는 흠이 있다. 여러 가지 형
편이 가능하기만 하면 몽고어·터키어·만주어·일본어의 순이어야 할
것이다.

"동근파생어"의 무리한 추구는 "음운도치"[199]를 전가의 보도로 삼아
무관한 語辭까지 끌어들이는 듯한 혐의가 있다. 이남덕은 '나무'나 '나누
다'를 "'가르다'란 말에서 파생된 말로 *kol- 어근이 음운도치에 의해 다
음과 같은 발달 경로로 이루어진 형"이라고 하였다.

> * $kV\ell$->* $gV\ell$-nVŋ(g)->nVm(g)- (남ᄀ)
> * $kV\ell$->* $gV\ell$-*ŋVn->nVŋ(g)->nVnh-o- (난호다)

그러나 전체적으로 「한국어 어원연구(Ⅰ·Ⅱ·Ⅲ·Ⅳ)」는 국어어원론의
가장 큰 수확이라고 할 수 있다.[200] 「韓國語 語源研究(Ⅱ)」(1985)는
"동사 어휘의 어원"을 추구한 것으로서 이남덕은 다음과 같이 결론을 내
리고 있다.

첫째, 음운 및 형태체계와 같이 동근파생어군의 대립어의 어휘에도 의
　　　미체계가 있다.
둘째, 어원연구 방법으로서 동근파생어군의 정당성.
셋째, 한·일어는 알타이어족에 속한다.

이남덕의 이 같은 연구결과에서 우리들이 기억해야 할 것은, 문예월간
지들이 이들 어원학자들에게 연재의 지면을 제공함으로써 연구의 촉매역
할을 했다는 사실이다.[201]

---

199) 辛容泰, "한국어의 어원 연구(序說)", 美烏堂金炯基先生 八耋紀念 國語學論叢, p.267에도 같
　　은 견해임.
200) 이남덕도 "우리 말이나 비교대상어 어휘전반에 걸친 총괄적인 고찰 위에서 편 어원론의 최
　　초의 것"이라고 자부하고 있다.

「한국어 어원연구(Ⅲ)」는 "형용사 어휘의 어원"을 다룬 것이다. 여기서 이남덕은 알타이제어에 음양대립의 대칭적 의미체계가 있는 것으로 보아 음양사상은 알타이語族 思想에서 근원했다고 한다. 이것은 설득력 있는 결론이다. 그리하여 陽系語群과 陰系語群을 정립한다. 이것은 "붉"사상을 부인하던 저자가, "붉" 즉 "태양"으로의 급선회를 하게 함으로써, 우리로 하여금 육당의 「不咸文化論」을 다시 보는 듯한 불안을 느끼게 한다. 또 能記와 所記간의 유연 가능성을 확대시켜, 알타이어에 국한 적용시킴도 조심스러운 견해라고 본다. 음과 의미의 기원적인 결합은 자의적인 것이기 때문이다.

그러나 "계통론 연구를 위한 불가결의 선행과정"으로서 "어원론의 늪(沼)"을 통과하려는 강한 의지를 이남덕에게서 발견하고, 이 의지는 그 과정에서 범한 오류를 덮고도 남은 공이 있을 것으로 믿는다.

「韓國語 語源硏究(Ⅳ)」는 전반부(Ⅰ·Ⅱ·Ⅲ장)에서 한·일·퉁그스어 사이의 언어연대학적 고찰을 시도하였다. 후반부(Ⅳ·Ⅴ)에서는 음운대응의 규칙 및 음운변화의 통시적 고찰을 추구하였다. 귀납적 연구의 長處도 있지만 우리의 욕심은 이 음운대응법칙 및 음운변화의 통시적 고찰 결과를 第一卷에 놓고, 그 이후의 기술에 이를 응용했으면 좋았을 것이라고 하는 아쉬움도 있다. 그러나 이같이 방대한 연구업적에서는 선후의 差錯이 있을 수 있음을 생각하면 무리한 주문일 수도 있다. 그러나 어떠한 시각에서 보아도 이남덕의 「韓國語 語源硏究(Ⅰ·Ⅱ·Ⅲ·Ⅳ)」는 Ramstedt 이후 가장 의욕적이고 가장 큰 업적임을 부인할 수는 없을 것이다.

---

201) 서정범에게 "어원의 이모저모"를 許與(1961. 8. 1~1962. 11. 15)한 自由文學, 김선기에게 "향가의 새로운 풀이", "가라말의 덜"의 연재를 허락한 現代文學, 이남덕에게 어원연구결과를 발표하게 한 文學思想은, 어원연구의 발전을 위해 고마운 존재라고 할 수 있다.

28. 金芳漢의 「韓國語의 系統」(1983)

언어학 전공의 김방한은 이기문과 함께 국어계통론 및 Altai어 학자다. 김방한은 한국어의 과학적 계통연구를 위해 비교언어학의 방법에 의한 알타이제어에 관한 기본적인 이해를 강조했다. 그는 「韓國語의 系統」에서 원시한반도어로서 길리야크어를 기층언어로 보고, 그 위에 알타이어계 특히 퉁구스어가 얹혀서 한국어를 이루었다고 본다. 또 한국어가 알타이 어족임을 가정하여 음운·형태·어휘면에서 비교하고 마침내 "어원연구" 를 베풀었다.

"어원연구"에서 그는, G. J. Ramstedt의 「한국어 어원연구」를 한국어 의 어원연구를 위한 예비적 자료를 최초로 광범위하게 제시했다는 점에 서나 그 가치가 인정되어야 할 것이라고 평하면서, 한국어의 어원연구를 한국어학에서 '가장 뒤늦은 분야'[202] '거의 불모지'[203]라고 지적하고 있다.

이 같은 상황에서 앞으로의 어원연구를 위한 하나의 시도로서 계통론 및 비교언어학의 연구방법을 적용, 다음의 단어를 대상으로 어원론을 편다.[204]

① 石 ② 舌, 舐 ③ 中世韓國語 mĭl~mĭl-k, pĭl~pĭl-k, əl~əl-k ④ 犬 ⑤ 山羊 ⑥ 島 ⑦ 黃 ⑧ 絲

이것은 ① 溝洫 ② '톳기'와 '烏斯含'을 더하여 「韓國語의 系統」에 재 수록되었다. 이것은 제한된 단어의 어원연구지만 비교연구방법으로, 설득 력을 높인 점에서 주목되어야 할 것이다.

「韓國語의 系統」은 어원론에 중심을 두지는 않았지만, 국어의 계통을

---

202) 金芳漢, 韓國語의 系統(민음사, 1983).

203) _____, "한국어 어원 연구를 위하여", 말 제5집(연세대학교, 1980).

204) _____, 前揭論文.

설명하면서 국어의 어원을 규명한 것들이 있다. 기층어로서 제시한 길리
야크어의 어휘(접촉에 의한 것 9와 추가어휘 8)가 그것이다.[205]

- **접촉에 의한 것**

① Gily. $q'al$ '칼집': MK. $kar-h$($\rangle$PK. k^har) '刀'.

② Gily. tux '斧': MK. $tos-kui$($\rangle$PK. $tokki$) ~ MK. $to-c^h ʌi$ '斧'.

③ $an'b'i$ '妻($ánʌx$[Grube 1892:44], $ainaɤai$~$anaɤai$[高橋盛孝 1942: 242]).

④ Gily. $kyl(-d)$ '長': MK. $kir-$ id.

⑤ Gily. $ka(-d)$ '(江 하류로)가다': MK. $ka-$ '行'.

⑥ Gily. $ha(-nd)$: MK·$hʌ-$ '爲'.

⑦ Gily. $n-$, $ny-$, $nu-$ '4': MK. $nəi$ id.
　Gily. $t'o-$, $t'u-$, '5': MK. $ta(-sʌs)$ id.

⑧ Gily. $ni-$ '나': MK. na id.

⑨ Gily. $-(n)t$~d(동사의 종결형 어미): K. $-ta$(종결형 어미).

- **몇 가지 추가되는 예**

① Gily. $ŋalu$[$\langle$*$nalu$](Savel'eva and Taksami 1970:225) ~ $na'llu$(Grube 1892:121) '灣, 河口': MK. $nʌrʌ$ '津, 河口'.

② Gily. $nen'gal$(Savel'eva and Taksami 1970:208) '鉛': MK. $namir$ 'id'.

③ Gily. $kalm$(Savel'eva and Taksami 1970:139) '鯨': MK. $korʌi$ id.

④ Gily. kan(Savel'eva and Taksami 1970:140) '犬': MK. $kahi$ id.

⑤ Gily. tyf(Savel'eva and Taksami 1970:370), taf, tap, typ, tyf(Grube 1892:130) '家': MK. tip id.

⑥ Gily. eri(Savel'eva and Taksami 1970:485) '河': 고구려 지명 *er '泉'.

⑦ Gily. m'(Savel'eva and Taksami 1970:200), my(Grube 1892:112) '江源': 고구려 지명 "買"(*mai) '川'(3.1.2 참조).

⑧ Gily. $ftol$ '海'(Grube 1892:107): 고구려 지명 "波旦"(*$patan$) MK. $patah$ id.

205) 金芳漢, 한국어의 계통(민음사, 1983), pp.128~135.

김방한의 논문 대부분이 계통론에 관한 것이지만 "한국어 어원 연구를 위하여"와 "'溝漊'와 '烏斯含'에 관하여"²⁰⁶⁾는 한국어 어원론이다. 김방한은 "城"을 뜻하는 고구려어 溝漊(kuru〈kürü〉)는 퉁구스어 kurē, kuri, 만주어 kuran~·kuren, 몽골어 küri-yen, 백제어 ki, 고대일본어 kǐ, 일본어 kuru와 同源語라고 한다. 또 중세 한국어 tʰoski(톳기)는 어근 *tab-에서 *tū로 다시 *tūksaki〉* tūssaki〉* tūsaki〉* tūski〉* tuski〉MK. tʰoski의 과정을 밟은 것으로 본다.

김방한의 「韓國語의 系統」은 또 한국어의 어원연구 현황, 어원론의 성격,²⁰⁷⁾ 연구방법,²⁰⁸⁾ 어원론의 목적과 연구범위²⁰⁹⁾ 등을 요약하여 소개했다는 점에서도 그 의의가 있다.

"어원을 연구한다는 것은 낱말의 「기원」 그 자체가 아니라 불명의 어느 옛 시기부터 후대의 어느 시기에 이르는 낱말의 역사를 연구하는 것이다. 이와 같이 어원연구는 낱말의 형태와 의미의 변화과정이 역사적으로 설명되는 것을 요구한다…… 그러므로 음운변화에 관한 연구가 발전하면…… 어원연구도 또한 발전한다…… 크게 말해서 言語의 역사를 연구한다는 것은 모두 낱말의 어원적 연구라고까지도 말할 수 있다"

김방한은 특이한 어려움이 있는 한국어의 어원연구를 "주어진 여건 하에서도 우리들의 노력은 계속되어야 한다."²¹⁰⁾고 말하고 있다.

---

206) 金芳漢, 언어학 5호, 한국언어학회, 1982. 4. p.30.
        ____, 韓國語의 系統(민음사, 1983), p.220.
207) 크게 말해서 문헌학에 속하는 분야이며 어휘론에 속하는 것으로서 낱말의 역사를 연구하는 것.
208) 비교언어학과 불가분의 관계에 있으며, 역사, 문화사, 고고학의 성과까지 고려한다.
209) 전세대에는 어원론이라 하면, 어떤 낱말의 기원적인 형태와 의미를 추구하는 것이었으나, 현대적인 개념으로는 역사적인 과정으로 강조점이 바뀌어졌다. 다시 말하면 어원론은 낱말의 역사를 추적하고 재구하는 것이다. 따라서 그 기원형은 출발점에 지나지 않는다는 (Szemerényi 1962 : 177) 견해를 소개하고 있다.
210) 金芳漢, 韓國語의 系統, (민음사, 1983), pp.204~205.

29. 沈在箕의 「國語語彙論」(1982)

심재기의 「國語語彙論」[211]은 어휘론 분야에서 가장 큰 최초의 종합적 업적으로, 이것은 어휘자료론·어휘의미론·어휘형성론으로 이루어져 있다. 이중 "어휘자료론"은 "중세국어의 時令語源"을 추구하였다. 그는 공간개념에서 시간개념으로의 移行 그리고 그 일치를 들고 다음과 같이 어원을 밝힌다.

    ① 곧(場所) → 곳(현대국어에서는 관형어를 필요로 하는 불완전 명사나, 고어에서는 완전 명사로 쓰인 예가 있다) (卽時) → 곧+處格助詞＝고대(현대 방언에서 "바로 인접한 위치", "금방, 즉시, 당장"의 의미)

    ② 씀(隙): "틈"(방언에서 "짬"), "낌새"(기미), "뜸"(짧은 시간, 소단위 마을).

    ③ 아춤〉아침: "아춤"은 "早·前"의 개념과 밀접. 앗+옥名詞形→아족〉아즉〉아직(未到, yet), 앗+온冠形詞形→아촌아돌(從子·姪), 아촌설(除夜).

    ④ 나조ㅎ(晩暮·夕後)〉나죄 → 저녁(〈뎌+녁) "나조ㅎ"는 내적재구의 방법을 사용하여 재구형 načoɣ에서 načoh(나조ㅎ) → načoŋ(나종)으로 나아갔다.

이외에 "아래", "그제", "글피" 등의 어원을 추구하고 있으나, 내적재구의 방법을 사용한 것 이외에는, 15세기어의 의미변화의 추적에 중심을 두고 있음을 알 수 있다. 그리고 한자어 전래와 계보에 대한 것은[212] "국어어휘론"에 재정리되어 있다. 이외에 어휘의미론에서 "속담"의 의미 연원 등을 설명하고 있으나 "속담은 적어도 하나의 단어로는 형성될 수 없는" "외형은 어구의 구성으로부터 시작"되는 "복합 개념"의 "언어표현"임에 유의한다면 국어어휘론에 포함되는 것도 문제일 것이다.

---

211) 沈在箕, 國語語彙論, 집문당, 1982.

212) 沈在箕, "漢字語의 傳來와 그 系譜", 金亨奎博士頌壽紀念論叢, 1976.

그러나, "語義變化의 구조적 분석"에서는 많은 어휘의 의미론적 어원을 추구하고 있다. "어휘형성론"은 그의 학위논문을 통합 정리한 것으로 가장 핵심적인 부분이다. 어휘형성론은 조어론이란 명칭을 대신한 것으로 名詞化素 {-ㅁ} {-기}, 冠形化素 {-ㄴ} {-ㄹ}, 動詞化素 {-하-} {-되-}, 副詞化素 {-ㄱ} {-ㅅ}를 추출 그 의미기능을 밝혔다.

이상으로써 심재기의 어원론은 동계통어와의 음운·의미·형태의 대응 법칙을 발견, 본격적인 어원론을 추구하기보다, 어휘론의 하위분야로서 의미론에 기초를 두고 내적재구의 방법을 사용한 전통적인 어원론임을 알 수 있다.

30. 鄭仁甲[213]

정인갑은 중국어 기원의 한국어 어휘의 어원을 다음과 같이 추구했다.

① 시금치[sikɯmtsʼi](菠茱)〈近古 중국어 '赤根茱'(朴通事諺解).

② 즘승[tsɯmsɯŋ](走獸)〈衆(章母, 侵部), 生(生母, 耕部). [tǐwəmʃĭəŋ]. 소위 중국어 차용 조선어란 中古 漢語系의 단어(後代 차용어)다.

③ 배/뵈(麻布)〈布(幇母, 魚部)[puo].

④ 따[ʔta] [土地, (天)地]〈地(定母, 歌部) [dǐa]. [ʔta](地) → 近古 이후 [ʔta: → ʔtā: → ʔtaŋ]. '地'의 조선음은 [-ǐa → -ǐe → -i]로 변하여 支部로 합류했다. 上古 조선어 [na](土, 壤)가 조선고유어다.

⑤ 씌[ʔtɯi](帶子)〈帶(端母, 月部)[tāt].

⑥ 피리[pʼili]〈觱(幇母, 質部). 篥(來母, 質部).[pĭĕt lĭĕt]. 觱篥은 漢代에 西域에서 들어온 악기.

213) 정인갑(1983), 朝鮮語固有詞中的"漢源詞"試探, 《語言學論叢》 제10집, 北京大學 中文系 《語言學論叢》 編委會, 北京商務印書館. 北京.

⑦ 비[pɐi](船舶)〈舶(幫母, 鐸部) [peăk].

⑧ 부텨[putʼ ïə](佛)〈佛(幷母, 物部) [bĭwət]. [bĭwət → pĭwətïə → putïə]. 上
　古조선어에는 韻尾가 없었다.

⑨ 놈[nom](對外族, 男人의 蔑稱)〈戎(日母, 侵部), [ɲĭwəm].
　이외에 다음의 단어들도 중국어 기원으로 설명한다.
　좀(蠹虫)〈虫(澄母, 侵部) [ɖĭwəm]. 오금(身體)〈五(疑母, 魚部)躬(見母,
　侵部) [ŋokĭwəm]. ㅂ롬(風)〈風(幫母, 侵部) [pĭwəm] 혹은 [plĭwəm].[214)
　곰(熊)〈熊(匣母, 蒸部)[ɣĭwəŋ]. (匣母, 侵部)[ɣĭwəm][215).

⑩ 낮[nats](白天)〈중국어 "日". "日夜"의 "日". 중국어에서도 "一天兩天"
　의 '天'을 '나'[na]라고 한다. '日'은 上古에 日母 質部여서 그 음이 [ɲĭĕt]
　였다. [ɲĭĕt]→[nati](조선음)→[natsi]→[nats](白晝)→天体, 太陽, [na
　→na:→nâ→na:ɾ→nal]. 히[hai]는 고유어.

⑪ 필[pʼil]〈븓[pwt]. 벼로[piəlo].

⑫ 븓[put]〈漢字 '筆'[pĭwət].

⑬ 벼로[pĭəlo](硯臺)〈筆(幫母, 物部) [pĭwĕt] 혹은 [plĭwĕt]. '不律'(筆)의
　轉音 → 皮盧(硯)≪爾雅≫不律爲筆. '皮盧'의 原始意는 '筆'이다. '筆'의
　古字는 '聿'.

⑭ 밀(麥)〈甲骨文으로 '來'는 麥의 뜻. 來(mlə, măk[mələ → məli → mili →
　mil].

⑮ 길(道路)〈路(來母, 鐸部) [lāk] 혹 [klāk].

이외에도 다음과 같은 단어의 어원을 중국어에서 찾는다.[216)

① 처마[tsʼəma ← tʼïəma]〈檐(喩母, 談部) [di'am]. 중국어 檐 [tsʼïəm ← tʼ
　ïəma].

② 되[toi], 되놈[toinom]의 '되'는 '夷'의 上古音 夷(喩母, 脂部) [dʼïei]. 夷
　(중국에서 고대 東方 소수민족을 멸칭하는 말) [dʼïei]와 [toi]는 음과 뜻

---

214) 四川 彝族은 '風'을 [brum]이라고 한다고 정인갑은 주장한다.
215) 중국 민족과 조선족(동이족)의 同源語가 '熊'이라고 정인갑은 주장한다. [kuma](일본어).
216) 지면 절약을 위해 설명과 발음기호의 표기를 되도록 줄인다.

이 가깝다. [toinom]은 '夷戎'의 뜻. [toi]는 중국어 '追'에서 온 것.

③ 거쉬[kəzi](回蟲)〈蚯蚓. 고대 조선어에서 '거쉬'는 '회충'과 '蚯蚓'을 함께 뜻했다. 원래 '蚯蚓'은 '지렁이'를 뜻하고, '蚯蚓'을 뜻하는 방언은 '따지네' 다. '지렁이'는 '地龍'에 ㅣ 名詞語尾가 붙은 것.

④ 따지네〈地蚓의 上古漢語音. 地(定母, 歌部)[dǐad]. 蚓(喩母, 眞部)[dǐen]. [dǐen] → 조선어 [dǐenǐe → tinəi → tsinəi]. 조선 동북 방언에서는 지금도 '蚯蚓'을 [tsine(ne←nəi)]라고 함. 중국 문헌에서는 '蚯蚓'을 '龍子'·'土龍'이라고 함.

⑤ 째(時)〈한자 時. 時의 음은 寺에서 왔음. 寺는 舌音·章母, '時'의 上古音 [dǐə]. 문헌에서 時와 待의 音은 가깝다. ≪釋文≫ "一本待作時". "時, 待" 二字混用 時: [də, dǐə] 조선어에서 固有語[ʔtai] / 변하여 후대에 조선에 온 음이 '時'의 漢字音 [si].

알타이어는 다음절어가 많고 단음절어가 적다. 한국어도 그렇다. 상고 중국어는 단음절어가 많다. 漢語기원 조선어는 중국어를 차용할 때 다음절어가 되어 후세에 전하게 되었다. 봉(峰)우리(山峰). 항(缸)아리(水缸). 벽(壁)돌(磚頭).

⑥ 망(磨子)〈磨(明母, 歌部).[ma].

⑦ 붕어(鯽魚)〈鮒(幷母, 候部), 魚(疑母, 魚部). [bǐuŋǐo].

⑧ 몽(霧)〈霧(明母, 魚部). [mǐwo].

⑨ 방송(大村庄 : 朝鮮西北方言)〈方(帮母, 陽部), 所(生母, 魚部). [pǐwaŋʃǐo].

⑩ 날("一天兩天"的天)〈日(日母, 質部). [nǐet].

⑪ 발(長度量詞)〈把(帮母, 魚部). [pɑ].

⑫ 덜(寺廟)〈寺(邪母, 之部)[zǐə], 或(章母, 之部). [ʨǐə].

⑬ 빗(木梳)〈箆(帮母, 脂部). [pǐei].

⑭ 나(我)〈我(疑母, 歌部), [ŋa]. 吾(疑母, 魚部). [ŋɑ].

⑮ 너(你)〈乃(泥母, 之部), [nə]. 汝(日母, 魚部). [ŋǐo].

⑯ 뎌(他)〈之(章母, 之部). [ʨǐə]

⑰ 다-르-(別人)〈他(透母, 歌部). [t'a].

⑱ 제(自己)〈自(從母, 脂部). [dzǐei].

⑲ 아모(某人)〈某(明母, 之部). [mǐwə].

⑳ 이(這)〈是(禪母, 支部), [zǐe].

㉑ 그(那)〈其(群母, 之部). [gǐə].

㉒ 뎌(那)〈之(章母, 之部). [ţǐə].

㉓ 다-르-(別的)〈他(透母, 歌部). [t‘a].

㉔ 아-모(某)〈某(明母, 支部). [mǐwo].

㉕ 양(羊)〈羊(喩母). [d‘- → j-].

㉖ 물(馬)〈馬(明母). [m-].

㉗ 돈(猪)〈猪(章母). [ţ-].

㉘ 가히(狗)〈狗(見母). [k-].

㉙ 톳기(兎)〈兎(透母). [t‘-].

㉚ 올히(鴨)〈鴨(影母). [φ-].

㉛ 거유(鵝)〈鵝(疑母). [ŋ-].

㉜ 노새(騾)〈騾(來母). [l-].

㉝ 나귀(驢)〈驢(來母). [l-].

㉞ 쇼(牛)〈牛(疑母). [ŋ-].

㉟ 둙(鷄)〈鷄(見母). [k-]. 雉(定母). [d-].

㊱ 가마(鑑)〈坩(見母, 談部). [kam].

㊲ 키(簸箕)〈箕(見母, 之部). [kǐə].

㊳ 움(窖窨)〈窨(影母, 侵部). [ǐəm].

㊴ 그-릇(器皿)〈器(溪母, 之部). [kǐə].

㊵ 부뚜막(鑑竈)〈庖(幷母, 幽部), 廚(定母, 候部). [bəudǐu].

㊶ 독(缸)〈陶(定母, 幽部), 器. [dəukǐə].

위에 든 60여 단어의 어원 설명에는 두 가지가 섞여 있음을 발견하게 된다. 하나는 현재 학계에서 공인된 어원 설명이요, 다른 하나는 회의적인 면이 보이는 어원 설명이다. 후자에서는 조선 시대 선학들이 한자음에만 기대어 어원을 설명하려는 자세와 유사한 면이 보이기도 한다. 類似音의 증명을 위해 단지 聲韻學의 이론을 빌리는 듯한 면도 보인다.

"①나(我), ②너(你), ③땅(地), ④소(牛), ⑤개(狗), ⑥때(時), ⑦이

(這), ⑧그(那), ⑨뎌(那), ⑩놈(男人의 멸칭), ⑪부뚜막(鑑竈)" 등의 말
까지 중국어 또는 한자어에서 왔다고 하면 우리말은 어디에 있을까 걱정이
고 문제다. 그러나 이 말은 다분히 감정적이다. 차분히 연구를 할 때다. 이
때문에 연구를 해야 한다. 우리의 진면목을 찾기 위해서다. ① · ②는 사람
을 뜻하는 'ni'의 모음대응에 의한 어사분화로, ⑩은 語基 'n-m'의 모음대응
에 의한 어사분화 그 결과 '님'(主, 王) : '남'(他人) : '놈'(者)이 된 것이라
고 봄이 더 좋을 듯하다.

  또 반드시 중국어 또는 한자어에서 우리말로 전래되었다고만 해야 하
는가 하는 점도 재고되어야 할 것이다. 이런 면에서 '韓 · 中 接觸'의 산물
이라고 한 김완진[217] · 이기문[218]의 자세는 훨씬 신중하다고 할 수 있다.
일부의 학자는 고대 중국의 夏 · 殷을 東夷族이 세운 나라라고 하면서,
'殷墟'를 알타이족의 유적이라고 한다. 그리하여 많은 한자(어)를 알타이
족의 산물이라고 설파하기도 한다. 이 같은 자세는 용감하다고 할 수도
있다. 그러나 좌고우면하는 이들은 끝내 말 못할 것을 대신 말하고 있다
고도 할 수 있다. 알타이어 연구에 의한 어원 연구 성과는 앞으로 더 높
은 벽에 부딪칠 수도 있다. 그 자료의 빈곤과 연구 여건의 불리 때문이다.
  그 동안 우리 학자들은 조선 시대 선학들에 대한 비판적 자세가 곧 과
학적 학문의 자세라고 생각하여 왔다. 조선시대 우리의 선학들이 한자와
한문에만 기대어 모든 생각을 발전시켰던 것은 사실이다. 그러나 옥석을
같이 태워서는 안 될 것이다. 앞으로 중국의 성운학과 중국 고대어에 관
하여 깊이 연구하면 반드시 큰 성과를 거둘 것이다. 앞으로 이 같은 연구
성과가 계속 나올 것이다. 오늘날 신진 학자들이 고대 중국어 · 성운학 ·

---

217) 김완진(1970), "이른 時期에 있어서의 韓中 言語接觸의 一斑에 對하여", 서울대학교 어학
   연구소, 어학연구 제VI 제1호.
218) 李基文(1991), 韓國語와 中國語의 接觸에 대하여, 國語 語彙史 硏究, (동아출판사), 제18
   장, p.234.

고대한자음 · 고대 중국 동북방 지역 역사 등의 연구에 관심을 두고 있기 때문이다. 한국어에 보이는 비알타이어적 특질에 대해서는, 한국어가 알타이어에 속한다는 주장을 굽히지 않기 위해 묵과할 것이 아니다. 시선을 돌리어 다른 계통의 언어들을 둘러볼 필요가 있을 것이다. 그것이 중국어계의 고립어적 요소들일 수도 있다.

31. 지명어원연구의 諸業績들에 대하여[219]

지명의 연구는 어원론 · 계통론 · 기타 여러 분야에 중요한 자료를 제공한다. 지명은 그 보수성으로 인하여 고대어의 어형을 비교적 온전하게 유지하고 있기 때문이다.

崔範勳(1969)은 지명연구의 목적을 대내적으로 국어가 가지고 있는 여러 가지 특성에 초점을 맞출 수 있고, 대외적으로는 "고대국어 재구문제 내지 국어의 계통문제에까지 이르게 되어 국어사 연구에 크고 주요한 補裨"를 할 수 있을 것이라고 한다.[220] 국어사의 문헌자료가 부족한 우리에게 지명연구는 문헌이전 시대의 국어의 재구[221]를 더욱 가치 있는 것으로 생각된다. 그리하여 「三國史記 地理志」의 기록은 문헌연구로서 선학들에 의해 연구된 바 있다. 아울러 고유지명 연구의 필요성이 일찍부터 선학들에 의해 강조되기 시작하였다.[222]

---

219) 본고는 金永泰의 "지명연구에 대하여", 秋江黃希榮博士頌壽紀念論叢(집문당, 1983)에 많이 힘입었음을 밝힌다.

220) 崔範勳, "韓國地名學硏究序說", 국어국문학 42 · 43 합병호(국어국문학회), 韓國語學論攷(通文館), p.241.

221) 崔範勳, "제주도 특수지명에 대하여", 秋江黃希榮博士頌壽紀念論叢, p.182.

222) 李熙昇, "지명연구의 필요", 한글 제1권 제2호, (1932).

現地村老들의 地名緣起說話나 민간어원에만 귀 기울임을 과학적 지명연구라 할 수는 없다. 〈三國史記 地理志〉나 〈東國輿地勝覽〉의 기록에 의한 문헌연구는 지명어원연구와 직결된다.

"현지연구의 자료와 문헌자료를 대비시켜 지명의 변천을 살피는 방법"[223]이 지명어원연구의 바른 길이다. 지명어원연구에 종합적인 기여를 한 것으로는 權相老의 「韓國地名沿革考」와 한글학회에서 낸 「한국지명총람」(1961)이 있다.

지헌영의 뒤를 이은 도수희는 百濟王稱語硏究[224] 및 百濟故地의 지명어원연구를 백제어의 어학적 연구[225]에 기초하고 있다. 「百濟語硏究」는 백제고지명·왕칭호·왕명·인명·관직명·사물명 등의 어원 연구도 포함하고 있다.

지명의 연구를 음운체계의 각도에서 연구한 兪昌均, 한자음표기 면에서 연구한 李敦柱[226] 등이 있다. 그리고 현대지명을 어원학적인 면에서

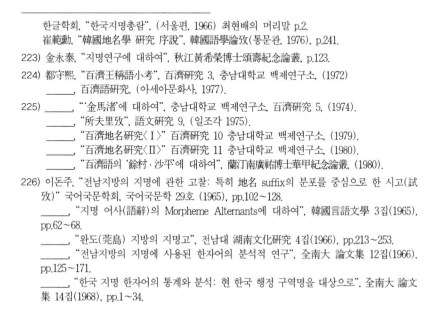

한글학회, "한국지명총람", (서울편, 1966) 최현배의 머리말 p.2.
崔範勳, "韓國地名學 硏究 序說", 韓國語學論攷(통문관, 1976), p.241.

223) 金永泰, "지명연구에 대하여", 秋江黃希榮博士頌壽紀念論叢, p.123.

224) 都守熙, "百濟王稱語小考", 百濟硏究 3, 충남대학교 백제연구소, (1972)
_____, 百濟語硏究, (아세아문화사, 1977).

225) _____, "'金馬渚'에 대하여", 충남대학교 백제연구소, 百濟硏究 5, (1974).
_____, "所夫里攷", 語文硏究 9, (일조각 1975).
_____, "百濟地名硏究〈Ⅰ〉" 百濟硏究 10 충남대학교 백제연구소, (1979).
_____, "百濟地名硏究〈Ⅱ〉" 百濟硏究 11 충남대학교 백제연구소, (1980).
_____, "百濟語의 '餘村·沙平'에 대하여", 蘭汀南廣祐博士華甲紀念論叢, (1980).

226) 이돈주, "전남지방의 지명에 관한 고찰: 특히 地名 suffix의 분포를 중심으로 한 시고(試攷)" 국어국문학회, 국어국문학 29호 (1965), pp.102~128.
_____, "지명 어사(語辭)의 Morpheme Alternants에 대하여", 韓國言語文學 3집(1965), pp.62~68.
_____, "완도(莞島) 지방의 지명고", 전남대 湖南文化硏究 4집(1966), pp.213~253.
_____, "전남지방의 지명에 사용된 한자어의 분석적 연구", 全南大 論文集 12집(1966), pp.125~171.
_____, "한국 지명 한자어의 통계와 분석: 현 한국 행정 구역명을 대상으로", 全南大 論文集 14집(1968), pp.1~34.

연구한 이로는 김계원,[227] 徐元燮,[228] 柳在泳,[229] 崔範勳,[230] 申敬淳,[231] 李
江魯,[232], 金正鎬[233] 등이 있다. 건설부 국립지리원의 실제경험에 기초하

_____, "지명어의 소재와 그 유형에 관한 비교 연구: 지명의 유연성을 중심으로", 한글학회
50돌 기념논문집(1971).
227) 김계원, "대마도(Tsushima)의 본이름 살피기", 한글 통권 139호.
228) 徐元燮, "鬱陵島의 지명유래", 地理敎育 3권 1호, 大邱, (1969).
229) 柳在泳, "전북지방 전래지명의 연구", 圓光大論文集 6집, (1972).
_____, "杯山의 명칭에 대한 고찰", 원광대학교 國語國文學硏究 1, (1974).
_____, "지명표기의 한 고찰", 圓光大論文集 8집, (1975).
_____, "彌勒山 명칭에 대한 고찰", 원광대학교 馬韓百濟文化 1, (1975).
_____,이상의 논문들은 단행본 傳來地名의 硏究. (원광대학교 출판국, 1982)에 재수록되었음.
230) 崔範勳, 韓國地名學硏究序說", 국어국문학 42·43 합병호, (국어국문학회), 韓國語學論攷,
(통문관, 1969).
_____, "고유어지명연구", 鷺山古稀論文集(1973). 韓國語學論攷, (통문관, 1976)
_____, "고유어지명접미사연구" 韓國語學論攷, (통문관, 1976)
_____, "地名硏究試考", 韓國學散藁, (이우출판사, 1980).
_____, "'서울'의 古名攷", 南廣祐華甲記念論文集, (1980).
_____, "제주도 지명연구", 京畿大論文集 8집, (1981).
최범훈은 "韓國地名學硏究序說"(1969)에서 지명의 어원적 유형을 굴·굼·둘·몰·볼(ㄱ)·
솔의 六形으로 나누고 있다.
231) 申敬淳, "小地名語의 유형분류와 고유지명 대 한자지명의 대응 관계연구", 淸州敎大論文
集 9집, (1973).
_____, "地名語 硏究序", 國語敎育硏究 Ⅲ (전국교대 국어연구회, 1974).
_____, "小地名語의 命名有緣性의 유형에 관한 연구", 淸州敎大論文集 12집, (1976).
232) 李江魯는 지명을 토박이말, 한자말을 밝히는 "계통적 처리"와 합성어를 구조적 특성에 따
라 분류하는 "구조적 처리"로 양분, 고유지명의 의미적 유연성과 함께 다루었다. 李江魯,
인천의 옛 이름 買召忽에 대한 어원적 고찰", 畿甸文化硏究 1, (인천교육대학교, 1972).
_____, "三國史記 地理志에 記寫된 '買'자 연구", 畿甸文化硏究 2, (인천교육대학교, 1973. a).
_____, "楊平郡 靑雲面의 땅이름 조사연구", 畿甸文化硏究 3, (인천교육대학교, 1973. b).
李江魯, "인천시 남동출장소 관내 땅이름 조사연구", 畿甸文化硏究 4, (인천교육대학교,
1974. a).
_____, "인천시 남구 지역 땅이름의 조사연구", 畿甸文化硏究 5, (인천교육대학교, 1974. b).
_____, "안성군 이죽면 당목리·두교리·철장리의 땅이름 조사연구", 畿甸文化硏究 6, (인
천교육대학교, 1975).
_____, "龍仁郡 慕賢面의 땅이름 조사연구", 畿甸文化硏究 7, (인천교육대학교, 1976).
_____, "여주군 북내면 북부 지역의 땅이름 조사연구", 畿甸文化硏究 8, (인천교육대학교,
1977. a).
_____, "옹진군 용유면의 땅이름 조사연구", 성봉 김성배박사 회갑기념논문집, (1977. b).

여 향토지명의 어원을 추구한 이로는 金琪彬과 姜吉夫가 있다. 「高興地名由來」와 「鄉土와 地名」[234]이 그것이다. 전자는 高興 중심이요, 후자는 蔚山·蔚州 중심이다. 후자는 지명학의 이론도 제시함으로써 局外者들의 연구에서 진일보하였다. 지리적 특수성으로 인해 '耽羅'의 어원을 추구한 金泰能,[235] 朴用厚,[236] 玄平孝,[237] 沈汝澤[238] 등이 있다. 朴炳采[239]의 중후한 논문 "고대 삼국의 지명어휘고"는 국사상 고지명의 어원연구가 주를 이룬다.

끝으로 지명어원론의 學的 의의·대상·가치·연구방법 등을 규명한 李喆洙[240](1982·1983)의 논문은 지명 어원론의 학적 기반을 마련했다는 점에서 그 의의가 있다고 할 수 있다. 그는 지명어원론이란 "지명의 어원에 관하여 연구하는 지명어원학의 한 분야로서 지명의 名義, 원칙, 적용, 변화, 표기법 등을 연구대상"으로 삼는다고 하였다.

233) 김정호, "고지명의 어휘 및 어원연구", (中央大學院碩論, 1981).
　　　　, "三千浦 고지명의 어휘 및 語源攷", 秋江黃希榮博士頌壽紀念論叢, (집문당, 1983).
234) 金琪彬, 高興地名由來(재경고흥군 江西會, 1982).
　　 姜吉夫, 鄉土와 地名(정음사, 1985).
235) 金泰能, "'耽羅'의 호칭에 대한 私考", 제주도 13, (1964).
236) 朴用厚, "耽羅名義考", 제주도 34, (1968).
237) 玄平孝, "耽羅의 語義에 대하여", 제주대학교, 제주도 53호, (1972).
　　 현평효는 또 제주도 방언에서의 "'나물' 語詞에 대한 어원적 고찰"(제주도 37호, 제주대학교)을 쓰기도 하였다. "제주도 방언에서의 '나무'와 '나물' 語詞에 대하여", 동국대학교 國語國文學論文集 7·8집에 재수록.
238) 沈汝澤, "제주도 지명연구", 濟州大論文集 4, (1972).
　　　　, "地名研究序說", 제주대학교 논문집 8, (1977).
239) 朴炳采, "古代 三國의 地名語彙攷", 白山學報 5, 1968.
240) 李喆洙, "地名言語學研究序說(Ⅰ): 지명언어학 연구영역을 중심으로", 한국어문교육연구회, 語文研究 35(제10권 3호), (1982).
　　 李喆洙, "地名言語學研究序說(Ⅱ): 지명어원론을 중심으로", 인하대학교 인문과학연구소, 논문집 제9집, (1983).

32. 崔承烈의 「말출(語源)」(1985)[241] ·
「韓國語의 語源」(1987)

'말출'은 최승렬(한말연구회)에 의해 나온 개인의 어원연구 학술지다. 최승렬은 이 학술지의 머리말에서 "東西南北조차 제 말을 잃고" 있는 "우리말의 바른 모습과, 말속에 담긴 겨레의 깊은 정신과 그 예리한 통찰력을 찾아내어 잃고 잊혀 가는 겨레의 긍지를 재건 확립하는 데 밑거름"이 됨을 목적으로 하고 있다. 이 같은 연구 목적은 자연히 연구 대상 어휘 및 방향을 제한하지 않을 수 없게 한다.

첫째로 대상 어휘를 국사 고어휘(檀魯 · 朝鮮 · 高句麗 · 高句麗地名 · 百濟地名 · 新羅地名 · 壇君 · 馬韓 · 加羅 · 脫解) 중심으로 하였다.

둘째로 어원탐구를 위해 내세운 논제 및 어휘가 한국인의 민족정신 · 세계관과 존재의식[242] 및 민족의 통찰력[243]을 추구하는 데 중점을 두고 있다. 따라서 이 같은 빛깔이 없는 일반어휘의 어원탐구는 적은 편이다.

    한국어의 남성호칭(제1권)
    한국어의 여성호칭(제1권)
    사롬에 담긴 사상(제1권)
    한국인의 존재의식(제2권)
    블 · 믈에 나타난 한국인의 슬기(제2권)
    한국인의 가족관(제3권)
    한국인의 身體觀과 동사들(제3권)

---

241) 「말출(語源)」은 한말연구회 대표 崔承烈의 이름으로 1985. 8. 15에 제1권이 나온 후 1986. 2. 20까지 제6권이 나왔다. 이것들은 수정 · 보완되어 韓國語의 語源(도서출판 한샘, 1987)이라는 단행본으로 출간되었다.

242) 「말출(語源)」 제2권 머리말.

243) 「말출(語源)」 제1권 머리말.

이 같이 결정지어진 목적은 첫째로 엄정한 언어사실의 규명 및 객관적인 어원탐구 자체보다 성급한 결론으로 끌고 갈 위험이 있다. 실제로 최승렬의 '말출'에는 객관적이고 과학적인 어원의 탐구 외에 우리 민족의 우수성을 드러내 보이려는 설교적인 부연이 많이 있다.

둘째로 연구방법에서 일본어 및 동계통어와의 비교·음운대응방법 등을 시도하기도 하였으나 현대의 과학적 연구 방법과는 거리가 있음을 부인할 수 없다.

셋째, 순수한 어휘론의 하위분야로서 어원론의 대상인 數詞·身體名詞·天文·地理에 관한 어휘의 어원탐구를 위한 인근 제국어 어휘와의 비교도 보인다.

방법론 및 연구결과를 云謂함과 함께 언급해야 할 것이 있다. 그것은 구매력의 획득 만에 혈안이 된 현실에서 이만한 정신과 열정으로 경제적 손실을 감수한 자비출판을 하면서 우리말의 어원을 추구한 노력은 높이 인정해 주어야 할 것이다.

33. 이 밖의 어원연구

어원연구는 비교언어학적 방법론에 의해야 함을 인식한 후로 어원연구자들은 계통론 연구로 들어가서 나오지 않고 있다. 1940년대의 왕성한 어원연구는 겁 없는 사람들의 겁 없는 짓쯤으로만 생각하고 있다. 그리하여 기술한 몇 분들 외엔 눈에 띌 만한 업적들이 안 보인다. 과오를 범하지 않음만이 능사가 아니고 업적을 쌓음이 더욱 훌륭한 일이라고 생각한다. 초창기의 功 속에는 과오가 있기 마련이라면 그 업적은 더욱 크게 평가되어야 할 것이다.

崔鉉培는 "朝鮮의 말밑"[244]과 "다시 朝鮮의 말밑에 대하여"[245]에서 "朝鮮"의 말밑(어원)을 "金"이라고 한다. 즉 "朝鮮"은 肅愼·息愼·稷愼·珠申·女眞·愛新과 동음표기로, 만주어로 愛新이 "金"인 것과 같이 "朝鮮"도 "金"을 뜻한다는 것이다. 또 "배달"을 "붉다"로서 "붉"은 "밝음"(陽·明), "달"은 "산·땅"을 뜻하여, "배달"은 "밝은 땅"의 뜻이라고 한다.

安浩相[246]은 一民主義철학을 세우고, "大倧敎의 단군신화에 관한 이념을 그의 哲學素養에 의하여 체계화"하려는 목적에 입각하여 독특한 어원설을 편다.

> 한얼(樗: 순) : 天神.
> 3검(三神)인 한임, 환웅, 한검(桓因, 桓雄, 桓儉).
> 한웅(桓雄)의 웅(雄)은 '스승'.
> 임금(君)은 이ㅣ△검(繼王, 繼神).

---

244) 崔鉉培, "'朝鮮'의 말밑", 人文科學, 제4집, 연세대학교 문과대학, (1959).
  이 논문에서 외솔의 다음과 같은 "붙임"은 중요한 의미를 가진다. "이 글을 다 써 놓고 우연한 기회에 양주동님의 지음인 朝鮮古歌硏究를 보니 나의 풀이와는 다른 방법과 방향으로. 그러나 "肅愼"이란 낱말과 한 가지 뜻으로 "朝鮮"이 풀이되어 있어 나의 이 발표가 "조선"의 말밑상고의 맨 처음이 아님을 알게 되었다. (중략) 내가 맨 처음으로 이 문제를 다루는 줄 알았으나 둘째 번이 된 것처럼 내 뒤에 다시, 셋째, 넷째……가 나와 그 완전한 참됨(直相)의 해명이 있기를 바란다."
  이것은 모든 연구에 앞서 선행연구의 탐색이 얼마나 중요한 것인가를 알려주는 단적인 예라고 할 수 있다. 중복된 연구를 피하고, 노력의 낭비를 막기 위하여 이미 닦아 놓은 지름길을 달려감으로써, 최소의 노력으로 최대한의 효과를 거둠이 얼마나 중요한 것인가를 이 碩學의 自己吐露에서 볼 수 있다.
245) ＿＿＿, "다시 朝鮮의 말밑에 대하여", 연세대학교 문과대학, 人文科學 통권 10호, (1963).
246) 안호상, "고대의 한국사상에 관한 연구", 고려대학교 아세아문제연구소, 아세아연구, vol. V, No.1.(1962), p.161.
  ＿＿＿, "나라이름 조선에 관한 고찰", 고려대학교 아세아문제연구소, 亞細亞硏究 8-2, (1965).
  ＿＿＿, "배달임금(檀君)과 배달나라(檀國)의 고유한 道義原理들과 화랑도에 관한 연구", 동아대학교, 東亞論叢 3, (1966).
  ＿＿＿, "민족의 주체성과 화랑얼", (1967).
  ＿＿＿, "단군왕검의 來歷과 그 이념", 現代文學 13권 11호, 통권 155호, (1967).

이 같은 원초역사에의 복귀의식, 소위 뿌리 찾기 의식은 '朝鮮'의 어원 추구, '花郎道'의 연구로 나타난다.

그러나 비교언어학적 소양이 없는 국사고어휘의 아전인수식의 音讀 및 해석은 그 본뜻을 이해하려 하는 우리의 마음을 오히려 불편하게 한다.

이외에 동족어(cognate word) 중심의 연구; "ᄀ장 發達攷"나 "마당(場) 과 바닥(掌, 底)攷"에서 Ablaut, Anlaut에 의한 동계파생어, 同源語를 밝힌 姜成一,[247] 중국어 및 한자어 기원의 국어 어휘의 어원을 밝힌 南豊鉉,[248] 金宗澤의 "국어 어휘분화의 機制"는 국어 어원연구 낙후성의 원인·현실· 연구방법론·연구 필요성을 제시 강조한 주목할 만한 논문[249]이다.

金思燁은 「朝鮮語의 特質」을 소개하고 "음운"·"형태"면에서 한국어 와 일본어의 고대어를 비교하였다.[250] 특히 고유명사의 어원을 고대인 명·지명·件名(城, 角干, 居西干, 吉士, 鞬吉支, 奈麻, 乃末, 尼師今·尼 叱今·尼斯今·寐錦, 湌, 率, 次次雄, 百濟)을 중심으로 하여 서술한 것 은 이제까지의 연구 결과를 抄略한 것이지만 簡潔을 얻은 점에서 주의할 만하다. 특히 남방계열에 기울고 있는 현재의 일본학계에 대하여 본고는 警鍾으로서만도 의미가 있다고 할 것이다. 그러나 지명어원에서 구태의 연함이나 중세·고대 한국어의 일부 기본단어(天·地·山·川·方位·男

247) 姜成一, "ᄀ장 發達攷", 한국어문학회, 語文學 통권 8호, (1962).
　　　　, "마당(場)과 바닥(掌, 底)攷", 동아대학교, 東亞論叢 3집, (1966).
248) 南豊鉉, "15세기 諺解文獻에 나타난 정음표기의 중국계 借用語辭 고찰", 국어국문학 39, 40, (1968).
　　　　, "중국어 사용에 있어서의 직접차용과 간접차용의 문제에 대하여", 李崇寧博士頌 壽紀念論叢, (1968).
　　　　, "15세기 국어의 한자어 차용고", 國文學論集 5, 6합집, 단국대학교 국어국문학과, (1962).
　　　　, "국어속의 차용어", 국어연구소, 국어생활 제2호, (1985).
　　　　, "민간어원 數題", 국어학회, 國語學 14, (1985).
249) 金宗澤, "國語 語彙分化의 機制", 蘭汀南廣祐博士華甲紀念論叢, (일조각, 1980).
250) 金思燁, 古代 朝鮮語と 日本語(개정증보판) (동경: 대흥출판, 1981).

女·數詞)에 ㅎ(h)조사가 붙는다는 것은 학계의 정설을 무시한 일이라
할 수밖에 없다.

'isi-'(有)의 基語를 재구하고, 주격 '-이'의 어원을 쓴 金炯秀,[251] 舌·
花의 고유어를 추정한 朴恩用[252]이 있다.

이외에 한두 편의 논문이 있는 분들을 들면 다음과 같다.

李惠求, "시나위와 詞腦에 대한 고찰", 국어국문학회, 국어국문학 8호(1953).
表文化, "朝鮮語源에 관한 一考", 홍문사, 自由世界 2권 2호(통권 14호), (1953).
孫晋泰, "蘇塗考訂補", 조선민속학회, 朝鮮民俗學, (1953).
崔泰永, "우리나라의 옛날의 어음 관습", 中央大 30周年紀念論文集, (1955).[253]
丁仲煥, "辰國三韓 及 伽羅名稱考", 釜山大 15周年紀念論文集, (1956).
康允浩, "바다(海) 系語의 消長에 관하여", 국어교육연구회, 國語敎育硏究,
　　　통권 1호, (1958).
金銅基, "ㅎㄴ님 語源攷", 중앙대학교 국어국문학회, 語文論集 1호, (1960).
宋在周, "詞腦의 語義와 장르에 대하여", 현대문학사, 現代文學 7권 3호(통권
　　　73호), (1961).
金三守, "契의 諸學說의 吟味와 그 단체개념에 관한 사적 연구", 숙명여자대
　　　학교 아세아여성문제연구소, 亞細亞女性硏究 1집, (1962).

---

251) 金炯秀, "「isi-」의 基語推定", 한국어문학회, 語文學 13, (1965).
　　「이시-」(有)의 基語를 */pisi-/로 「없-」도 「어」(부정)와 「ᄲᅵ」(有) 즉 */-ə-pisi/로 본다. 이
　　는 그의 학위논문 "'있다'의 基語 및 파생어법에 대하여"(청구대학 대학원, 1964)를 정리 발
　　표한 것이다.
　　"주격 '-이'의 어원에 대하여", 한국어문학회, 語文學 통권 17호(1967). 주격 "-이"는 "이시
　　다"(有)에서 파생·固定된 것으로 본다.
252) 朴恩用, "지명표기에 의한 舌·花의 古形推定", 李商憲先生 回甲紀念論文集 (1968).
　　"莧과 疥癬의 명칭을 통해 본 한국어와 만주어의 비교연구", 曉星女大論文集, (1977).
253) 본 논문은 본격적인 어원논문이 아니라 경제학 논문인데 이 가운데서 '어음'의 어원에 관한
　　지느러미(鰭)설과 木造魚形說(木魚說)을 소개하고 "어음"은 魚驗, 어험〉어엄〉於音, 어음
　　의 과정을 거쳐 이루어진 말임을 밝혔음. 이 같은 경제학 논문에서의 경제학 용어의 어원을
　　밝힌 이에는 또 金三守(1962)가 있다. 그는 契에 대한 諸學者들의 설을 소개, 비판하고, 契
　　란 '結合'·'會聚'로서의 '團體性'을 가진 것이란 자기의 주장을 편다. 경제학자들의 경제 및
　　경제사 관계 어휘의 아전인수식 어원추구는 白南雲에서 극을 이루었다.

安秉禧, "ス가語攷", 국어국문학회, 국어국문학 통권 26호, (1963).

徐在克, "嘉俳攷", 대구교육대학교, 論文集 1집, (1965).

_____, "계집의 어원고찰", 杏丁李商憲先生回甲紀念論文集, (1968).

張泰鎭, "방향에 관한 風名語彙의 연구", 국어국문학회, 國語國文學 통권 41호, (1968).

_____, " 물고기 이름의 어휘 연구: 어부 집단을 중심으로", 한글학회, 한글 통권 143호, (1969).

朴恩用, "海平考: 河·海를 중심으로 한 단어족의 비교연구", 영남대학교, 동양문화연구소, 東亞文化 6·7, (1968).

池春洙, "국어문헌에 나타난 馬具 명칭에 대하여", 한글 145·146호, (1970).

_____, "중세국어의 기본어 연구서설", 국어국문학 55-57호, (1972).

安英姬, "솔의 어원고", 숙명여자대학교, 亞細亞女性硏究 9집, (1970).

兪昌均, "花郎의 語源", 영남대학교, 新羅伽倻文化 제3집, (1971). 國語學論攷(계명대학교 출판부, 1984).[254]

송정석, "'ㅇ르' 낱말의 어원고", 韓國語文學 제10집, (1973).

全在昊, "'겨집'과 '안해'의 의미변천", 학문사, 淸溪金思燁博士頌壽紀念論叢, (1973).

徐首生, "가야산 해인사연구", 한국어문학회, 어문학 30호, 대구, (1974).

李日永, "윷(柶戱)의 유래와 명칭에 관한 고찰", 일지사, 韓國學報 2집, (1976).

鄭東華, "아리랑 어원고", 국어국문학회, 국어국문학 제76호, (1977).

_____, "아리랑 어원에 대한 연구", 국어국문학회, 국어국문학 제79·80호, (1979).

金東昭, "'둘'의 어원학", 한국어문학회, 語文學 41호, (1981).

---

254) 兪昌均(1984), 國語學論攷(계명대학교 출판부)에 所收 내용은 대략 다음과 같다.
　　'花'의 어원은 '骨品'의 '골'(腦)에 있었다. 이 '골'(腦) 대신에 '花(골)'로 표기했다. '郎'은 오늘날 '아버님'·'선생님'할 때의 '님'과 같은 인칭접미사일 것이다. '花主'·'花判'의 '-主·-判'도 같았을 것이다.
　　'골'은 '어떤 조직이나 구조에서의 中核的 구성분자'라는 뜻과 '純潔·純粹·純朴'이라는 뜻을 가진다. 신라의 계급 聖骨·眞骨하는 骨品제도의 '骨(골)'은 '花郎'의 '花'의 음차표기다.

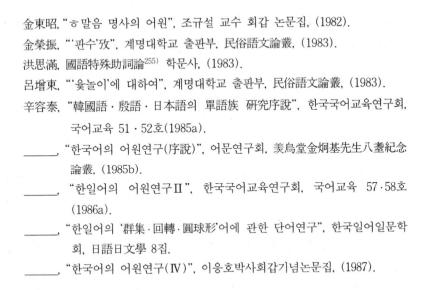

金東昭, "ㅎ 말음 명사의 어원", 조규설 교수 회갑 논문집, (1982).

金榮振, "'판수'攷", 계명대학교 출판부, 民俗語文論叢, (1983).

洪思滿, 國語特殊助詞論[255] 학문사, (1983).

呂增東, "'윷놀이'에 대하여", 계명대학교 출판부, 民俗語文論叢, (1983).

辛容泰, "韓國語・殷語・日本語의 單語族 硏究序說", 한국국어교육연구회, 국어교육 51・52호(1985a).

_____, "한국어의 어원연구(序說)", 어문연구회, 美鳥堂金炯基先生八耋紀念論叢, (1985b).

_____, "한일어의 어원연구Ⅱ", 한국국어교육연구회, 국어교육 57・58호 (1986a).

_____, "한일어의 '群集・回轉・圓球形'어에 관한 단어연구", 한국일어일문학회, 日語日文學 8집.

_____, "한국어의 어원연구(Ⅳ)", 이응호박사회갑기념논문집, (1987).

辛容泰의 단어족에 의한 국어어원연구는 중국고대어로 殷語와 한족의 언어가 문명・문화의 黎明期에 상호교섭 했다고 보고 출발한 점에서 특이하면서도 李鐸과 일맥상통한다고 할 수 있다.

한자도 많은 경우 알타이인, 특히 中國北東方에 거주한 한족의 制字가능성을 전제하고, 언어도 상호 영향을 끼쳤을 것이란 점은 타당하다고 본다. 이 같은 견해는 육당, 단재, 안호상에서도 볼 수 있다. 金完鎭의 "이른 시기에 있어서의 韓中언어 접촉의 一斑에 대하여"도 이와 유사한 견해라고 할 수 있다. 지리적으로 접한 양민족의 상호 교섭했을 것은 자연스러운 일이다. 그러나 계통론적으로 상이한 중국어와 일본어의 비교, 그 후 국어 어원추구는 차용어를 구별해 낸 후에 해야 할 조심스러운 일인 듯도 하다.

또 넓은 의미의 어원연구로는 Anlaut・Ablaut에 의한 語辭分化를 탐

---

255) 이 책, pp.33~39에서는 현대 국어 {조차}, {부터}, {나마}, {마저}, {까지}, {도}의 어원을 밝혔다. {까지}는 중세국어의 명사「ᄀᆞ・ᄀᆞᆺ・ᄀᆞᆽ(邊・極)」으로부터 발달된 것으로 보았다. 물론 이것은 그에게서 비롯한 것은 아니다.

색[256] 한 이기문(1954), 이숭녕(1955), 서재극(1964), 최학근(1975), 강헌규(1972), 김광해(1982) 등이 있다.

34. 요 약

1930년대 말 1940년대 초부터의 어원연구는 방법상으로 同系統語와의 비교, 단어족을 통한 어원연구를 시도하고, 내용상으로도 일반어휘의 어원을 추구하기 시작했다.

高在烋는 "比較言語硏究草"에서 어원연구에 엄격한 비교언어학적 방법의 적용을 강조하였다. 그리하여 알타이 제어와의 비교연구를 통해 국어어휘의 어원을 밝힘으로써 최초의 본격적인 비교언어학자, 어원학자라고 할 수 있다. 그의 업적은 타 학문의 방편으로서의 어원연구가 아니라 어원연구를 위한 어원연구라는 점에서도 큰 의의를 가진다.

趙東卓은 범어와의 비교를 통한 불교용어 및 "新羅"의 어원을 밝혔으니, 이는 시인으로서의 그의 문학세계와도 유관하다고 할 수 있다. 李崇寧의 "魚名"·"時間語彙"·"糞尿語"의 비교언어학적 연구, 조어론에 의

---

256) 李基文, "語辭의 분화에 나타나는 ABLAUT적 현상에 대하여", 思想界社, 崔鉉培先生還甲紀念論文集, (1954).

李崇寧, "Ablaut연구", 한글 111호, (1955).

徐在克, "語頭/p/·/m/의 교체와 語辭分化", 국어국문학 27, (1964).

崔鶴根, "Ablaut 현상과 모음교체에 대해서", 한국어문학회, 語文學, (1975).

姜憲圭, "語辭分化의 방법론적 고찰: 品詞轉成을 중심으로", 公州敎大 論文集 9집 1호, (1972).

_____, "語辭分化의 의미적 기준", 公州敎大 論文集, (1977).

"'處容'의 語源考", 公州師大論文集 제19집, (1981). 韓國語文學 20집.

金光海, "子音交替에 의한 어휘분화에 대하여", 한국국어교육연구회, 국어교육 42·43, (1982).

한 형태론적 어원연구, 許永鎬의 "計數觀", "火風觀", "天地日月觀" 등
은 방법론 및 내용에서 크게 발전한 이 시기의 대표적 예다. 특히 수사의
어원연구를 시도했다는 것은 그 정확성의 여부에도 불구하고 특기할 만
한 일이다. 물론 허영호의 이 같은 연구는 日人학자들의 연구결과의 영향
가능성을 완전히 배제할 수는 없다. 또 허영호에게도 "君長觀"과 같은
국사 고어휘의 어원연구가 전혀 없는 것도 아니다. 또 同系統語와의 비
교를 넘어 한자음, 범어, 그리스어, 라틴어와의 비교를 시도한 것은 큰 오
류라고 할 수 있다.

方鍾鉉은 어휘론의 하위분야로서 풍속어휘의 어원을 추구하였다. 이것
은 "龍, 嘉俳日, 빙자떡"의 어원연구로 대표된다. 一簑의 어원론은 이기
문, 심재기로 이어진다.

梁柱東은 古歌註釋의 과정에서 어원을 추구하였다. 그는 천부적 재능으
로 어원론을 펴서 이제까지 어원학자 중 가장 많은 어휘의 어원을 추구했
다. 그 내용은 국사 고어휘로서의 국명·왕칭호·지명·인명·풍속명·歌
樂名·범어 등은 물론 많은 일반어휘의 어원을 추구했다. 양주동의 어원론
중 특이한 것은 "년·놈·서방·바보·건달·화냥" 등 비속어들의 어원을
추구했다는 점이다. 양주동의 어원연구는 대체로 호기심의 대상이 그 주된
것이어서 일반어휘의 순수한 어원론으로서는 부족한 것이었다.

金源表는 "술, 각시, 벼, 쌀, 보리, 토끼, 누에" 등의 일반어휘의 어원을
범어, 일어, 혹은 印歐語와 비교하고 있다. 동계통이 아닌 인구어와의 대
조는 온당한 것이 아닐 것이다.

金亨奎는 삼국사기의 지명연구, "겨집"(女)의 어원연구로 유명하며
"겨집"은 뒷날 어원연구 논쟁의 단서가 되었다. 김형규의 "국어어휘의 역
사적 연구"는 文證에 충실한 同系統語와의 비교언어학적 어원론이다.

李丙燾는 국사연구의 방편으로서 국사 고어휘의 어원을 그의 국사저술
에서 기술하였다. 이외에도 논문으로서 "阿斯達·朝鮮·高句麗·두레·

ᄆ을·아리랑" 등 국사고어휘의 어원연구는 육당, 단재, 위당 등의 연구와 유사하나 어학연구의 방법을 원용하여 진일보한 것이다.

李鐸은 일반 어학의 이론을 원용하되 그의 독특한 연구방법을 제시하였다. 그는 또 고대한자음을 적용, 한·중어에 공통되는 음운법칙을 세우고 많은 풍속어휘 및 국사고어휘, 일반어휘의 어원을 탐구하였다. 그러나 직관에 의한 것들이 많다. 그는 영어어휘의 어원론까지 펴는 의욕을 보이기도 하였다.

南廣祐는 그의 역저 「古語辭典」의 편찬과정에서 15세기語의 어원을 추구하였다. 그의 연구는 형태론적 어원에 중심을 두고 본격적인 단어족을 설정하여 이의 파생에 의한 조어과정 추구에서 어원을 탐구하였다. 이 공로는 고등학교 국어교과서에 어원에 관한 글이 실리게까지 하였다.

劉昌惇은 「李朝語辭典」 및 「國語史硏究」의 저술 과정에서 어원을 추구했다. 이 과정은 남광우와 유사하다고 할 수 있다. 그의 계열어의 개념은 뒷날 단어족과 유사한 것으로서 큰 의의가 있다고 할 것이다. 그러나 이것은 15세기 이상 소급할 수 없음이 문제다. 朴時仁은 알타이 문화를 밝히려는 과정에서 그간의 어원 연구결과를 원용하였다.

徐廷範은 白丁 및 裏巷社會의 특수어 어원연구에서 출발, 무당의 어휘로, 다시 왕칭호의 어원을 추구하였다. 초기 裏巷社會 특수층어휘의 어원연구에서, 뒤에 계통론에 입각한 비교언어학적 어원론으로 나아갔다. 따라서 대상어휘도 일반어휘로 발전하였다. 그는 국어음운 변화규칙을 정립, 그에 의한 祖語再構방법의 추구, 用言(동사·형용사) 어휘의 어원 추구방법의 제시, 1系·m系·n系 접미사의 추출에 의한 새로운 어원연구 방법을 제시하였다. 그는 또 이들을 수필 속에 녹여 언중의 어원의식을 고양하였다.

이기문은 계통론의 기초 위에 비교언어학적 방법에 의한 어원연구를 하였다. 중국어·몽고어·여진어·차용어의 연구결과가 그것이다. 그러나 직접적으로 "어원"을 내세운 업적은 많은 편이 아니다. 이것은 과학적 어원연구에 대한 그의 방법론적 조심성 때문이라고 할 수 있다.

崔鶴根은 명확한 방법론을 가지고 어원연구에 임했다. 그리하여 "붓도 도다"·"數詞의 어원"을 추구하였으나 方言論으로 기울었다.

崔鉉培도 "朝鮮" 및 "배달"의 어원을 추구하여 각각 "金"·"밝은 땅"이라는 주장을 폈다.

金善琪는 음운변화 및 음운의 대응법칙을 가지고 비교언어학적 방법에 의해 본격적 어원을 추구하였다. 그가 세운 음운변화규칙 "[g]〉[ω]〉[b][m] 또는 [p]"는 큰 의의가 있다. 그의 어원연구는 향가연구의 후속업적이란 점에서 양주동의 경우와 유사하다. 그의 연구가 고유국어를 자주 사용함이 특징임은 한국어의 어원을 '가라말의 덜'이라고 했음에서도 알 수 있다. 그가 연구대상으로 한 어휘들은 모두 품사를 포함하여 체언뿐만 아니라 용언까지 연구함으로써 종전의 지적 호기심에서 비롯한 연구와는 그 차원이 다른 것이었다.

역사학자로서 辛兌鉉은 〈三國史記地理志〉에 나타난 지명, 신라의 職官, 王名, 位號의 어원을 추구하였으나 대부분 직관에 의한 것이었다.

姜吉云은 三韓語·신라어는 터키어족에 속하며, 한국어와 길리야크어는 동계라는 계통론의 기초 위에 한국어와 터키어, 길리야크어, 가야어와 드라비다어, 한국어와 Ainu어와의 비교를 통하여 한국어 어원을 추구한다. 그러나 이 같은 계통론의 명제는 신중한 연구의 결과로서 귀납되어야 하는 조심성이 있다고 할 것이다. 이외에 강길운은 "겨집", "달팽이", "數詞" 및 "轉義語와 死語"의 어원을 추구하기도 했다.

金完鎭은 "借用"이란 말을 피하여, 韓·中 접촉을 전제한 어휘의 어원을 밝힘으로써 보통 고유어라고 생각하고 있던 어휘의 어원을 밝혔다.

李炳銑은 「韓國古代國名地名研究」로 그간의 연구를 요약하였다. 그는 국사상 고지명의 어원을 추구하면서 음운변화의 법칙을 적용하여 이를 분류 체계화하였다. 이것은 국사상에 나타난 고지명 어원연구 중 가장 큰 것이었다. 그는 이외에 高山名, 국사상 인명의 어원도 추구했다.

朴甲千은 「말」, 「世界의 地名」, 「語源隨筆」에서 서구외래어 · 유행어휘 · 서구 및 우리 지명의 어원을 탐구하였다. 특히 "語源隨筆"에 나타난 어원연구는 그가 저널리스트임을 고려한다면 큰 의의가 있는 것이라고 할 수 있다. 崔昌烈은 「우리말 語源研究」에서 의미를 중심으로 어원을 추구하였다. 「우리말 語源研究」는 李男德 다음의 순수 어원연구의 저술이라는 의의와 함께 연구방법상의 문제점도 제시하고 있다.

李男德은 기초어휘의 "同根派生語群"을 설정, 2년여에 걸쳐 문예지에 연재한 국어어원을 정리하여 단행본 「韓國語 語源研究(Ⅰ·Ⅱ·Ⅲ·Ⅳ)」를 냈다. 이것은 Ramstedt 이후 가장 큰 업적이라 할 수 있다. 단어족에 대응되는 同根派生語群 · 音韻對應法則의 설정 적용, 일본어를 중심한 滿 · 蒙 · 土語 등 同系統語와의 비교, 국어어휘 전반을 연구대상으로 한 점, 同根派生語群 및 대립어의 어휘에 의미체계가 있다는 설 등은 높이 평가해야 할 것이다. 그러나 同根派生語群의 무리한 확충을 위한 음운도치의 빈번한 적용 · 일본어휘에 대한 과다한 기대 등은 조심스러운 것이었다.

金昇坤은 최초로 체계적인 "조사"의 어원을 추구하였다.

金芳漢은 과학적 계통연구를 위해 비교언어학의 방법에 의한 알타이 제어에 대한 기본적인 이해를 강조한다. 그는 「한국어의 계통」에서 그간의 어원연구 결과를 정리하였다. 그는 한국어의 어원연구를 한국어학에서 '가장 뒤늦은 분야' '거의 불모지'라고 지적하면서 한국어 어원연구의 현황, 어원론의 성격, 연구방법, 어원론의 목적과 연구범위 등 전반적인 것들을 설명하고 있다.

沈在箕의 「國語語彙論」은 어원론의 상위에서 어원을 정리하였다는 점에서 의의가 있다. 朝鮮族人으로서 정인갑은 중국 음운학을 기초로 하여 한국어 60여 개 단어의 어원을 추구하였다. 崔承烈은 최초의 어원총서(「말출」)를 단독으로 출판하였다. 이것은 다시 보완되어 단행본 「韓國語의 語源」으로 나왔다.

이외에 고지명 어원에는 池憲英과 都守熙가 있다. 이들은 왕칭호의 어원을 같이 추구한 점이나 백제 고지명의 어원을 탐구한 점에서도 유사하다. 지헌영은 일찍이 지명연구의 중요성을 인식, "조선지명의 특성" (1942)과 "鷄足山下地名考"(1943)를 냈다. 도수희는 백제 왕칭호·인명·관직명 및 백제 고지명의 어원연구에서 백제어의 연구로 발전했다.

지명연구·지명어원의 연구를 강조·실천하기는 일찍이 이희승(1932), 최현배로부터였다. 또 權相老는 「韓國地名沿革考」(1961)로 지명어원연구의 종합적 실적을 냈다.

현대지명어원 및 고유 인명어원을 추구한 이로는 최범훈이 있으며, 李喆洙는 지명언어학의 이론적 기초를 폈다. 현대지명어원 연구로는 이돈주, 유재영, 이강로, 신경순 등이 있다. 제주도지명의 어원론에는 특수성을 고려, 김태능, 박용후, 현평효, 심여택 등의 업적이 있다.

安浩相은 그의 민족주의적 철학전개의 과정에서 국사 고어휘의 어원을 폈으나 직관에만 의존한 것이었다.

이외에 姜成一의 동족어(cognate word) 연구, 김형수, 박은용, 김동소의 同系統語와의 비교언어학적 어원연구, 신용태의 殷(商)語 및 일본고대어와의 비교연구, 남풍현·심재기의 중국어 차용어의 연구, 최창렬의 透明語·계열어의 어원연구, 김사엽의 국사고어휘의 일본어와의 비교연구 등이 현저한 예다.

이들은 대충 학문의 분야를 달리하여서는 국사학자, 민속학자, 철학자, 저널리스트 등이 있고, 동계학문의 다른 가지의 학자로는 국문학자, 시인, 문법학자 등이 있다.

그러나 어원학자·어휘론자·국어학자가 이들 학문을 넘보는 것은 그들이 용납하지 않을 듯한 생각이 든다. 적어도 好事家(amateur)라는 별칭을 면치는 못할 것이다. 그렇다고 어원학자들도 똑같이 폐쇄적으로 옹졸함을 보여서는 안 될 것이다.

오늘날의 학문은 세분화·전문화의 길을 걸어 다시 종합화의 길을 걷고 있다. 어원학자는 어원론에 보조적인 학문의 연구방법 및 결과를 과감히 수용하여야 할 것이다. 그는 또 同系統語와 이 비교방법을 통한 음운·형태·의미의 연구를 통하여 전문적 학문으로 발전시킴만이 局外者들의 실없는 언급, 閑談의 소재로서의 어원론을 축출할 수 있을 것이다. 그리함으로써만 어원학자는 학문적 어원연구 결과의 오도를 막을 수 있을 것이다. 그리하여 언어로서의 국어, 그 어휘들로 하여금 항상 젊음과 신선함을 유지하도록 하기 위해, 풍부한 慈養을 공급하는 어원학자의 책무를 다할 수 있을 것이다.

VIII. 외국인의 어원연구

1. 선교목적에서 출발한 서양인들의 연구

서양인들의 한국어 어원에 대한 관심은 조선에 관한 역사 및 紀行記에 나타나기 시작한다.[1] ① 시볼트의 「朝鮮見聞記」, ② 달레(Dallet)의 「朝鮮教會史序論」 및 ③ 오페르트의 「朝鮮紀行」이 그 예다. ②에는 다음과 같은 어원설이 보인다.

ㅇ 백두산: 흰 머리의 산.
ㅇ 얄루강: 조선말로는 압록강, 푸른 오리강.
ㅇ Corée(꼬레): 중국어 Kao-li(까올리)에서 온 것. 일본인들은 Kôraï(고라

---

1) 시볼트는 한국에 와 본 적도 없는 독일의 의사였다. 그는 1823~1830년까지 일본에만 체재했었다. 조선견문기는 1828년 일본 長崎에서, 난파당한 조선의 선원 및 상인들을 만나 얻은 지식을 기록한 것으로 1832년 라이덴에서 간행되었다. 여기에는 "압록강, 장백산, 임나, 肅愼"의 어원 설명이 있다. 柳尙熙 역, 시볼트의 朝鮮見聞記(박영사, 1987) 참조. 朝鮮教會史序論은 1831년 이래 우리나라에 들어와 전교에 힘쓰던 블란서 성직자들과, 우리 신자들로부터 보내진 전교상의 기록들과 그 밖의 자료를 모아 Dallet가 지은 朝鮮教會史의 '序論'이다. 朝鮮教會史는 1593년부터 1871년까지의 280여년간의 전교사실을 수록한 것으로 1874년 파리에서 출판되었다. 달레 저, 丁奇洙 역, 朝鮮教會史 序論, 探究新書 101(1983) 참조.
朝鮮紀行은 1880년 Leipzig에서 출간되었다. Oppert는 1866년과 1863년에 조선에 왔었다(韓㳓劤 역, 일조각, 1974).

이)라고 발음한다.
- ㅇ 조선: 아침의 맑음(고요).
- ㅇ 수토병: 물과 흙으로 일어난 병. 물이 음료수로서 직접 작용할 뿐만 아니라……과실과 채소를 유해하고 위험한 것으로 만든다는 뜻에서 그렇게 부른다.

다음과 같은 기술은 "소나기"(驟雨)에 대한 민간어원설을 사실로 採錄한 데서 비롯한 것임에 틀림없다.

어떤 지방에는 철광이 매우 흔하므로 큰 비가 온 뒤에는 그것을 주우려면 몸만 구부리면 된다. 누구나 그것을 마음껏 간직해 두고 있다.

李義鳳의 〈東韓譯語〉에 나온 다음과 같은 기록과 너무도 유사하기 때문이다.

鐵坑過暴雨 然後洗外土 而出內銑 故峽人謂急雨曰 쇠낙이

오페르트의 「朝鮮紀行」에는 다음과 같은 어원설이 보인다.

- ㅇ 조선: 아침의 햇발이 제일 먼저 솟는 나라라는 뜻.
- ㅇ 高句麗·高麗의 高: 姓으로 高는 높다는 뜻.
- ㅇ 百濟: 물을 백이나 건너서 세웠다는 뜻.
- ㅇ 東明王: 동방에 빛나는 임금이란 뜻.

W. E. Griffis의 「隱者의 나라 韓國」에도 몇 개의 어원설이 보이나 대부분 민간어원설이다.[2]

- ㅇ 回回敎: 회교도를 말함. 세상이 '돌고 돈다'는 뜻.
- ㅇ 간도: 山東의 岬地.
- ㅇ 朝鮮: '고요한 아침' 또는 '산뜻한 아침'.
- ㅇ 任那: 일본을 방문했던 한국인들은 고국에 돌아가면 일본에 머물렀던

---

2) 申福龍 역주, 隱者의 나라 韓國(탐구당, 1978)에 의함. Griffis가 일본에서만 체류하면서 쓴 것이니, 여러 가지 오류의 가능성이 있다.

기념으로 자기들을 보살펴 준 미마끼천황의 이름을 따서 자기 고국의
이름을 미마나(任那)라고 지어달라는 일본인들의 부탁을 받고 고국으
로 돌아오자 약속대로 자기 나라는 任那라고 했다.

이외에 고구려, 밀리아노 각하(Signor Milliano) 등의 어원이 보인다.
M. Courant의 「朝鮮文化史序說」[3] (Bibliographie Coreenne)에도 2단어
의 어원이 보인다.

○ 馬: 말. 일본어의 馬 모두 비슷하니 照應시킬 수 있다.
○ 陰: 암의 친근성.

서양인들의 어원추구는 인구어 또는 알타이 제어와의 대조 또는 비교
에 주의를 집중하고 있다. 대표적인 학자 및 저술은 다음과 같다.[4]

○ G. H. Jones: 「朝鮮語語源論」, 1982.
○ J. Edkins: 「朝鮮語의 類緣」, 1896.
○ _____ : 한국어 수사의 어원. 1898.
○ H. B. Hulbert: 「朝鮮語語源論」, 1901.

이들에 이어 제정 러시아 치하에서의 두 학자가 있으니 한국말을 가장
먼저 소위 "알타이"말 겨레에 연결시킨 뽈리바노프,[5] 이를 하나의 가설
로 체계화시켜 놓은 람스테트[6] 등이 한국어의 계통을 연구하기 시작한
대표적 학자들이다. 특히 뽈리바노프는 람스테트보다 한국말을 일찍 접
하였다. E. D. Polivanov는 "말들의 비교에서 내적재구의 중요성을 강조
하기도"하고, 한국말의 어원탐색을 위해 몽고어・터키어・만주어와 비교
하기도 하였다. E. D. Polivanov가 한국말이 알타이말 겨레에 속할지도

---

3) 金壽卿 역, 朝鮮文化史序說(범장각, 1946), p.85. 블란서에서의 발간은 1894년임.

4) 이희승, 국어학개설(민중서관, 1955), p.247.

5) 고송무에 의하면 Castrén은 지금의 핀란드 북쪽 께미(Kemi) 강 부근에 있는 떼르볼라
(Tervola)에서 태어났고, 뽈리바노프(Polivanov)는 백러시아 공화국 가까운 스몰렌스끄
(Smolensk)에서 났다.

6) 고송무, "까스트렌・뽈리바노프・람스테트", 秋江 黃希榮博士 頌壽紀念論叢, 집문당, p.51.

모른다는 생각을 내놓은 것은, "한국말과 '알타이계' 말들과 친족관계에 대하여"라는 논문에서였다(1927). 이는 람스테트보다 조금 늦었으나 거의 같은 때였다.

1924년 50여 세의 람스테트는 한국말을 공부하기 시작하여, 1926년부터 섬(島): Shima〈일어〉, 배(舟): he-〈일어〉를 비교하면서 한국어의 어원에 관한 최초의 논문을 발표하기 시작했다.[7] 1928년에는 한국어와 만주-퉁구스, 터키, 몽고말들과의 어휘 비교뿐만 아니라 형태소 비교도 시작했다. 그는 1940년대에도 한국어의 어원연구를 계속했다. 1949년(람스테트 逝去 一年 前)에는 그간 모아온 카드를 정리하여 한국어 어원연구사상 초유의 『한국어 어원연구』(*Studies in Korean Etymology*)를 출판하였다. 다시 그의 제자 뻬띠 알또는 람스테트가 남긴 카드를 정리, 90여 개의 어휘를 뽑아 『한국어 어원 연구첨가』(*Additional Korean Etymologies*)를 내놓았다(1954). 1982년에는 뻬띠 알또(P. Aalto), 하르리 할렌(Harry Halén), 한국인 고송무가 람스테트의 어원연구 카드 중 아직도 출판과정에서 빠진 것들을 정리, 『*Paralipomena of Korean Etymologies*』라 하여 출판, 한국 내에도 보급시켰다. 한국의 옛 문헌, 방언을 접하지 않은 람스테트가 그의 『한국어 어원연구』에서 과오를 범했을 것은 당연한 일이다. 그러나 『한국어 어원연구』는 비교언어학적 방법으로 한국어 어원을 연구한, 현재까지 최초 최대의 업적임을 부인할 수는 없다. 본서에 대해 고송무는 "한국말 어원 연구뿐만 아니라 동북아시아 및 시베리아 여러 민족의 말들의 역사를 연구하는 데에 아주 훌륭한 밑자료"[8]로서도 그 가치가 있다고 본다. 뽀뻬는 람스테트의 『한국어 어원연구』가 출판됨으로써 한국어가 알타이어라는 데 대하여 어떠한 의심도 없어졌다고 했다. 람스테트는 『한국어 어원연구』를 위해 "꼬박 25년 간을 정열을 기울였다"고 한다. "그의 어원연구에는 한자

---

7) 고송무, 前揭論文, p.82.
8) _____, 前揭論文, p.89.

말의 비교도 물론 많이 발견된다. 그러나 이들은 주로 한자와 동북아시아 민족의 말들 사이의 문화접촉사를 규명하는 데에 그 뜻이 있는 것이지 그가 한자말을 모르고 그냥 비교를 늘어놓았다고는 여기지 말아야 할 것"[9]이라고 한다.

최근 연구로는 음운대응을 설정하고 韓·日祖語를 가상하여 300개에 달하는 어휘를 비교 조어형을 재구한[10] S. E. Martin이 있다. 그는 共編으로 낸 「韓美大辭典」[11]의 어원풀이도, 李基文의 지적과 같이[12] 많은 오류에도 불구하고 先功에서 높이 인정해야 할 것이다.

또 한국의 고지명에서 추출되는 낱말을 알타이어 또는 고대일본어와 비교한 R. A. Miller(1971), 한·일 고대어를 비교하는 M. G. Lewin 등이 있다.

2. 침략의도의 산물로서 일본인들의 연구

日人들의 한국어 어원연구는 17C말엽 이후 비롯하였으니, 이는 江戶時代(1868년) 이전과, 明治時代 이후로 나눌 수 있다. 전자는 학자 및 문필가들의 "雜記" 및 "隨筆"류에 간헐적으로 나타나던 시기요, 후자는 서구문물의 유입경향으로 근대적 비교연구 방법에 의한 어원연구가 시작·진행되던 시기다. 江戶時代 이전의 조선어(정확히는 한국어 기원의 日語) 어원연구는 契冲(AD 1697), 貝原益軒(1700)에서 시작, 82개 어휘의 어원을 탐색한

9) 고송무, 前揭論文, p.90.
10) Samuel E. Martin, "Lexical Evidence Relating Japanese to Korean", Language 42, 1966. "한국어와 일본어의 先史的 관계수립에 있어서의 제문제", 종합 학술회의논문집(1975).
11) _____, 李敏河, 張聖彦, New Korean-English Dictionary(韓美大辭典), (민중서관, 1968).
12) 李基文, "語源數題", 金亨奎博士頌壽紀念論文集(1971), pp.438~439.

新井白石의 「東雅」(1717), 32개 어휘의 藤貞幹의 「衝口發」(1781), 66개 어휘의 谷川士淸의 「倭訓栞」(1830)의 업적이 현저하다.[13]

이외에 「中外經緯傳」, 「善庵隨筆」, 「傍廂」, 「北邊隨筆」, 「甲子夜話」, 「柳荮隨筆」, 「骨董集」, 「俚言集覽」에 각각 1~2개의 한국어 기원의 단어가 실려 있어서 총 235개 어의 어원이 실려 있다. 이 숫자에는 다소 중복된 경우도 있다. 중복된 단어까지 계산하면, 善庵隨筆과 北邊隨筆에는 각각 2개 단어의 어원이 실려 있다. 그러면 총 238개 어휘다.

이제 新井白石의 「東雅」에서, 그 기원을 한국어에서 찾은 일본어 어휘들을 발췌해 본다.[14]

① かささぎ(鵲) ② いはぐみ(卷柏) ③ さふら(鈔羅) ④ かはら(瓦) ⑤ くま(熊), かみ(神) ⑥ かも(氈) ⑦ からえび(王餘魚) ⑧ からある (韓藍) ⑨ からさを(連枷) ⑩ からすき(犁) ⑪ くだ(維等・管) ⑫ ほさけ(佛) ⑬ かぶ(甲), よろひ, かぶと(甲冑) ⑭ こり(栲栳) ⑮ こにせし (居西干・世子) ⑯ こにきし(王) ⑰ さし(城) ⑱ しま(島・洲) ⑲ きぬ (帛・絹) ⑳ にしき(錦) ㉑ わた(綿)→はた(秦) ㉒ え(江) 入江(イリ エ)・細江(ホソエ) ㉓ くも(蜘蛛) ㉔ うし(牛) ㉕ てら(寺) ㉖ こほり (郡) ㉗ たひ(鯛) ㉘ たか(鷹) ㉙ かま(釜) ㉚ き(葱) ㉛ を(魚) ㉜ みそ (味噌) ㉝ はた(秦) ㉞ よろひ(鎧) ㉟ ふくる(脈) ㊱ かは(河) ながれ (流) ㊲ とんび(貂皮) ㊳ ぬて(鐸) さなき ㊴ すくり(村主) ㊵ すき (村), むら ㊶ ほろし(程) ㊷ せう(兄鷹) ㊸ たたら(蹈鞴) ㊹ たたり(絡 垜) ㊺ ふぐ・ふぐべ(鯸鮐) ㊻ さかづき(盃) ㊼ ちょく(鍾) ㊽ かみ (紙) ㊾ あやめぐさ(菖蒲) ㊿ ぼさつ(米) 51 とり(鳥) 52 すみ(墨) 53 ゆり(百合) 54 わた(海) 55 ゆすら(櫻桃) 56 むれ(山) 57 かへで(楓) 58 さけ(鮭) 59 もり(杜) 60 こよみ(曆) 61 あこ(小兒) 62 わらにん(王仁)

---

13) 柳尚熙, 江戶時代と 明治時代の 日本における 朝鮮語の研究, (成甲書房, 1890), 강호시대의 日韓兩語의 어원・어휘의 연구(1868년 이전).

14) 柳尚熙, 前揭書. 이들 어휘들이 직접적으로 한국어의 어원을 추구한 것이 아님은 사실이다. 그러나 간접적으로 한국어의 어원 탐구에 많은 암시를 주었다. ⑯・⑰・⑱ 등은 대표적 예다.

(63) ふみ(書) (64) ぐわ(畫) (65) つるべ(鑵) (66) すりうす(磑) (67) ひしほ(醬) (68) からもも(杏) (69) くるみ(胡桃) (70) はくべら(蘩蔞) (71) とむらくに(耽羅國) (72) はやぶさ(鶻) (73) むま(馬) (74) まつ(松) (75) からうす(碓) (76) え(荏) (77) あや(漢) (78) あさき(島) (79) ありかも(毾㲪).

이상의 어원은 어휘의 音相似에 의한 어휘비교에 머물고 있기 때문에, 비교언어학적 방법 위에 서서 시도해야 할 어원연구의 면에서는 소박한 것일 수밖에 없다. 그러나 17C 말엽에 벌써 시도되었다는(契冲의 「円珠庵雜記」) 점이나, 18C 초엽에 82개의 어휘에 대한 新井白石(「東雅」)의 업적은 인정해야 할 것이다. 또 이들 어원탐구 중에 정곡을 얻은 어휘 중에는 한국어의 어원탐구에 암시적인 것들도 있다.

명치시대 이후 조선어의 어원연구는 이전의 단순한 어휘비교에서 탈피하여 본격적인 비교연구로 나아갔다. 이것은 영국인 아스톤("日鮮兩語比較硏究", 1879)에서 비롯되었다. 그후 大矢透("日本語와 朝鮮語와의 類似", 1889), 高橋三郎("朝鮮言語考", 1889), 三宅米吉("朝鮮語", 1890) 등이 나오다가 白鳥庫吉의 조선 고대지명 · 왕호 · 관명의 연구에 의해 본격화된다. 그 후로 白鳥는 史學者답게 고구려 · 신라 등 국명의 어원, 한 · 중 · 일 史籍에 나타난 조선어 연구에 집중하고 있다.[15] 白鳥는 비교언어

15) 白鳥庫吉, "朝鮮古代地名考"(史學雜誌, 1895, 1896).
_______, "朝鮮古代王號考"(史學雜誌, 1896).
_______, "朝鮮古代官名考"(史學雜誌, 1896).
_______, "고구려의 명칭에 대한 고찰"(國學院雜誌, 1896).
_______, "日本書紀에 나타난 韓語의 해석"(史學雜誌, 1897).
_______, "일본의 고어와 조선어와의 비교"(國學院雜誌, 1898).
_______, "漢史에 나타난 조선어"(言語學雜誌, 1900).
_______, "다시 조선의 고어에 관해서"(言語學雜誌, 1901).
_______, "中田君의 韓國古代村邑의 칭호인 啄評 · 邑勒 · 擔魯 및 須祇에 대한 考를 읽음",(史學雜誌, 1905).
_______, "韓語城邑의 칭호인 忽(kol)의 원의에 대하여"(史學雜誌, 1905, 1906).
_______, "신라의 국호에 대하여"(歷史地理, 1906).
_______, "日 · 韓 · 아이누 삼국어의 수사에 대하여"(史學雜誌, 1909).

학적 연구를 시도하여 "조선어와 Ural-Altai어와의 비교"는 상당한 분량
의 논문이다. 또 中田薰의 郡村의 어원에 대한 연구도 주목할 만하다
(1904, 1905). 이 논문은 白鳥와의 論戰으로도 유명하다.[16] 金澤庄三郎
(1872~1967)은 향가(처용가)에 최초로 착수(1918년 4월)한 사람이자
前間恭作(1868~1942), 小倉進平(1882~1944)과 더불어 한국어 어원
연구에 앞장선 사람이다. 그의 학위논문(1902)이자, 저서로 1910년에 나
온 「日韓兩國語同系論」, 「日鮮古地名硏究」(1912), 「日鮮同祖論」(1929)
등은 일본의 한국 침략에 이용되기도 하였지만, 한국어 어원연구에 적잖
은 영향을 끼친 勞作이라고 할 수 있다.

또 논문으로서 어원을 다룬 것은 다음과 같다.

> "郡村(こほりむら)의 어원에 대하여", (「史學雜誌」 권13, 1902년 11월호).
> "郡의 어원", (帝國大學 1906년 12월호).
> "언어학상으로 본 조선과 만주와 몽고와의 관계", (「太陽」, 1914년 1월호).
> "조선어와 만주어와 몽고어와의 관계", (「朝鮮彙報」 1915년 10월호, 12월호).
> "언어학상으로 본 鮮·滿·蒙의 관계", (「朝鮮」, 1937년 4월호).
> "언어로 본 內鮮關係에 대하여", (「國民總力」, 1944년).
> "朝鮮古地名의 연구", (「朝鮮學報」, 제3집 1952년 5월호).
> "日鮮語 比較雜考", (「朝鮮學報」 제8집, 1955).
> "日鮮兩語의 비교에 대하여", (「國學院雜誌」 권61, 12호 1960).

"언어학상으로 본 鮮·滿·蒙의 관계"에 나타난 한국어 어원연구 결과
를 찾아본다.

白鳥庫吉, "言語上에서 본 朝鮮人種"(人類學雜誌, 1915).
_____, "고려사에 나타난 몽고어의 해석"(東洋學報, 1929).
_____, "조선어의 수사에 대하여"(未發表遺稿·未完).
_____, "조선어와 Ural-Altai어와의 비교연구".
이상의 諸論文은 白鳥庫吉全集 1·2·3권(岩波書店, 1970)을 참조 정리한 것임.
16) 中田薰, "韓國古代村邑의 칭호인 啄評, 擔魯 및 須祇의 연구"(史學雜誌, 1905).

가. 金澤庄三郎(1872~1967)

金澤의 "언어상으로 본 鮮·滿·蒙의 關係"[17]의 내용은 다음과 같다.

① 卓琳莽阿(만주어): '善射者'란 뜻. '卓琳'은 'Jorin'('目標'라는 뜻)은 '朱'에 해당되고, '莽阿'는 'mangga'('善射'라는 뜻)로 '蒙'에 해당된다. 朱蒙(支那音 chu-meng)의 '蒙'은 만주어 '善射'라는 말과 혹사하다.
   朱蒙=鄒牟=中牟=都慕=東明=卓琳莽阿=善射(者).

② 和白: 만주어 '赫伯'은 'he-be'('議'라는 뜻). '和白'의 지나음 'huo-pe'('議'의 뜻)와 音義 모두 일치.

③ 斡合: 지나음은 'we-he', 만주어는 'we-he'로 '石'의 뜻.
   雙介(여진어): '孔'의 뜻. 조선음 sang-kai는 만주어 'sangga'('窟窿'의 뜻)와 일치한다.

④ 達魯花赤: 몽고어 taragachi. '頭目' 즉 '領軍'의 뜻.
   塔剌赤: 몽고어 tarachi. 掌酒人의 뜻. 人名임.

⑤ 必闍赤: 지나음 pi-sheh-chih. 몽고어 pichiyechi(寫字人)의 뜻. 前淸 시대에 각 관아의 書記를 '筆帖式'(pitieh-chih)라 명칭한 것과 같다.

⑥ 吹螺赤(吹角의 樂人. 용비어천가에 츄라치 chyu-rachi라 訓함)의 '赤'도 같은 몽고어로 '職業人'이란 뜻.

⑦ 伊里干(조선음 i-rikan): 滿蒙 공통어 (iriken)로 '人民'이란 뜻.

⑧ 阿其拔都(아기바톨, A-ki-pa-tor): '阿只'는 조선어 '아기'(aki: 小兒의 뜻)이고, '拔都'는 몽고어(bator: 勇의 뜻)다.

⑨ 武珍州(백제) → 武州(신라) → 海陽縣. 珍의 조선음은 진(chin). tor. 武珍州: 'mutor'이라 부르던 것을 만주어 'metori'('海'의 뜻) → '海陽'이라 意譯한 것임.

이상으로 金澤庄三郎의 한국어 어원 연구는 삼국사 및 고려사에 나오

---

17) 이 논문은 「朝鮮」(1937. 4)에 일본어로 나온 것을 우리말로 옮겨 '정음'(31호, 1939)에 실은 것이다.

는 국사 고어휘의 鮮·滿·蒙語 동일기원임을 밝히는 것이 그 주였음을
알 수 있다.

「日韓兩國語同系論」은 음운론으로부터 문법론에 걸쳐 많은 同源의 어
휘를 제시, 양국어의 일치를 주장한 것이다. 「日鮮古地名研究」는 신라·
고구려·백제는 본래 貊(古晉 pak)族으로서 북방종족이 남하한 것으로,
일본 및 조선 고지명 간에는 긴밀한 관계가 있다고 주장한 논문이다.

백제는 pak-tara, 고구려는 pak-kuyö, 신라시조 姓이 朴(pak)인 것과
더불어 본래 맥(pak) 인종에서 나온 때문이라고 논하고 pur(村), kor(大
村), ki(城) 등은 日鮮 공통의 고어로 日朝 兩住民은 서로 떨어질 수 없
는 관계가 있다고 단정하였다.

결론적으로 곡학아세하여 「日鮮同祖論」 기타 유사한 학설들이 일제 침
략의 구실을 세워 주었던 점만을 제외하면, 한국어와 일본어와의 비교연구
와 한·일 양국의 고대지명 연구에 의해, 이들의 업적은 한국어의 계통론·
어원론의 발전을 위한 하나의 이정표를 세운 것이라 할 수 있다.

나. 前間恭作(1868~1942)

前間恭作은 "순수한 학구적 태도와 양심"을 가지고 "한국문화를 연구
하고 이해하며 애착을 가진 사람"[18]으로서 그는 어원관계에 대하여 다음
과 같은 저서 및 논문을 냈다.

三韓 古地名考 補正(史學雜誌, 제36편 제7호, 1925년 7월).
新羅王의 世次와 그 이름에 대하여(東洋學報, 제15권 제2호, 1925년 11월).

---

18) 金根洙, 韓國學研究, 誠巖著作集 7(청록출판사, 1980), p.97.

다. 小倉進平(1882~1944)

小倉進平(1882~1944)은 민족적·국가적 편견에 입각하지 않은 순수한 학문태도를 견지한, 주지하는 바와 같이 「鄕歌及吏讀硏究」로 유명하다. 여타분야의 많은 업적과는 달리 한국어의 어원론에 관한 저서 및 논문은 많은 편이 아니다. 그의 한국어 어원관계 업적을 연대순으로 보면 다음과 같다.

"龍에 對한 朝鮮語"(1928. 1).
"日本語와 朝鮮語와의 系統的 關係에 對하여"(1928. 2).
"더덕(ととき) 名義考"(1928. 11).
"뱀에 對한 朝鮮語"(1929. 1).
"말(馬)에 對한 朝鮮語"(1930. 1).
"여우를 의미하는 朝鮮方言"(1930. 8).
"朝鮮語의 '羊'과 '山羊'"(1931. 1).
"'원숭이'라는 말"(1932. 1).
"'在城' 及 '居世干' 名義考"(1932. 4).
"日本語 特히 對馬方言에 미친 朝鮮語彙의 影響"(1932. 7).
"朝鮮語가 가진 외래어"(上·中·下)(1934. 4).
"朝鮮語의 系統"(1935. 1).
"濟州道의 異名"(1935. 4).
"헐버어트의 朝鮮民族及朝鮮語論"(1936. 1).
"'甘藷'를 나타내는 朝鮮方言의 分布와 그 由來"(1936. 10).
"朝鮮語 '蝸牛' 名義考", 言語硏究 二, (1939. 4).

小倉은 "조선어가 가진 외래어"[19]에서 한국어 어휘의 중국어 기원을 다음과 같이 밝혔다.

支那原音을 가지고 불리던 것이 "조선 내에 支那語起源의 참된 外來語發生의 동기"라고 말할 수 있을 것이다. 괄호 안은 한국어의 어원인 支那語다.

---

19) 小倉進平, "조선어가 가진 외래어", 權寧仲 譯, 正音 13호, 16호, 1936.

자개, 조개(珬琚, 硨磲).
약대(駱駝).
모과(木瓜).
무궁화(木槿花〉無窮花).
곱돌(滑石)←美麗한 石.
무쇠(水鐵, 銑鐵).
돌비눌(石鱗).
한쇠(銀).
보리(玻瓈 · 玻璃).
나발(喇叭).
피리(觱篥 · 觱栗).
퉁소(洞簫).

이상과 같은 동물 · 식물 · 광물 · 기구 · 屋宅 · 服飾의 80개 어휘다.

라. 稻葉君山

稻葉의 "咸北에 있어서의 여진어 지명"[20]은 그가 함경도를 여행하고서, 함경북도 무산(茂山) 두만강 유역에는 女眞語 지명이 많음을 발견하고 쓴 논문이다. 아래는 그 예다.

① 豆滿江: 만주어로 トーナンシヤチン(toonansiatsin : 豆滿色禽). シヤチン(siatsin)은 衆流, トーナン (toonan)은 '萬'의 뜻. 여진시대의 명칭도 그러했을 것이다. 이 강의 상류(會寧 아래)는 アヤク(ayaku)라고 하는데 이는 女眞名이다.
② 白頭山: 만주어로 ツヤンヤンアリン(tsuyanyanarin : 珊延阿林)이라고 한다. ツヤンヤン(tsuyanyan)은 '白色'의 의미, アリン(arin)은 '山'의 뜻. アンバツ(anbats) · ヤンヤンアリン(yanyanarin)이라고도 불린다. 즉 '太白山'이라고 하는 만주어다. 여진어도 동일했을 것이다.
③ 羅端山: ラダン(radan)의 조선음은 ナダン(nadan), 여진어로 7(七)의

20) 조선어 38. (1928. 11.)에 발표된 논문임.

뜻. (7개의 큰 돌이 정상에 角立해 있기 때문). 7을 여진어 및 만주어로 'nadan'이라고 한다.

④ 會寧: 옛 이름은 オモホイ(omohoy : 五音會). 조선 初에 이 지역에 邊境을 만들 때 オモホイ(omohoy)의 ホイ(hoy : 會)를 취하고, 이것을 '會'로 바꾸어 ホイリョグ(hoyryogu : 會寧)라고 했다. 'オモ'(omo)는 여진어로 '湖'의 뜻으로 '會寧面'의 평야에는 沼澤이 있었기 때문?

⑤ 鍾城: 여진 이름으로는 チユチユ(츄츄 : 愁州)였다. 그 의미는 미상. 조선이 城名을 붙일 때 チユチユ 二字를 취하여 チヨンシヨン(鍾城)이라고 했다. 鍾城 부근에 종과 같은 산이 있었기 때문에 鍾城이라고 했다는 말은 확실히 附會.

⑥ 穩城: 女眞名은 ドオン(多溫). 'ドオン'의 글자를 취하여 '穩城'이라고 했다.

⑦ 'ボーロ'(보-로)城: 慶源으로부터 강을 건너 琿春으로 가는 도중의 오른편에 있는 성. (왼편 土城은 중국 이름 '八磊城'). 'ボーロ'(보-로)는 몽고어로 '靑色'의 뜻. 瑠璃瓦의 지붕을 인 건축물이 있었기 때문에 'ボーロチヨン'(보-로촌)이라고 불렀던 듯.

⑧ 鏡城: 이 지방 높은 곳으로부터 바다를 보면 '鏡'과 같은 모습을 볼 수 있었기 때문이라고 함은 附會. '鏡城'은 원래 亐籠耳(우롱이 : 동국여지승람), 木郎古(遼東誌). 木郎古(モラング : 모란구)는 여진어로 거울(鏡)의 뜻이다. 이곳에 여진인이 살면서 'モラング城'이라고 불렀다.

⑨ 朱乙溫泉: '朱乙'의 옳은 이름은 '朱乙溫'이다. 鏡城府 가까이에 '朱乙溫川'이라는 강(내)이 있었다. '朱乙溫'은 여진어로 'ジユリオン'(쥬리온)이라고 발음하고 '溫'의 뜻이다. 여진인은 온천을 이용하고 'ジユリオン'(쥬리온)이라고 했다. 지금 그 연혁을 모르고, '朱乙溫' 3자를 2자로 줄여 '朱乙'이라고 했다. '朱乙溫堡'도 근처에 있었다.

⑩ 明澗川(鍾城의 南十里 지방에 있는 溪流): '明澗'은 '明原'과 같음. 이는 여진어 '猛安'(千戶라는 官을 말함)의 전와(轉訛). '猛安'은 淸의 乾隆帝와 관련되었기 때문에 '明安'이라고 썼던 일도 있다. '明川'은 '明原'의 후대 이름.

⑪ 斡合里(鍾城의 남쪽 지명): 높이 200여 척의 돌이 솟아 있는 지방. 여진에서는 '돌'을 '斡合'(オホ : 오호)라고 함. 그래서 이 지방을 '斡合里'(오호리)라고 한다.

⑫ 富寧: 원래 'バヤンチユチユ'(바얀쮸쮸)라고 했음. 'バヤン'은 여진어
로 '富'의 뜻이고, 'チユチユ'(쮸쮸)는 '居'의 뜻이어서 조선에서는 '富居'
라 했다. 옛날의 '富居'는 지금 '富寧'의 東쪽 數里 떨어진 곳이다.

⑬ 廣德·長德·載德·楡德·白德·鷹德·大德·連德의 '德'은 여진어로
'卜コ'(도꼬)라고 읽고 조선에서는 'テキ'(데끼)라고 읽는다. 'テキ'(데
끼)는 '床'의 뜻. 산지가 床과 같이 평지를 이루고 있기 때문.

⑭ 雙介院: 여진어로 '孔'을 '雙介'(サンカイ)라고 하므로 雙介院이라고 했
다는 여지승람의 설[21]을 의심한다. 즉 '三善三介'의 '三介' 혹은 三海洋
의 '三海'와 관계 있는 듯하다는 의견을 제시하고 있다.

'千'을 '즈믄'(조선어), 'チ'(일본어)와 비교함은 용혹무괴, 그러나 '萬'
을 '즈믄'(조선어), チ·ヨロツ(일본어)와 비교함은 억지인 듯하다. 왜
냐하면 15C 한국어에 '萬'을 뜻하는 '즈믄'이 없기 때문이다. 'ヨロツ'(일
본어)를 '十千'으로 풀면 혹시 모르겠다. '즈믄萬이 億'(月釋2:54)임으로
보아 '열천'(십천)이 '萬'일 수 있기 때문이다.

일제 강점기 당시 일본인들의 일반적 언어습관이라고도 할 수도 있지
만 이 논문에서 '東海'를 '日本海', '朝鮮王朝'를 '李朝', 해당 단어 사용의
당시 조선인을 '土人'(토착민·미개인 특히 흑인이란 뜻)이라고 칭한 점
은 유의할 일이다.

마. 鮎貝房之進(1864~1945)

鮎貝房之進은 신라의 王位號 및 白丁·水尺·楊水尺의 의미 및 어원
연구에 관한 업적들을 냈다. 저서로는, 雜攷 第一輯~第七輯이 있다.

---

21) 雙介院: 길성현 남쪽 105리에 있다. 이상하게 생긴 바위 하나가 바다 가운데에 우뚝 서 있
어 모양이 무지개문과 같으므로 이름을 천도(穿島)라 하는데, 작은 배가 그 가운데로 드나
든다. 여진에서 구멍을 '쌍개'라 하므로 이름을 쌍개원이라 하였다. (동국여지승람 권50. 吉
城縣).

■ **雜攷**

第一輯[22]: "新羅王位號와 追封王號에 관하여"(1931. 5)
   王位號로서   居世干 · 居西干 · 居瑟干 · 次次雄 · 慈充 · 尼師今 · 寐
   錦 · 麻立干 · 追封 王號로서 葛文王 등의 어원 탐색을 시도하였다.
第二輯(上 · 下卷)(1931. 7): 일본의 韓 · 新羅 · 任那 · 百濟 · 高麗 · 漢 · 秦
   등의 古訓을 추구하는 과정에서 이들의 어원을 밝혔다.
第四輯: "花郞攷"(1932. 2).
第五輯: "白丁, 附 水尺, 禾尺, 楊水尺"(1937).
第七輯: 日本書紀에 나타난 한국지명의 어원을 추구하였다.

논문으로는 다음과 같은 것들이 있다.

   "三韓 古地名考 補正을 읽음"(1925. 1).
   "全北 全州 及 慶南昌寧의 古名에 관하여"(1931).

이상 鮎貝는 "雜攷"라 이름한 것과 같이 특이한 분야를 연구했으나 그
내용에서는 白鳥의 비교연구에 미치지 못한다.

바. 西村眞太郎

金澤庄三郎의 제자인 西村은 "國語未開墾也의 개척"[23]이란 논문에서
일본어와 조선어는 동원동근(同源同根)임에도 불구하고, 일본어의 연구
에 조선어를 언급하지 않음을 경계하고 있다. 반대로 조선어의 연구 과정
에서도 일본어 연구 결과의 축적에 의해서 (조선어의) 미개척지가 열릴
것이라고 했다. 이외에 유구어 · 만주어 · 몽골어 · 조선어의 사어 · 폐어의
고어까지 (연구가) 소급해야 한다고 한다.[24]

---

22) 이것은 新羅王號攷朝鮮國名攷(國書刊行會, 1972)로 나왔다.

23) 조선 191(1931.4)에 발표된 논문임.

24) 1931년(4월)에 발표된 논문에서 벌써 이렇게 파악한 것은 주목을 요한다.

① マナイタ(manaida : 도마): 혹자는 조선어 '맛나니'(mannani)에서 왔
   다고 하나, (조선어) '말으다'(maluta : 裁つ)에서 왔다.

② 일본어 'ミ'(mi : 山)와 조선어 '뫼'(moi : 山), '뫼'(moi : 墓·산소)는
   서로 同源語다. 조선어 '뫼'(moi)가 '山'임을 다음에서 보여준다.

   • 뫼추리(moichli · ウヅラ): 산에서 뛰어 노는 새.

   • 뫼뚜기(moittuki · イナゴ,バツタ): 산에서 나는 벌레.

   • 뫼갓(moikas · ヤマニアルハカバ): 산에 있는 묘지.

이어서 西村은 "국어[25] 조선어 數詞 同一論"[26]이라는 논문에서, 한국
어와 일본어의 '순서 수사'가 완전 일치한다는 것을 구체적 예를 통해 입
증하려고 하였다. 이들 수사의 파생어까지 일치한다고 하였다. 西村은 일
본어·유구어·조선어의 수사가 완전히 같은 것을 보지 않고, 天山南北
路를 운운하는 것은 전도된 일이라고 주장한다.[27]

一 : カタナ *katana〉하단(河屯)(조선어'一'의 뜻) t〉n으로 '하단'〉하나.
    端(ハタ. hata)(일본어)〉ハノ (hana).
    一 : カタナ(katana)(二中曆).
    *カタナ(katana)〉하단(hatan) : 근(kït) (조선어).
    ハタ(hata, 端)〉ハノ (端)〉ヒト(hito, 一) (일본어).
    하다(河屯, 하나) (조선어).
    (hito, 一) (일어).
二 : 두(tu)(조선어).
    フ(fu), フタ(futa), フタツ(futatsu) (일본어).

---

25) 여기서 '국어'는 물론 일본어를 말한다.

26) 조선 277(1938. 6.)에 발표된 논문임.

27) 이 논문에서 「日韓兩國語同系論」·「日鮮同祖論」을 쓴 그의 스승 金澤을 의식하고 한 듯한,
   西村의 다음과 같은 말은 여러 가지 점에서 음미할 필요가 있다.
   "진리를 정치적으로 해결하는 것이 아니고, 진리의 결과가 정치와 일치되는 경우에 나는 그
   것을 天道라고 존경한다. 양어(조선어와 일본어)의 근원이 天山에서 출발해서 東進하여 여
   러 語族을 낳은 것 같지만, 일어·유구어·조선어의 수사가 완전히 동일한 경우, 그것을 버
   리고서 헛되이 천산남북로를 운운하는 것은 본말을 완전히 거꾸로 한 일이 된다."

(A)뚜에 (蓋) : 두(二)의 뜻. 底(ミ)·蓋의 대응에서 유래.

(B)뒤(後,アト, ato) : '두'의 파생어가 '뒤'(後).

フタ(futa., 蓋). アト (ato, 後)의 フ(fu), ア(a)생략→ タ(ta), ト(to)
→ 뚜에·뒤.

三 : 서, 밀(三), 말(菱), 모밀(蕎麥), 밀(小麥), 보리(麥). (조선어).

ミ(三). ソバ(soba, 蕎麥), バ(ba):말, ソ(so) : '三'의 뜻. (일본어).
'三'의 古訓은 'ソ'(so), 고로 조선어 '서'(三)와 일치.

四 : 너, 너히 (四) (조선어).

ヨ(yo) (四) (일본어).

녓(四木)〉너, 네 →n晉 소실하여 일본어 ヨ(yo). ボク(八木. ト:to).

五 : 닷(五) (조선어)

イツ(五) (일본어) 'イ'는 發語 'ツ'(tsu)는 '닷'.

六 : 엿(조선어).

ムベ(mube, 宜)·ムマ(muma, 馬) 등과 같이 'm'을 삽입한 것이란
설은 억지.

七 : 닐곱(七). 七曰難隱別, 난은, 내, 나, 니(니톱 : 牛馬七歲) (조선어).

ナナ(七) (일본어).

八 : 여듧(八), *여(八), '듧'은 '닐곱'·'아홉'의 '곱'은 上部의 기본어에 붙은
補足語. (조선어).

ヤ(ya) (일본어).

九 : 아홉(조선어).

ココナツ(kokonotsu), ココ(koko), コ(ko) (일본어).

g·k, コ(ko), 흡, k, コ(ko)는 通 → ココプ(kokobu).

十 : 열(十), 여러(衆), 德('十'의 뜻), (十谷城一云德頓忽). 덕·다믈(牛馬
十歲).

トヲ(to-o), ヨロツ(yorotsu·萬), ヨロ(yoro. 丁). : '多數'의 뜻.

ドヲ(十) : 德(十). 'トヲ' → ツヅ(tsutsu·十). ト(to, '十'의 뜻)의
변음 → ソ (so).

百 : 온   (조선어).

ホ(ho)(일본어).

千 : 즈믄   (조선어).

チ (일본어).

萬 : 즈믄 (조선어).

チ(tsi), ヨロツ(萬)(일본어).

マタ(mata, 又)는 '二'를 뜻. マタ(mata, 又), マタシ(matasi · 全)(일본어).
又(又), 가닭(分派), 갓(꼭, 마치), 한갓(一途), 갓타(如)(조선어).
コドシ(kodosi · 如)(일본어) : 갓타(조선어).
ヘスヘル(hesuheru · 減) (일본어) : 빼다('떨쳐 취하다'의 뜻) (조선어).

이로써 조선어와 일본어의 同一을 강조하고 있으나 견강부회가 많다.
'두'(二)와 '뚜에'(蓋) · '뒤'(後)의 연결은 牽强附會인 듯하다. 그러나 당
시 저들의 생각으로 조선어에서 일본어로 변화했다고 본 것은 정확한 시
각이라고 할 수 있다. 또 日鮮同祖論의 정치적 이용만 경계하면, 천산남
북로를 운운하는 대신 가까운 한 · 일어의 연구를 강조한 것은 옳은 견해
라고 볼 수 있다.

사. 河野六郎

河野六郎은 한국방언연구가 주였으나 한국어 비교연구 및 어원연구도
시도하였다.

"朝鮮語의 系統과 歷史", (1971).
"朝鮮方言學試攷:「鋏」語考, 京城帝國大學文學會論纂 第11輯 (1945).
"滿洲國墨河地方에 있어서 滿洲語의 一特色: 朝鮮語及滿洲語의 比較研究
의 一報告" 京城帝國大學文學會編 學叢 第3輯, (1944).
"日本語와 朝鮮語의 二三의 類似", 八學會連合編「人文科學의 諸問題一
共同研究 稻」, (1949).
"古代의 日本語와 朝鮮語"「말의 宇宙」, (1967).
"中國語의 朝鮮語에 미친 影響",「言語生活」第129號, (1962).

이외에 아래와 같은 이들의 韓國語 語源研究도 있다.

櫻井芳郎, "고구려의 언어에 대하여", (1953).

高橋 亨, "濟州道名考" 朝鮮學報 제9집, (1956).

高橋盛孝, "우랄·알타이어에 있어서의 人稱詞에 대하여", 朝鮮學報 제9집, (1956).

_____, "Loan Words in Gilyak", 朝鮮學報 제14집, (1959).

_____, "On the Numeral Terms in Far East", 朝鮮學報 제21·22집, (1961).

_____, "古代朝鮮地名考", 朝鮮學報 제54집, (1969).

大嶋正健, "일본어와 조선어와의 관계", (1898).

福田芳之助, "일본의 고어와 조선어와의 비교에 관하여", (1898).

新村出, "국어 및 조선어의 수사에 대하여", (1916).

大野晋, "日韓兩國語의 어휘의 비교에 대해서", 國語學 제9집(1952).

_____, "일본어와 조선어의 어휘비교에 대한 소견", 國語와 國文學 제29권 5 호 (1952).

服部四郎, "일본어와 琉球語·朝鮮語·알타이어와의 친족관계", (1948).

大江孝男, "중기조선어의 1~2 語幹에 관하여"(On the Indicative Endings in Modern Korean, 1958).

長田夏樹, "日鮮 共通基語 音韻體系 比定 이유의 二三의 反說", (1960).

_____, "日鮮 兩語 親族語彙 對應 不對應의 問題－알타이 比較民族言語 學의 입장에서", (1964).

村山七郎, "일본어 및 고구려어의 數詞－일본어계통의 문제에 접해서", (1962).

_____, "高句麗語 資料와 若干의 日本語·高句麗語 音韻對應", (1962).

_____, "高句麗語와 朝鮮語와의 關係에 관한 고찰", 朝鮮學報 제26집, (1963).

酒井改藏, "三國史記의 地名考", 朝鮮學報 제54집, (1969).

菅野裕臣, "일본어와 조선어", (1977).

_____, "조선으로부터의 차용어", (1978).

馬淵和夫, "〈三國史記〉 記載의 백제 지명에서 고대 백제어의 고찰", (1978).

3. 요 약

서양인들의 한국어 어원연구의 출발은 기독교 선교를 위한 한국어 어휘의 빠른 이해를 위한 것이 주목적이었다.

그들의 한국어에 대한 최초의 관심은 19세기말 조선의 기행문이나 역사책에서 비로소 나타난다. E. Oppert의 「朝鮮紀行」이나 W. E. Griffis의 「隱者의 나라 韓國」 등이 그 예다. 그들의 어원연구는 印歐語 또는 알타이 제어와의 대조 또는 비교에 주의를 집중하였다.

한국어의 계통을 연구하기 시작한 대표적 학자로는 E. D. Polivanov와 G. J. Ramstedt를 들 수 있다. E. D. Polivanov는 한국어를 가장 먼저 소위 "알타이" 어족에 속할지도 모른다는 가설을 내놓고, 한국말 어원탐색을 위해 몽고어, 터키어, 만주어와 비교하였다.

G. J. Ramstedt는 한국어와 만주-퉁구스, 터키, 몽고말들과 어휘 및 형태소를 비교하고, 그 후 많은 어원연구를 계속하여 「한국어 어원연구」를 출판했다. 이 저서는 많은 오류를 범하기도 했으나, 비교언어학적 방법으로 한국어 어원을 연구한, 현재까지 최초·최대의 업적인 것이다.

최근의 연구로는 음운대응을 설정, 한·일 조어를 가상하고 어휘를 비교하여 조어형을 재구한 S. E. Martin이 있다. 이외에도 한국 고지명에서 추출되는 낱말을 알타이어 또는 고대일본어와 비교한 R. A. Miller, 한·일 고대어를 비교한 M. G. Lewin 등이 있다.

일본인들의 한국어 어원연구는 그들의 침략 의도에 부응한 계통론의 산물이 그 주였다. 그들의 한국어 어원연구는 17세기 말엽 이후에 비롯되었다. 이는 강호시대 이전과 명치시대 이후로 나눌 수 있다. 전자는 학자 및 문필가들의 "雜記" 및 "隨筆"류에 한국어 어원설이 간헐적으로 나타나던 시기다. 이 시기의 대표적 학자 및 업적으로는 新井白石의 「東雅」, 谷川士

淸의「倭訓栞」등을 들 수 있다. 이들은 대체로 어휘의 音相似에 의한 어휘
비교에 머물고 있기 때문에 비교언어학적 어원연구의 면에서는 소박한 것
일 수밖에 없다. 明治時代 이후에는 서구문물의 유입영향으로 근대적 비교
연구방법에 의한 어원연구가 본격적으로 진행되기 시작했다. 이 시기의 주
목할 만한 학자로는 白鳥庫吉과 中田薫을 들 수 있다.

　이어 한국어연구의 선구자적 구실을 한 金澤庄三郎은 그의 논문 "日
韓兩國語同系論", "日鮮古地名研究"에서 양국어의 일치를 주장했다. 이
러한 연구가 일제 침략의 구실 내지는 편의를 제공했던 것은 사실이나,
한일양어의 비교연구와 고대지명연구를 통해 한국어의 계통론, 어원론을
밝힌 것은 하나의 이정표라 하겠다.

　前間恭作은 순수한 학구적 태도로 "三韓 古地名考 補正" 등의 논문을
냈으며, 小倉進平은 "더덕"·"在城"·"居世干" 등에 관한 논문을 냈다.
특히 "조선어가 가진 외래어"는 한국어 어휘의 중국어 차용을 밝힘으로
써 중국어 차용어의 어원연구에 선도적 역할을 하였다.

　鮎貝房之進은 신라의 王位號 및 白丁, 水尺, 楊水尺의 의미 및 어원
연구에 대한 업적들을 냈으나 그 내용에 있어서는 白鳥의 비교 연구처럼
충실한 것이 못된다.

　이밖에 河野六郎을 비롯하여 新村出, 高橋盛孝, 大野晋, 村山七郎 등
이 한국어와 일본어의 비교연구 또는 일본어 계통론의 탐색과정에서 한
국어의 어원을 밝힌 것들이 있다.

　이제 서양인 및 일인의 업적을 평가한 후 우리의 연구 상황을 반성함
으로써 앞으로 보다 나은 어원 연구 방향 및 방법을 모색해야 할 것이다.
이에 대하여 고송무는 다음과 같이 지적하고 있다.[28]

　① 도서관을 만들어 어원 연구에 필요한 책들을 모아 놓아야 할 것이다.

---

28) 고송무, "까스트렌·뽈리바노프·람스테트", 前揭書, pp.93~94.

② 한국어 어원학 연구를 위해 중앙아시아 주변 여러 민족들(알타이라고 불리는 민족들과 그 주변 민족들)의 문화와 말들에 대한 학문적 축적이 있어야 한다.

③ 하나하나 유구한 역사를 지닌 한국어의 各 단어 자체에 대한 연구에서부터 시작되는 바탕을 쌓아 가야 한다.

④ 현지답사를 중히 여겨야겠다. 까스트렌·뽈리바노프·람스테트 같은 이들의 업적은 현지답사에 기초하고 있음을 알아야겠다.

⑤ "알타이" 가설에 국척(踢蹐)되어 처음부터 결과를 내놓고 거기에 맞추어서는 안 된다.

⑥ 우리말 어원연구에 있어서 가장 중요한 것은 문제의 완전한 해결보다는 훌륭한 문제들을 끊임없이 제시해 놓아야 한다. 지금 우리말 어원연구는 주춧돌도 아직 잡혀지지 않은 단계인데 어떻게 소위 "알타이"라는 지붕부터 얹어 놓을 수 있겠는가? 주춧돌도 기둥도 없는 지붕은 견디지 못할 것이 명백하다. 또 우리말 어원연구의 주체는 어디까지나 우리이어야 하고 그 본거지는 우리나라이어야 한다.[29]

---

29) 고송무, 前揭論文, p.94.
　　람스테트에 관한 기술은 아래 논문을 많이 참조했음.
　　＿＿＿, "「람스테트」와 한국어 연구", 한글학회, 한글 166호, 1979.
　　＿＿＿, "제정 러시아에서의 한국어 및 한국연구", 한글 169호, 1980.
　　팬티 알토, "G.J. 람스테트와 알타이어학", 강인선 역, 한글 통권 169호, 람스테트 돌아가신 30돌 기념특집, 1980.
　　李崇寧, "람스테트 박사와 그의 업적", 音韻論硏究(민중서관, 1955) 所收.

IX. 결 론

1

어원연구란 오랜 옛날부터 말에 관심을 가진 사람 누구에게나 매력 있는 과제였다. 그것은 또 지적 호기심에서 뿐만 아니라 말의 眞(etymon)에 이르는 길이라고도 믿겨져 왔기 때문이다. 오늘날 이 어원연구는 사전편찬·原義파악·논술의 합리적 방법 등 실용적 가치와 목적을 가지고 있다.

2

서구에서는 그리스의 언어기원설에서부터 어원추구의 싹이 터서 중세 이후에는 활발한 연구가 있었다. 중국에서는 표기문자의 특수성 즉 표의성으로 인하여, 소박한 의미의 어원연구가 일찍부터 발달되었다. 그것은 〈爾雅〉와 〈說文解字〉에서 구체화되어 후세에의 길을 열었다. 인도는 〈悉曇〉에서 어원추구의 싹이 텄다.

한국어 어원탐구의 발전과정을 단계적으로 보이면 다음과 같다.

(1) 中國史籍에 나타난, 표기문자 字義에 매인 어원적 의식.

(2) 설화적 어원설(삼국시대)

(3) 漢字字義에 의한 어원설(고려-조선전기)

(4) 초기의 비교언어학적 어원설(조선후기: 실학시대~갑오경장 이전)

(5) 언어의 분석적 어원연구(갑오경장 이후~1940년대 이전)

(6) 언어이론에 의한 어원연구(1940년대 이후)

(7) 외국인의 한국어 어원연구

3

우리말의 어원에 관한 최초의 기록은 중국의 史籍에 역사기술의 한 방편으로 나타난다. 이것은 다음 역사 편찬자들에게 轉寫 혹은 보전(補塡)되어 〈二十五史〉(대체로 "朝鮮傳")에 전한다. 송의 서긍에 의한 〈高麗圖經〉(1124)에는 한자의 자의에 의한 어원설이 보인다. 제보자 고려인의 어원의식이 투영된 것이라고 본다.

4

한국인에 의한 최초의 어원기술은 〈三國史記〉 및 〈三國遺事〉에 남아 있다. 〈三國史記〉는 12세기의 고려인에 의해, 중국의 史籍을 중심으로 하고 고려에 남아 있던 신라 및 고려의 典籍들을 참고로 하여 이룩된 것

이다. 여기서 신라인의 어원설을 추출할 수 있고 김대문과 최치원의 어원
의식을 발견할 수 있다.

慈充·麻立干·尼師今으로 대표되는 신라인의 어원설은 물론 민간어
원이지만 고유어에서 유연성을 찾는 신선함이 있었다. 金蛙·位宮·朱蒙
으로 대표되는 고구려인의 어원설도 물론이다.

5

고려시대부터 조선전기의 어원설은 조선조의 儒者들에 의해 이룩된 것
이긴 하지만 〈高麗史節要〉에서 찾아볼 수 있다. 고려 一代의 어원설이
여기에 있기 때문이다. 〈高麗史節要〉에는 儒者의 윤리강령인 "不語怪力
亂神" 외에 정명사상도 보인다. 또 몽고어 어원설이 처음으로 나타난다.
몽고의 오랜 지배로 인한 차용어 때문일 것이다. 이규보는 그의 博學을
동원, 시상의 전개를 위해 한자의 字義에서 어원을 구하고 있다. 즉 표기
문자인 한자의 原義와 표기어의 실제 의미 사이의 相馳 혹은 합일에 의
해 시상을 펴 나가는 과정에서 어원설을 전개한다. 이 같은 어원설은 조
선조의 시인들에게 이어져 심화되었다. 이제현의 益齋集에는 고려의 풍
속어 및 몽고어 어원설이 보인다. 이것은 〈高麗史節要〉에 등재된다.

조선조 초기는 中國韻學의 도입 그 발전 과정에서 훈민정음의 제작,
그 원리의 연구, 중앙집권을 위한 王纂事業 등을 성행으로 학자 개인들
의 어원연구 업적이 적다. 조선조 초기 1세기에 걸쳐 완성된 〈新增東國
輿地勝覽〉의 곳곳에는 지명에 얽힌 어원설이 보인다.

6

　조선후기, 주로 실학시대의 어원설은 奏請使로 연경에 가서 명나라의 문물 및 서양문물에 접한 이수광으로부터 비롯한다. 이수광의 〈芝峰類說〉에는 자아에 눈뜬 실학시대 어원설의 萌芽가 보인다. 그것은 우리의 고유어 및 국사 고어휘의 어원설에 나타난다. 이것은 홍만종으로 이어진다. 이익의 〈星湖僿說〉, 이덕무의 〈靑莊館全書〉 등 학자들의 문집 및 저술에 고유어 및 국사 고어휘의 어원설이 보인다. 이 같은 경향은 전시대의 그것과는 전혀 다른 것이다. 이것들 중에는 표기문자인 한자의 字義에 부회한 것들도 있다. 유득공 〈京都雜志〉, 김매순 〈洌陽歲時記〉은 풍속의 기술을 위해 풍속어휘들의 어원설을 편다. 이규경은 중국 및 우리 고금의 사물을 고증, 訛誤를 정정하는 과정에서 당해 어휘의 眞(etymon)을 추구하면서 어원설을 폈다. 조선조 학자 중 진정한 어원의식을 가지고 어원을 연구한 이는 황윤석 〈華音方言字義解〉, 정약용 〈雅言覺非〉이다. 이들의 연구는 소박한 대로 동계어와의 비교, 다산의 경우에는 어원을 회복, 정확한 어휘의 사용을 강조한 점, 타목적 즉 타저술 및 창작의 과정에서 나타난 어원설이 아니라 어원탐구 자체에 목적을 둔, 강와 어원의식의 발로이기 때문이다. 방대한 어휘의 어원을 다룬 이의봉의 〈東韓譯語〉, 조재삼의 〈松南雜識〉는 이 시대 어원설의 특징을 보여준다. 조선조 말기에는 박경가의 〈東言考〉가 있어 한자의 자의에 견강하는 민간어원설의 표본을 보여주고 있다.

7

　갑오경장 후에는 새로운 연구 방법의 도입, 일본을 통한 印歐語 및 그

연구 결과와의 접촉 등으로 새로운 어원연구가 전개된다. 장지연, 이능화 등의 저술에서 이것을 볼 수 있다. 이능화는 기녀, 무당 등의 특수층 풍속 어휘들에 대한 어원을 밝혀 놓았다. 1920년대에는 육당·단재·爲堂·民世 등에 의해 역사연구의 방편으로 국사고어휘의 어원이 탐구되었다. 이것은 뒤에 이병도에 이어졌다. 육당은 한국인 최초로 단독의 어원론을 폈다. 권덕규, 박노철, 전몽수는 한국학회를 중심으로 맞춤법 통일안, 국어사전 편찬 등의 필요성에서 어원을 추구했다.

1930년대 초반, 경제학자 백남운은 그의 〈朝鮮社會經濟史〉에서 자기 학설의 전개를 위하여 많은 어원설을 폈다. 그러나 이 어원설들은 대부분 민간어원에 가까운 것들이었다.

홍기문은 '言語科學의 한 學徒'를 자처하면서 인근 제국어 및 서구 제어에 접하면서 다양한 국어어휘의 과학적 어원 고증에 노력하였다. 그는 또 이제까지의 국사학자들(최남선, 신채호)·경제학자(백남운)의 비과학적 어원연구를 설득력 있게 비판하고 있다. 이런 점에서 홍기문은 이 시기에 가장 뛰어난 어원학자라고 할 수 있다.

8

1940년대 이후로는, 고재휴·허영호·조동탁·김원표·양주동·이탁 등이 언어학의 일반이론 및 비교언어학적 방법을 적용, 새로운 연구 방법으로 어원을 탐구했다. 양주동은 古歌謠註釋의 과정에서 고문헌에 나오는 어휘들의 어원을 추적했으며 후속하여 어원연구를 위한 단독의 논문들을 발표했다. 방종현은 민속어휘의 어원을 추구했고 지헌영은 지명어원, 국사고어휘의 어원을 밝혔고 이는 도수희에 이어진다. 도수희는 백제사 관련 어휘의 어원을 연구하여 〈百濟語研究〉(Ⅰ·Ⅱ·Ⅲ·Ⅳ)에 실어 발표하였다. 유창돈, 남광우는 고어사전의 편찬과정에서 어원연구로 나아 갔다. 박갑천은 수필의 형식을 빌린 「말」, 「世界의 地名」, 「語源隨筆」에 서 국어일반어휘 및 지명의 어원을 추구했다. 서정범은 白丁語·은어· 비속어·국사고어휘·무속어휘 등의 어원탐색을 거쳐, 계통론적·비교언 어학적 방법에 의한 어원연구로 나아갔다. 이기문·김방한·최학근·김선 기·강길운·이남덕 등은 계통론 이해의 과정을 거쳐 비교언어학에 관한 방법을 원용함으로써 어휘론으로서의 비교언어학적 어원론을 발전시켰 다. 이남덕은 「한국어 어원연구」(Ⅰ·Ⅱ·Ⅲ·Ⅳ)로 체계적이고 종합적인 이 시기의 가장 큰 업적을 냈다. 서재극, 강성일은 단어족(word-family) 을 찾아 어원을 추구하고 있으나, 이는 이기문에 의해, B. Karlgren의 친 족어(cognate word) 개념이 도입되어 시도된 바 있다. 또 이기문·김완진 ·남풍현은 중국어계 차용어가 한국어 속에 용해된 어휘의 어원을 탐구하 였다. 중국 조선족인 정인갑은 음운학의 기초 위에 이 같은 작업을 하였 다. 신태현은 광범한 국사 고어휘의 어원을 추구했으나 방법상 새로운 것 이 없었다. 이병선은 국어학적 방법으로 고대 국명·지명의 어원을, 최창 렬은 일반어휘와 민속어휘, 김승곤은 조사의 어원연구를 단행본으로 냈으 며, 심재기는 종래 저급 개념의 어원론을 어휘론의 하위분야로서의 과학 적 어원론으로 고양시켰다. 최승렬은 최초로 개인의 어원잡지를 내면서 자기의 어원연구를 진행하였다. 고지명에 이어 현재 고유지명의 어원을 추구한 이로는 지헌영이 있다. 현재 고유지명의 어원연구는 이 시기의 한 특색이라고도 할 수 있다.

9

필자의 저술에서 "어원설"과 "어원연구"는 다음과 같이 구별된다. "어원설"은 직관에 의한 한자의 字義에의 부회, 국어 동음어 혹은 유음어의 의미적 유연성, 음의 訛誤에 의한 어원추구 결과를 말한다. 이는 투철한 어원탐구 의식도 없이 대체적으로 지적 호기심에 의해 또는 타분야 연구의 방편으로 어원을 추구한 결과다. 대체적으로 민간어원과 통하나 전부가 민간어원이 아님이 다르다.

"어원연구"란, 저마다 오랜 역사를 가진 단어의 변천사를 재구한다는 어원론의 목적의식 즉 투철한 어원의식을 가지고, 음운변화에 관한 지식을 가지고 단어의 의미 · 형태의 사적 변화과정을 추구한 결과 혹은 그와 유사한 시도를 의미한다. 이의 分界는 대체로 갑오경장(1894)에 의한다. 갑오경장 이전으로는 頤齋와 茶山의 업적을 어원연구라 할 수 있다.

10

이제 한국어의 어원연구는 연구어휘의 편중에서 벗어나야겠다. 언제까지나 국사고어휘(新羅 · 百濟 · 尼師今 · 麻立干), 풍속어휘(계집 · 한가위 · 걸 · 윷 · 아리랑), 고전문학의 주석을 위한 어휘(處容 · 詞腦 · 時調) 등에만 머물고 있어서는 안 되겠다. 국어 일반어휘의 어원을 추구하여 어원사전의 편찬 및 이를 위한 단어의 정확한 정의 · 역사적 변천과정을 기술하는 데에 공헌해야 할 것이다. 그러기 위해서는 개개 단어의 연구보다 단어족의 연구, 品詞史의 연구에 의한 조어의 재구는 큰 가치가 있을 것이다. 品詞史의 연구에 있어서 유창돈의 업적은 이런 점에서 높이 평가되어야 할 것이다.

11

　서양인들의 한국어 어원연구는 기독교 선교를 위한 한국어 어휘의 빠른 이해를 위한 것이 그 주목적이었다.

　그들의 한국어 어원탐색은 19세기 중엽 그들의 조선 기행문 또는 조선에 관한 역사책에 최초로 나타난다. 시볼트(1832), E. Oppert(1880), W. E. Griffis(1882), M. Courant(1894) 등의 저술들이 그것이다. 그러나 이들은 몇 개 어휘의 민간어원들뿐이었다. 본격적인 어원론은 G. H. Jones (1892), J. Edkins(1896), H. B. Hulbert(1901) 등에서 발견할 수 있다. 그러나 학문으로서 한국어 어휘의 어원을 추구한 것은 G. J. Ramstedt의 「*Studies in Korean Etymology*」(1949)다. 이것은 한국어 어원연구사상 최대·최고의 업적이다. 영국인 W. G. Aston의 "日鮮兩國比較硏究"에도 약간의 어원연구가 보인다. 1982년에는 람스테트의 「한국어 어원연구」에서 빠진 카드를 정리하여 「Paralipomena of Korean Etymologies」가 나왔다. 1968년에 나온 S. E. Martin·이양하·장성언의 「韓美大辭典」도 英譯化 과정의 필요에서 한국어 어원을 추구했으나 많은 오류를 범했다.

12

　일본인들의 한국어 어원연구는 17세기 말(1697) 契冲의 「円珠庵雜記」 같은 수필류 속에 散發的으로 나타났다. 新井白石의 東雅, 藤貞幹(1781)의 「衝口發」, 谷川士淸(1830)의 「倭訓栞」 등에는 조선어 기원 일본어휘의 어원연구가 보인다. 이것은 반대로 한국어의 어원 탐색이 되기도 하였다. 명치시대 이후 大矢透, 高橋三郎, 三宅米吉의 연구가 나오다가 白鳥庫吉

의 연구는 비교언어학적 방법을 동원, 조선 고대지명·왕호·관명의 연구에 이어, "조선어와 Ural-altai어와의 비교"에 의해 본격화된다. 이어서 金澤庄三郎(1872~1966)의 「日韓兩國語同系論」, 「日鮮古地名硏究」 등이 있다. 이들은 일제의 조선침략의 구실을 세워주기도 했었다. 前間恭作(1868~1942)과 小倉進平(1882~1944)은 연구의 유리한 조건을 만끽하면서 한국어 어원연구에 관한 많은 업적들을 냈다. 鮎貝房之進(1864~1945)은 신라의 王位號 및 백정, 水尺, 花郎들의 어원을 추구했다. 이외에 高橋盛孝, 新村出, 大野晋, 村山七郎 등의 연구가 있다.

13

어원에 관한 판단 및 해답에는 강한 주관이 개입할 수밖에 없다[1] "어원론이란 시대가 경과한 뒤에 언중의 隱喩를 재발견하려는 것", "화석화된 시"[2]일 수 있기 때문이다. "어원론의 어려움"[3]은 여기에 있는 것이다.

어원을 탐색하는 작업은 그것이 아무리 精緻하다고 하여도 어느 단계에서건 반드시 직관에 의한 추론과 상상을 받아들여야하기 때문에 언어학의 어떤 하위분야보다도 비과학적이라는 비난을 면하기 어렵게 되어 있다. 그렇다고 하여 어원의 탐구는 도외시되거나 회피되어야 할 것인가?

이의 대답은 대체로 다음과 같다. 실제로 고유명사 및 一般語辭의 어원탐색은 우리의 호기심을 자극하는 만큼 그에 비례하여 "위험한 장난"

---

1) Yakov Malkiel, Etymological Dictionaries: A Tentative Typology, The University of Chicago Press, 1976. pp.10~11. 이런 이유 때문에 어원사전은 2인(또는 다수)이 공동으로 편집하는 것이 좋다고까지 한다.

2) 沈在箕, 國語語彙論, (집문당, 1982), p.80.

3) ____, 前揭書, p.64.

으로의 가능성을 가지고 있다. 그리하여 고유명사 및 一般語辭의 어원연
구자들은 A. Meillet의 소위 "言語學의 冒險家"[4]일 수도 있다. 그러나
이 실패와 독단에 대한 두려움이나 비난 때문에 어원학자가 "모험가"로
서의 직분을 포기할 수도 없다. 결국 다음과 같은 연구 방법으로 천천히
그러나 쉬지 않고 나아가는 길밖에 없을 것이다. 그리하여 어원연구는 다
음의 鑑戒를 지켜야 할 것이다.

① 어원연구사를 槪觀, 先學의 업적을 이어받고 전철을 밟지 않도록
한다.
② 同系統語와의 비교연구에 의한 현대의 과학적 어원연구방법을 원
용한다. 즉 어원연구는 "음운"과 "의미"와 "형태"의 삼자의 일치를
도모해야 할 것이다.
③ 어원연구는 위의 음운변화의 법칙(음운적 어원), 의미변화의 법칙
(의미적 어원), 형태변화의 법칙(형태적 어원)을 세워 이에 따라야
할 것이다.
④ 문헌 이전의 어형, 의미의 복원을 위해서는 고고학·역사학·인류
학·경제학 등 보조과학과도 제휴해야 할 것이다.

14

이희승은 조선시대 先學들의 수필류에 "어원을 논급한 것이 있어서,
이와 같이 서적을 널리 섭렵하면, 상당한 수의 어원적 기록을 수집할 수
있을 것"[5]이라고 했다. 위에서 필자가 발췌·논급한 諸先學들의 어원설

---

4) 李基文, "言語資料로서 본 三國史記", 震檀學報 38, 1974, p.213.

및 어원연구가 이제까지의 모든 업적들을 필자의 의도대로 빠짐없이 정확히 언급하였다고는 말할 수 없다. 훌륭한 업적들을 빠뜨렸을 수도 있고 잘못 평정했을 수도 있다. 그러나 현저하게 어원을 논급한 先學들은 대략 거론하였다고 말할 수 있다. 이들은 학문이 세분화되기 전에는 대체로 학자요 시인이었지만, 학문이 세분화된 갑오경장 이후에는 국사학자·민속학자·어류학자·철학자·저널리스트 등이었고, 또 국문학자·시인·문법학자 등이었다. 그러나 국어학자·어휘론자·어원학자가 이들 여타 학문을 넘보는 것은 용납되지 않을 것이다. 그렇다고 어원학자들도 똑같이 폐쇄적으로 옹졸함을 보여서는 안 될 것이다. 오늘날의 학문은 세분화·전문화의 길을 걸어 다시 종합화의 과정으로 들어서고 있다.

　어원학자는 어원론에 보조적인 주변학문의 연구 결과를 과감히 수용하여야 할 것이다. 그는 또 同系統語와의 비교 방법을 통한 음운·형태·의미의 연구를 통하여 전문적 학문으로 발전시킴만이 局外者들의 실없는 언급, 閑談의 소재로서의 어원론을 극복·축출할 수 있을 것이다. 그리함으로써만 어원학자는 학문적 어원연구 결과의 오도를 막아, 언어로서의 국어 그 어휘로 하여금 항상 젊음과 신선함을 유지하도록 하기 위해, 풍부한 滋養을 공급하는 자기 본연의 책무를 다할 수 있을 것이다.

5) 李熙昇, 國語學槪說, (민중서관, 1955), p.247.

1980년대 이후의 단행본에 나타난 어원연구

I. 서 론

본고는 주로 1986~2001년 말까지의 국내외 간행 단행본에 실린 한국어 어원 연구 결과의 분석·평정을 목적으로 한다. 따라서 국내외 학회지·회갑 기념 논문집·기타 논문집에 실린 논문에 관한 작업은 후일로 미룬다.

필자가 굳이 1986년을 기점으로 한 것은 다음과 같은 이유에서다. 필자의 학위 논문 "한국어 어원 탐구사 연구"[1]에서 필자는 고대로부터 1985년까지의 어원 탐구사를 섭렵하였다. 그 이후 새로운 업적들이 많이 나왔다. 이들 중에는 괄목할 만한 것들도 있고, 비과학적 방법에 의한 민간어원에 가까운 것들도 있다. 즉 현대의 비교언어학적 방법에 의한 과학적 어원 연구 업적도 있고, 전근대적 방법에 의한 비과학적 연구물도 보인다. 현대의 편리하고도 신속한 출판 사정을 악용하여 심사숙고함이 없는 연구물이, 한 자 반 자에 대하여 심사숙고·고뇌하느라고 출판을 망설이는 연구물에 앞서 쏟아져 나옴을 본다. 더구나 국외자임을 공언·자처하면서 만용의 근거가 무지임을 증명이라도 하려는 듯이, 밑져야 본전이라는 식의 어원설을 퍼뜨려 언중을 현혹시킴에는 아연하지 않을 수 없다. 이들 가운데서 옥석을 가려 평정(評定)·포폄(褒貶)함으로써 어원 연구를 과학적 어휘론의 영역으로까지 끌어올리고, 어원연구의 바른 방향을

---

1) 이 논문을 수정·보완하여 ≪韓國語 語源研究史≫, (집문당, 1988)라 하여 출판하였다.

제시함을 그 세부 목적으로 한다.

위의 기간에 나온 훌륭한 업적을 이곳에서도 다 챙겨 드리지 못한 것이 많을 것이다. 이는 필자의 부족한 능력 탓이지 고의가 아니었음을 밝힌다. 이에 대하여도 애정 어린 질정을 받아 고칠 것을 약속한다.

Ⅱ. 국내 간행의 어원사전

1. 대원정사 편집부의 ≪불교에서 나온 말≫(1987)

이 책은 일상용어 중에 불교에서 나온 어휘의 '어원이나 쓰임새'를 밝혔다. 그 목표로 하는 바는 다음과 같다. ① 불교에 대한 이해와 관심의 고양. ② 우리말의 순화. ③ 우리의 얼과 사상의 이해.[2]

평석자가 사전의 범주에 넣은 이유는 다음과 같다. ① 한글 자모순으로 표제어를 배열·설명한 점. ②국내·외 불교 대사전 및 국어사전을 참조 그 설명 체제를 따른 점. ③언중의 관용적 의미의 사용을 바로잡아, 그 어원적 의미를 각성, 그 사용을 장려한 점. 예를 보이면 다음과 같다.

① 각오(覺悟 : 앞으로 닥칠 일을 미리 생각하고 마음의 준비를 하는 것[3]) : 범어의 의역임. 잠에서 깨어나듯 아직 모르고 있던 것을 명백히 깨달아 아는 것.

② 내연(內緣 : 남녀가 결혼했거나 또는 그런 뜻으로 한 집에서 살지만 법적으로는 아직 신고를 하지 않은 관계) : 눈·코·귀·혀·몸의 오관을

---

2) 평석자가 저자의 설명을 요약한 것임.
3) 괄호 안의 의미는 현재 사용되고 있는 관용적 의미임. 이하 같음.

통해 외계를 의식하는 현상을 외연(外緣), 마음속에서 의식이 모든 법
(이치)을 분별하는 것을 내연이라 함.

③ 도장(도량, 道場 : 수도를 하기 위해 마련한 특정한 장소→태권도·권투
도장) : 석가세존께서 네란자라 강가 보리수 아래서 도를 이룬 금강좌(金
剛座), 즉 Bodhimaṇḍala 를 번역한 한자어로, 세존이 법을 깨친 곳. 도를
깨닫는 곳. 유마경에서는 바른 마음, 수행방법까지도 도장으로 규정함.
이 세상 모두가 불도를 이루기 위한 도장이라 함. 불교에서는 '도량'이라
고 발음함.

④ 동냥(動鈴 : 거지들이 집집마다 다니며 밥이나 찬거리를 얻는 것.) : 승려
가 시주를 얻으러 돌아다닐 때 요령을 흔드는 것.

⑤ 삼매(三昧 : 어떤 일에 마음을 쏟아 일사불란한 경지) : 범어 samādhi를
음역한 말. 마음을 한 곳에 집중시켜 흔들림이 없는 평등심(平等心). '정
(定)'이라고 의역하기도 함. 수행승이 어떤 수행에 몰두하고 있는 모습
또는 경지. 선심(善心)을 한 곳에 머물러 움직이지 않는 것(지도론 : 智
度論). 일체의 선정(禪定).

⑥ 출세(出世 : 입신하여 훌륭하게 되는 것) : 부처가 중생을 제도하기 위해
인간의 몸으로 이 세상에 출현하는 것. 석존 이후에는 세속을 떠나 불도
수행을 위해 출가하는 것을 '출세간(出世間)'이라고 했으며, 줄여서 '출
세'라고 했다. 또 세간을 초월해서 열반(涅槃)에 드는 것, 즉 깨달음을
얻는 것을 '출세'라고 하기도 한다.

이상과 같이 진지한 어원의식에 의한 어휘의 의미 추구에도 불구하고
규모가 적을 뿐만 아니라, 불교 홍보용 책자 같은 성격을 띄고 있음이 아
쉬운 일이다.

2. 안길모의 《이판사판 야단법석》(1993)

본서는 "불교에서 나온 말 알고나 쓰자."는 취지에서 생활 속의 불교 용어를 정리한 책이다. 현재 불교 용어는 다음의 세 가지로 분류된다.

① 본뜻과 전혀 다른 의미로 쓰이고 있는 것.

② 본뜻은 보존되어 있으나 이해가 깊지 않아서 좀 더 깊이 있는 의미 정립을 필요로 하는 것.

③ 본뜻은 사라지고 불교를 비방·비하하려는 목적으로 사용되는 것.

이상과 같은 성격을 가진 불교 용어의 어원을 밝혀 줌으로써, 세상의 모든 사람들이 '옛날 사람이 심어 놓은 지뢰'에 해를 입지 않도록 하기 위해서 이 책을 썼다고 한다. 단어별 중심의 배열이 아니라 주제별 중심의 배열이다. 그러나 이 주제를 나타내는 관용어들을 한글 자모순으로 배열한 점이나, 용어들의 어원을 캐려는 의도에서 어원사전의 범주에 넣는다.

① 무진장(無盡藏): '無盡'과 '藏'의 복합어. '무진'은 덕이 넓어서 무궁함을 뜻하고, '장'은 '무진'을 포함한 것(大乘義章 제14). "세상에 나서 먹고, 자고, 떠들고, 가고, 오는 모든 행위들의 생성원리가 실로 헤아릴 수 없음을 '무진장'이라고 한다."(賢首 法藏의 探玄記 19). 빈궁한 중생을 돕고 이롭게 함은 무진장을 실천하는 것임.(維摩經 佛道品).

② 아비규환(阿鼻叫喚): 아비지옥(阿鼻地獄)과 규환지옥(叫喚地獄)의 준말.

③ 아수라장(阿修羅場): '수라장'이라고도 함. '아수라'의 심술이 만들어내는 피해 현장. '아수라'란 천(天), 인(人), 아수라, 아귀(餓鬼), 축생(畜生), 지옥(地獄) 중의 하나. '아수라'는 화를 잘 내고 도전적이어서 '전신(戰神)'이라고도 한다.

④ 야단법석(野壇法席·惹端法席): ㉠ 법당으로써는 다 수용할 수 없는 많은 사람들을 위해 野外에 法壇을 차려 놓은 說法場. ㉡ 야기요단(惹起鬧端)하는 법석의 준말. "요단을 일으킨다."함은 시비의 시초를 자꾸 끌

어냄을 말함이다. '야기요단'하는 자체가 시끄럽다고 간주한다.'야기요단'
을 줄여 '야료'라고 한다.

⑤ 이판사판(마지막의 궁지): 이판(理判)과 사판(事判)의 복합어. '이판'은
참선, 경전, 공부, 포교 등 불교 교리를 연구하는 속칭 공부승(工夫僧)이
다. '사판'은 절의 산림(山林·産林: 절의 사무와 재산 관리)을 맡아 하
는 속칭 산림승(山林僧)이다. 조선조에서 스님이 되어 이판이 되었건 사
판이 되었건 마지막이 된 것이다. 그래서 '이판사판'은 끝장이었다.

3. 박일환의 《우리말 유래사전》(1994)

《우리말 어원 사전》이라고 하지 않고 《우리말 유래 사전》이라고
하였다. 그러나 '어원 사전'의 범주에 넣을 수 있다. 사전이 갖추어야 할
요소들을 두루 갖추고 있기 때문이다. 이 사전의 필자도 서문('책을 내면
서')에서 이 책의 내용이 '어원(語源)이나 조어(祖語)의 연구'와 다름을
다음과 같이 밝히고 있다.

"특정한 낱말이 시간의 흐름에 따라 새로운 뜻을 갖게 되거나 아예 새로
운 낱말·관용구·속담들이 만들어지는 과정에 초점을 맞추고 있다.

취급 대상을 토박이말, 한자말, 은어, 속어, 관용구, 속담까지 넓히고 있
다. 그리하여 이 책의 저자는 이 책을 국어의 고사성어 사전으로 자처하
고 있는 듯하다.

이 분야의 어원은 부분적으로 서정범의 선구적 업적이 있다. 그러나 서
정범보다 더 광범한 분야를 섭렵·발췌하여 사전적 서술을 하였다는 점
은 평가할 만하다. 더구나 저자가 청·장년기의 어려웠던 여건에서, 짧은
시일에 이만한 업적을 냈다는 점에서는 더욱 그러하다. 더욱 진지한 계속

적 노력에 의한 보완 작업을 기대한다. 또한 저자의 독창적 의견이 아닌
한 철저할 수는 없지만 각 어원 설명의 출전을 밝혔으면 좋았겠다. 이
것은 독자의 편의만을 위한 것이 아니라, 저자의 참고와 보완을 도울 수
도 있기 때문이다. 어원학이란 '단어'의 어원을 추구하는 형태론의 하위
범주다. 본서가 '어원학'의 본령을 넘은 면이 보임은 어원학의 면에서 보
면 유감이다. 단어는 물론 속담 및 성구(成句)⁴⁾의 유래도 많이 포함하고
있기 때문이다.

4. 박숙희의 ≪뜻도 모르고 자주 쓰는
우리말 500가지≫(1994)

  저자는 본서(1권)의 집필 동기가 중등 교육 현장에서 맞닥뜨렸던 어휘
및 관용구의 어원에 관한 간단한 질문에 있었다고 밝히고 있다. 이런 의미
에서 본서는 소박한 의미의 어원 사전이라고 할 수 있다. 저자는 이 책의
이름을 '우리말 속뜻 사전'이라고 했다. 그 내용은 '순우리말, 한자어, 고사
성어·四字成語, 속담·관용구, 외래어, 은어·비어·속어' 등을 여덟 가지
로 분류하였다. 설명 방법은 본뜻·바뀐 뜻·보기글 순으로 하였다.
  Ⅱ권에서는 '심화된 어원 탐구를 통해 우리말의 뿌리와 그 변천 과정
을 보여줌으로써 우리말에 대한 역사적, 문화적 이해를 더하고자 하는 것
이 저자의 의도였다. 그러나 어원연구 본래의 학적 깊이를 기대할 수는
없다. 중·고등학생들, 중등 교육에 종사하는 일선 교사들에게는 좋은 안
내자가 될 수 있다고 생각한다.

---

4) 성구(成句): 관용구(慣用句)·단어 결합·구(句)라고도 한다.

다만 다시 생각하고 넘어갈 것이 있다. 이 책의 제목이 그것이다. ≪뜻도 모르고 자주 쓰는 우리말 500가지≫란 제목에서 '우리말 500가지'는 '우리말이 500가지'나 있다는 말처럼 들린다. '500'은 아마 이 책에 나온 단어 및 관용구의 수를 말함일 것이다. '가지'를 빼는 방법도 차선일 수 있다. 책 제목에 문제가 있음은 사실이다.

5. 이영재의 ≪재미있는 고사 이야기≫(1995)

본서는 우리말 고사성어사전이라고 할 수 있다. 정통적 어원학의 연구 대상은 어휘론의 하위분야로서 단어이어야 할 것이다. 그러나 광의의 어원학은 단어 외에 숙어(이디엄/관용어)·속담의 유래 설명까지를 포함하고 있는 것이 현실이다. 현재 한국 어원학의 현실에서는 이들을 포함시키지 않을 수 없다. 본서는 서양편·중국편·한국편으로 三分하여 서술되고 있다. 다음은 유래 혹은 어원을 설명한 단어들이다.

1) 서양편

기상도, 길로틴, 넥타이, 노틀담(Notre Dame), 데마, 돈판(Don Juan), 드라마, 디스크, 로보트, 마라톤, 만우절, 맘모스, 메시아, 면죄부, 물고기, 뮤즈, 미궁.

2) 중국편

四字성어가 대부분이나 다음과 같은 二音節語도 있다.

경원(敬遠), 계륵(鷄肋), 고희(古稀), 국척(跼蹐), 기우(杞憂), 남상(濫觴),

누란(累卵), 도탄(塗炭), 만가(輓歌), 모순(矛盾), 미봉(彌縫), 백미(白眉),
부마(駙馬), 사족(蛇足), 사지(四知), 세군(細君), 식지(食指), 안서(雁書),
역린(逆鱗), 완벽(完璧), 월단(月旦), 전철(前轍), 조장(助長), 청담(淸談),
출람(出藍), 퇴고(推敲), 포류(蒲柳).

3) 한국편

다음과 같은 단어들은 이제까지 계속 어원 추구의 대상이 되어 왔다.

강강수월래, 노다지, 노목궤(櫨木樻), 모주(母酒), 보은단(報恩緞), 삼청냉
돌, 손돌(孫乭)이 추위, 안성맞춤(sic), 어우동(於于同), 청기와장이 심사, 태종
우(太宗雨), 함흥차사(咸興差使), 행주치마.

본저는 책 표지에 '東西故事選'이라고 한 바와 같이 엄격히 말하면 '고
사성어사전'이다. 그러나 다음으로 보아 광의의 어원사전에 포함시킨다.

1) 고사성어들이 중국 고전에서 추출한 '四字成語'가 대부분인 점을
   고려하더라도, '서양편' 및 '한국편'의 어휘 및 관용구가 있는 점.
2) 관용구의 유래 설명도 광의의 어원 연구에 포함시킨 관례.
3) 서양편·중국편 어휘의 차용 과정에서 언중의 오용에 의한 음운·
   의미·형태가 변하는 경우가 있다. 이를 밝히는 과정은 정통 어원
   연구의 한 과정인 점.

그러나 어원학이 제 궤도에 오른 후일에는 좁은 의미의 어원학에서 이
들은 제외해야 할 것이다. 어원학은 형태소를 분석, 음운·의미·형태를
연구함으로써 그 祖語를 재구함에까지 도달함을 그 목표로 해야 하기 때
문이다.

6. 박영수의 ≪만물유래사전≫(1995)

이 책은 저자의 '지적 호기심 충족을 위해 어원과 풍속문화에 대한 탐험을 시도'한 것이라고, 저자가 '책머리에'서 밝히고 있다. 저자는 언어와 사물의 고유한 뜻을 캐기 위해 '어원과 상징성'을 살펴보려고 하였다. 이것은 '문화의 근원'을 탐구하기 위한 것이었다. 그리하여 '임의 선정한 주제어를 문화사의 시각으로 살펴보면서 그 어원·사물 기원·문화 풍속의 유래와 아울러 관련 고사성어 및 명언'을 설명하였다. 이 같은 의도로 쓰였기 때문에 본서가, '만물 문화 유래 사전'의 성격을 띠고 있음은 당연한 일이다. 그러나 평석자가 본서를 어원사전의 범주에 넣은 이유는 다음과 같다.

첫째 저자가 이 책의 첫째 특징으로 제시한 말과 같이 해당 술어의 "어원과 더불어 동서양 풍속·관습의 유래를 설명하였다."

둘째 어원 설명을 위해 제시한 표제어를 한글 자모순으로 배열하였다.

셋째 선택된 표제어들이 대부분 이제까지 어원 탐색의 대상이 되어 왔던 단어들이다.

> 거울, 건달(乾達), 나무아미타불(南無阿彌陀佛), 계(契), 고려, 고수레, 고추, 귀양살이, 기생, 단오, 담배, 명태, 무궁화, 무지개, 백두산, 백정, 북망산(北邙山), 붓, 빈대떡, 성냥, 아리랑, 아내……

그러나 본서의 모든 표제어에 대하여 정통적 어원사전처럼 그 어원이 모두 설명되어 있는 것은 아니다. 어원 설명이 없는 표제어도 많이 보인다. 백과사전식 설명도 보이고, 수필적 성격의 설명도 보인다. 개화기에 나온 장지연의 ≪만국사물기원역사≫를 연상케 한다. 이 점이 평석자가 이 책을 순수한 국어 어원사전이라고 할 수 없는 이유다. 이 점은 전술한 바와 같이 이 책의 저자도 인식하고 있다. 어원을 설명한 중에는 민간어원에 가까운 것들도 보인다. 조심스러운 일이다.

① 거울 : '거꾸로'라는 뜻을 나타내는 '거구루'에 어원을 두고 있다.
② 무지개 : 어원은 '물지게'다. 작은 물방울들이 햇빛에 반사되어 지게처럼
　　보이는 현상이라는 뜻에서 물지게라는 말이 생겼다.
③ 백제 : 온조의 형인 비류가 죽은 뒤에 백성들이 다 온조를 따르므로 나라
　　이름을 백제(百濟)라고 하였다. 백(百)은 모든 것을 의미하므로 백제란
　　'모든 사람들이 따른다'는 뜻이다.

　①은 √거슬 / 거스르-[逆]의 변화에 의한 '거우루 / 거올 / 거울'로 보
는 이도 있다. 그러나 이보다는 그 재료 √걸>구리>굴[銅]+울[접사 혹
은 '눈'을 뜻하는 실사]로 보는 것이 옳을 듯하다.
　②는 '무지'[水]+개[접미사 혹은 실사로서 '해']로 봄이 좋을 듯하다.
　③은 삼국사기의 설화적 어원(其臣民皆歸於慰禮　後以來時百姓樂從
改號百濟 : 三史 권23)을 그대로 옮겨 놓은 민간어원이다.

7. 김민수의 ≪우리말 語源辭典≫(1997)

　이 사전은 저자의 '머리말'대로 ≪금성판 국어대사전≫(1991년 초판과
1996년 제2판)의 어원란을 작성한 자료를 조직화하고 확장한 것이다.
1991년 1월에 시작하여 5년여의 세월을 거쳐 나온 것이다. 이 어원 사전
이 선정한 표제어의 범위는 다음과 같다.

① 어원적 설명이 가능한 국어의 고유어와 한자어 및 외래어.
② 문헌상 혹은 논리적으로 형태 변화를 밝힐 수 있는 어휘.
③ 어원적 유래가 담긴 인명, 지명, 관명, 등의 고유 명사.
④ 어원적 고사(故事)가 담긴 고사성어 및 속담 등.

⑤ 어원적 인식이 필요한 국어순화의 대상 어휘.

이것은 대체적으로 온건·타당한 것으로 보인다. 또 어원 사전 편찬 방법도 이제까지 나온 어원 사전 중 가장 나은 체제를 갖춘 것으로 보인다. 또 이 사전의 뒤에 붙인 김민수·김무림·최호철의 다음 글도 과학적 어원에 관한 일반적 이해 및 연구 방법의 터득을 위해서는 큰 도움을 줄 것이다.

　　김민수 : 우리말의 어원.
　　김무림 : 음운 변화와 어원 탐구.
　　최호철 : 의미 변화와 어원 탐구.

또 부록 '사료문헌'에 나온 어원 관계 논문의 정리·제시는 이 분야 연구자에게 큰 도움을 줄 것이다. 이에 근거하여 본문 표제어의 어원 설명의 출전 제시에 사용하고 있음도 뒷날에 좋은 전범이 될 것이다. 이 같은 방법은 금성판 ≪국어대사전≫에 나온 표제어의 어원 제시에 이 어원사전의 편(찬)자들이 사용한 방법이다.

부록 맨 뒤의 '어원에 관한 투고 요령'에서는 본서에 나타난 어원설의 수정·보충을 위하여 독자들의 새로운 주장·자료의 제시 등을 기대하고 있다. 개정판에 대비한 이같이 겸허한 개방적 자세도 높이 살만하다.

이상으로써 김민수의 ≪우리말 語源辭典≫은 이제까지 나온 어원사전 중 가장 뛰어난 어원사전임을 알 수 있다. 달리 말하여 이 어원사전은 이제까지의 한국어 어원연구 결과를 수습·총정리하려 한 결과물이라고 할 수 있다. 이로써 우리나라도 어원사전을 가지고 있다고 말할 수 있게 되었다. 그렇다고 이 사전이 이제까지 한국어 어원 연구 결과를 완전히 총정리·수렴하였다는 말은 아니다. 선학의 업적들이 누락된 부분이 많음은 쉬이 알 수 있다. 이 부분들은 다시 보완되어야 할 것이다.

또 하나 밝힐 것은 저자들도 '일러두기'에서 그 소개의 불가피성을 밝

힌 바이지만, 민간어원 삽입의 문제다. 과학적 어원사전에서 이들은 마땅
히 제외되어야 하겠지만 현 단계에서는 불가피한 일이다. 뒤에 나올 과학
적 어원 사전에서는 마땅히 제거되어야 할 것이다.

8. 백문식의 ≪우리말의 뿌리를 찾아서≫(1998)

책명과는 달리 이 책 ≪우리말의 뿌리를 찾아서≫는 어원사전이다.
저자도 이 책을 어원사전으로 자부하였다. 이 사전의 저자는 850여 개의
표제어를 중심으로 약 2,500개 이상 낱말의 뿌리를 밝혔다. 이 사전의 저
자는 과학적 어원 연구 방법을 의식하고 그 목적을 설정하였다. 그것은
'낱말의 뿌리를 찾아 오늘에 이르기까지 그것의 통시적 변천과정을 규명
하는 데 있다.'고 하였다. 또 이 사전의 기술 태도는 '문헌 위주의 실증적
정신과, 형태·의미적 유연성(有緣性), 비교 언어학적 관점을 견지'하려
고 하였다. 그러나 저자 역시 어원학의 학문적 특성·한계·현실을 파악
하여 '확고부동한 정설로 확정'할 수 없음을 알고, 개연성(蓋然性)을 인
정한 것은 온건·타당한 자세다. 또한 이제까지의 어원 연구 결과에 대
한 다음과 같은 비판도 어원학계는 겸허히 수용해야 할 것이다.

> "홍미 위주의 가벼운 어원 풀이나 언어 내적·외적 정보가 고려되지 않은
> 억측은 반드시 수정되어야 한다. 지금까지 어원에 관련된 수필류의 단행본은
> 여러 권 출간된 바 있다. 백과사전식 항목 나열 형태의 어원 사전도 더러 보
> 인다."

그러나 다음과 같은 진술은 좀 지나친 데가 있다고 하지 않을 수 없다.

> "일관되게 언어 내외적 정보를 담아 학문적으로 체계를 갖춘 한국어 어원
> 사전은 본서가 처음이 아닌가 싶다. 바로 이 점이 본사전의 존재 이유이다."

　학문의 어느 분야도 새로운 연구 결과의 창출은 앞선 연구 업적의 퇴적 위에서만 가능한 것이다. 새로운 연구 결과라는 것들도 실은 그 퇴적 내용의 이해와 인식에 기초하고 있기 때문이다. 본서에서 언급한 어원의 풀이도 실은 선학들의 피나는 노력의 결과에 힘입은 바가 많았을 것이다. 학자적 양심은 적어도 그 출전을 밝힘으로써, 처음으로 해당 어휘의 어원을 빛의 세계로 인도한 그 선학의 노고에 보답해야 할 것이다. 이 사전의 뒤에 붙인(pp.424~426) '참고문헌'의 제시만으로는, 어원연구를 위하여 노심초사한 선학들의 노고를 위로하기에 턱없이 부족하기 때문이다. 그러나 이만한 기백이 어려운 여건에서도 이만한 업적을 끌어냈음을 간과할 수는 없다.

9. 서정범의 ≪國語語源辭典≫(2000)

　이 사전은 1991년 4월에 집필하기 시작하여 2000년 말에 출간되었다. 10년이 걸린 셈이다. 이 사전은 저자의 "韓國語祖語의 再構와 語源研究"라는 부제를 단 단행본 ≪우리말의 뿌리≫에 기초하고 있다. 이 사전의 저자는 위의 논문에서 저자 특유의 어원 연구 방법론을 구축하였다. 이 방법론을 기초로 하여 저자는 저자 특유의 어원론을 전개하였다. 그리하여 방법론의 부재로 인한 '중구난방식으로 어원을 풀이한 감'(저자의 말)에서 헤어날 수가 있었다. 저자는 위의 방법으로 "'消失語'를 찾아내는 성과를 얻을 수 있었을 뿐만 아니라 우리말의 뿌리를 알아보는 작업도 병행할 수 있었다."고 한다. 또한 종전에는 거의 시도되지 않았던 '동사와 형용사의 어원을 밝힌 것'이 본서의 '특징'이라고도 한다.

　이 사전은 표제어의 뜻풀이를 괄호 안에 한자로 대신했다. 간결을 위해

서는 좋은 방법이라고 생각한다. 이 어원사전은 앞부분에 저자의 '국어어
원연구 방법론'을 자세히 설명한 것이 장처라 할 수 있다. 저자가 제시한
조어 재구와 소실어 재구의 규칙을 보이면 다음과 같다.

1) 조어는 단음절어로서 폐음절어(閉音節語)다.
2) 동사와 형용사의 어근은 명사에서 전성(轉成)된 것이다.
3) 조어의 어근 말음은 거의 ㄷ이다.
4) ㅑ, ㅕ, ㅛ, ㅠ의 상승이중모음의 형성은 단모음에서 비롯한 것이다.
5) ㅐ, ㅔ, ㅚ, ㅟ, ㅢ 의 하강이중모음의 형성은 이들 이중 모음 사이의 자
   음의 탈락에 의한 것이다.
6) 폐음절어(閉音節語)는 개음절화(開音節化)되었다.
7) 체언의 '-음(-Vm)'계는 접미사였다.
8) 체언의 '-을(-Vl)'계는 접미사였다.
9) 품사 형성은 3단계가 있다.
10) 격어미의 기원은 접미사였다.
11) 국어의 조어와 중국어의 조어는 상당 부분 공통되는 요소를 발견할 수
    있다. 중국어도 조어 시대에는 국어와 동계였다.

이상과 같은 규칙은 저자가 국어 및 동계통어라 추정되는 어휘의 음운
규칙을 추구하는 과정에서 귀납적으로 얻은 결과라고 한다. 이 규칙의 적
용은 다음을 유의해야 할 것이다.

첫째로 이 규칙을 미지의 현상에 유추·적용하면 명쾌하게 풀리는 경
우도 있을 것이나 교조적·획일적 적용은 재구형이 아닌 가공의 언어형
태를 만들어낼 수도 있다. 그리하여 순환론적 모순에 빠질 수도 있음을
경계해야 할 것이다.

둘째로 음운 표시에 한글 자모 또는 음절로 표시하는 것은 당장의 편
리는 있다. 노력은 배가되지만 객관성·보편성·과학성·세계성을 위하여
I.P.A로 적었으면 이상적이라고 할 수 있다. 그러나 그 표기가 한글 자·
모음 또는 음절로 나타났을 경우에, 한국어를 모국어로 하는 사람은 그

형태를 곧바로 의미로 치환·연상하는 위험이 있다. 또한 표현 문장의 경우 '~하겠다'는 의지·의도로 이해되어 객관성의 표현에 부적절하다고 본다. 수동태로 표현함을 국어 고유의 표현 방법은 아니지만, 객관성의 표현을 위해서는 차선의 방법이라 할 수 있다.

저자가 머리말에서 밝힌 것처럼 본서도 "앞으로 새로운 자료가 나오거나 발견되면 다시 수정하고 보완" 해야 될 것이다. 이 같은 수정·보완의 필요성 가운데서도 저자가 창의적으로 '어원 연구의 방법'을 제시하고, 이 방법을 따라 일사불란하게 어원을 추구한 한국어 최초의 창의적 어원사전이라는 점에 본 사전의 의의가 있다.

10. 장진한의 ≪이젠 국어사전을 버려라≫(2001)

평석자가 이 책을 어원 사전의 범주에 넣은 이유는 다음과 같다.

첫째로 저자는 이 책에서 현행 국어 사전의 미비점을 보완하는 작업을 하였다. 그 보완 작업의 대상을 다음과 같이 한정하였다. 이들은 어원사전이 추구하는 바와 대체적으로 일치한다.

① 국어사전의 뜻풀이가 미진하거나 잘못 되어 있는 말.
② 자주 쓰는 말인데도 국어사전에 올라 있지 않은 말.
③ 잘못 쓰는 예가 많거나 구분하기가 어려운 말.
④ 생성·발전 과정에 재미있는 에피소드가 있는 말.

둘째로 설명 대상어를 한글 자모순으로 배열하였다.
셋째로 어원 설명의 방법을 취했다.

① 고구마: 기근 때 부모에게 '효도하는 감자'라는 뜻의 일본어 고코이모(孝

行芋・こぅこぅぃも)가 들어온 것. 현대 일본어 '사쓰마이모'(薩摩芋・
さつまいも)는 사쓰마 지방의 큰 기근 때 이 고구마로 해결했다는 데
서 유래.

② 고자질: 임금에게 있는 말 없는 말 일러바치는 '고자'의 행위. 고자＋질.
고자: ㉠ 진시황의 내시를 지낸 조고(趙高)의 횡포를 미워하여 '조고의
자식'이라는 뜻으로 '高子'라고 하였다. ㉡ 조선시대 창고를 지키고 출납
을 맡아 보는 하급관리가 '庫子'다. 이 고자를 궁중의 경우에는 내시가 맡
았다. 따라서 궁중의 '庫子'는 거세된 남자였다.

③ 대박: ㉠ 도박(賭博)판에서 사용되는 경우가 많으므로 '大博'에서 나왔
다. ㉡ 흥부가 '큰박'을 터뜨려 횡재했다는 데서 왔다.

④ 반면교사(反面教師)(다른 사람의 잘못을 뒤집어 보면 나의 스승이 된다
는 말): 모택동 어록에 있는 것으로 보아 문화 혁명 당시 만들어진 말.
'혁명에 위협이 되기는 하지만 반면으로 사람들에게 교훈이 되는 계급・
집단・개인.'

⑤ 운칠기삼(運七技三): 운이 7할, 기술이 3할이란 뜻. 경마장의 '馬七人三'
은 여기서 파생된 것.

⑥ 장본인(張本人): '張本'에서 온 말. '張本'은 '미래에 대비해 놓은 방안이
나 책'. 특히 함께 모여 비밀스러운 일을 획책할 때, 그 중 미래에 불안을
느끼는 사람이 상황을 기록해 놓은 일종의 비밀 장부. 따라서 '장본인'은
'장본'에 적혀 있는 사람. 따라서 나쁜 사람의 우두머리 혹은 배후 인물.

⑦ 장님(앞을 못 보는 사람): '지팡이'(杖)를 짚고 다니는 사람. 존칭접미사
'님'을 붙이는 것은 이들 중에 점을 치거나 독경(讀經)하는 사람이 많았기
때문.

⑧ 타산지석(他山之石): 타산지석 가이위착(他山之石 可以爲錯)(詩經 小雅
篇). 다른 산의 돌도 구슬을 가는 숫돌이 된다. 이 때 숫돌은 평범한 돌이다.

저널리스트인 저자가 실용적 필요에 의해 수집・정리한 것이다. 저자
의 말대로 '독창적 저술이 아니라 국어에 대한 기존의 연구 성과를 ……
다시 정리하고, …… 원칙에 따라 엮어 놓은 것'이다. 실용적 편의를 제공
하고 언중의 잘못을 바로잡아 주고 있다.

Ⅲ. 국외 간행의 어원사전

1. 安玉奎의 ≪사원사전(詞源辭典)≫⁵⁾(1989)

'사전'이란 이름을 가지고 나온 어원 연구물은 이것이 처음인 것으로 보인다. 이 사전의 '머리말'은 어원 연구의 의의를 다음과 같이 밝히고 있다.

> 단어들의 어원과 유래를 정확히 밝히는것은 조선말어휘의 변천과정에 대한 과학적리해를 가지고 그것을 언어생활에 옳게 살려씀으로써 조선말에 대한 지식과 소양을 높이고 그것을 전진하는 시대적요구에 맞게 더욱 발전시키며 조선민족이 훌륭한 자기의 민족어를 가지고있다는 긍지와 자부심을 간직하게 하는데서 중요한 의의를 가진다.(sic)

아울러 이 책의 집필 동기를 다음과 같이 밝히고 있다.

---

5) 이 ≪어원사전≫은 "≪우리 말의 뿌리≫ 알고 쓰면 유익한 우리말 900가지"라는 제목으로 서울의 학민사(1994. 12 .15)에서 재편집·발간되었다. 이 재편집 과정에서 '잡학사전'적 요소는 제외되고, 표제어의 배열 변경, 남·북한간 서로 다른 어휘의 병렬 기재 등에서 원서의 변형이 있었다. 다시 서울의 '한국문화사'(1996)에서 '海外우리語文學硏究叢書 62' ≪어원사전≫이라 하여 원형대로 영인·출판하였다. 이 책은 원래 안옥규 집필, 오정환 편집, 리규호 책임편집으로 연변에서 ≪词源辞典≫이라는 책명으로 東北朝鮮民族教育出版社에서 출판·발행되었다.

이 책은 조선말 어휘 가운데서 일부 단어(또는 단어결합)들에 한하여 역사이야기와 전설, 옛날 말과 방언 등을 문헌적으로 고증하고 분석하여 그 어원과 유래를 밝힘으로써 조선말에 대한 보다 깊은 지식을 주고 그것을 시대의 요구와 미감에 맞게 더욱 세련시키고 발전시키려는 목적에서 집필되었다.

이 책을 ≪어원사전≫의 최초 업적으로 보는 것은 다음과 같은 이유에서다.

① 수필적 요소의 제거.

② 자모 배열 순서를 따라 표제어를 배열한 점.

③ 어원 설명에 어휘사적 기술 방법을 사용한 점.

2. 韓振乾의 ≪조선말의 어원을 찾아서≫(1990)

1988(3. 1)년 '북경 대학에서' 쓴 저자의 '머리말'은 어원 서술 방법을 다음과 같이 말하고 있다. 독자를 고려하여 해당 어원과 관련된 이야기를 수록하고 통속적인 말로 서술하기에 힘썼다.

또 참고 문헌으로 ≪아언각비≫(정약용), ≪우리 말 어원수필≫(박갑천), ≪국어학론고≫(리택일)[6]를 참고하고, 상옥하[7]의 어원 고증을 도움 받았다고 하였다. 책 이름을 ≪조선말의 어원을 찾아서≫라고 하였지만, 이 책을 어원사전으로 보는 것은 다음과 같은 이유에서다.

① Ⅰ,Ⅱ부로 된 이 책의 Ⅰ부 '조선말의 어원을 찾음에 있어서의 몇 가지 연구방법'에서 45면을 내어 합리적 연구 방법을 제시하였다. 여기서 상당수 어휘의 어원 탐구의 실례를 보여 주었다. 이 결과는 비교적 합리적이었다.

---

6) 이탁(李鐸)(1958.7.15.), 國語學論攷(정음사)을 말함인 듯함.

7) 상옥하 : 미상.

② Ⅱ에서 자모 배열순으로 표제어를 들고 어원을 탐구하였다.

③ 어원 설명에서 수필적 요소를 제거하고 어학적 설명 방법을 취하였다.

④ 부록(찾아보기)에서 다시 어원 탐구 어휘를 자모순으로 배열하였다.

3. 김인호의 ≪조선어어원편람 상·하≫(2001)

본서는 주제별 어휘의 어원을 자모순이 아닌 주제별로 배열·설명하였으나 갈래 사전적 성격을 띠었다. 본서는 상·하 2권으로 분권되어 대한민국 박이정 출판사에서 영인·출판되었다. 원래 북한 사회과학원 언어학연구소에서(2001. 10. 5) 김인호에 의해 집필된 원고를 남북한 책임자들의 계약으로 출판된 것이다. 이 과정에서 대한민국에서 사용하는 자모순으로 배열하는 등 약간의 변모가 있었다.

상권에서 어원을 추구한 분야를 보이면 다음과 같다.

① 사람, 식의주를 가리키는 말.

② 농작물, 식물, 동물들을 가리키는 말.

하권에서 어원을 연구한 분야를 보이면 다음과 같다.

① 정신, 상태, 행동 등을 가리키는 말.

② 자연, 계절, 시간, 수량 등을 가리키는 말.

③ 역사, 민속, 종교, 미신 등을 가리키는 말.

④ 정치, 경제, 군사, 국가, 종족, 지역 등을 가리키는 말.

이 사전의 어원연구에는 동계통어와의 비교 시도가 거의 보이지 않는다. 한국어와 동계통어를 무시하고는 과학적 어원을 추구할 수 없을 것이다.

IV. 국내 간행의 어원론 단행본

1. 宋正錫의 ≪韓國語의 語源雜記≫
(1·2·3)[8](1988, 1992, 1994)

1980년대 말부터 1990년대 초에 나온 이 책은 이른바 단어족 혹은 同根파생어군의 연구 방법으로 한국어의 어원을 추구했다. 저자가 이 같은 방법의 채택을 명시한 것은 아니다. 연구 결과가 그러하다. 미국 유학을 하고 연세대학교 의과대학 생화학 교수였음을 책머리에 밝힌 저자는 '머리말'에서 '어원 전문'이 아님을 고백하고 있다. '다만 우리말의 어원에 관하여 흥미를 갖고' 있음에서 출발했음을 고백하고 있다. 이것이 흠일 수는 없다. 국외자를 자처하면서도 전공자라고 하는 이들의 업적에 대하여 회의하고 있었음도 밝히고 있다. 그러면서도 스스로의 연구가 '客觀性은 적고 主觀的이지만 이런 생각도 우리말 연구에 도움이 된다고 생각'한다고 조용히 선언하고 있다. '어원을 모아온 지도 25년 이상' 된다고 하는

---

8) 정확히는 ≪韓國語의 語源雜記≫(1988.11.5.) 1권은 권수(卷數)의 표기가 안에 있고, 2권·3권만 권수 표기가 표지에 있다. ≪韓國語의 語源雜記≫(2)(의학문화사, 1992.8.30.), ≪韓國語의 語源雜記≫(3). 3권은 출판사의 표기가 없고, 저자의 '머리말'을 '일본 가고시마에서' '1994.3.5'에 썼음을 밝히고 있다.

열의는 높이 사야 할 것이다. 물론 이것이 어원 연구 결과의 오류에 대한
면책 사유가 되는 것은 아니다. 다만 전공자들이 이 같은 연구 결과에 대
해서도 경청할 필요가 있음을 유의해야 할 것이다.

송정석은 '大·長·多'의 뜻을 가진 말로 '한, 날, 마, 달, 둠(줌), 기, 아
라, 발, 살'을 들고 있다. 이들이 어떻게 의미 분화를 하여 단어를 파생하
는가를 보여 주고 있다. 이 과정에서 만·몽·터키·일본어와의 비교를
시도하고 있다. 이 경우의 비교는 유사음 혹은 형태를 가진 단어의 제시
에 그치고 있다. 국외자로서 음운 비교나 변천의 증명을 기대한다는 것은
무리일 수도 있다. 학계가 인정하는 동계통어와의 비교는 그러할 수도 있
다. 그러나 한국어와 계통이 전혀 다르다고 하는 한자어, 서구 제어들과
의 비교를 서슴지 않고 있음은 크게 경계할 일이다.

송정석은 1권 '머리말'에서 양주동의 '싀집(시집)', '싀아비(시아비)'의
'싀(시)'는 '새'(新)에서 왔다는 설을 부인한다. 그는 '가시아비'(妻父),
'가시집'(妻家)의 '시'로 보아, '시아비'는 '시(남편)의 아비(父)'일 것으로
본다. 따라서 '시'는 '수'(雄)에서 왔다고 본다. 갸우뚱하지 않을 수 없으
나 자연과학을 전공한 이의 논리가 보인다.

제2권의 '머리말'에서 송정석은 제1권과 같은 방법 즉 '서로 관계있다
고 생각되는 말들로 나누어' 풀이하였다. 이 과정에서 송정석은 '여러 번
옮기는 가운데 문헌을 잃은 것', '문헌은 있으나 자세한 설명이 없는 것'
등, 정확을 기하려는 과정에서 생긴 오류를 스스로 인정하고 있다. 또 어
원 풀이에서 앞뒤의 설명이 다른 것을 스스로 지적하고 있다. 이것은 思
考의 유연성, 학문적 발전의 다른 모습이라고 호의적으로 볼 수도 있다.
그 예는 다음과 같다.

① 가로(縱. sic): 길다(長)에서 왔다. (1권 p.45)
　　　　　　　굽다(曲)에서 왔다. (2권 p.53)[9]
② 므릇(旨): 마(大)에서 왔다. (1권 p.28)

마음에서 온 것 같다.(2권 p.100)

그러나 ①의 어원 설명을 다음과 같이 말한 것을 온당한 어원 학자의
언급이라고 보기는 어렵다.

"풀이는 여러 가지로 할 수 있기 때문에 구태어(sic) 한 가지로 통일하지
아니 했습니다. 저자의 풀이 보다(sic) 독자들이 낱말 모은 것을 보고 자기
나름대로 풀이할 수 있다고 생각됩니다. 따라서 저자의 어원 풀이는 중요하
지 않다고 봅니다."

②에 대하여도 다음과 같이 언급했음은 스스로 자기 공을 허무는 행위
로 보인다. 어원학에 대한 진지성의 결핍으로도 보인다.

"잘못된 풀이도 많다고 봅니다. 이 책은 어디까지나 어원 잡기입니다."

제3권에서 저자는 제1·2권의 오류를 바로잡으면서 한국 지명뿐만 아
니라 일본 지명 어원도 추구하고 있다. 저자도 시인한 바와 같이 초보적
임을 부인할 수 없다. 또한 견강이 많음도 사실이다. 그러나 그 시도는 신
선한 것들이 보인다. 우리 지명에서 사라졌거나 희미한 것들이 일본 지명
과의 비교에서 선명해질 수 있기 때문이다. 송정석은 그의 저서명을 ≪韓
國語의 語源雜記≫라 하였으나 이는 한국어 어원학에 대한 그의 진지성
을 감춘 겸사라 할 수 있다. 또한 인구어 및 알타이 제어에 대한 그의 풍
부한 지식을 동원하여, 국어 어휘만 들여다 본 한국어 어원학자들에게 넓
은 시야를 제공한 것도 그의 공로라 할 수 있다.

그러나 한국어 자체에 대한 기초 지식의 결여, 과학적 어원 연구 방법
의 결여, 한국 고대어 자료 제시의 부족, 의미적 유연성에 매달린 견강부
회가 많음을 부인할 수 없다.

---

9) 송정석은 2권 p.54라고 하였으나 p.53임.

2. 崔承烈의 ≪韓國語의 語源≫(1987, 1990)

최승렬은 고교 교장으로 재직하였고, 어원 잡지 〈말출〉을 낸 사람이다. 또한 시도 쓴 사람이다. 그의 어원 연구는 '책머리에'서 밝힌 바와 같이 1980년대의 〈내 것〉에 대한 관심 추구에 부응한 자아 찾기의 일환으로 수행된 것이다. 단행본으로서 이 책은 최승렬이 낸 어원 잡지 〈말출〉에 실렸던 것을 수정하여 간행한 것이다.

최승렬은 그의 어원 연구 결과를 곧바로 한국인의 사상에 연결한다. 곧 한국인의 얼, 한국인의 존재 의식, 한국인의 과학적 안목, 한국인의 가족관, 한국인의 신체관과 연결시킨다. 이것은 대단히 성급한 결론으로 내달릴 위험성이 있는 작업이다. 어원 연구 결과가 꼭 이상의 것들과 그렇게 필연적 관계가 있는지도 의심스러운 일이다. 그보다 더 불안한 것은 그 어원 연구 결과가 그렇게 흔들릴 수 없는 과학적인 것인가 하는 것도 문제다. 그렇지 않으면 가설 위에 가설을 얹어 놓고 결론을 내린 모양이 된다. "〈살림〉이란 말 속에 담긴 韓國人의 얼"에서 언급한 내용을 훑어본다.

① '살-'어간+'옴'명사형 어미(sic)〉살옴〉사롬〉사람(人).
② 살=ㅅ·알(〈'시·알'의 결합)='시'는 남자. 한국인은 〈남자〉를 '삐/씨' [種]로 생각하고 있다.
③ 〈블〉(火, 陽)+〈시〉(남자, 종자)〉블시〉브시〉삐.
④ 시+안다[抱]=시안다〉시안〉샨〉산[丁][시(種)를 (가진)자].산[丁]+아이〉사나이.

이상과 같은 어원적 결론을 다시 '한국인의 얼'과 성급하게 연결하는 것은 대단히 위험한 결과를 낳을 수도 있음을 유의해야 할 것이다.

어원 연구에 들어간 이들은 으레 국사 고어휘에 관심을 가진다. 최승렬도 고대 삼국의 지명 국명에 관한 의견을 보인다. 또한 일본 고대사의 어휘·지명에도 관심을 보인다.

≪한국어의 어원과 한국인의 사상≫(1990)은 저자의 말을 빌리면 ≪한국어의 어원≫을 '편안하게 읽도록 풀어쓴 것'이다. 저자는 전술한 바와 같이 '어원을 캐는 일'을 '한 민족의 정신세계를 집어내어 그 진실한 모습을 함께 생각하는 자료로 제공하기' 위한 '작업', '한국인이 스스로를 인식하는 작업'이라고 생각하고 있다. 저자는 또 이 책에서도 '言語를 通해 본 韓國人의 原型'을 찾는다. 그 세부 사항으로 생명관, 인생관, 자연관, 여성관, 한국인의 방향, 한국인의 존재 의식을 추구한다. '인생관'을 추구하면서 다음과 같은 단어의 어원을 설명한다.

① 시[種子] − 알[卵])〉살〉살[果肉·肉]→ 살다[生].
② 삐[種子] − 알〉쌀〉뿔[米穀].

전자 '살'[果肉·肉]은 單一語로 보아야 할 것이고, 후자(米穀)는 계림유사의 '白米曰 漢菩薩' 즉 '米'를 '菩薩'이라고 한 기록만 보아도 오류임을 알 것이다. *'뿔'은 '보술' 곧 범어 혹은 말레이·폴리네시아어 'beras'에 그 기원이 있을 것이다.

성급한 어원 연구 결과에 의한, 민족의 성격·원형의 성급한 규정은 대단히 위험한 일임을 유의할 필요가 있다.

3. 최창렬의 어원 연구

1) ≪우리말 語源研究≫(1986)

최창렬은 대학에서 국어 의미론을 강의하면서 활발한 어원 연구를 하였다. 그는 어원학을 '마치 화분의 분갈이와도 같은 것'이라고 하면서 어원 연구 결과의 효용성을 다음과 같이 들고 있다.

> 말들의 뿌리를 캐내어 그 근원적인 의미를 재조명하여 오늘날의 용법과
> 말뜻에 되살려 놓음으로써, 거칠고 색깔 바랜 모습으로 굳어져서 시들고 있
> 는 우리말의 생기를 회복하여, 아름답고 의미심장한 본연의 참모습을 찾아
> 더욱 새롭고 고운 빛깔과 그윽한 향기를 유감없이 발휘할 수 있도록 하는데
> 그 보람이 있다 할 것이다.

본서는 방송 원고(150여 회), 짧은 글(50여 회), 논문(20여 회)의 어원
연구 결과를 주제별로 분류·정리·발표한 것이다. 최창렬은 본서 출간의
목적을 '의미론이 어원학의 개발에 기여할 수 있는 디딤돌을 놓고자 함에
서 시도된 것'이라고 밝히고 있다.

2) ≪어원의 오솔길≫(1987)

본서는 4편(새·마·하늬·높의 4방위의 공간개념과 봄·여름·가을·
겨울의 시간 개념 도입), 11장(三才팔괘의 훈민정음 11자 개념 도입)으로
이루어졌다. 좀 딱딱하다 할 어원 연구에 당의정을 입힌 의도는 이해할 수
있으나 어원학의 본령에서 보면 이것은 공과 허물이 반반이라고 할 수 있
다. 본서에서 나타난 어원 연구 결과에 대하여 언급하면 다음과 같다.

① '가르치다'[敎]의 어원은 '가라[粉]'에 있다.(pp.47~48)
　　가라[粉]→ 갈다 → 가르다 → 가리다 → 가리키다 → 가르치다(갈아, 耕
　　+치다, 育).
② '누르다'[黃]의 어원은 쇠붙이 '놀〉놋'[鍮]에서 연유되어 '놀+다〉노르
　　다'의 조어 구조로 파생되었다.(p.49)
③ '도무지'란 말은 '塗貌紙'에서 귀화한 말이다.(p.52)
④ '짚'[藁]은 '집'[家]의 근원이 되고 '집'은 '지붕'의 근원이 되고(pp.120~
　　121) '지붕'은 다시 머리 위에 짐을 얹어 인다는 뜻으로 '이엉'이라는 말을
　　낳게 했다. '집'[家]은 '짚'[藁]으로 '지붕'의 '이엉'을 했다는 데서 만들어

진 말로서, '집'[家]과 '짚'[藁]은 원래 같은 말이었다.(p.153)

⑤ '입시울'이란 말은 '脣'+'弓弦'에 의해 이루어진 말이다.(p.165)

①'가르치다'[중세어 ㄱㄹ치다:敎, 指]의 '가르-/ㄱ른-'는 절단구(切,斷具:刀·刃)로 보아, 다음과 같은 영파생(零派生), 곧 '명사+동사화 접미사〉동사'로 설명하면 순리적이다. 배[腹]〉베다[孕]. 신[履]〉신다[履]. 발[足]〉밟다[踏].

②또한 히[日]〉희다[白], 놀[日]/놀[霞:노올/노올]〉노랗다/누렇다[黃]의 영파생으로 보아야 무리 없이 설명할 수 있다.

③은 민간어원을 답습한 혐의가 짙다. '도무지'는 고유어로 '다못[與·共·竝]의 모음변이+[ㅣ] 부사화 접미사에 의해 만들어진 말이다.[10]

④는 '同音牽引'·'민간어원'의 대표적 예라 할 수 있다. '집'[家]은 고아시아어(길야크어) 'tip, tif, tap, taf'(집, 유목민의 천막집), 'tif/rif-dif/taf' '집'과 비교 연구되어야 할 것이다. '지붕'은 '집'+'우히'[上](양주동)에서 온 것이 아니라, '집+uŋ 접미사', 다시 의미변화를 한 것으로 보아야 할 것이다.[11]

⑤ '脣'의 고유어는 입시울(訓註 5, 釋譜 19:7, 月釋 2:58)이다. 또 '입슈얼·입슈월·입시욹'이 있으나, 이 '시울·슈얼·슈월·시욹'은 '弓弦:활시위'의 뜻이 아니라, '가장자리[邊]'란 뜻이다. 즉 '입시울'은 '脣+弓弦'의 뜻이 아니라, '입[口]'+'가[邊]'의 뜻이다.

시욹:邊口(동문해 14). 시욹(漢淸 11:45). 중세어:시울(弦), 시욹(絃), 활시울, 활시욹(弓弦), 활시위(弓弦) 참조.

그러면 '시울(시욹·시위)'이 '弓弦'과 '邊'을 뜻하는 다의어 또는 동음이의어라고 고집할 수도 있다. 즉 '시울(시욹·시위)'의 뜻을 '弓弦'이라고

---

10) 강헌규(1987), 국어 어원 수제, 공주대학교 사범대학 논문집 25집, pp. 45~62 참조.

11) 이승녕(1961), 국어조어론고(을유문화사), p.43.

하면, '활시욹(시욹·시위)'의 뜻은 '弓弓弦'이 되어 모순된다. '활[弓]'의 원의(原義)는 줄[弦] 곧 '시울(시욹·시위)'를 제외한 부분이다. 이 때 '시울(시욹·시위)'는 '활[弓]'의 가(장자리)[邊]'일 수밖에 없다. 따라서 '입시울·입슈얼·입슈월·입시욹'은 '입'[口] + '가(장자리)[邊]' 곧 '입가(장자리)'[口邊]란 어원적 의미를 가진 말이다.

3) ≪아름다운 민속어원≫(1989)

이 책은 이미 발표한 우리의 민속 명절, 음식 문화 어휘의 어원에 관한 논문, 연재물들을 다듬어 출판한 것이다. 수필적 성격의 글 속에 어원론을 폈다.

최창렬의 어원론은 책의 시장성·상품성을 위하여 흥미를 고려한 글 속에 녹여 낸 것은 그 공과(功過)가 반반이라고 할 수 있다. 이는 서정범이 수필 속에 巫俗을 녹여 그 어원을 추구한 것과 유사하다. 수필이란 부드러운 그릇 속에 어원이란 견과를 녹여서 世敎에 도움을 준 것은 공이라 할 수 있다. 그러나 순수 학문적 어원학의 가치 척도로는 많은 비판을 감수해야 할 것이다.

4) ≪어원산책≫(1993)

아름다운 수필 문장 속에 어원론을 폄으로써 硬性의 어원론을 흥미로 승화시키려고 노력하였다. 사회단체 기관지의 연재물이라는 성격을 고려하면 흥미를 고려하지 않을 수 없었을 것이다. 이제 어원론에 흥미라는 당의정을 입히지 않아도 읽을 사람은 읽을 때가 되었다고 감히 생각한다. 어원학자가 독자에게 영합할 때는 이제 지났다고 평석자는 생각한다. 국어학의 어느 분야가 독자의 흥미를 고려하여 수필적 성격의 논문집을 출간하였는가를 생각해 볼 문제다.

① 냄새: 닉(煙)+음(명사형 어미)+새(명사형 접미사).
② 냅다: 닉(煙)+ㅂ다(형용사형 접미사).
③ 다니다: ← 돋니다〈돋-(走)+니-(行)+-다(동사 어미).
④ 아니리(판소리 가운데 창과 창의 장면을 바꾸어 이어 주면서 말로 하는
  부분): 안(內)+니르-(謂)+이(접미사).
⑤ 발(丈): '팔'의 옛말. 볼다← 볼(丈)〉밟다[12]. 발〉팔 → 활개.
⑥ 화장(옷의 겨드랑이로부터 소매 끝까지의 길이): ← 활장. '활장'의 '활'은
  팔, '장'은 길이를 나타내는 '長'으로 '화장'은 곧 '팔길이'라는 뜻.

이상의 어원론은 온건하다고 판단된다. 그러나 다음의 어원 설명은 무
리한 데가 있다.

① 다리(橋)·다리(脚): 같은 어원에서 의미확장을 일으켜 파생한 동음이어
  다.
② 다리(脚): '매어 달리다'의 '달리다'의 원형. '달다'와 의미상으로 관련이
  있다.
③ 다리(月子): 매어다는 머리여서 '다리'라 했다.
④ 다니다 : 다리(脚)와 같은 뿌리에서 나온 말이다.
⑤ 가슴멸다·ᄀᆞᅀᆞ멸다·가멸다(풍요하다, 풍성하다, 부유하다): 가슴(胸)+
  열다(開).

①은 중세어에 '다리'(萬言詞)·'ᄃᆞ리'(橋)(訓解用字)가 있음이나, '다·
리'(脚)(月印上59)의 '리'가 거성임이 마음에 걸린다. ②는 앞에서 말한
'돋-(走)'의 '돋'을 '脚'의 고형으로 보아, 零派生으로 설명하는 것이 더
좋을 듯. 그러나 중세어에 '다리(脚)'와 '돋-(走)'으로 보임이 문제다. ③
은 중세어에 'ᄃᆞ려'·'ᄃᆞ리'·'돌이'(髢), 현대 방언에 '달비'가 있음으로 보
아 그 기원이 전혀 다름을 알 수 있다. ④는 앞에서 말한 ③[돋-(走)+니

---

12) 밟다 : ①팔을 펴서 길이를 재다. ②걸음을 걸어서 거리를 헤아리다. ①은 팔(중세어 : 볼,
  풀)로 하는 행위고 ②는 발(중세어 : 去聲의 발)로 하는 행위다.

-(行)〉돋니-〉ᄃᆞ니〉다니-]과 상치되는 설명이다. ⑤는 단일어인 듯하다. 중세어의 'ᄀᆞ음'(料)(朴新解1:16) '가ᅀᆞᆷ'(材料)(敬信66)·가음(富)(女四解2:30)(가음여다·가음열다·가옴열다·가ᅀᆞ며다·가ᅀᆞ멸다)과의 유연성을 고려하는 것이 더 좋을 듯하다.

본서≪어원산책≫에서 애쓴 곳은 수사의 어원으로 보인다. 그러나 다음과 같은 곳은 의심스러운 점이 많다.

① 하나(一): 원형은 홑이불의 홑(單), 홀아비의 '홀'(單)을 파생시킨 '흗'. 이전의 어형 변화는 'ᄒᆞᄫᆞᆺ'〉ᄒᆞᄫᆞᆫᄉᆞᆺ'〉하ᄋᆞᆫ'〉'흗'. 다시 '흗'(一)+'낟'(穀, 粒)〉'ᄒᆞ나'〉'하나' 가 되었다고 한다. '곡식의 홑 낟알을 알뜰히 아끼는 정성을 그 어원적인 의미로 담아 놓은 것'.
② 둘(二): '덮다'·'더불어'의 근원 어형인 '둪다'(覆)의 관형사형 '두볼'에서 온 것. 손가락을 꼽아 헤아릴 때 엄지에 인지를 덮어 포개어 꼬부린다는 근원적인 뜻을 담고 있다.
③ 셋(三): 옛 어형 '싀'에 근거하여 '슻'(間)에 어원적 뿌리를 두고 자라온 말. '셋'을 셀 때 엄지 인지와 약지 무명지의 양쪽 두 개씩의 손가락 한 가운데 중지를 꼽는다는 것을 어원적인 뜻으로 간직하고 있다.
④ 일곱: 한 손으로 셀 때 일곱에 이르게 되어 두 손가락이 연이어서 일으켜져 있고 세 손가락은 아직 굽혀져 있어, '닐굽'은 이 손 모양을 두고 이름 지어진 것.
⑤ 여덟: 열에서 둘이 없다는 뜻에서 생긴 말.
⑥ 열(十): 손가락을 모두 펴서 손을 활짝 열게 된다는 뜻에서 생긴 말.
⑦ 스물(二十): '심다'의 옛말 '시므다'의 미래 관형사형을 써서 짝지어 '시믈' 나이라 했을 가능성이 크다. 방언에서 20을 '시믈'·'시물'이라 한다.
⑧ 마흔(四十): 〈마순(맛+온). '맛'은 '마주 본다'의 '맛보다', '마주 나와서 만난다'는 '맛나다'의 뿌리가 되고 있는 '마주'의 원말. 마주 보는 쌍을 가리키는 전후좌우·동서남북이라는 인간 사고 유형에서 '넷'을 가리키는 어형으로 익어진 말에, '열'을 뜻하는 '흔'이 더해진 말. 따라서 '열을 네 번 센 수'의 뜻.
⑨ 쉰(五十): 열씩을 다른 손 다섯 손가락으로 다섯 번 다 세면서 일단 쉬

는 수라는 뜻으로 '쉰'이라는 수 이름이 되었으리라는 의미상의 가정을
시도해 보았다.

이상 수사의 어원 추구는 평석자의 구구한 말이 필요 없을 만큼 의미
론적 유연성에 치우쳐 있다. 또한 이제는 옛이야기가 되어버린 람스테트
(S.K.E)의 설에서 더 민간 어원으로 기운 듯한 감이 있다. 동계통어의 수
사를 돌아보고 기왕의 연구 결과를 섭렵할 필요가 여기에 있다.

이상으로 최창렬은 의미론을 기초로 하여 왕성한 어원 연구를 수행함
으로써, 어원에 관한 세인의 관심을 고양시킨 저널리스틱하고도, "대단히
'유니크'한 '스타일'을 창출한"[13] 어원학자라고 할 수 있다.

4. 도수희의 ≪百濟語 研究≫(Ⅱ · Ⅲ)(1989, 1994)

1989년에 나온 ≪百濟語 研究≫(Ⅱ)는 이전 10여 년간 여러 학술지
에 게재한 논문 및 미발표 논문들 중에서 「백제어의 어휘론 및 어원론에
관한 논문」을 가리어 엮은 것이다. 따라서 여기 실린 논문들의 발표 시기
는 1989년보다 10여 년 앞선다. 어원을 추구한 어휘는 다음과 같은 백제
어 어휘다.

   東·西, 南·北, 泉·井, 買·勿, 餘村·沙平, 己, 村, 白·熊·泗沘·伎伐,
黃等也山, 加知奈·加乙乃, 所夫里(··泗沘), 仇知·實, 金馬渚.

1994년에 나온 ≪百濟語 研究≫(Ⅲ)은 제1부에서 백제어의 어원을
다루었다. 그 어휘를 발췌해 보이면 다음과 같다.

---

13) 심재기(2001.2.), 벗의 정년을 기리며, 한글학회 전라북도지회, 한글문화 -특집 최창렬교수
   정년퇴임 기념호 제15집, Ⅳ.

백제의 왕명·人名, 王稱語(於羅瑕, 鞬吉支, 구드래, 구다라), 백제의 國號, 백제 地名[奈己(已, 巳), 眞峴, 貞峴, 雨述, 奴斯只, 所比浦].

특별히 백제어를 다룬 이 논문집에서 일반어휘 설(元旦)·살(齡)의 語源[14]을 다루기도 하였다.

이로써 도수희의 어원 연구는 백제의 國名, 왕명(人名 포함), 왕칭어, 地名이 그 중심 대상임을 알 수 있다.

5. 李基文의 ≪國語 語彙史 研究≫(1991)

본저는 저자가 1954년 이후 국어 어휘의 역사에 관해 쓴 논문 24편을 묶은 것이다.[15] 저자의 말대로 '체계적인 어휘사를 위한 기초적 연구'라고 할 수 있다. 국어 어휘에 들어와 있는 만주어·여진어·몽고어·중국어의 차용어를, 어휘사·음운사 및 계통론 쪽에서 연구한 결과는 곧 정치한 어원 연구 성과로 나타나게 되었다.

이기문의 한국어 어원 연구에 대한 진지한 자세는 이 분야를 공부하는 이들이 마땅히 주목해야 할 것이다. 이기문이 국어 어원 연구에 착수한 것은 '국어의 역사를 아득한 옛날로 거슬러 올라가고 싶은' 그의 절실한 '소망에 말미암은 것'이라고 한다. 그는 '국어의 역사적 연구의 현 단계에서 語源辭典을 편찬한다 해도 볼품없는 것이 될 것'이라고 하면서도 어

---

14) 도수희의 논문 "설(元旦)과 살(齡)의 語源"도 실은 삼국유사 '射琴匣' 설화의 '怛忉', '元曉'(始旦)·'薛聰'과의 관련을 고려하면 순수 일반어휘라고 하기는 어렵다. 역시 국사 고어휘라고 할 수 있다.

15) 이기문의 어원 연구에 대해서는 본문에서 이미 언급한 바 있다. 부분적으로는 중복될 수도 있다. 여기서 다시 언급함은 단행본으로 나온 본서가 평석자의 시각으로는 어원론의 단행본으로 보였기 때문이다.

원사전을 편찬하고 있음을 밝히고 있다.[16]

이기문은 한국어의 어원 연구가 그 동안 '不信의 對象'이 되어 온 이유는 '단어의 역사를 제대로 밝히지도 않고 대뜸 그 起源을 밝히려고 했기 때문'이라고 한다. 서구 제어의 어원 연구처럼 역사비교언어학의 기초 위에 엄밀한 연구 방법의 적용만이 어원 연구에 대한 신뢰를 회복할 수 있을 것이라고 한다.

평석자는 한국어 어원 연구에 임하는 이들은 본서의 제2장 '語源'을 반드시 읽기를 권한다. 이로써 이기문이 추구한 어원 연구 어휘의 예를 생략하고자 한다. 다만 의문스러운 몇 가지 이견이 있다.

1) 21장 "新羅語의 '福(童)에 대하여"는 평석자에게 의문의 여지가 있다. 삼국유사 권4 '虵卜不言'에 나오는 '虵童'의 이름에 관한 것이다. '虵童'은 '虵卜'·'虵巴'·'虵伏'이라고도 적으나, 이것은 표기상의 문제일 뿐 당시 불리던 이름은 하나였을 것이다. 해박한 동계통어까지 제시되어 이론 정연한 논리의 전개에도 불구하고, 이 논문을 읽고 난 뒷맛은 허전하기만 할 뿐이다. 그 이유는 다음과 같다.

첫째는 '虵童'으로 대표되는 이 아이의 신라사람[言衆]들이 부르는 실제 이름[鄕言·鄕名]의 제시가 없다.

둘째는 '虵童'의 출자를 말한 본문: '京師萬善北里有寡女 不夫而孕旣産 年至十二歲 不語亦不起 因號虵童'에 나타난 '因號'를 사이에 두고 '虵童'과 '年至十二歲 不語亦不起'와의 관계 설명이 없다. 평석자는 '虵童'과 '因號' 앞의 관계는 '京師萬善北里有寡女'나 '不夫而孕旣産'에 있지 않고 '年至十二歲 不語亦不起'에 있다고 확신한다. 그러면 '12살까지 말도 못하고 일어서지도 못하는 아이'를 무엇이라고 불렀을까? (12살까지) 말도 못하고 일어서지도 못하기 때문에 '虵童(虵卜·虵巴·虵伏)'이

---

16) 평석자는 이기문이 지은 어원사전의 출간을 내심 학수고대하고 있다.

라고 했다면 '虵童'은 어떻게 불리는 이름이고, 그 뜻은 무엇일까?

이에 대한 성급한 대답은 ① 삼국유사의 '譯上不譯下' 원리와 ② '虵'의 훈이 'ㅂ얌'·'ㅂ얌'(龍歌·訓解·法華)이었다는 데 있다고 본다. 그리하여 평석자는 혹시 'ㅂ보'(愚者)가 아니었을까 생각해 본다.

2) 遺事(卷三) '原宗興法 猒髑滅身'의 '猒髑'의 讀法에 관해서다. 晚松文庫本·石南本 遺事에는 '猒髑'의 '猒'자가 모두 6번(타자의 편의상 파자하여 말하면) 田 月 犬[17]으로 나온다. 끝 부분에 한번 '日+月+犬'이 나온다. '猒髑'이라고 '厂'(민음호)가 있는 글자는 하나도 없다. '田+月+犬'의 합으로 된 '猒'자는 이병도가 밝힌 대로 '猬'(고슴도치 위)자와 같은 자다. 고대어의 고슴도치는 '이츠'라고 했던 듯하다. 그러면 다음의 등식이 성립된다.

위촉: ① 猒髑 = ② 異次 = ③ 伊處 = ④ 猒(頓) = ⑤ 猒(道) = ⑥ 猒(覩) = ⑦ 猒獨[18].

혹시는 '고슴도치'의 동의어로 '[위츠]/[이츠]'를 가정할 수도 있다. 이 뜻은 중세어의 '읻-'(善)(釋譜19:2)(月釋 2:56)으로 보아 '善者'인 것으로 보인다. '猒'으로 보아 그 동사 어간 '잋-'(또는 '이츠-, 이츠-')에 일연의 소위 '助辭'를 붙이면 그 뜻은 무엇인가 의문이다. 고대인에게 그 이름은 일반 명사처럼 어떤 의미를 가졌다고 볼 수 있기 때문이다. '猒'에서 '困'으로의 의미 변화를 상정하지 않아도 된다. '猒'의 고대 한국어 의미가 끊어졌다고 하지 않아도 된다.[19]

---

17) '田月犬'의 '田月'은 위 아래로 쓰고 '犬'은 그 옆에 쓴다. 이하 같다.

18) 이 중 ②·③은 두 자 모두 음독한 후 '頓'·'道'·'覩'·'獨' 중 어느 한 자를 첨가해야 할 것이다. 나머지는 '譯上不譯下'해야 할 것이다.

19) 강헌규(2000), 삼국유사에 나타난 '猒髑'의 表記에 대하여, 국어학논문집. 공주대학교 출판부. 필자는 '猒'이 '위'/'염' 어느 음으로라도 나온 자전을 찾지 못하고, 다음의 글자만 보았음을 고백하지 않을 수 없다. '猒(日 아래 月, 그 옆에 犬을 쓴 日月犬)': 同 '厂' 밑에 犬을 쓴 자. 字見 ≪集韻≫(p.79). '猒(目 아래 月, 그 옆에 犬을 쓴 目月犬)': 同 '厂' 밑에 犬을 쓴 자' 字

3) 모죽지랑가의 작자명 '得烏 一云谷'에 관한 문제다. 삼국유사의 본문에 '得烏失'과 '得烏谷'으로도 나온 것에 끌려 권덕규·양재연·김선기 제씨가 '得烏失'이 옳다고 하였다. 이렇게 보면 다음과 같은 문제가 생긴다.

① 삼국유사에 나온 향가의 작자 이름이 모두 2음절이다. '원왕생가'의 작자를 '廣德 妻'라고 해도 예외는 아니다.
② 향가 작자명이 향가의 내용과 유관하다고 하는 것이 일반적 견해다. '得烏失'이라고 하면 그 읽는 법은 [silosil]일 텐데 그 뜻은 무엇일까 의문이다. 평석자는 '得烏一云谷'의 뜻은 양주동의 견해와 같이 '得烏' 또는 '谷烏'라고 본다. 그 새김은 [silo〉siro]라고 본다. 뜻은 '모죽지랑가'의 내용과 유관한 '시름(憂音)하는 사람'이라고 본다.[20]

6. 신용태의 ≪재미있는 어원이야기≫(1·2)(1993, 1994)

신용태는 ≪原始 韓·日語의 研究≫[21]에 기초하여 본서를 내게 되었다고 피력하고 있다. 본서의 주된 내용은 다음과 같다.

① 漢字는 중국인이 만든 것이 아니고 東夷族이 만든 것이다. 甲骨文字를 만들고 사용한 종족은 우리의 조상인 '동이족'이다.(1권 p.9, 2권 서문)
② 漢字를 만드는 데 있어서의 큰 질서: '쿕이 같으면 뜻이 같다. 예: 上(높다)과 음이 같은 尙, 牀, 床의 뜻도 '높음'을 나타낸다.(p.7)

見 ≪類篇≫. 日一月(을 내려 쓰고 그 옆에)犬(을 쓴 자) 同 '厂' 밑에 犬을 쓴 자' 見 ≪敦煌俗字譜≫. 冷玉龍·韋一心(1994.8.), ≪中華字海≫, 中華書局, 中國友誼出版公司, p.79, '厂' 밑에 犬을 쓴 자는 '厭'자다. 그러나 '田月犬' 자는 어디에도 없는 것이 문제다. 중자로서 '猬'(위)와 '猳'(위)는 같은 글자로서 '고슴도치' [위]자다.
20) 강헌규(2000), 모죽지랑가의 작자명고, 국어학논문집, 공주대학교 출판부.
21) 신용태(1988. 10.), 原始 韓·日語의 研究, 동국대학교 출판부.

①의 동이족 漢字 창제설은 너무도 굉장한 가설을 명제로 하고 논리를 전개하고 있다. 요동지역 혹은 황하 하류지역에서 중국민족과 동이족 혹은 알타이족이 혼거하면서 공동으로 漢字를 제자·사용했을 가능성은 크다. 오늘날처럼 엄격한 국경의 획정도 불가능하겠거니와 인종의 구분도 흑백인의 구별처럼 명백할 수도 없었을 것이다. 그러나 동이족 혹은 알타이족만이 갑골문자를 만들었다고 논단함은 조심스러운 견해다.

②의 경우 한자의 곱이 같으면 뜻이 같은 자가 많음은 許愼의 설문해자 이후 많이 주장 논증된 바이나 너무 많이 이에 기대서는 위험하다고 생각한다. 또한 인류 공통의 사물 인식 방법을 한자와 우리말에 적용하여 국어의 어원을 설명하고 있다. 이것도 역시 크게 경계할 일이다.

신용태 서문(첫 번째 책을 내면서)의 다음과 같은 언급도 어원론의 순수성을 위해서는 조심스러운 말이다.

> '재미있는 어원 이야기'의 내용에는, 우리 7000만 한 민족의 가슴마다에, 한민족의 자손이 된 자랑스러운 긍지를 갖도록 하는 필자의 소박한 염원이 담겨 있습니다. …… 이 '재미있는 어원 이야기'는 어원 그 자체만의 이야기만 담겨있는 것이 아니라, 이 이야기 속에는 우리 조상들의 문화유산이 그대로 고이 간직되어 있습니다.

이 같은 언급은 순수 어원학을 오염·왜곡시킬 위험성이 큼을 경계하지 않을 수 없다.

7. 조항범의 어원 연구

1) 《국어 어원연구 총설(Ⅰ)》(1994)

본서는 1920년대부터 1940년대까지 어원연구 논문을 원문 그대로 복원 타자 출판한 것이다. 이 같은 작업은 같은 길을 가는 이들에게 두루 큰 도움을 주는 보람 있는 일이다. 실제로 여기 실린 논문들 중, 어떤 것들은 일반 연구자들의 손이 닿기 어려운 곳에 있었다. 그리하여 원문을 보고자 하여 많은 시간을 찾아 헤매는 수고로움과 목마름을 해결해 주는 역할을 충분히 하였다. 이로써 편자는 자료를 독점하려는 학자들의 옹졸함을 떨쳐낸 복 받을 일을 하였다. 동학들이 구하기 어려운 1940년대 이후의 어원연구 논문들도 많이 구하여 놓았다고 한다. 출판 상의 어려움은 있겠지만 ≪어원연구총설(Ⅱ)≫를 출간하여 좋은 안내자 역할을 계속하여 주기 고대한다.

2) ≪國語 親族 語彙의 通時的 研究≫(1996)

본서는 학위논문의 수정·보완 결과물이다. 특수학문 영역으로서도 존립 가능하고, 국사학·경제학·인류학·문학 등 여러 학문의 공통적 연구대상이 될 수 있는 어휘 분야가 친족어휘다. 이 분야 어휘의 형태 및 의미론의 史的 연구결과가 본서다. 결과적으로 어원 연구로 귀납된다. 부록의 참고 문헌, 해당 분야 연구 논문 목록의 사적 정리, 찾아보기 등도 저자의 성실성을 보여 준다.

3) ≪다시 쓴 우리말 어원 이야기≫(1997)

본서는 "'역사적 추적'이라는 어원 연구 태도를 바탕으로 하여" 130여개 단어의 어원 연구 결과를 모은 책이다. 본서는 저급한 흥미 본위의 국어 어원설의 횡행을 막기 위한 어원학 전공학도의 보살행을 자임하고 나섰다. 즉 기존 어원설의 오류를 지적·수정·홍보하는 데에 초점을 두었다. 그러면서도 저자는 자신의 견해가 또다시 해당 단어의 어원을 오도할는지도 모른다는 염려를 하고 있다. 오류의 질책을 감수·수정해 나가겠

다는 말도 어원학의 발전을 위하여 고맙다. 이만한 조심성으로 어원론을
펴 나간다면 한국어의 어원학 발전을 위하여 이보다 더 반가운 일은 없
다. 대중에의 영합과 상업성을 위한 비전문가들의 흥미본위의 어원설에
식상했기 때문이다. 흥미 본위의 어원설로 인하여 신중한 어원학 전문학
자들은 차라리 침묵으로써 이에 저항하고 있다. 이런 점에서도 본서는 중
도적 보살행으로서 그 의의가 크다고 할 수 있다.

4) ≪선인들이 전해 준 어원 이야기≫(2001)

본서는 김동진(金東縉)의 ≪四千年間 朝鮮俚語解釋≫에 보이는 어
원설을 評釋, 이름을 바꾸어 낸 책이다. 김동진의 이 책은 1927년에 간행
된 65면의 단행본으로서 국어학사적 자료로서의 가치도 지닌다. 김동진
은 이 책에서 226항목에 달하는 단어 및 관용 표현의 어원 및 유래를 소
개 · 비판한 후 자신의 설을 제기하였다. 조항범은 이 같은 김동진의 논술
을 원문대로 보인 뒤 '평석'에서 자신의 견해를 밝히고 있다. 김동진의 어
원 연구는 1920년대 권덕규의 선각적 어원 연구에 뒤진 것이었다. 그러나
'漢字 附會'의 일반적 성격 속에서도 당시 민간에 유포된 국어 어원을 종
합 · 정리 · 제시하였다는 점에서 그 의의를 가진다. 이 같은 성격을 지닌
김동진의 저술을 평석함으로써, 조항범은 "20세기 전반기 어원 연구의 성
향을 살피고, 또 그럼으로써 현재의 어원론의 수준을 정확히 파악하여 새
로운 어원론을 펼쳐나가는" 발판으로 여기고 있다. 선인들의 업적을 철저
히 섭렵 · 비판 · 수용 · 소화한 후 자설을 펴려는 자세는 온건 · 타당한 것
으로 보인다. 온축을 모르고 설익은 자설을 성급히 펴려하거나, 흥미 중
심 · 상업성에 영합하려는 오늘날의 풍토에서는 더욱 그러하다.

8. 이종철의 ≪日本地名에 反映된 韓系語源再考≫(1995)

  이 책은 저자가 학회지 · 기타 기념 논문집에 발표한 일본 지명어원에 관계되는 논문들을 묶은 것이다.

  신라 초기에 고유어로 표현된 국명 · 왕명 · 관직명 · 지명 · 인명이 경덕 왕 16년(757A.D.)에 체계적으로 대개 고유명사 2음절에 보통명사 1음절의 漢字語로 많이 바뀌었다. 이 표기의 통일은 모두 한자음으로 읽도록 (음독) 바뀐 것은 아니다. 초기에는 훈독 음독의 방법으로 읽음으로써 고유명으로 읽도록 했었을 것이다. 그러나 시간의 흐름에 따라 앞 글자는 훈독 뒤 글자는 음독의 복잡 · 불편한 방법을 잊어버리게 되었다. 세월이 흐름에 따라 음독만 하게 되어 고유어를 망각하게 되었다. 일본의 인명 · 지명에는 고유명이 오늘날까지 남아 있어 일본지명을 연구하게 되면, 일본으로 건너간 韓系 고유어를 알 수 있다. 저자는 현대 일본 지명 표기례 및 그 表寫例를 중심으로 하여 일본 지명 속에 남아 있는 韓系 어원을 추구하였다. 이것은 현대 일본 지명의 어원을 찾을 수 있게 할 뿐만 아니라, 한국어에서는 흔적도 없이 사라진 한국어의 지명어원을 찾는데 큰 도움을 준다. 이것은 또 한국어 어원 연구 방법의 한계를 극복하는 좋은 방법의 하나가 될 것이다.

V. 국외 간행의 어원론 단행본

1. 리득춘의 ≪조선어 어휘사≫(1988)

본서 제3편에서 '어원론'을 세우고 '어원론' 일반 이론을 간단히 설명하고 있다.

즉 어원 연구에 있어서 계통론과의 상호 긴밀한 관계를 강조한다. 그것은 '언어의 어음, 어휘, 문법의 발전은 모두 하나하나의 구체적 단어의 역사적 변천 중에서 나타나고 있기 때문'이라고 한다. 또 어원 연구와 역사학과의 상호 관계도 강조한다. 역사학의 바른 이해 위에서만 올바른 어원 연구가 가능하다고 한다. 민간어원에 대하여도 경계하고 있다.

> ① 스라기('부스러기'라는 뜻) : 15세기의 '발'(米)과는 관계가 없는 말. 17세기의 '쓰라기/뿔아기/쏠아기'와 현재의 '싸래기'는 '스라기'를 '쌀'(米)의 아기(小子)로 인식한 결과다. 이처럼 민간어원은 '풍부한 상상과 풍속습관을 반영'해 준다.
> ② 한자와 관계가 없는 단어를 한자와 부회(附會)시킨 단어도 있다. 생각(生覺, 省覺), 가시나(嫁僧儿), 사돈(査頓), 장난(作亂).

'개별적 단어들의 어원'에서는 ㄱ ~ ㅎ의 자모순으로 105항의 단어들[22]

---

22) 항목수가 105인데 한 항에 두 개 단어를 든 것도 있으니, 단어수는 105보다 많다. 자모순은

을 배열하여 그 어원을 설명하고 있다. 어휘사의 기초 위에서 음운·형태 및 의미변화의 문증에 충실하다. 그러나 아직도 '고뿔'을 '鼻火'에서 왔다고 하는 구태의연한 모습도 보이고 있다. '행주치마'의 어원에 대하여는 '幸州山城' 싸움에 입었던 치마와의 유연성은 부인한다. 그것은 민간어원이라고 하면서 자기의 설을 제시하지는 못하고 있다. '행주'는 '行廚'(부엌일을 한다) 혹은 '行者'(절에 가서 불도를 닦는 속인)일 것이다. 동계통어와의 비교는 거의 보이지 않고 있다. 사전적 체제이긴 하나 어휘사의 일부분이므로, 어원 사전류에 넣지는 않았다.

경음(硬音)과·'아래ㅇ', 'ㅇ'는 맨 뒤에 배열하였다.

VI. 국내 간행의 단행본 속에 들어 있는 어원론

1. 이병선의 어원 연구

1) ≪임나국과 대마도≫(1987)

본서는 일본인들이 믿고 있는 韓地內에 존재한다는 任那 日本府說의 잘못을 바로잡으려는 뜻에서 쓰여졌다.

저자는 任那문제를 바로 이해하기 위해서는 ≪日本書紀≫ 任那 기사에 나타나는 많은 地名의 올바른 比定이 중요하다고 한다. 이를 위해서는 고대 國名·地名의 기원·유래, 同系 지명의 분포, 고대음운의 변화와 地名語의 어형변화, 표기상의 문제 등 지명에 대한 연구가 필요하다고 주장한다. 즉 任那 지명연구를 위해서는 고대 한국어에 대한 언어학적 지식이 있어야 함을 역설한다. 이 같은 자세로 任那國을 比定하는 과정에서 任那國(對馬島邑落國)의 국명·지명을 밝히게 된다. 부수하여 한반도 내의 여러 국명·지명을 밝힌다.

① 서울(〈셔볼, 京): 수리(〈sərə-i, 首)와 同系語인 sərə/sara와 '몸里'를 뜻하는 *purə(〉burə)가 합성한 *sərə-burə(首몸)에서, 제2음절의 rə가 탈

락한 sə-burə에서 변이한 것.

신라의 首邑 '徐伐', 백제의 首邑 '所夫里'는 그 예.

② 首知山/率伊山/首山/鷲山: 수리山. 三角山 : 세불산, '수리'(首)의 'ㄹ' 가 탈락한 '세'+'부리'가 합성한 말.

③ 任那: '主'를 뜻하는 'nima'+'壤'을 뜻하는 'na'의 합성→主邑, 冉(염) 露, 南內, 稔(임)禮, 木出은 同系地名이며, 任那는 木出島(對馬島)의 木 出과 同系同所의 지명이다.

2) ≪國語學論攷≫(1993)

본서 제Ⅲ장 '語源'에서 '四季節名'·'乙支文德의 乙支'·'머리(首· 長)의 명칭'·'舞天'·'對馬島'의 神社名'의 어원을 밝혔다.

(1) 사계절명의 어원

① 봄(春): 'ᄇᆞᆯ다, 바르다, 볼가지다'와 같은 어원으로, *pʌrʌ에 접미사 *-mʌ/-m이 첨가된 것.

② 여름(夏): '녀름(實)'의 어근 '녀르-', 그 고대형 *nərə에 *-mʌ/-m이 첨 가된 것.

③ 가을(秋): '*ᄀᆞᆯ'의 어근 *ᄀᆞᆺ-(切), 즉 *kʌsʌ에 접미사 *-rʌ/-r이 첨가 된 것.

④ 겨울(冬): '겨슬'의 어근 '*겨스-', 그 고대형 *kʌrʌ에 접미사 *-rʌ/*-r이 첨가되고, 제1음절 모음이 중모음화, 제2음절의 r이 s음화한 것.

(2) 乙支文德의 '乙支'의 어원

*iri-ti/*ərə-ti로 '王者나 尊者에 대한 칭호'다. '乙支文德'의 '乙支'는 姓이 되고, '文德'은 중국식 이름이다.

(3) 머리(首·長)의 명칭의 어원

① 머리·마리(首) : 마리(首)·마더(上)는 같은 기원. 마더(마ㄷ+ㅣ)>ᄆ리. 'ᄆᆞᄅᆞ'는 신라의 왕칭. '麻立干, 고구려의 관명 莫離支, 신라의 人名 '夫·宗·末'에도 쓰인다.

② '대가리·대골'의 '가리·골'은 원래 '首'의 명칭에서 '腦'의 뜻으로 쓰임. '수리'는 원래 '首' → 머리의 한 부분. '가리·골·수리'는 '머리'(首)에서 '長·上·大'의 뜻으로 變, 王名·官名·人名 등에 쓰이게 됨.

③ '가리·골·수리·거시'는 동기원어.

④ 진한·변한의 '渠帥'는 kəsi(首)로, 동옥저의 '長帥'·마한의 '主帥', ≪일본서기≫의 koni-kisi의 kisi, 고구려의 古雛加의 '古雛'도 동기원어로서 上位者에 대한 官名이다.

⑤ '바기·박(頭)' 성씨 朴·赫居世의 '赫居'는 고대어 *pʌrʌ-gʌ(〉pʌ-gʌ〉pak)에서 변한 것.

(4) '舞天'의 어원

'祭天'을 뜻하는 만주어 'matsʰare'의 고대어형 표기로 '歌舞祭天'의 뜻에 맞게 표기한 것. 일본어 matsʼuri(祭)가 이것. 한국어에서는 matsʰare·wətsʰare의 mə·wə가 탈락되어 tsʰare('茶禮·차례')가 되었음.

(5) 對馬島의 神社名의 어원

대마도에 존재하는 神社 이름을 캐는 과정에서 한반도에서 傳受하여 보존하고 있는 한반도 고대어의 흔적을 곳곳에서 찾아냈다.

(6) 語源論의 研究

고대로부터 한국인 어원의식의 전개 및 어원연구 과정을 역사적으로 밝힌 논문이다.

Ⅳ장 '地名'에서는 韓日 古代地名을 연구하는 과정에서 한국의 고대지명의 어원을 규명하였다. 대마도의 이름·任那十國名의 어원 탐색이 그것

이다. 이는 특별히 이병선이 국어 어원학계에 공헌한 분야라고 할 수 있다.
또한 고구려어 · 백제어 · 신라어라고 구분하는 것에 반대하여 북부어와
남부어 사이에 큰 차이가 없다고 하면서 하나의 한반도어(韓半島語)로 본
다. 즉 하나의 역사적 事案을 나타내는 어휘를 표기문자만 달리 했을 뿐이
지, 고구려 · 백제 · 신라(가야 · 대마도)의 언어 사이에 방언 이상의 차이
는 없었던 것으로 보았다. 이 견해는 온건 타당한 견해라고 본다.[23]

본 ≪국어학논고≫는 학술지 · 논문집 등에 時差를 두고 발표한 논문
을 묶은 것이다. 이 경우 각 논문을 애초에 발표한 학술지 발표 연원일
등을 밝혀 놓았으면 좋겠다. 이것은 독자의 편의, 논문 집필자의 학설의
변천, 학계에의 기여도를 밝히는 先攻의 변별을 위해서도 그렇다.

2. 이강로의 ≪한글과 漢字의 만남≫(1987)

"글밭에서 주운 이삭"에는 이강로의 다음과 같은 어원 탐구가 보인다.

① 獸子: '매화틀'[馬腰]을 말함. 모양이 말잔등 같은 변기이기 때문이 아님.
   궁중어로 대 · 소변을 '매화'라고 함. 그래서 변기를 '매화틀'이라고 함. '매
   화틀'이 중국 변기인 '獸子'를 본뜬 것인지 여부는 미상. '말보다'(見馬)는
   오줌똥 누는 것을 말함. 말잔등처럼 생긴 수자(獸子)에서 용변보는 데서
   비롯했다는 ≪대동야승≫의 설명은 잘못이다. '말보다'는 소변 · 대변을
   보는 것을 이르는 우리말이다.

위와 같은 이강로의 설명은 대체로 정확하다. '매화'는 이숭녕이 밝힌
것처럼 ≪삼국유사≫ 二惠同塵에 나온 '汝屎吾魚'에 그 최초의 용법이 보

---

23) 이병선, "古代 南北方言의 異同에 對하여" 참조.

인다. 대·소변을 뜻하는 우리 고유어 '몰/말'의 ㄹ탈락 → 마이〉매화(梅花)에의 견인에 의한 것이다. '매화틀'의 '매화'는 '매화'라는 꽃이나, '매화타령'과는 무관한 것이다. [馬腰] 또한 그 모양 '말잔등'과의 유사에서 비롯한 것이 아니라, "대·소변을 뜻하는 우리 고유어 '몰/말'의 ㄹ탈락→'마이'"의 유사음의 표기에 불과하다.

② 加文剌(羅): 더그레.
　褕赤亇(유적마): (핫치마)(얇게 솜을 둔 치마).
③ 申師妊堂[24]: 왕계의 어머니이자 태왕의 부인인 太姜, 문왕의 어머니이자 왕계의 부인인 太妊을 스승삼겠다는 뜻에서 사임당이라 했음.
④ 直指使(암행어사의 딴이름): 임금이 직접 임명한 사신.
　수의어사(繡衣御史)(암행어사의 딴이름): 옛날에 비단 더그레 비슷한 옷에 奉命使臣이라고 수놓은 옷을 임금이 하사한 데서 유래.
⑤ 벽창우(碧昌牛)/벽창호: 고집 세고 무뚝뚝하여 남의 말을 안 듣는 사람. 평안북도 벽동(碧潼) 고을과 창성(昌城) 고을에서 나는 소는 고집세고 성질이 거칠고 사람의 말도 잘 안 들었다. 그래서 이런 사람을 벽동·창성에서 나는 소와 같다(碧潼昌城之牛)고 했다.

3. 최학근의 《한국어 계통론에 관한 연구》(1988)

　최학근은 이 책에서 한국어의 계통론을 전개하면서 여러 학자들의 한국어 계통론을 소개한다. 이 과정에서 제 학자들의 한국어 어휘의 어원을 소개하였다. 이들 소개 후 자갸의 설을 전개한다. 한국어의 계통에 대하여 '北方由來(Altaic 語族說)의 可能性'을 든다. 그 증거로서 한국어 어휘의 어원을 전개한다.

---

24) 師任堂, 思任堂, 師妊堂, 妊師齋라고도 한다.

① 王儉: '님검'의 한자화 표기로서 '님'은 '王'으로, '儉'은 '검'을 표기한 것. 후세에 와서 '곰'의 뜻이 불분명하여지자 '검, 금'으로 변음되어 '尼斯今'· '檀君王儉'으로 표기됨. 그러나 원래는 '님곰'의 형성이었을 것이다. '곰' 은 '고마'의 단축형이었을 것이다. 국어의 '님금'은 '님'(主)과 '-금'의 합 성어다.

② 槀(橐)[25]離: 句麗·高麗의 同名異寫. 만·몽어의 'gurun'·'gürü' 등의 표기. 또한 '桂婁·溝漊·忽'과 같은 뜻. 전자는 그 뜻이 확대되어 '國家· 國名'으로, 후자는 '中心·城'이란 뜻으로 사용되었음

③ 濊貊: 우리말에 대한 중국인의 音譯. 중국음으로는 'Houei-mai'. 고대음은 'Khouei-mai'. 일본에서는 貊字와 貊의 고구려를 훈독하여 'koma'라 하였 다. 이는 'koma'는 예맥족 자신의 칭호가 '개마' 혹은 '고마'였던 증거.

④ 頭滿江: 頭曼(tümen)은 몽골어·터키어·퉁구스어에서 '萬'을 지칭. 퉁 구스족들이 무수한 지류가 합쳐서 흐르는 大江이라는 뜻으로 지칭

⑤ Kutara(百濟): 일본 史書의 백제 칭호. 고구려 사람들이 대외적 국명을 '고구려'라 하고, 자신들의 국명과 족명은 '고마'로 통칭했던 것과 같다. 즉 '百濟'는 대외 칭호이고 '구다라'는 자칭이었다. 'ku'는 居拔城의 '居'와 함께 '大'의 뜻. 'tara'는 '擔魯'(taro)와 합성 '大擔魯'(kutara)의 표기로 大邑=大 都市의 뜻으로 초기 백제의 수도 내지 국명으로 사용했던 듯하다.

⑥ 耽羅(國)(제주도의 古名): 擔魯의 同名異寫. 일본 사서들은 '多禮'·'度 禮'로 표기. 高·梁·夫 三姓이 백제 시대에 무슨 정치적 문제로 제주도 로 망명하여, 제주도에서 고국이었던 백제의 城名을 제주도의 島名(國 名)으로 부른 것으로 보임. 일본 史書들은 '多禮'. 度禮'로 표기.

⑦ ᄉ나히·ᄉ나희(男子·男兒): ᄉ(수: 雄·牡)+나이(내·니: 나가니 (客), 나그내(旅泊之人). 'ᄉ'(〈수: 雄·牡)는 '쇠'(〈sələ, solo)의 轉用일 것이다.

최학근은 과학적 어원 연구의 방법론을 파악하고 있었다. 그것은 이 책 부록 Ⅱ에 보인 최학근의 논문 "語源硏究 方法論小考"를 보면 알 수 있

─────────────

25) 槀(橐)의 현대 한국음은 [탁/락/자/도]임. ≪한한대사전 권7-630≫, 단국대학교.

다. '어원 연구'의 역사적 발전 과정을 제시하고 그의 어원론을 폈다. 이것
은 그의 어원론을 탄탄한 기반 위에 올려놓게 하였다.

4. 이재숙의 ≪한일 양국어의 동계론≫(1989)

　저자는 일본에서 전기학을 전공한 과학도다. 일본에서 전공과목을 공
부하는 과정에서 일본어와 한국어를 비교하게 되었다. 그 결과 일본어는
한국어에서 분파되어 간 것이 확실하다는 생각을 가지게 되었다. 국외자
로서 10여 년간 공부한 것을 출판한 것이 본서다. 언어학·국어학에 관한
기초지식이 없으므로, 이론의 전개에 무리가 있을 것을 저자도 자인하고
있다. 국외자로서 기초 지식이 부족한 것은 다음에서 알 수 있다.

① 절(寺) : '절'하는 장소라는 뜻에서 한국어는 '절'로 나타내고, 일본어도 같
　　은 뜻에서 '절'(寺)을 '데라'라고 했다.
② 봄(春)은 '호미'의 준말. '호'는 인체어 호호(頰)에서 오고 홍색을 뜻하고,
　　'미'는 물건을 뜻한다. 따라서 '호미'는 '꽃봉오리'를 가리킨다. 봄은 꽃봉
　　오리가 불어나는 계절이다. '봄'의 祖語는 '호미하루'이고 이 말이 한·일
　　양국어로 분리되었다.
③ 여름(夏) : '여러'(多)의 변화다. '여름'의 조어는 '낮 여럿'이고 '주간이 길
　　다'는 뜻이다.
④ 가을(秋) : 태양을 가리키는 '하히'가 '가시-가알-가을'로 변한 말이다. 가
　　을의 조어는 '하히바드리'다.
⑤ 겨울(冬) : '태양'을 뜻하는 '하히'가 '가시-거알-겨울'로 변한 말로 '대단
　　하다'는 뜻이다. '겨울'의 조어는 '가시후유'이고 '바람이 거세게 분다'는
　　뜻이다.
⑥ 나(我)/너(汝) : '나'(我)는 '낮'(低)에서 오고, '너'(汝)는 '높'(高)에서 왔다.

홍미 본위로 한국인이 일본어를, 일본인이 한국어를 공부하는 과정에서 기억의 편의를 제공하는 데에 그 의의를 찾을 수 있다.

5. 천소영의 ≪고대국어의 어휘연구≫(1990)

본서는 1987년 저자의 학위 논문 「古代 고유명사 차용표기 연구」를 수정·증보한 것이다. 저자는 '한자를 이용한 고유명사 차자표기 곧 '借名' 자료를 통하여 고대국어의 어휘를 재구하고, 아울러 차자표기 체계 수립'을 목적으로 하였다. 여기서 "'借名' 자료를 통하여 고대국어의 어휘를 재구"하는 과정에서 국사상의 고어휘(국명·지명·인명 등)의 어원을 밝혀 놓았다. 국어학에 관한 지식의 기초 위에 다시 고심·노력한 흔적이 보인다. 저자는 이 분야의 선편을 잡은 이들의 업적을 섭렵했음도 밝히고 있다. 이병도·이병선·최범훈·남풍현·도수희·박병채 등이 그들이다. 어원학도 이만한 열의와 진지함을 가지고 임해야 할 것이다.

① 阿斯達(朝鮮): '阿斯[아사, 어사, 이-(어)시]'는 '大' 혹은 '母'의 뜻. '아침'(朝)의 고대어형 '아사'와 동음이의 관계. '達'은 '忽'과 함께 '城' 또는 '邑里'를 뜻함. 따라서 '阿斯達'은 '母城' 혹은 '大邑'을 뜻함. '朝鮮'은 '母·大'를 뜻하는 '아사'와 동음이의 관계에 있는 '아사'(朝)와 결부시켜 漢譯(雅譯)한 국명. 다시 '朝日鮮明'의 의미를 부여한 것.

② 蘇塗: '수리'계 어에서 파생된 것. '蘇'는 '수리'의 'ㄹ' 탈락형 'süy'＋'塗', 중세어 '터ㅎ'(基·址)의 고대어형 'ᄃ', 따라서 [süytɔ]로 '上地·高地'. 종교적 의미를 더하여 '神地·靈地'의 뜻.

③ 元曉: 신라인들이 고유어(鄕言)로 불렀고 그 의미가 '始旦'이라 했다. '元旦'은 '설'이니 고유어 sär Ｖ/sar Ｖ 의 차훈표기일 것이다.

선학의 설을 참고하였지만 예각이 보인다. 이설을 논하는 이도 면밀한 고찰에 대하여 방법적 차이에 의해서는 이 같은 설도 존립할 수 있음을 시인할 것이다. 이 시기의 대표적 노작이라고 할 수 있다. 다만 虵童・虵卜(p.172)에서는 신설이 보이지 않음이 아쉽다. 배경설화를 참조하면 '虵童・虵卜・虵巴・虵伏'이 '愚者'라는 뜻을 가진 현대어 '바보'의 뜻을 가진 신라어의 표기임을 알 수 있기 때문이다.[26]

≪아리수리고마≫[27], ≪부끄러운 아리랑≫[28]도 어원을 언급한 수필집이다. 주제를 중심하여 전부 6부로 나뉘었으나 1・2부가 중심인 전자는 저자의 학위 논문(1987)을 근거로 하여 '우리말의 어원 탐색에 치중'하였다. 후자는 '언어의 밑바닥에 흐르는 우리 민족의 정서와 의식 구조'를 탐구하고자 하였다.

저자는 '말의 뿌리를 캐고 그 말의 변천 과정을 살피는 일이, 의식의 저변과 함께 그 흐름을 더듬는 일과 결코 무관하지 않으며, 이는 또한 우리 민족의 원형질을 찾는 일에 일조가 된다.'고 믿고 있다.

(1) ≪아리수리고마≫에 나온 어원

① 도: ← 돝('돼지'의 뜻). 突(계림유사). 개: 개(犬, 狗)〈가히. 걸: 羊(코끼리 또는 말이라고 하는 이도 있음). 웇: 소(牛)〈쇼. '쇼'의 동음이의어 * 유시〉웇.[29] (pp.63~65)

---

26) 다음과 같은 이유로 충분하다. ①12세가 되도록 말도 하지 못하고 일어나지도 못했다. 그 때문에 虵巴, 虵伏)이라고 했다. '때문에' 앞의 이유에 의해 '虵童…'이라 했으면 '虵童'은 무엇이라고 불렀을까? ②'童'・'卜'・'巴'・'伏'의 공통 독음이 [보]일 가능성. ③'童・伏・巴・伏'이 아이(童) 이름에 사용되는 접미사였을 가능성. ④'虵'의 15C 어가 'ㅂ얌/ㅂ얌'이어서 이는 신라어로 소급 가능한 점. ⑤'譯上不譯下'의 고유명사 해독의 일반적 규칙의 적용이 가능한 점.

27) 천소영(1992.1.29), 아리수리고마, 도서출판 (주)문화행동.

28) _____(1994.8.31.), ≪부끄러운 아리랑≫, 현암사.

29) 따라서 '웇'이 '*솟(牛)〉옷〉웇'이 발전한 것이라고 함은 무리인 것으로 보인다.

② 서울: ←〈셔울〈셔볼〈셔〃〈셔블, 시블(徐羅伐, 徐伐). 뜻은 '新'+'마을'·
'고을'.(pp.92~95)

③ 이차돈(異次頓): 이사(異次)＝尼師(今)＝異斯夫. 이사＝거시＝군왕이
나 제사장＝大·首·母. 異斯夫＝태종＝이사ᄆᆞᆯ＝'존장자'의 뜻.(pp.12
9~131)

④ 설/살: ←*서라·*사라(새로운 출발, 新始)에서 말모음 탈락. 설/살(元
旦, 始旦, 元, 曉).(pp.195~197)

(2) ≪부끄러운 아리랑≫에 나온 어원

① 漢陽: 한강의 북쪽이란 뜻.(p.313)

② 아리수(阿利水)의 阿利(광개토왕 비문), 阿禮津의 阿禮(일본서기) : 한
강·낙동강·압록강·송화강과 같은 긴 강[長江]의 뜻. 압록강(鴨綠江)
의 鴨(오리·아리)+綠(리)도 장강(長江)을 지칭하는 보통 명사 '아리가
람'의 한자 차용 표기.

③ 누에수리/누에머리봉[蠶頭峰]: 남산의 본래 이름. 누에머리처럼 생겼음.

'서울의 지명 산책'에서는 서울의 고유지명과 그 유래를 밝히고 한역지
명을 소개하고 있다. '땅 이름이 나라 이름으로'에서는 '조선'·'아사달'·
'고구려'·'신라'의 어원을 추구한다. 이들 어원 탐구는 '서울의 지명 산책'
을 제외하고는 ≪고대국어의 어휘 연구≫에서 대개 언급된 것들이다.

6. 김준영의 ≪韓國古詩歌硏究≫(1990)

김준영은 본저 "부록 I 현대어에서 찾을 수 있는 古語의 殘影-어원
모색을 위한-"에서 제목 그대로의 작업을 하였다. 이어서 "부록 II 지명
의 어원연구"는 단행본으로도 충분한 근 190面 규모의 논문이다. 이 논문

은 이제까지 나온 지명총람류에서 보인 지명어원의 비과학성을 신랄히 비판하였다. 그리고서 지명 어원의 조사는 이에 대한 기초적인 지식·경험이 있는 사람이 해야 한다고 주장한다. 실제로 '한국 소지명의 어원'과 '한국 소지명의 後行素의 語源'[30]은 소지명 연구자들에게 많은 암시를 줄 것이다. 해박하면서도 조심스러운 어학적 접근 방법에서 그러하다. 다만 '무네미'(水越·水踰峴)의 語源에 대하여는 의심스러운 데가 있다. 김준영은 "그 너머나 근처 동리에서 모퉁이 너머, 또는 산 너머의 마을이라는 뜻으로 '모(山)넘이'라 부르던 곳이 모음조화 현상으로 '모너미 → 무너미가 된 곳'이라고 하였다. (p.410, 433)

평석자는 '무내미·무너미·무네미' 등으로 불리는 말 뒤에 붙는 '고개'에 주목한다. 따라서 '무너미'는 '뭍'(陸)+'나미'(海·池·波)로 본다. '海·池·波'를 뜻하는 namu(만주어·골디어), lamu(올차어), nami(일어), 나미(nuami, 內米, 內未)를 참고할 일이다. 따라서 '무너미 고개'는 '陸波+고개' 그리하여 '무너미 고개'는 同義語 反復(tautology)으로 그 뜻은 '고개고개'라고 본다. 따라서 '무너미'의 뜻은 '고개'라고 본다.

7. 김용옥·최영애의 ≪도올논문집≫(1991)

본저의 '別集 2. 중국고대음운학에서 본 한국어 어원 문제'는 김용옥의 한국어의 어원에 관한 논문이다. 이 논문에서 그는 한국어의 연구에 있어서 '중국의 언어 연구를 완전히 배제'한 잘못을 다음과 같이 비판하고 있다.

"지정학적으로 보아도 그 긴밀한 유대관계를 도저히 부정할 수 없는 중

---

30) 본문(p.399)에서는 "小地名의 語原"·"小地名 後行素의 語原"이라 했고, 章節名에서는 "韓國 小地名의 語原"(p.415)·"韓國 小地名의 後行素의 語義"(p.479)라고 했음.

국의 언어는 배제한 채로 알타이 어족에 속하는 제 언어와의 비교라는 시각
에서만 출발하였기 때문에 자료 자체에 이미 한계성이 내재하게 되고, 따라
서 그 결과가 기대했던 성과에 부응하지 못하였던 것이 또한 사실이다. 고
대 한중언어교섭사의 바탕이 없이 고대 한국어의 실상을 파악한다는 것은
불가능하다."

"고대 한중언어교섭사 연구에서는 고대중국어 음운학 지식이 축이기 때문
에, 결국은 고대 한국어는 고대중국어 음운학을 모르고는 그 모습이 밝혀지
기 힘들다."

"두 언어의 교섭사에 관심을 가지고 고대중국어 음운학과 문자학을 연구
하는 과정에서 중국 上古晉(周秦 兩漢 BC12C~AD3C) 체계와 한국어 어휘
과의 밀접한 관계를 나타내는 일련의 어휘들을 발견하였다. ……장래 한국
어 어원 연구는 중국 상고음에서 들어가야 많은 문제가 해결될 수 있다."[31]

이상과 같은 비판은 국어만 쳐다보거나 좀 시야가 트였다고 하는 학자
들이나, 겨우 소위 알타이어라고 하는 언어들이나 쳐다보고 있는 한국어
어원학자들이 경청해야 할 큰 경종이 아닐 수 없다.

중국 고대한자음의 연구에 의한 이른 시기 한국어의 어원 연구는 상호
교섭사의 면에서 이기문[32]·김완진[33]·신용태[34] 등에 의해 행해진 바가
있다. 이기문·김완진은 한문 혹은 중국어 어휘가 일방적으로만 한국어로
유입되었다는 종래의 생각은 수정되어야 한다고 주장한다. 신용태는 더 적
극적으로 오늘날 우리가 한자라고 부르는 글자가 夏·商(殷)을 다스리던
민족에 의해 만들어졌다고 한다. 이 夏·商(殷)을 다스리던 민족은 東夷
族과 깊은 관계가 있는 민족이다. 이 민족에 의해 한자가 만들어져 중국으
로 들어갔다고 주장하면서, 한국어 어휘의 어원을 추구하였다.

---

31) 김용옥·최영애(1991), '도올논문집, 통나무, p.288.
32) 이기문(1991), 국어 어휘사 연구(동아출판사)에 所收.
　　____, 韓國語와 中國語의 接觸에 대하여.
33) 김완진(1970), 이른 시기에 있어서의 한중 언어 접촉의 일반에 대하여, 서울대학교 어학연구
　　소, 어학연구 제VI 제1호.
34) 신용태(1993), ≪재미있는 어원이야기≫(도서출판 박이정), (1).
　　신용태.(1994), ≪재미있는 어원이야기≫(서광학술자료사), (2).

김용옥도 참고하였음을 밝힌 바와 같이 鄭仁甲(1983)[35)]도 유사한 연구를 하였다. 그러나 김용옥의 이 논문은 이에서 진일보한 것이다. 김용옥이 '중국 上古音을 통하여 관계의 추정이 가능한 한국어 어휘자료를 들어 중국어 음과 한국어 음의 관계를 분석'한 단어들을 본다.

(1) ㅂㄹㆍㅁ 風, ㄱㄹㆍㅁ 河

① ㅂㄹㆍㅁ[pʌrʌm]은 風의 上古音 *pljəm에서 왔다. 어두자음군이 없던 중세 이전 한국어음체계에 맞추어 複聲母(두 개의 자음)를 분리하고, 그 사이에 모음조화 법칙에 맞추어 모음을 첨가함으로써 두 음절이 된 것이다. 복성모를 가진 단음절의 2음절화는 先秦시대 말에는 거의 완성되었다.
ㅂㄹㆍㅁ(風)과 동음이의어 ㅂㄹㆍㅁ(壁)은 風(ㅂㄹㆍㅁ)을 막기 위해 세운 벽을 또한 'ㅂㄹㆍㅁ'이라 칭하여 재앙신 바람에 대한 주술적 효과를 노린 것이나 아닐까?

② ㄱㄹㆍㅁ(河) 한국어 'ㅂㄹㆍㅁ'과 'ㄱㄹㆍㅁ'은 최소변별쌍 (최소대립쌍 : minimal pair)이다. 중국어 '江'은 남아어(Austro-asiatic)에서 왔다. 중국어 '河'는 북방 몽고어에서 河流를 나타내는 낱말 ɣool과 동계어로 몽고어에서 왔다. 江의 上古音은 *krung , '河'의 상고음은 *gar이다. 한국어는 후자를 차용했을 가능성이 높다. 한국어 'ㄱㄹㆍㅁ'은 河 *gar에서 온 것이다. 다시 g-〉k-무성음화, ㅂㄹㆍㅁ[pʌrʌm]에의 유추 작용으로 [kʌrʌm]이 되었다.

이상과 같이 한자(중국어)의 上古音의 複聲母를 밝히고, 한국어는 이 복성모 사이에 모음을 삽입, 2음절화하여 받아들인 어휘를 다음과 같이 들고 있다.

---

35) 鄭仁甲(1983), 朝鮮語固有詞中的 "漢源詞" 試探, 語言, 學論 第十, 北京 : 商務.

(2) ᄆᆞᆯ 里, 거리 街

① 里(*mljəg) (복성모 *ml-의 사이에 모음 삽입)〉ᄆᆞᆯ[mʌzʌr].
② 街(*krig). 韻尾 *-g의 소실 후 한국어에 전래.
③ 갓(가시, 각시) 氏, 가지 枝, 션비 士.
   氏(*gsjig)의 복성모 사이 모음 삽입, 운미 *-g 탈락〉'갓', '가시'.
   枝(*ksjig)→가지.
   士(수컷의 생식기 모양, 발기한 생식기→남자).
   션+비(輩) → 션비.
④ 밀 麥(來), 길 路, 벼로 筆, 그물 網(罔), 거우로 鑑, 광우리 籃, 실 絲.
⑤ 설 歲, 탈 祟, 맛 味.
⑥ 붕어 鮒魚, 링어 鯉魚, 룽어 鱸魚, 상어 鯊魚[숭어 鯔魚, 뱅어 白魚].

⑤의 '탈 祟'의 경우는 '祟'의 현대 한자음 [수]와 [탈] 國字 '頉'(탈)과의 관계에 관한 설명이 아쉽다. 이 논문을 읽고서 평석자는 그 동안 어원 연구 논문들의 진부함을 떨쳐 버릴 수가 있었다.

국어 어원학 전공자를 놀라게 하는 국어학 이론의 제시를 보고, 국외자라는 말을 할 수가 없었다. 국어 어원학자들은 도올의 다음과 같은 경고를 거듭 겸허히 받아들여야 할 것이다.

   "다시 한 번 더 한국어 어원연구에 있어 뿐만 아니라 고대한국어 연구분야 전반에 걸쳐 중국 고대음운학과의 비교연구가 필수적이라는 점을 우리 국어학계에 강조하고 싶다."

8. 김승곤의 ≪국어토씨연구≫(1992)

1) 한국어 조사의 어원 연구(Ⅰ)

이 논문은 조사의 어원을 다음과 같이 밝히고 있다.

① 주격 조사 「이」: 3인칭 대명사 「伊(是)」와 비인칭 대명사 「是」에서 발달해 왔다.
② 주격 조사 「가」: 이두의 「亦」계 중 「가히」에서 발달했다. 본래 입말에서 사용되던 평민의 말이 임란을 계기로 일반화되면서 문헌상에 출현되었다.
③ 관형격 조사 '의': 3인칭대명사 '이'의 소유형에서 발달되었다.
④ 목적격 조사 '을': 대상을 나타내던 실사에서 발달되었다.
⑤ 처소격 조사 '에': '가운데' 또는 '안'을 나타내던 실사가 그 뜻을 잃게 되면서 처소격 조사가 되었다. '아히(에)>히(에)>이)에'로 발달되었다.
⑥ 지정 보조조사 '은': 지정·선정의 뜻을 나타내던 실사에서 발달되었다. 격조사는 대명사와 대개는 불완전명사에서 발달해 왔다.

2) 한국어 조사의 어원 연구(Ⅱ)

여기서는 주격조사·대비격조사·위치격조사·연유격조사·호격조사·보조조사의 어원을 밝혔다. 이제까지의 어원연구는 체언류의 연구에만 치중해 왔다고 할 수 있다. 일부의 어원학자들이 용언류의 어원연구로 나아갔을 뿐이다.

김승곤은 여기서 다시 조사의 어원연구에 착안한 것이 그 특성이라고 할 수 있다. 이 조사의 어원연구에서 '한국어 조사의 발달 원리'·'한국어 조사의 발달 요건'을 추구한 점은 이 어원연구의 한 산물로서 그 가치를 인정할 만하다.

9. 김종택의 ≪국어 어휘론≫(1993)

본서 제7장 '어휘 어원론'에서 '어원 추정의 방법'·'어휘분화의 기제'를
설명하고 실제로 ① 머리·허리·다리, ② 儒理尼師今, ③ 날짜헤임말(日
稱語)의 어원을 추구하였다.

    ①의 어원은 *mǝt, *hǝt, *tǝt이라 하였다.
    ②의 어원 '儒理'는 보통명사적 성격의 고유명사로, *nuat>*nut+i → nuti →
      nuri(누리), *누리닛금 '尼師今'은 '님(大)+ㅅ+금(王) → 닚금>닛금(니
      끔)'. 따라서 '누리님금'은 '누릿님' 혹은 '나랏님'이라고 하였다.
    ③은 '올'(날)과 '의'(희)형으로 구분되는 日稱語의 어원을 설명하였다.

이제 국어학도 점차 ≪국어 어휘론≫처럼 어원론을 단행본으로 낼 만
큼 성장하였다. 머지않아 '어원론'을 단행본으로 낼 날이 올 것을 이 책으
로 미루어 알 수 있다.

10. 배우리의 ≪우리 땅이름의 뿌리를 찾아서≫ ①·②(1994)

1권은 산·강·바위의 이름 편이고, 2권은 마을·골짜기·들의 이름 편
이다. 이 책은 월간 '산(山)'지(조선일보)에 5년간(1988-1992) 써왔던 글
을 다듬어서 낸 것이다. 지명은 '우리말이 그대로 살아 있고, 역사가 살아
숨쉬고', '조상들의 숨소리까지 그대로 배 있음'을 느낄 수 있는 존재라고
한다. 그리하여 이 책의 저자는 지명의 전접어의 어원을 추구한다.

'지리산'의 '지리'의 어원 설명을 예로 보인다.
두루>두리>드리>디리>지리.

'두류'는 '두루'의 음차(音借), '두루'의 뜻은 '산봉이 둥글거나 산세가
그리 험하지 않다는 것' 혹은 '어느 터를 둥글게 울타리치듯 다른 산과 함
께 휘어돌고 있다'는 것이다. 따라서 '지리산'의 재구형 '두루산'은 '산마루
가 두루뭉실하거나 어느 고장을 울타리 치듯 둥글게 휘어돈 산'이란 뜻을
가졌다. 두레산, 두른산, 도른산(돌은산), 두류산(頭流山), 두로산(頭老
山, 斗露山), 두륜산(斗輪山)의 한자식 이름도 유사음의 한자식 표기일
것이다.

본서는 수필적 성격을 빌리면서도 온전히 지명어만을 다룬 점에서 그
특성과 의의를 찾을 수 있다.

11. 이영희의 ≪노래하는 역사≫(1994)

본저는 조선일보 일요 연재물(1993.5.~1994.7.)을 편집 · 출판한 것이
다. 일본 고대어 자료에 비하여 우리의 고대어 자료는 상대적으로 희귀한
편이다. 8세기 초에 간행된 日本書紀 · 古事記 · 風土記 · 萬葉集은 저자
의 말대로 '우리말과 우리 역사의 보물창고'라 할 수 있다. 이들의 진지한
어학적 연구는 잃어진 우리의 고대어의 고리를 보여줄 수 있다. 이런 의
미에서 이영희는 "7, 8세기의 고대 일본말을…… '일본식 한국 고대 방
언'"이라고 한 것은 부분적으로는 타당한 견해라고 할 수 있다.[36] 그러나

---

36) 이와 관련하여 일본인 학자들에 의해 오래 전에 연구 · 발표된 한국어에 관련된 주장을 분장하
  여 마치 자신의 새로운 주장이라고 한 우리의 학자들은 없는가, 여기까지 가지는 않았다 해도
  저들의 설을 양심적으로 인용 · 그 출전을 밝혔었는가 돌아볼 일이다.

다음에 예시한 한국 고대 역사 어휘 탐색은 너무 안이한 설명이라고 할 수 있다. 저자가 저널리스트임을 감안해서도 그렇다. 이 같은 인식을 대중에게 흥미를 곁들여 확산시킨 것에서만 본서의 의의를 찾을 수는 있다.

① 知哲老王·智大路·智度路·智證(시호): 智는 왕 또는 남근을 가리킴.[37] 치(왕·남근)의 길이에 대고 그에 알맞은 배필을 골라오게 한 탓으로, 지철로왕은 '치대로' 즉 '왕대라'·'남근 대라'라는 뜻.(p.23)

② 嘉俳: 실을 이을 때 뿌리 쪽 부분의 가장자리를 칼로 쪼개어 쪼개진 사이에 삼의 윗부분을 끼워 말아서 한 실이 되게 한다. 嘉俳는 이 '실의 가를 쪼개어 벤다'는 뜻으로, 이 작업을 '가 베'라 부르다가 이것이 행사 전체를 일컫는 이름이 되었다. '가배'의 '가'는 '가장자리'·'끝' 외에 '끝을 뾰족하게 간 칼날'·'뾰족한 날과 같은 성기'의 뜻도 있다. 따라서 '가를 베는 일'은 '남녀 간의 성행위'를 표현한 낱말이다.(p.122~123)

③ 東盟: '동매' 즉 '동여매다'는 뜻. '단결, 결합'의 뜻. 우리 고대어를 이두체로 적어 놓은 것.

④ 삽살개: 삽살개는 귀신을 쫓는 영물(靈物)로 알려져 왔다. 한자로 揷煞(삽살)이라고 쓴다. 揷(삽)은 '꽂는다', 煞(살)은 '사람을 해치는 살기'의 뜻. '삽'은 '삷'('사뢰'란 뜻의 옛말)의 준말이기도 함. 따라서 '삽살'이란 '살을 꽂는 개' 또는 '살을 사뢰는 (알리는) 개'의 뜻.(p.204)

⑤ 미나리: '미'는 '물'(水), '리'는 명사임을 나타내는 끝말. 즉 '미'에서 자라나는 즉 '나는 식물', 물에서 나는 풀.

⑥ 미싯가루(표준어: 미숫가루): '미'(水)에 싣는 가루.

⑦ 미꾸라지: '미끄럽다'·'매끄럽다'의 '미'는 물(水).

⑧ 미늘(낚싯바늘의 한 부분): 고어로 '미날'로 물속에서 쓰이는 날.

⑨ 미주리고주리(숨은 일까지 속속들이 캐내는 꼴): '미주알'은 '창자 끝이 구멍을 이룬 부분'(항문). 애초에는 여성의 성기의 뜻. '고주알'은 남성 성

---

37) 저자는 '~을 가리킨 것이 아닐까', '~였(였/했)는지도 모른다'는 겸사의 말을 자주 썼으나 주된 뜻은 앞의 언술에 있으므로 이는 줄인다. 이 같은 겸사를 썼다고 하여 앞의 언술이 부정되었을 때 면책되는 것이 아니다. 어린 양으로 매달리는 것이나 큰 양으로 매달리는 것이나 마찬가지다.

기. 따라서 '미주알고주알'의 원뜻은 '세간 남녀 관계의 프라이버시를 시시콜콜히 캐는 일'.(pp.251〜252)
⑩ 아스카(Asuka): 일어 '아스'는 '내일', 고대 일본어로는 '(다음날)아침'ㆍ '카'(ka)는 '곳'이란 뜻의 일본 고대어. 따라서 '아스카'는 '아침의 땅', '최초ㆍ최고의 고장'의 뜻. 明日香ㆍ飛鳥의 두 표기가 있다. 明日(내일)은 일본어로 '아스'(asu)다. '香'의 새김은 '가'(ka)다.
'飛鳥'의 새김은 '날 새'다. 날이 새면 대지는 아침을 맞이한다. '날새' 즉 '飛鳥'ㆍ아침의 땅ㆍ明日香은 한 뜻의 말 '아스카'라고 읽는다.(p.258〜261)

국외자로서 하는 말이니까 면책이 되는 것은 아니다. 국외자니까 만용도 용납되는 것은 아니다. 그러나 실수할까봐 아무 말도 않고 망설이다가 무덤으로 싸 가지고 가는 것만이 능사는 아니다. 대중 불교를 예찬할 수 있는 이유가 이것이다. 反面교사도 교사일 수는 있다.

12. 조영언의 ≪노스트라트 어원여행≫(1996)

이 책의 저자는 '말출ㅎ(語源)' 연구는 겨레의 갈래, 인류학적ㆍ고고학적 사실, 겨레의 이동경로, 사회 문화적ㆍ인류학적 지식 등을 밝혀 준다고 한다.
이 같은 어원연구가 인류학적ㆍ고고학적 연구 성과들과 결부되면 인류 언어의 단일성을 증명해 주는 잣대가 된다. 이것을 노스트라트말 이론(Nostratian Language theory)이라고 한다. 인류공통어 '노스트라티카'(Nostratica) 혹은 노스트라틱(Nostratic)이란 말의 어원은 다음과 같다. '우리의'란 뜻을 가진 라틴어 'noster'에서 비롯한 영어 nostrum('우리의, 우리에게 속하는, 우리에게 관계되는, 우리에게 가까운' 뜻을 가진 noster의 중성형. 뜻은 '우리 집안의 가전 비방')에서 형용사, 부사로 변하였다. 이 라틴어에서 'Nostratica'란 말이 만들어졌다. 뜻은 '우리의 말, 우리와 동계인 말'이다.

저자는 우랄어 · 알타이어 · 인도유럽어 · 햄셈어 · 드라비다어 등이 하나의 뿌리에서 나온 언어였다는 노스트라트말 이론을 펴고 있다. 이 같은 관점에서, 우리말 어휘와 인도유럽어 특히 영어 어휘가 동일 어원을 가지고 있음을 살폈다.

> ① silk road(비단길)의 silk의 어원은 알타이어 sirge(실)이다.
> ② '파미르 고원'을 '葱嶺'(총령)이라고 씀을 보아, 파(葱)＋고개(嶺)로 번역한 민족이 우리 韓겨레였다.
> ③ whale과 '고래'는 같은 기원의 말로 노스트라틱 공통어다. 우랄어 kole, guole, kualə, kala, kāre, xale〉인도유럽어 *kwalo-〉*kwal〉*hwal〉영어 whale '고래'.

이 과정에서 갑골문과 일본어의 어원 몇 가지도 우리말과의 관련성에서 살폈다. 우리말의 어원을 밝힌 예로는 '차차웅', '도깨비'가 있다.

> ④ 次次雄＝慈充＝jajan＝jajaɤan(조물주, 창조자 : 짓는이)*ᄌᄌᅌᆞ＝*ᄉᄉᅌᆞ〉스승, 스승＝무당, 왕.
> ⑤ 돗(靈)〉돗ㄱ＋아비(존재)〉돗가비〉도까비〉도깨비.

이상에서 예로 발췌한 것은 그 정교함으로 인하여 설득력을 가진다. 그러나 이것들은 동시 다발성의 인류 · 보편성을 가진 것이 아니라, 어떤 기원어(起源語)에서 다른 종족의 언어를 전파 · 차용되면서 의미 및 형태의 변화를 거친 것으로 볼 수도 있다. 그리하여 오늘날 어떤 어족이 사용하는 어떤 단어의 기원은 다른 어떤 어족의 차용어일 수도 있다. 여기서 우리들이 경계해야 할 것은 전혀 다른 어족(語族)간의 유사음의 유사 의미에 너무 현혹되어서는 안 될 것이다.

① '많이' many(p.120): 많다(만ᄒ다), many(영어), manch(독어)의 어원
   *men(e)gh-, *mon(e)gh- '많은'과 동계어로 노스트라틱 공통어다.
② mandu-(만주어), manduɣul(몽골), *man-(터키), mon(츄바).
③ '일찍, 이르다'와 early(p.130): 이르다·일찍·일되다, 올차다·올되다·올
   벼·올밤: early, ere, or(영어) er-te(몽), erde(퉁), er, erken, erkence(터).
④ is '있다', esse '있어'(p.165): 있다. 이시다. 잇다(한국어), isu(아이누어),
   is(영), ist(독), es·esse(라틴)의 *es-(to be), išū(햄셈어), asu(우랄어).

Ⅶ. 국외 간행의 단행본 속에 들어 있는 어원론

1. 박병식의 ≪韓國上古史≫(≪朝鮮古代史≫)(1994)

'어원으로 증명하는 한민족 역사'라는 부제가 붙은 본서는 일본어로 쓴 것을 최봉렬이 우리말로 옮긴 것이다. 저자는 5년 간 일본에 체류하면서 황국사관 역사가들의 잘못을 지적하여 공감의 폭을 넓혀갔다.

저자는 일본 역사 고어휘에 음운변화의 법칙을 적용·제시하면서 일본 고대사를 바로잡으려 하였다. 이 과정에서 일본어의 어원은 한국어에서 찾아야 한다고 하였다.

일본 고대사의 어휘를 한국어에서 찾음으로써 결과적으로 한국어의 어원을 밝히기도 하였다. 저자는 본서 저술은 한국 고대사에 관심을 갖는 내외의 학도들에 저자가 발견한 한국 고대사의 입구 안내를 목적으로 한다고 하였다. 즉 한국 고대사의 제문제를 제기하고 후학의 밑거름이 되는 데 그 목적이 있다고 하였다.

책명을 ≪朝鮮古代史≫라 했음은 '韓'은 3세기 중엽에 나타났으나, '朝鮮'은 기원전에 쓰인 ≪史記≫·≪前漢書≫에 나타났기 때문이라고 하였다.

저자가 연구 과정에서 저본으로 한 사서에 문제가 있음을 부인할 수가 없다. 환단고기(桓檀古記), 삼성기(三聖記), 단군세기(檀君世紀)의 사료적 가치가 그것이다.

Ⅷ. 1980년대 이후 어원 연구의 개황과 전망

이상 국내·외에서 간행된 한국어 어원에 관한 사전, 단행본, 단행본 속의 어원론, 논문을 정리하여 보이면 다음과 같다.

1) 국내 간행의 어원사전

(1) 대원정사 편집부(1987.11.15.), ≪불교에서 나온 말≫, 대원정사.
(2) 안길모(1993.8.31.)의 ≪이판사판 야단법석≫, 한강수.
(3) 박일환(1994.3.10.), ≪우리말 유래사전≫, (주)우리교육.
(4) 박숙희(1994.8.30.), ≪뜻도 모르고 자주 쓰는 우리말 500가지≫, 서운관.
_____(1995.7.3.), ≪뜻도 모르고 자주 쓰는 우리말 500가지≫ Ⅱ, 서운관.
박숙희·유동숙(1995.1.25.), ≪우리말의 나이를 아십니까≫, 서운관.
(5) 이영재(1995.1.25.), ≪재미있는 고사 이야기≫, 박우사.
(6) 박영수(1995.6.15.), ≪만물유래사전≫, 프레스빌.
(7) 김민수 편, 최호철·김무림 편찬(1997.11.11.), ≪우리말 語源辭典≫, 태학사.
(8) 白文植(1998.6.10.), ≪우리말의 뿌리를 찾아서≫, 三光出版社.
(9) 徐廷範(2000.11.25.), ≪國語語源辭典≫, 보고사.
(10) 장진한(2001.7.1.), ≪이젠 국어사전을 버려라≫, 행담.

2) 국외 간행의 어원사전

(1) 安玉奎(1989.11.), ≪詞源辭典≫, 東北朝鮮民族出版社. [국내에서 발행된
≪우리말의 뿌리≫(알고 쓰면 유익한 우리말 900가지)], 학민사(1994.12.
15)와 海外우리語文學硏究叢書 62 ≪어원사전≫ 한국문화사(1996.1.10.)
가 있음.
(2) 韓振乾(1990.3.), ≪조선말의 어원을 찾아서≫[朝鮮語詞源探考(朝鮮文)],
연변인민출판사.
(3) 김인호(2001.10.9.), ≪조선어어원편람≫ 상, 박이정.
＿＿＿(2001.10.9.), ≪조선어어원편람≫ 하, 박이정.

3) 국내 간행의 어원론 단행본

(1) 宋正錫(1988.11.5.), ≪韓國語의 語源雜記≫(1), 醫學文化社.
＿＿＿(1992.8.30.), ≪韓國語의 語源雜記≫(2), 醫學文化社.
＿＿＿(1994.3.5.), ≪韓國語의 語源雜記≫(3), 醫學文化社.
(2) 崔承烈(1987.2.11.), ≪韓國語의 語源≫, 한샘.
＿＿＿(1990.10.20.), ≪韓國語의 語源과 韓國人의 思想≫, 한샘출판사.
(3) 최창렬(1986.7.15.), ≪우리말 語源硏究≫, 一志社.
＿＿＿(1987.7.1.), ≪어원의 오솔길≫, 한샘.
＿＿＿(1989.11.11.), ≪아름다운 민속어원≫, 新亞出版社.
＿＿＿(1993.1.15.), ≪어원산책≫, 한신문화사.
(4) 都守熙(1989.12.30.), ≪百濟語 硏究≫ (Ⅱ), 百濟文化開發硏究院.
＿＿＿(1994.9.20.), ≪百濟語 硏究≫ (Ⅲ), 百濟文化開發硏究院.
(5) 李基文(1991.8.15.), ≪國語 語彙史 硏究≫, 東亞出版社.
(6) 신용태(1993.10.30.), ≪재미있는 어원 이야기≫ (1), 박이정출판사.
＿＿＿(1994.6.30.), ≪재미있는 어원 이야기≫ (2), 서광학술자료사.
(7) 조항범(1994.6.10.), ≪國語 語源硏究 叢說≫ (Ⅰ), 太學社.
＿＿＿(1996.1.25.), ≪國語 親族 語彙의 通時的硏究≫, 태학사.
＿＿＿(1997.10.15.), ≪다시 쓴 우리말 어원이야기≫, 한국문원.

조항범(2001.5.26.), ≪선인들이 전해 준 어원 이야기≫, 태학사.
(8) 李鐘徹(1995.8.25.), ≪日本地名에 反映된 韓系語源再考≫, 國學資料院.

4) 국외 간행의 어원론 단행본

(1) 리득춘(1988.2.), ≪조선어 어휘사≫, 연변대학출판사.

5) 국내 간행의 단행본 속에 들어 있는 어원론

(1) 李炳銑(1987.10.20.), ≪任那國과 對馬島≫, 亞細亞文化社.
_____(1993.8.5.), ≪國語學論攷≫, 亞細亞文化社.
(2) 이강로(1987.11.30.), ≪한글과 漢字의 만남≫, 新丘文化社
(3) 崔鶴根(1988.2.15.), ≪韓國語 系統論에 關한 研究≫, 明文堂.
(4) 이재숙(1989.4.30.), ≪한일 양국어의 동계론≫, 과학사.
(5) 千素英(1990.11.1.), ≪古代國語의 語彙研究≫, 高麗大學校 民族文化研究所.
_____(1992.1.29), ≪아리수리고마≫, 문화행동
_____(1994.8.31.), ≪부끄러운 아리랑≫, 현암사.
(6) 金俊榮(1990.4.5.), ≪韓國古詩歌研究≫, 형설출판사.
(7) 김용옥·최영애(1991.11.30.), ≪도올논문집≫, 통나무.
(8) 김승곤(1992.5.30.), ≪국어토씨연구≫, 서광학술자료사.
(9) 김종택(1993.1.20.), ≪국어 어휘론≫, 탑출판사.
(10) 배우리(1994.4.25.), ≪우리 땅이름의 뿌리를 찾아서≫ 1, 토담.
_____(1994.5.25.), ≪우리 땅이름의 뿌리를 찾아서≫ 2, 토담.
(11) 이영희(1994.10.5.) ≪노래하는 역사≫, 조선일보사.
(12) 조영언(1996.1.10.), ≪노스트라트 어원여행≫, 지식산업사.

6) 국외 간행의 단행본 속에 들어 있는 어원론

(1) 朴炳植 지음 崔鳳烈 옮김(1994.4.13.), ≪韓國上古史≫, 敎保文庫.

인쇄술의 발달로 인한 저서의 출판이 매우 용이해졌다. 컴퓨터 출판은 이를 부추겼다. 어원 연구 결과의 출판도 같은 상황이었다. 1980년대 이후 많은 어원 관계 출판물이 쏟아져 나왔다. 어원학계가 그렇게도 고대하던 어원 사전도 나왔다. 당당히 ≪語源辭典≫이란 이름으로도 두 권이나 나왔다. 하나는 김민수(1997)에 의해 이제까지 나온 어원 연구 결과를 수집·분석·정리한 사전이다. 또 하나는 서정범(2000)에 의해 어원 연구의 방법론을 정립·제시하고, 그 방법론에 따라 어원 연구를 수행하여 편찬한 사전이다. 전자에 대하여는 연구 결과의 보다 완벽한 수집을 주문하고, 후자에 대하여는 보다 많은 단어의 어원 추구를 주문하고 싶다.

국내·외 간행의 어원 사전을 비교하건대 그 선편을 안옥규(1989), 한진건(1990)에게 내 준 것은 반성해야 할 일이다. 완벽을 기하기 위하여 출판을 늦출 수도 있으나 완벽이란 어려운 일이기 때문이다.

국내 간행의 어원론 단행본으로는 이기문(1991)이 이전에 쓴 어휘사 관계 연구 논문을 묶어 낸 것이 있고, 도수희가 이전에 쓴 백제사 관계 어휘의 어원에 관한 논문을 색인까지 붙여 출판해 낸 것이 있다. 신용태는 고대 한자음을 연구하여 알타이어 기원의 국어 어휘를 연구하였다. 고대 한자음의 연구가 깊어질수록 이 같은 연구는 더 많아질 것이다. 최창렬은 이 시기 多産의 어원 연구서를 냈다. 독자를 의식하여 흥미를 가미한 수필식에다 의미론 중심의 어원 연구서를 간행하였다. 이 점은 功過가 반반이다. 조항범은 선학들의 어원 연구물을 수집·정리·출판하면서, 선학들의 업적을 발굴·분석·평정하는 작업을 계속해 왔다. 이것은 자기 학문의 온축을 위하여서도 좋은 일이다.

국외 간행의 어원 연구서로는 리득춘(1988)의 ≪조선어 어휘사≫가 있다.

국내 간행의 단행본 속에 들어 있는 주목할 만한 어원론으로는 유창균, 이병선, 이강로, 최학근, 천소영, 김준영, 김용옥, 김승곤, 김종택, 조영언의 업적이 있다. 조영언은 노스트라트 언어의 관점에서 국어 어원을 탐구해 보이고 있다.

앞으로의 어원 연구는 이제 독자의 흥미를 의식한 수필이라는 그릇을 벗어나야 할 것이다. 학문으로서의 어원론을 정립하기 위해서는 당의(糖衣)를 입히지 않아도, 스스로 챙겨서 약을 먹을 수 있는, 그래서 약을 먹지 않아도 건강한 성인의 독자를 키워야 한다. 언제까지나 우리의 독자들을 당의정(糖衣錠)을 먹여야 하는 유아로 남겨둘 수는 없기 때문이다.

이외에 국립국어연구원에서 내는 "새국어생활", 한국어원학회에서 내는 학회지 "語源硏究"[38], 한국알타이학회에서 내는 "알타이학보"[39]는 한국어 어원 연구의 견인차 역할을 할 것이다. 학회지·회갑 논문집 기타 논문집에 실린 논문들의 평석은 후일을 기약한다.

필자 나름의 노력에도 불구하고 국내·외에서의 혁혁한 어원연구 결과가 이곳에서 언급되지 못한 것도 있을 것이다. 또한 필자의 좁고 얕은 식견으로 혁혁한 업적을 잘못 평정한 곳도 많을 것이다. 다만 사심이 없었음만을 고백하고 싶다. 독자 제현의 애정이 어린 질정을 받아 바로잡을 것을 약속드린다.

---

38) 한국어원학회는 1996년에 창립되어 1998년에 학회지 "語源硏究"를 내기 시작하여 4권 (2001)까지 내고 있다.
39) 1989년에 창립된 한국알타이학회는 학회지 "알타이학보"를 12호(2002년 6월)까지 내고 있다.

참고문헌

사전류

國語學論編(1955), 國語學大辭典, 동경당출판(日書).

國際協力室 編(1983), 韓國學硏究人名錄, 한국정신문화연구원.

南廣祐(1971, 1977), 古語辭典, 일조각.

大韓民國學術院(1966), 學術總覽, 남일인쇄주식회사.

서울대학교 동아문화연구소 편(1979), 國語國文學事典, 신구문화사.

羽田亨 編(1937), 滿和辭典, 京都帝國大學 滿蒙調査會.

耘虛·龍夏(1985), 佛敎辭典, 東國譯經院.

劉昌惇(1979), 李朝語辭典, 연세대학교 출판부.

이정민·배영남(1980), 언어학사전, 한신문화사.

李弘稙 編(1980), 國史大辭典, 세진출판사.

자하어문학회 편(1982), 국어국문학자료집(Ⅰ), 형설출판사.

韓國精神文化硏究院 編(1980), 三國遺事索引.

Karlgren, B. (1923), *Analytic Dictionary of Chinese and Sino-Japanese*, Librairie Orientaliste Paul Geuthner, Paris.

Macdonell, A.A. (Third edition 1927), *Sanskrit-Dictionary*, OXFORD UNIVERSITY PRESS.

Malkiel, Y. (1976), *ETYMOLOGICAL DICTIONARIES*, The University of Chicago Press, LTD., LONDON.

Skeat. W.W. (1897), *AN ETYMOLOGICAL DICTIONARY OF THE ENGLISH LANGUAGE*, OXFORD AT THE CLARENDON PRESS.

단행본

姜吉夫, (1985), 鄕土와 地名, 정음사.

姜成一, (1975), 國語學論攷, 형설출판사.

姜信沆, (1980), 國語學史, 보성문화사.

高永根, (1985), 國語學研究史, 학연사.

權相老, (1961), 韓國地名沿革考, 동국문화사.

_____, (1978), 譯解 三國遺事, 동서문화사.

金根洙, (1980), 韓國學研究, 청록출판사.

金琪彬, (1982), 高興地名由來, 재경고흥군 江西會.

金敏洙, (1972), 新國語學史, 일조각.

_____, (1980), 新國語學史, 일조각.

_____, (1983), 新國語學, 일조각.

김방한, (1983), 韓國語의 系統, 민음사.

金思燁, (1981), 古代 朝鮮語と 日本語, 대흥출판.

金錫得, (1975), 韓國語研究史(上), 연세대학교 출판부.

_____, (1975), 韓國語研究史(下), 연세대학교 출판부.

_____, (1983), 우리말 연구사, 정음문화사.

金昇坤, (1978), 韓國語 助詞의 通時的 研究, 대제각.

_____, (1984), 한국어의 기원, 건국대학교 출판부.

金渭顯, (1985), 遼金史研究, 유풍출판사.

金允經, (1946), 朝鮮文字 及 語學史, 진학출판협회.

_____, (1963), 새로 지은 국어학사, 을유문화사.

金亨奎, (1956), 國語史, 백영사.

_____, (1962), 國語史研究, 일조각.

_____, (1974), 國語方言研究, 서울대학교 출판부.

_____, (1978), 國語史 槪要, 일조각.

金亨柱, (1982), 國語學史, 학문사(倫).

南廣祐, (1979), 國語學 論文集, 일조각.

都守熙, (1977), 百濟語研究, 아세아문화사.

都守熙, (1987~2000), 百濟語研究(Ⅰ)·(Ⅱ)·(Ⅲ)·(Ⅳ), 백제문화개발연구원.

閔丙秀, 李秉根 외 10인, (1985), 國語國文學硏究史, 宇石.

朴甲千, (1968), 말, 百萬人의 言語學, 한림각.

_____, (1973), 世界의 地名, 정음사(倫).

_____, (1974), 語源隨筆, -말의 故鄕을 찾아- 을유문화사, 을유문고 156.

_____, (1976), 말-百萬人의 言語學, 정음사(倫).

朴慶家, (1975), 東言考略.

方鍾鉉, (1972), 一簑 國語學論文集, 민중서관.

邊太燮, (1982), 高麗史의 硏究, 삼영사.

徐炳國, (1977), 新講 國語學史, 학문사(倫).

徐在克, (1980), 中世國語의 單語族 硏究, 계명대학교 출판부.

徐廷範, (1974), 놓친 열차는 아름답다. 범우사.

_____, (1979), 巫女의 사랑이야기, 범조사.

_____, (1985), 學園別曲, 범조사.

_____, (1985), 靈界의 사랑과 그 빛, 범조사.

_____, (1986), 語源別曲, 범조사.

申采浩 著, 李萬烈 註釋, (1983), 註釋 朝鮮上古史(上·下), 형설출판사.

沈在箕, (1982), 國語語彙論, 집문당.

安在鴻, (1947, 1948), 朝鮮上古史鑑 上·下, 민우사.

양주동, (1962), 國學硏究論攷, 을유문화사.

_____, (1963), 麗謠箋注, 을유문화사.

_____, (1970), 增訂 古歌硏究, 일조각.

柳尙熙, (1980), 江戶時代と 明治時代의 日本における 朝鮮語의 硏究, 成甲書房.

柳在泳, (1979), 白雲小說硏究, 원광대학교 출판국.

_____, (1982), 傳來 地名의 硏究, 원광대학교 출판국.

兪昌均, (1969), 新稿 國語學史, 형설출판사.

_____, (1982), 新稿 國語學史, 형설출판사.

_____, (1984), 國語學論攷, 계명대학교 출판부.

劉昌惇, (1973), 李朝國語史硏究, 선명문화사.

_____, (1973), 語彙史 硏究, 선명문화사.

이기문, (1978), 國語史槪說, 탑출판사.

이기문, (1996), 國語史槪說, 탑출판사.

_____, (2000), 신정판 국어사개설, 태학사.

_____, (1977), 國語學論文選 10, 比較研究, 민중서관.

李男德, (1985~1986), 韓國語 語源研究 Ⅰ·Ⅱ·Ⅲ·Ⅳ, 이화여자대학교 출판부.

李民樹 譯, (1983), 朝鮮傳, 탐구당.

_____, (1983), 三國遺事, 을유문화사.

李丙燾, (1956), 斗溪雜筆, 일조각.

_____, (1977), 原文 三國史記, 을유문화사.

_____, (1977), 國譯 三國史記, 을유문화사.

_____, (1979), 譯註 兼 序文 三國遺事, 광조출판사.

_____, (1980), 高麗時代의 研究, 아세아문화사.

李炳銑, (1982), 韓國古代國名地名 研究, 형설출판사.

李錫浩 譯, (1975), 韓國 名著大全集, 대양서적.

李晬光 저, 南晩星 역, (1978), 芝峯類説(上·下), 을유문화사.

李崇寧, (1960), 國語學論攷, 동양출판사.

_____, (1961), 國語造語論攷, 을유문화사.

_____, (1976), 革新 國語學史, 박영사(倫).

_____, (1982), 中世國語文法, 을유문화사.

_____, (1982), 國語學研究, 형설출판사.

李能和 輯述, 李在崑 譯註, (1983), 朝鮮巫俗考, 백록출판사.

李喆洙, (1984), 韓國語史(上), 삼일당.

李 鐸, (1958), 國語學論攷, 정음사.

이희승, (1958), 國語學槪說, 민중서관.

_____, (1959), 國語學論攷, 을유문화사.

張志淵, (1978), 萬國事物紀原歷史, 아세아문화사.

趙文濟·鄭愚相, (1978), 韓國語新講, 학문사(倫).

鄭東愈 著, 南晩星 譯, (1971), 晝永編 上·下, 을유문화사.

丁若鏞 著, 金鍾權 譯, (1979), 雅言覺非, 일지사.

鄭寅普, (1983), 薝園 鄭寅普全集 3·4, 朝鮮史研究 上·下 연세대학교 출판부.

趙恒範 編, (1994), 國語語源研究叢説 (Ⅰ), 태학사.

崔南善·李能和, (1981), 朝鮮巫俗考, 薩滿教劄記, 민속원.

崔南善, 六堂 崔南善 全集, 현암사.

崔明官, (1958), 人間論, 민중서관.

崔範勳, (1976), 韓國語學論攷, 통문관.

_____, (1977), 漢字借用表記體系研究, 동국대학교 한국학연구소.

_____, (1980), 韓國學散藁, 이우출판사.

_____, (1985), 韓國語發達史, 통문관.

崔鶴根, (1980), 알타이 語學論攷, 현문사.

허 웅, (1984), 국어학, 샘문화사.

洪思滿, (1983), 國語特殊助詞論, 학문사.

민족문화 추진회, (1978), 국역 고려도경.

_____, (1969~1978), 국역 신증 동국여지승람.

Courant, M. 金壽卿 譯, (1946), 朝鮮文化史序說, 범장각.

Griffis, W.E. 申福龍 譯, (1978), 隱者의 나라 韓國 Ⅰ·Ⅱ·Ⅲ, 탐구당.

Hamel, H. 李丙燾 譯註, (1971), 하멜 漂流記, 일조각.

Ivić, M. 이덕호 譯, (1984), 현대언어학사, 종로서적.

Jespersen, O. 김선재 옮김, (1961), 언어, 한국번역도서주식회사.

Oppert, E. 韓沾劤 譯, (1982), 朝鮮紀行, 일조각.

Ramstedt, G.J. (1949), *Studies in Korean Etymology*, Helsinki.

_____, (1981), *G.J. RAMSTEDT 論文集 Ⅰ*, (1903~1950), 태학사.

_____, (1982), *PARALIPOMENA OF KOREAN ETYMOLOGIES*, SUO-
       MALAIS-UGRILAINEN SEVRA.

Waterman, J. T. 李乙煥 譯, (1982), 言語學小史, 숙명여자대학교 출판부.

白鳥庫吉, (1965), 白鳥庫吉著作集 第一, 二, 三卷, 태학사.

小倉進平, (1964), 朝鮮語學史, 刀江書院.

岩淵悅太郎, (1974), 語源散策, 매일신문사.

前間恭作, 前間恭作著作集 上卷, 京都大學國文學會.

鮎貝房之進, (1972), 雜攷 新羅王號攷 朝鮮國名攷, 국서간행회.

河野六郎, (1972), 河野六郎著作集 第一, 二, 三卷, 평범사.

논문

姜根保, (1963), "語彙散考: 제주방언을 중심으로", 제주도 통권 7호, 제주도청.

강길운, (1959)[a], "달팽이 명칭고", 한글 통권 124호.

_____, (1950)[b], "造語論小考: 계집을 중심으로 (上·下)", 現代文學 5권 7·8호 (통권 제55·제56호).

_____, (1980), "國語의 轉義語와 死語의 語源研究(Ⅲ)", 藏菴 池憲英先生 古稀 紀念論叢.

_____, (1981), "國語系統論散攷", 국어국문학 85.

_____, (1982), "韓國語와 Ainu語와의 비교", 語文研究 11집.

_____, (1982), "伽倻語와 드라비다어와의 비교(Ⅰ)", 언어 3집, 충남대학교 언어 훈련원

_____, (1983)[a], "伽倻語와 드라비다어와의 비교(Ⅱ)", 水原大學 論文集 제1집.

_____, (1983)[b], "길약어와 한국어의 비교연구(Ⅰ)", 秋江黃希榮博士頌壽紀念論 叢.

_____, (1983)[c], "한국어와 길약어는 동계이다. (Ⅰ)", 한글 182호.

_____, (1984), "길약어와 한국어의 비교연구(Ⅱ)", 水原大學 論文集 제2집.

_____, (1985), "伽倻語와 드라비다어와의 비교(Ⅲ)", 具壽榮華甲紀念論叢, 형설 출판사.

강성일, (1962), "Kačaŋ 發達攷", 語文學 통권 8호.

_____, (1966), "마당(場)과 바닥(掌·底)攷: Cognate Words 형성을 중심으로", 東亞論叢 3집, 동아대학교.

_____, (1971), "남해의 風名에 대하여", 藏菴 池憲英先生 華甲紀念論叢.

康允浩, (1958), "바다(海)系語의 消長에 관하여", 國語敎育研究 통권 1호.

姜憲圭, (1972), "語辭分化의 방법론적 고찰: 品詞轉成을 중심으로", 公州敎大 論 文集 9집 1호.

_____, (1977), "語辭分化의 의미적 기준", 公州敎大 論文集.

_____, (1981), "'處容'의 語意考", 公州師大 論文集 제19집, 韓國言語文學 20집.

_____, (1983), "就利山 周邊 二三地名考", 公州師大 論文集 제21집.

_____, (1985), "'기생'의 어원", 한글 189호.

高柄翊, (1970), "「三國史記」에 있어서의 역사 서술", 東亞交涉史의 研究, 서울대

학교 출판부.

고송무, (1979), "「람스테트」와 한국어 연구", 한글 통권 166호.

_____, (1980), "제정 러시아의 한국어 및 한국 연구", 한글 169호.

_____, (1983), "까스트렌·뽈리바노프·람스테트", 秋江 黃希榮博士 頌壽紀念
論叢.

高在烋, (1939), "언어와 역사적 연구의 의의", 正音 32호.

_____, (1940), "比較言語研究草", 正音 34호, 36호.

_____, (1941), "언어상으로 본 內鮮關係", 正音 37호.

金甲周, (1980), "圓覺寺의 照剌赤에 대하여", 南溪 曹佐鎬博士回甲紀念論叢.

김계원, (1967), "대마도(Tsushima)의 본이름 살피기", 한글 통권 139호.

金公七, (1980), "아이누어 數詞에 대하여", 延岩 玄平孝博士回甲紀念論叢, 형설출판사.

_____, (1982), "아이누어의 대명사에 대하여", 北泉 沈汝澤先生華甲紀念論叢.

金光海, (1982), "子音交替에 의한 어휘분화 현상에 대하여", 국어교육 42, 43.

金銅基, (1960), "하느님 語源攷", 語文論集 1호.

김동소, (1981), "'둘'의 어원학", 語文學 41.

_____, (1982), "ㅎ말음 명사의 어원", 조규설교수화갑기념 國語學論叢, 형설출
판사.

金芳漢, (1980), "한국어 어원 연구를 위하여", 말 제5집, 연세대학교.

_____, (1982), "「溝漊」와 「烏斯含」에 관하여", 언어학 제5호, 한국언어학회.

金三守, (1962), "契의 諸學說의 음미와 그 전체개념에 관한 史的研究", 亞細亞女
性研究 1, 숙명여자대학교 아세아여성문제연구소.

김선기, (1967), "길쁠불 노래(彗星歌): 신라 노래의 하나", 現代文學 통권 145호.

_____, (1968), "한·일·몽 단어 비교", 한글 142호.

_____, (1973. 3. 24-25), "'慰禮城'의 어원", 명지대학 주최 동아일보사 후원 제1
회 백제문화학술강연회 강연요지.

_____, (1976. 2~1979. 3), "가라말의 덜", 現代文學.

_____, (1973), "백제지명 속에 있는 고대 음운 변천", 백제연구 제4, 충남대학교.

金昇坤, (1970), "'이' 주격조사의 語源考", 學術誌 제12집 건국대학교 학술연구원.

_____, (1984), "한국어 이두의 처소격조사 '良中'의 어원 연구" 두메 박지홍교수
회갑기념 논문집.

金榮振, (1983), "'판수' 攷", 民俗語文論叢, 계명대학교 출판부.

金永泰, (1983), "지명연구에 대하여", 秋江 黃希榮博士 頌壽紀念論叢.

金完鎭, (1970), "이른 시기에 있어서의 韓中 언어접촉의 一斑에 대하여", 語學硏究 제Ⅲ 제1호, 서울대학교 어학연구소.

金源表, (1947)[a], "술(酒)의 어원에 관한 一考察", 한글 통권 100호.

_____, (1947)[b], "'가시'와 '각시'의 어원에 관한 한 고찰", 한글 통권 101호.

_____, (1948), "'벼(稻)'와 '쌀(米)'의 어원에 대한 고찰", 한글 통권 104호.

_____, (1949)[a], "'보리(麥)'의 어원과 그 유래", 한글 통권 107호.

_____, (1949)[b], "'누에(蠶)'의 기원과 그 語源攷", 한글 통권 108호.

_____, (1962), "고서에 보이는 '兎'의 어원고: 어원학상에서 본 阿斯達과 吐含山의 지명", 한글 통권 130호.

金允經, (1939), "興淸의 어원", 博文 통권 11호, 박문서관.

金正鎬, (1981), "고지명의 어휘 및 어원연구" 중앙대학원.

_____, (1983), "三千浦 고지명의 어휘 및 語源攷: 〈몰 · 골 · 니〉형을 중심으로", 秋江 黃希榮博士 頌壽紀念論叢.

金宗澤, (1980), "국어 어휘분화의 機制", 蘭汀 南廣祐博士華甲紀念論叢.

金泰能, (1964), "「耽羅」의 呼稱에 대한 私考", 제주도 13.

金泰鍾, (1936), "역사에 나타난 어원", 한글 통권 35호.

金宅圭, (1959), "迎鼓와 「오구」에 대하여: 上古民俗文學 연구의 一端", 국어국문학 20호.

金判南, (1941), "'가재는 게편'의 어원", 한글 통권 85호.

金亨奎, (1947), "「三國史記」의 地名考", 震檀學報 16호.

_____, (1956), "계집에 대하여", 한글 통권 119호.

金炯秀, (1964), "'있다'의 基語 및 그 파생어에 대하여", 청구대학 대학원.

_____, (1965), "'isi-'의 基語 推定", 語文學 13호, 한국어문학회.

_____, (1967), "주격 '-이'의 어원에 대하여", 語文學 17호, 한국어문학회.

南廣祐, (1956), "고대국어조어법의 한 고찰", 한글 121호.

_____, (1957), "名詞曲用에 있어서의 ㄱ의 고찰", 一石 李熙昇先生 頌壽紀念論叢.

_____, (1959), "고문헌에 나타난 희귀어 고찰", 文耕 제8집, 중앙대학교 문리과대학.

_____, (1961), "사동 · 피동형의 역사적 고찰".

南豊鉉, (1968), "15세기 諺解文獻에 나타난 정음 표기의 중국계 借用語辭考察",

국어국문학 39, 40.

南豊鉉, (1968), "중국어 차용에 있어서의 직접차용과 간접차용의 문제에 대하여", 李崇寧博士 頌壽紀念論叢.

_____, (1972), "15세기 국어의 한자어 借用考", 국문학논집 5, 6합집, 단국대학교 국어국문학과.

_____, (1985), "국어 속의 차용어", 국어생활 제2호, 국어연구소.

도수희, (1972), "百濟王稱語小考", 百濟硏究 3, 충남대학교 백제연구소.

_____, (1974), "'金馬渚'에 대하여", 百濟硏究 5, 충남대학교 백제연구소.

_____, (1975)ᵃ "所夫里攷", 語文硏究 9, 일조각.

_____, (1975)ᵇ "백제어의 '仇知'와 '實'에 대하여" 國語學 3, 국어학회.

_____, (1979), "백제지명연구(Ⅰ)", 百濟硏究 10, 충남대학교 백제연구소.

_____, (1980), "백제지명연구(Ⅱ)", 백제연구 11, 충남대학교 백제연구소.

_____, (1980), "백제어의 '餘村·沙平'에 대하여", 蘭汀 南廣祐博士華甲紀念論叢.

_____, (1982), "백제전기의 언어에 관한 연구", 百濟硏究, 충남대학교 백제연구소.

朴甲洙, (1987), "'東言考略'의 네 異本攷", 國語學 7, 국어학회.

_____, (1978), "'東言考略'의 表音表寫傾向: 「小倉本」과 「鄭本」의 비교", 國語學 9.

朴魯哲, (1934), "古語源流考", 한글 통권 16·18호.

_____, (1940), "語源怪考數題", 한글 8권 6호.

朴炳采, (1968), "국어에서 차지하는 漢語의 위치", 高代文化 9.

_____, (1968), "고대 삼국의 지명어휘고", 백산학보 제5호.

朴用厚, (1968), "耽羅名義考", 제주도 34.

朴恩用, (1968), "중국어가 한자어에 미친 영향", 東西文化 2, 영남대학교 동양문화연구소.

_____, (1968), "지명표기에 의한 舌·花의 古形推定", 李商憲先生 回甲紀念論文集.

_____, (1968), "海平考: 河·海를 중심으로 한 단어족의 비교연구", 東西文化, 6·7, 영남대학교 동양문화연구소.

朴恩用, (1971), "윷놀이의 '걸'에 대하여: 馬의 고유어탐구", 藏菴 池憲英先生華甲紀念論叢.

_____, (1974, 1975), "한국어와 만주어와의 비교 연구(상·중)", 효성여자대학교 연구

논문집.

朴恩用, (1977), "莧과 疥癬의 명칭을 통해 본 한국어와 만주어의 비교연구", 曉星 女大 論文集.

박태권, (1970), "황윤석의 어학설에 대하여", 한글 통권 146호.

方鍾鉉, (1931), "동서남북과 바람", 朝鮮語文學報, 통권 2호, 조선어문학회.

_____, (1939), "私見 二題", 한글 제8권 7호.

_____, (1941), "속담어원", 한글 제9권 2호(통권 84호).

徐首生, (1974), "가야산 해인사연구: 특히 가야산 해인사의 語意와 海印三昧에 대하여", 語文學 30호.

徐元燮, (1969), "鬱陵島의 지명유래", 地理教育 3권 1호.

徐在克, (1964), "語頭/p/·/m/의 교체와 語辭分化", 국어국문학 27.

_____, (1965), "嘉俳攷", 大邱教大 論文集 1집.

_____, (1968), "계집의 어원고찰", 杏丁 李商憲先生 回甲紀念論文集.

_____, (1984), "'느지르샷다'의 구성", 兪昌均博士 還甲紀念論文集. 계명대학교 출판부.

徐廷範, (1958), "韓國特殊語研究: 隱語發生起源을 중심으로 하여 은어로 본 白 丁사회", 경희대학교 대학원.

_____, (1958), "隱語文字考: 주로 서울 裏巷社會 group을 중심으로", 국어국문 학 통권 19호.

_____, (1959), "특수어 명칭고", 高鳳 3권 2호(통권 6호), 경희대학교.

_____, (1960), "색채 형용사에 대하여", 慶熙大 文理學叢.

_____, (1961, 1962), "어원의 이모저모", 自由文學 통권 52, 54, 56, 62, 63, 64호.

_____, (1961), "轉成形容詞의 形成考", 慶熙大 文理學叢 1집.

_____, (1962), "고대 탄생설화", 自由文學 7권 8호(통권 64호).

_____, (1966), "어원의 이모저모", 高鳳 13호, 경희대학교.

_____, (1969), "여성에 관한 명칭고", 亞細亞女性研究 8집, 숙명여자대학교 아세아 여성문제연구소.

徐廷範, (1970), "神話와 언어: 尊長者의 어원을 중심으로", 藝術院論文集, 제9집.

_____, (1970), "박·시치미고", 한국민속학 2집.

_____, (1970), "삼神考, 處容歌考", 亞細亞女性研究, 숙명여자대학교 아세아여성 연구문제연구소.

徐廷範, (1971), "'보름'의 어원고", 국어국문학 통권 51호.

_____, (1972), "꼭두각시 語考", 한국 종교학 1집.

_____, (1972), "새타니 語考", 국어국문학 55-57 합병호.

_____, (1983), "原始國語再構를 위한 한일양국어의 공통조어 연구" 慶熙語文學 6집.

_____, (1984), "봄의 어원", 月刊文學 통권 187호.

_____, (1984), "국어의 조어연구", 語文硏究 42·43 합병호.

_____, (1984), "한국어 어원연구: ㄹ系接尾辭를 중심으로", 慶熙大學校 論文集 제 13집.

_____, (1984), "무당이야기", 季刊 藝術界 창간호.

_____, (1985), "우리말의 슬기", (조어재구와 어원연구), 季刊 藝術界 통권 제2 권, 제7호.

_____, (1985), "胎夢", 月刊文學 제18권(통권 193호).

_____, (1985), "數詞의 조어연구", 語文論叢 제1집, 경희대학교 대학원 국어국문학과.

성백인, (1978), "한국어와 만주어의 비교 연구", 언어학 3, 한국언어학회.

孫晋泰, (1953), "蘇塗考訂補", 朝鮮民俗學, 조선민속학회.

安在周, (1961), "詞腦의 語義와 장르에 대하여", 現代文學 통권 75호.

송정석, (1973), "'ㅇㄹ' 낱말의 어원고", 韓國語文學, 제10집.

申敬淳, (1973), "小地名語의 유형분류와 고유지명 대 한자지명의 대응관계연구", 淸州敎大 論文集 9집.

_____, (1974), "地名語硏究序", 國語敎育硏究 Ⅲ, 전국교대 국어연구회.

_____, (1976), "小地名語의 命名有緣性의 유형에 관한 연구", 淸州敎大 論文集 12집.

申景澈, (1984), "物名考의 동물명 어휘고", 상지대학병설 실업전문대학 論文集 3집.

_____, (1985), "「物名考」의 식물명 어휘고", 羨烏堂 金炯基先生 八耋紀念 國語 學論叢, 語文硏究會.

辛容泰, (1985), "한국어의 어원연구(序說)", 羨烏堂 金炯基先生 八耋紀念 國語學論叢.

_____, (1985), "韓國語·殷語·日本語의 단어족 硏究序說", 국어교육 51·52호, 한국 국어교육 연구회.

辛兌鉉, (1958), "三國史記地理志의 연구", 新興大學校 論文集 1輯.

_____, (1959), "신라 職官 및 軍制의 연구", 新興大學校 創立十周年紀念 論文集,

제2권.

辛兌鉉, (1961), "三國王名位號考", 경희대학교, 文理學叢 1.

沈汝澤, (1972), "제주도 지명연구", 濟州大 論文集 4.

_____, (1977), "地名研究序說", 濟州大 論文集 8.

沈在箕, (1981), "東韓譯語에 대하여", 金亨奎博士 古稀紀念論叢.

_____, (1982), "한자어의 전래와 그 기원적 계보", 金亨奎博士 頌壽紀念論叢.

沈鎭衡, (1940), "속담어원", 한글 통권 81호.

_____, (1941), "'저 먹자니 싫고 남 주자니 아깝다'의 語源", 한글 통권 89호.

_____, (1941), "'대매에 때려 죽일 놈'의 어원", 한글 통권 90호.

安秉禧, (1963), "ᄌᆞ가語攷", 국어국문학 통권 26호.

安英姬, (1969), "閼英의 발상지 閼川名義考: 박혁거세 신화를 중심으로", 亞細亞女性研究 8집, 숙명여자대학교 아세아여성문제연구소.

_____, (1970), "솔의 어원고: 솔과 여성의 관계를 중심으로", 亞細亞女性研究 9집.

_____, (1972), "古人들에게 반영된 꽃의 의미", 亞細亞女性研究 11집.

안호상, (1962), "고대의 한국사상에 관한 연구", 亞細亞研究 Vol. V, No.1, 고려대학교 아세아문제연구소.

_____, (1965), "나라이름 조선에 관한 고찰", 亞細亞研究 8-2.

_____, (1966), "배달임금(檀君)과 배달나라(檀國)의 고유한 道義原理들과 화랑도에 관한 연구", 東亞論叢 동아대학교.

_____, (1967), "민족의 주체성과 화랑얼".

_____, (1967), "단군왕검의 來歷과 그 이념" 現代文學 통권 155호.

梁柱東, (1936), "上代語 연구의 길에서", 朝光 2권 1호, 조선일보사.

_____, (1937), "稽古襍俎, -近者研究의 主題", 朝光 3권 1호.

_____, (1938), "語義攷數則", 正音 통권 27호, 조선어학연구회.

_____, (1940), "詞腦歌釋註 序說: 향가의 原稱과 그 原義", 文章 통권 21호, 문장사.

_____, (1946), "하눌의 原義: 尉那, 鴨綠, 浿水, 太白 기타", 國學 1호, 국학전문학교 학생회.

_____, (1958), "古語研究抄: 雅三·俗四攷", 思潮 1권 5, 6, 7호.

_____, (1959), "도령과 아리랑: 古語研究 二題", 民族文化 4권, 2호, 민족문화사.

_____, (1959), "님, 년, 놈 考: 古語研究抄", 民族文化 4권, 3호.

梁柱東, (1959), "國史古語彙考: 古語硏究抄(上)", 새벽 6권 4호, 새벽사.

_____, (1963), "아리랑 고설: 아울러 우리의 어원", 漢陽 2권 5호, 한양사.

_____, (1963), "端午·流頭·秋夕考: 그 본 말과 語源故事", 漢陽 2권 7호.

_____, (1965), "和白花郎考: 고어풀이 2題", 國會報 통권 50호, 국회사무처.

_____, (1966), "국어어휘의 聲調美, 구성미: 대표 단어 10개, 그 어원", 世代 4권, 11호(통권 40호).

_____, (1968), "國史古語彙借字原義考: 국호·지명·시조·官名·祭政·歌樂 名 등", 明知大 論文集 1집.

_____, (1972), "故言硏究抄: 恒用語들의 어원유래, 原義 雜考", 明知大 論文集 5집.

呂增東, (1983), "'윷놀이'에 대하여", 民俗語文論叢, 계명대학교 출판부.

玉蘇山人, (1916), "語源二題", 한글 제8권, 8호(통권 81호).

柳在泳, (1972), "전북지방의 전래지명의 연구", 圓光大論文集 6집.

_____, (1974), "杯山의 명칭에 대한 고찰", 원광대학교, 國語國文學硏究 1.

_____, (1975), "彌勒山 명칭에 대한 고찰", 馬韓百濟文化 1, 원광대학교.

_____, (1975), "지명표기의 한 고찰", 圓光大 論文集 8집.

_____, (1985), "臟腑名稱語에 대한 고찰", 于雲 朴炳采博士 還曆紀念論叢.

兪昌均, (1971), "화랑의 어원", 新羅 伽倻文化 제3집, 영남대학교.

_____, (1985), "弁·辰韓 지역에 殘存하는 약간의 어휘에 대해", 千時權 華甲紀念 國語學論叢, 형설출판사.

劉昌惇, (1954), "族親稱號의 어원적 고찰", 思想界 2권 2호, 思想界社.

_____, (1957), "漢淸文鑑語彙考", 국어국문학 통권 17호.

_____, (1967), "語根·語源의 편모", 靑坡文學 7집, 숙명여자대학교 국어국문학회.

_____, (1963), "'느지르샷다' 攷", 東方學志 제6집.

_____, (1966), "여성어의 역사적 고찰", 亞細亞女性硏究 5집, 숙명여자대학교 아세아여성문제연구소.

尹定夏, (1937), "어원의 一考察", 正音 통권 18,19, 20호, 조선어학연구회.

李江魯, (1972), "인천의 옛이름 買召忽에 대한 어원적 고찰", 畿甸文化硏究 1, 인천교육대학교.

_____, (1973), "三國史記 地理志에 記寫된 '買'자 연구", 畿甸文化硏究 2, 인천교육대학교.

李基文, (1958), "語辭의 분화에 나타나는 ABLAUT적 현상에 대하여", 최현배선생 환갑기념논문집.

_____, (1958), "女眞語 地名考", 문리대학보 61.

_____, (1958), "A Comparative Study of Manchu and Korean, *Ural Altaische Jahrbücher*" Band XXX, Heft 1-2.

_____, (1964), "Mongolian Loan-Words in Middle Korean", *Ural Altaische Jahrbücher*, 35, B.

_____, (1965), "근세 중국어차용어에 대하여", 亞細亞硏究 Vol.Ⅶ, No.2.

_____, (1966), "鷹鶻名의 기원적 고찰", 李秉岐博士 頌壽論文集.

_____, (1968), "鷄林類事의 재검토", 東亞文化 8.

_____, (1971), "語源數題", 金亨奎박사 頌壽紀念論叢.

_____, (1974), "언어자료로서 본 三國史記", 震檀學報 38호.

_____, (1980), "'글'에 관한 斷想", 藏菴 池憲英先生 古稀紀念論叢.

李基白, (1973), "신라 葛文王考", 歷史學報 58.

李男德, (1977), "한국어 비교방법에 있어서의 同根派生語 연구에 대하여", 李崇寧先生 古稀紀念 國語國文學論叢.

_____, (1981), "한국 새이름의 어원", (上), (中), 文學思想.

_____, (1984), "민족의 원초시대 그리고 말의 답사", 文學思想.

_____, (1985), "太陽의 어원", 文學思想 통권 148호.

_____, (1982), "「가운데」語源考", 北泉 沈汝澤先生 華甲紀念論叢, 형설출판사.

이돈주, (1965), "전남 지방의 지명에 관한 고찰: 특히 suffix의 분포를 중심으로 한 시고(試考)", 국어국문학 29호.

_____, (1965), "지명 어사(語辭)의 Morpheme Alternants에 대하여", 韓國言語文學 3집.

_____, (1966), "완도(莞島) 지방의 지명고", 湖南文化硏究 4집, 전남대학교.

_____, (1966), "전남지방의 지명에 사용된 한자어의 분석적 연구", 全南大論文集 12집.

_____, (1968), "한국 지명 한자어의 통계와 분석: 현 한국 행정 구역명을 대상으로", 全南大論文集 14집.

_____, (1971), "지명어의 소재와 그 유형에 관한 비교 연구: 지명의 유연성을 중심으로", 한글학회 50돌 기념 논문집.

李丙燾, (1952), "薯童說話에 대한 新考察", 歷史學報 1권.

_____, (1952), "開天節의 역사적 의의", 斗溪雜筆.

_____, (1955), "阿斯達과 朝鮮", 서울대학교 論文集 人文·社會科學 제2집.

_____, (1956), "고구려 國號考", 서울대학교 論文集 제3집.

_____, (1965), "于山 竹島 명칭고", 曉星 趙明基博士 頌壽紀念 佛敎史學論叢.

_____, (1966), "두레와 그 어원에 대한 재고찰", 가람 李秉岐博士 頌壽論文集.

_____, (1968), "ᄆᆞ을과 두레에 대하여", 思想界 16권 4호.

李炳銑, (1972), "任那의 名義에 대하여", 동경 한국연구원(日文).

_____, (1973), "지명에 나타난 kVm〈神·君〉語와 古代國名考", 문교부연구보고
          서(어문학계 1).

_____, (1973), "駕洛國의 국명·왕명·성씨명·인명의 표기와 金海地名攷", 釜
          山大 論文集 15.

_____, (1975), "고대 郡縣名과 國名考", 釜山大 論文集 20.

_____, (1976), "高山名考", 한국어문논총, 又村 姜馥樹博士 回甲紀念論文集 1.

_____, (1976), "扶餘國名考", 金亨奎教授 停年退任紀念論文集.

_____, (1978)[a], "慰禮城과 百濟十濟國名考", 語文學 37, 한국어문학회.

_____, (1978)[b], "木出島의 名義와 比定에 관한 고찰", 국어국문학 78.

_____, (1982)[a], "對馬島' 지명고", (韓國古代地名研究 附錄).

_____, (1983), "'乙支'의 어원에 대하여", 국어국문학 제21집, 부산대학교.

_____, (1984), "四季節名의 어원고", 牧泉 兪昌均博士 還甲紀念 論文集, 계명대
          학교 출판부.

_____, (1985), "對馬島의 名義考", 千時權華甲紀念 國語學論叢, 형설출판사.

李聖柱, (1938), "약간의 어원분석", 한글, 통권 57호.

李崇寧, (1935), "魚名雜攷", 震檀學報 통권 2호, 진단학회.

_____, (1935), "시간어휘에 대하여", 한글 3권, 4·5호.

_____, (1936), "魚名雜攷", 한글 4권 10호.

_____, (1946), "언어연구에서 본 人名攷", 한글 11권 5호.

_____, (1953), "람스테트 박사와 그의 업적", 音韻論研究(민중서관, 1955).

_____, (1955), "Ablaut 연구", 한글 통권 111호.

_____, (1957), "國語造語論試攷", 震檀學報 18.

_____, (1964), "黃胤錫의「理藪新編」의 고찰", 陶南 趙潤濟博士 回甲紀念 論文

集.

李崇寧, (1965), "국어를 통하여 본 太古時代의 思考法推想", 展望 통권 3호, 전망사.

_____, (1972), "국어에 반영된 중국문화의 어휘론적 고찰", 서울대학교 문리과
　　　　대학, 文理大教養講座.

李佑成, (1962), "閑人 白丁의 新解釋", 歷史學報 19.

李日永, (1976), "윷(柶戱)의 유래와 명칭에 관한 고찰", 韓國語보 2집.

李載浩, (1969), "『三國史記』와 『三國遺事』에 나타난 국가의식", 부산대학교 논
　　　　문집 제10집.

李鍾徹, (1981), "'華音方言字義解'에서 본 몇가지 국어어원에 대하여", 국어교육
　　　　38호.

李喆洙, (1982), "지명언어학 研究序說(Ⅰ): 지명언어학 연구영역을 중심으로",
　　　　語文研究 35, 한국어문교육연구회.

_____, (1983), "지명언어학 研究序說(Ⅱ): 지명언어학론을 중심으로", 仁荷大
　　　　學校 論文集 제9집.

이　탁,(1956), "한국어와 중국어에 공통한 계통적 음운법칙 몇 가지", 한글 통권
　　　　118호.

_____, (1957), "음운법칙과 어원밝히기", 국어교육 29호.

_____, (1959), "언어상으로 고찰한 우리 고대 사회상의 편모", 한글 통권 124호.

_____, (1963), "Eleven Twelve Antagonist 및 Language의 어원에 대한 새로운
　　　　고찰", 東方學志, 7집, 연세대학교 동방학연구소.

_____, (1964), "A New Etymological Study of the English Word 'Eleven',
　　　　'Twelve', 'Antagonist' and 'Language'", 국어교육 제8호, 한국국어교육
　　　　연구회.

_____, (1965), "『강강수월래』의 유래", 국어교육 11호, 한국국어교육연구회.

_____, (1967), "국어 어원풀이의 일단", 한글 통권 140호.

李惠求, (1953), "'시나위'와 '詞腦'에 대한 고찰", 국어국문학 8호.

李熙昇, (1932), "지명연구의 필요", 한글 제1권, 제2호.

任東權, (1969), "아리랑의 기원에 대하여", 한국민속학 창간호, 민속학회.

張泰鎭, (1968), "방향에 관한 風名語彙의 연구", 국어국문학 통권 41호.

_____, (1969), "물고기 이름의 어휘 연구: 어부 집단을 중심으로", 한글 통권 143호.

田蒙秀, (1937), "古語研究(上)", 한글 제5권 8호.

田蒙秀, (1937), "古語研究(下)", 한글 제5권 9호.

_____, (1938), "語源攷(一)", 한글 제6권 4호

_____, (1938), "語源攷(二)", 한글 제6권 5호.

_____, (1938), "語源攷(三)", 한글 제6권 7호.

_____, (1940), "신라의 名義", 한글 제8권 4호.

全在昊, (1973), "'겨집과 '안해'의 의미변천", 淸溪 金思燁博士頌壽紀念論叢.

鄭東華, (1977), "아리랑 어원고", 국어국문학 제76호.

_____, (1979), "아리랑 어원에 대한 연구", 국어국문학 81호.

鄭文基, (1936), "명태의 이름과 어원", 한글 4권 5호.

丁仲煥, (1956), "辰國三韓 及 伽羅名稱考", 釜山大 15周年紀念論文集.

趙東卓, (1939), "語源小考", 한글 7권 11호.

_____, (1939), "語源小考", 正音 통권 32호.

_____, (1955), "新羅國號研究論考: 新羅原義攷", 高大 50周年紀念論文集.

池春洙, (1970), "국어문헌에 나타난 馬具 명칭에 대하여", 한글, 제145, 146호.

_____, (1972), "중세국어의 기본어 研究序說", 국어국문학, 55-57호.

池憲英, (1942), "朝鮮地名の 特性", 朝光 제8권 제9호.

_____, (1943), "鷄足山下地名考", 朝光 제9권 제9호.

_____, (1962), "居西干·次次雄·尼師今에 대하여", 語文學 통권 8호.

_____, (1963), "「阿冬音」에 대하여(上)", 韓國言語文學 창간호.

_____, (1964), "「阿冬音」에 대하여(下)", 韓國言語文學 제2집.

_____, (1967), "「熊嶺會盟·就利山會盟」의 築壇 위치에 대하여", 語文研究 제5집.

_____, (1970), "「炭峴」에 대하여", 語文研究 제6집.

_____, (1971), "「善陵」에 대하여", 東方學志 제12집.

_____, (1972), "「豆良尹城」에 대하여", 百濟研究 제3집.

_____, (1972), "鄕歌研究를 둘러 싼 昏迷와 의문", 語文論志 제1집.

_____, (1973), "産長山下 地名考", 百濟研究 제4집.

_____, (1974), "향가의 해석에 대한 제문제", 숭전어문학 제2집.

_____, (1974), "「薯童說話」 연구의 評議", 韓國語文學大系, 한국어문학회.

車一路, (1941), "시골말에서 찾아본 語意", 한글 9권 3호(통권 85호).

崔南善, (1929), "조선어 男女根名稱考", 怪奇 1권 2호(통권 2호), 동명사.

崔範勳, (1969), "韓國地名學研究序說", 국어국문학, 42, 43 합병호.

崔範勳, (1973), "固有語地名研究", 鷺山古稀論文集.

_____, (1976), "固有語地名接尾辭研究", 韓國語學論考, 통문관.

_____, (1980), "地名研究試考", 韓國學散藁, 이우출판사.

_____, (1980), "'서울'의 古名攷", 南廣祐華甲記念論文集.

_____, (1981), "제주도 지명연구", 京畿大 論文集 8집.

_____, (1982), "'아기'의 차용 표기에 대하여", 語文研究 제11집, 藏菴池憲英先生追慕記念號.

_____, (1983), "제주도 특수지명에 대하여", 秋江 黃希榮博士頌壽紀念論叢

崔昌烈, (1976), "국어 투명어의 유형고", 김형규교수 정년퇴임 기념 논문집.

_____, (1984)ᵃ, "우리말 계절풍 이름의 어원적 의미", 한글 통권 183호.

_____, (1984)ᵇ, "한국어 어원탐색 시고-새로 익은 우리말의 어원 추적", 어학 11, 전북대학교 어학연구소.

_____, (1985)ᵃ, "우리말 색채어의 어원적 의미", 새결 박태권선생 회갑기념 논총.

_____, (1985)ᵇ, "우리말 친족어의 어원적 의미", 국어교육 51·52호, 한국국어교육연구회.

_____, (1985)ᶜ, "한자 귀화어의 어원적 의미", 어학, 전북대학교 어학연구소.

_____, (1985)ᵈ, "民間語源說反論", 千時權博士 華甲紀念 國語學論叢, 형설출판사.

_____, (1985)ᵉ, "우리말 시간 계열어의 어원적 의미", 한글 188호.

_____, (1985)ᶠ, "한국 어원학의 전망", 교육논총(전북대학교) 5.

_____, (1985)ᵍ, "'가르치다'의 어원적 의미", 선오당 김형기선생 팔질기념국어학논총.

_____, (1986), "우리말 '보름' 이름의 어원적 의미", 백민 전재호 박사 회갑기념 국어학논총.

崔泰永, (1955), "우리나라의 옛날의 어음 관습", 中央大 30周年 紀念論文集.

崔鶴根, (1959), "동사, '붓도도다'의 어원론적 고찰", 한글 통권 124호.

_____, (1959), "G.J. Ramstedt씨의 한글 어원 연구", 한글 통권 125호.

_____, (1960), "語源研究方法論小考", 한글 통권 126·127호.

_____, (1964), "國語數詞와 Altai語 數詞와의 어느 공통점에 대하여", 趙潤濟博士回甲紀念論文集.

_____, (1971), "On the Numeral Terms of Korean Language", 金亨奎博士頌壽紀念論叢.

崔鶴根, (1973), "Ablaut 현상과 모음교체에 대하여", 語文學, 한국어문학회.

최현배, (1959), "'朝鮮'의 말밑", 연세대학교 문과대학, 人文科學 제4집.

_____, (1963), "다시 조선의 말밑에 대하여", 연세대학교 문과대학, 人文科學 10.

表文化, (1953), "朝鮮語源에 관한 一考", 自由世界 통권 14호.

許永鎬, (1931), "절(寺)의 어원에 대하여", 佛敎 통권 86호, 불교사.

_____, (1946), "樂浪語義考", 新生 통권 1호, 2호, 신생사.

_____, (1950), "計數觀: 語源記", 新天地 5권 2호, 서울신문사.

_____, (1950), "火風觀: 語源記", 新天地 5권 3호, 서울신문사.

_____, (1950), "君長觀: 語源記", 新天地 5권 4호, 서울신문사.

_____, (1950), "天地日月觀: 語源記", 新天地 5권 5호, 서울신문사.

玄平孝, (1968), "나물 語詞에 대한 어원적 고찰", 제주도 통권 37호, 제주도청.

_____, (1969), "제주도방언에서의 '나무'와 '나물' 語詞에 대하1여", 國語國文學
　　　論文集 7·8집, 동국대학교 국어국문학회.

_____, (1972), "탐라의 語意에 대하여", 제주도 53호.

黃元九, (1966), "說畓", 人文科學 14·15 합병호, 연세대학교 문과대학.

Aston. W.G. (1879), "A Comparative Study of the Japanese and Korean
　　　Languages", *Journal of the Royal Asiatic Society of Great Britain and
　　　Ireland*, New Series.

Ramsey, S. Robert, (1984), "The Origin of the Korean Word 'Kitchen'", 兪昌均
　　　還甲紀念論文集. 계명대학교 출판부.

Martin, Samuel. E. (1966), "Lexical Evidence Relating Japanese to Korean",
　　　Language 42.

_____, (1975), "한국어와 일본어의 先史的 관계수립에 있어서의
　　　諸問題", 종합학술회의 논문집.

펜티 알토, (1980), "G.J. 람스테트와 알타이어학", (강인선 역), 한글 통권 169호,
　　　람스테트 돌아가신 30돌 기념특집.

高橋三郎, (1889), "朝鮮言語考".

高橋亨, (1956), "濟州道名考".

菅野裕臣, (1977), "일본어와 조선어", 講座 日本의 神話 9.

_____, (1978), "조선으로부터의 차용어", 言語 17-2.

今西春秋, (1971), "고구려의 城, 溝漊와 忽", 朝鮮學報, 奈良.

金澤庄三郎, (1902), "郡村(こほりむら)의 어원에 대하여", 史學雜誌.

_____, (1906), "郡의 어원", 帝國大學.

_____, (1914), "언어학상으로 본 조선과 만주와 몽고와의 관계", 太陽.

_____, (1915), "조선어와 만주어 몽고어와의 관계", 朝鮮彙報.

_____, (1937), "언어학상으로 본 鮮·滿·蒙의 관계", 朝鮮.

_____, (1944), "언어로 본 내선관계에 대하여", 國民總力.

_____, (1952), "朝鮮古地名研究", 朝鮮學報.

_____, (1957), "語源雜考", 朝鮮學報.

_____, (1960), "日鮮兩語의 비교에 대하여".

_____, (1910), "日韓兩國語同系論".

大江孝男, (1958), "중기조선어의 1~2語幹에 관하여(On the Indicative Endings in Modern Korean)".

大矢透, (1889), "일본어와 조선어와의 유사".

大野晋, (1952), "일본어와 조선어의 어휘비교에 대한 소견".

大嶋正健, (1898), "일본어와 조선어와의 관계".

馬淵和夫, (1978), "〈三國史記〉 기재의 백제지명에서 고대백제어의 고찰".

白鳥庫吉, (1896), "朝鮮古代王號考", 史學雜誌.

_____, (1895, 1896), "朝鮮古代地名考", 史學雜誌.

_____, (1896), "朝鮮古代官名考", 史學雜誌.

_____, (1896), "고구려의 명칭에 대한 고찰", 國學院雜誌.

_____, (1897), "〈日本書紀〉에 나타난 한어의 해석", 史學雜誌.

_____, (1898), "일본의 古語와 조선어와의 비교", 國學院雜誌.

_____, (1900), "漢史에 나타난 조선어", 言語學雜誌.

_____, (1901), "다시 조선의 古語에 관해서", 言語學雜誌.

_____, (1905), "中田君의 韓國古代村邑의 칭호인 啄評·邑勒·檐魯 및 須祇에 대한 考를 읽음", 史學雜誌.

_____, (1905, 1906), "韓語城邑의 칭호인 忽(Kol)의 原義에 대하여", 史學雜誌.

_____, (1906), "신라의 국호에 대하여", 歷史地理.

_____, (1909), "日·韓·아이누 삼국어의 數詞에 대하여", 史學雜誌.

_____, (1915), "언어상에서 본 조선인종", 人類學雜誌.

_____, (1929), "〈高麗史〉에 나타난 몽고어의 해석", 東洋學報.

白鳥庫吉, (1942), "조선어의 數詞에 대하여", 未發表遺稿, 未完.

＿＿＿＿＿, (1914~1916), "조선어와 Ural-Altai어와의 비교연구".

服部四郎, (1948), "일본어와 琉球語 · 朝鮮語 · 알타이어와의 친족관계", 民族學
　　　　研究 13-2. 日本語의 系統 · 日本의 言語學 7에 수록.

福田芳之助, (1898), "일본의 古語와 조선어와의 비교에 관하여",

三宅米吉, (1890), "朝鮮語".

小倉進平, (1917~1923), "日鮮單語比較資料"(一 · 二 · 三 · 四), 鷄林文壇 1권
　　　　2~5호.

＿＿＿＿＿, (1928), "龍에 대한 조선어", 朝鮮 및 滿洲 242.

＿＿＿＿＿, (1928), "국어와 조선어와의 계통적 관계에 대하여", 警務彙報 262.

＿＿＿＿＿, (1928), "더덕(ととき) 名義考", 民族 4권 1호.

＿＿＿＿＿, (1929), "'뱀'에 대한 朝鮮語", 朝鮮語.

＿＿＿＿＿, (1930), "말(馬)에 대한 朝鮮語", 文敎의 朝鮮.

＿＿＿＿＿, (1930), "'여우'를 의미하는 조선방언", 靑丘學叢 1.

＿＿＿＿＿, (1931), "朝鮮語의 '羊'과 '山羊'", 京城雜筆.

＿＿＿＿＿, (1932), "'원숭이'라는 말", 朝鮮 200.

＿＿＿＿＿, (1932), "'在城' 及 '居世干' 名義考", 朝鮮 203.

＿＿＿＿＿, (1932), "일본어 특히 對馬方言에 미친 조선어휘의 영향", 方言 2권 7호.

＿＿＿＿＿, (1934), "조선어가 가진 외래어(상 · 중 · 하)", 季刊 外來語研究 2권 2-4
　　　　호, 3권 1호(權寧仲譯), 正音 13호, 16호(1936).

＿＿＿＿＿, (1935), "제주도의 異名", 제국대학신문.

＿＿＿＿＿, (1936), "헐버어트의 朝鮮民族 及 朝鮮語論", 民族學研究 2권 1호.

＿＿＿＿＿, (1936), "'甘藷'를 나타내는 조선방언의 분포와 그 유래", 伊波普猷氏還
　　　　曆記念南島論叢.

新村出, (1916), "국어 및 조선어의 數詞에 대하여".

長田夏樹, (1960), "日鮮共通基語 音韻體系 比定理由의 二 · 三의 反說".

＿＿＿＿＿, (1964), "日鮮兩語 親族語彙 對應 不對應의 문제: 알타이 비교민족언어
　　　　학의 처지에서".

前間恭作, (1925), "三韓 古地名考 補正", 史學雜誌 제36편, 제7호.

＿＿＿＿＿, (1925), "신라왕의 世次와 그 이름에 대하여", 東洋學報 제15권 제2호.

鮎貝房之進, (1925), "三韓 古地名考 補正을 읽음".

鮎貝房之進, (1931), "全北 全州 及 慶南 昌寧의 고어에 관하여".

中田 薫, (1905), "韓國古代村邑의 칭호인 啄·邑勒·檐魯 및 須祇의 연구", 史學雜誌.

村山七郎, (1962), "일본어 및 고구려의 數詞: 일본어계통의 문제에 접해서".

_____, (1962), "高句麗語資料: 약간의 일본어·고구려어 음운대응".

_____, (1963), "고구려어와 일본어와의 관계에 관한 고찰".

櫻井芳郎, (1953), "고구려의 언어에 대하여".

河野六郎, (1944), "만주국 黑河地方에 있어서 만주어의 一特色: 朝鮮語 及 滿洲語의 비교연구의 一報告", 경성제국대학, 學叢, 제3집.

_____, (1945), "朝鮮方言學試攷: 「鋏」語考", 경성제국대학, 論叢, 제11집.

_____, (1949), "일본어와 조선어의 二·三의 類似", 八學會連合編, 人文科學의 諸問題 – 共同研究.

_____, (1962), "중국어의 조선어에 미친 영향", 言語生活, 제129호.

_____, (1967), "고대의 일본어와 조선어", 말의 宇宙.

橫山景自, (1979), "한국어에 移入된 일본어", 余泉 徐炳國博士 華甲紀念論文集.

A Study of the Historical Development of Etymology Research on the Korean Language

Heon-gyu Kang

The etymological study of a language is an interesting subject for everyone concerned with language. This results from intellectual curiosity and from the belief that etymlolgical study is the way to the etymon of language as well. Nowadays the study of etymology has practical value for the understanding of original meaning, reasonable ways of etymological explanation, and the compilation of dictionaries.

The first record of Korean etymology appeared in the Chinese historical books, The Shin Chi (史記) and The History of the Han Dynasty (漢書) for the purpose of a reasonable description of history. These books were simply copied or supplemented by later historians. The first Korean etymological explanation is found in The Chronicles of the Three States (三國史記) and The Reminiscences of the Three States (三國遺事). The two history books were written by scholars of the Koryo Dynasty in the twelfth century. These books indicate the etymological consciousness of the Sylla Dynasty.

The representative scholars of the Sylla Dynasty were Taemun Kim (金大問) and Chiwon Choe (崔致遠).

In China, simple studies of etymology have developed since the early Han Dynasty (漢) due to the hieroglyphic nature of the Chinese Characters. Ia (爾雅) and Historical Commentary on Chinese Characters (說文解字) recorded the simple etymological studies in China and influenced the development of etymological studies in Korea.

The etymological concern of the Sylla Dynasty people appeared in their explanation of the origin of such words as Chachung (慈充), Maripkan (麻立干) and Nisagum (尼師今). Most of these are folk etymology, and looked for the motivation for word formation from Korean native words. On the other hand, Chiwon Choe (崔致遠) searched for the motivation from the meaning of Chinese characters. This trend was intensified by the scholars and historians of later generations, and appeared specifically by way of their efforts "not to mention superhumans and bogies" (不語怪力亂神) in The Chronicles of the Three States (C. T. S.) and The Reminiscences of the Three States(R. T. S.). But, the author of R. T. S., Ilyon (一然) the high Buddhist priest, described superhumans and bogies. He searched for the motivation of Korean words from the meaning of Chinese characters, the native Koryo dynasty tongue, or Sanskrit.

The etymology of R. T. S. can be classified as scientific etymology, folk etymology, and mythic or legendary etymology. We can also know about the etymology of the three kingdoms from Tonggyongji (東京誌), which was revised by Chumyon Min (閔周冕).

An exposition about Koryo Dynasty etymology can be seen in The Core History of Koryo Dynasty (高麗史節要) written by scholars of the Choseon Dynasty. In this history book, we can find Mongolian etymology resulting from the Mongolian rule. In Koryodogyong (高麗圖經), the etymology of the Koryo Dynasty people can also be found. Kyubo Lee (李奎報) utilized the meaning of Chinese characters to show etymological aspects of the Korean language in his poems.

This trend was influential on the poets of the Choseon Dynasty. However, in the early period of Choseon, etymological studies didn't develop much due to the importation of Chinese phonology. From these studies, they invented Korean characters; Hangul, and publications sponsored by the kings were highly developed due to the centralized authoritarian rule.

From the early period of the seventeenth century, we find references to etymology in scholars' literary works as a result of the idelogical influence of "practical science" (實學). The ideology was initiated from the criticism by the schools of historical investigation and the scientific way of thinking imported from the west via the Qing (淸) dynasty. The representative literary works of the period are Yunsok Hwang's (黃胤錫) Hwaumbangonjauihae (華音方言字義解) and Yakyong Chong's (丁若鏞) Aongakpi (雅言覺非). Especially Yunsok Hwang (黃胤錫) compared Korean words with the languages of Korea's neighbouring countries. This was a new method; however he also made many mistakes in the book. Yakyong Chong (丁若鏞) was explicitly conscious of etymology, knowing the correct meaning and correct usage of words.

But in Kyongga Pak's (朴慶家) Tongongo (東言考) (1836), there are many mistakes. Those etymological records are all concerned with folk etymologies originated from the meaning of Chinese characters. In this period, we also find the etymologies of words about Korean traditional customs in Kyongdojabchi (京都雜誌) and Yolyangseshigi (洌陽歲時記). Most of them are based on the meaning of Chinese characters.

After the political reform in 1894 (Kapogyongchang-甲午更張), new scientific methods were adopted to the study of Korean etymology by Chiyon Chang (張志淵) and Nunghwa Lee (李能和). They inquired into the meaning of vocabulary used in the society of gisang girls and shamans. In the era of 1920, such historians as Namson Choe (崔南善), Chaeho Shin (申采浩), Inbo Chong (鄭寅普), Chaehong An (安在鴻) studied the etymology of the archaic words in Korean history.

After the liberation of Korea (1945), etymology scholars adopted the new methods of comparative linguistics. They are Yongho Heo (許永鎬), Tongtak Cho (趙東卓), Chaehyu Ko (高在烋) Wonpyo Kim (金源表), Chudong Yang (梁柱東), and Tark Lee (李鐸), Changdon Yu (劉昌惇), and Kwangu Nam's (南廣祐) etymological studies began by way of their initial studies of Korean archaic words for the compilation of the dictionary of Korean archaic words. Honyong Chi (池憲英), Chongbom So (徐廷範), Kimun Lee (李基文), Panghan Kim (金芳漢), Hakkun Choe (崔鶴根), Songi Kim (金善琪), Kilun Kang (姜吉云), Namdok Lee (李男德), and Sugui To (都守熙) adopted the method of scientific compartive linguistics and genealogy for etymological studies. Especially Namdok Lee (李男德) published four books on Korean etymology. Chaeguk Seo (徐在克) and Songil Kang (姜成一)'s method was "word-family".

Western people's concern about Korean etymology appears in their travel descriptions and history books about Korea (Choseon): Oppert (German, 1880), Griffis (American, 1882) and M. Courant (French, 1894). Their etymological concern about some Korean words was folk etymology.

After these, G. H. Jones (1892), J. Edkins (1896), H. B. Hulbert (1901) also wrote books about Korean etymology. But the best etymological study of the Korean language as a science is G. J. Ramstedt's "Studies in Korean Etymology" (1949). In 1982, "Parali pomena of Korean Etymologies" was published.

In the Korean English Dictionary published by S. E. Martin, Yangha Lee (李敭河) and Songon Chang (張聖彦) in 1968, there are many etymological analyses in spite of many errors in translation from Korean words.

The etymological study of Korean words by Japanese scholars appears in the essays or literary works at the end of the seventeenth century. They were Keichiu (契仲), Arai (新井白石), Fuzii (藤井貞幹) and Tanigawa (谷川士清).

After the era of Neizi (明治), beginning with Aston's work: "A Comparative Study of Japanese and Korean Languages", there are Ooya (大矢透), Takahasi (高橋三郎) and Mitaka (三宅米吉). Shiratori's (白鳥庫吉) "Studies on Korean Old place Names", King's name, and Official Names and his "Comparative Study of Korean Language and

Ural-Altaic" were real and scientific studies.

Continuing these, are "Studies on the Same Origin of Japanese and Korean" and "Studies on Old Japanese and Korean Place Names" written by Kanasawa (金宅庄三郎) (1872~1966). But these were used to vindicate the Japanese imperialists' invasion of Korea.

Aside from them, other famous scholars who studied the etymologies of many Korean words were: Okura (小倉進平) (1882~1944), Ayukai (鮎貝房之進) (1864~1945). Ayukai (鮎貝房之進) studied the king's titles of Sylla Dynasty, Paekchong (白丁) (butchers) and Hwarang (花郞). Contemporary scholars of Korean linguistics: Niimura (新村出), Oono (大野晋), and Murayama (村山七郞).

찾아보기

저자 강헌규

1940년 대전 출생.
공주대학교 사범대학 국어교육과 졸업(1963).
서울대학교 교육대학원 국어교육과 교육학석사(1968).
경희대학교 대학원 문학박사(1986).
덴마크에서 언어병리학 연구(1979~1980).
말레이시아 국립대학(U.K.M.)에서 한국어 강의(1990~1991).
미국 U.C.L.A. 방문교수(2003).
『문학 21』 시인 등단(2000).
충청남도 문화상(학술부문) 수상(2001).
동숭학술상 수상(2007).
한국지명학회 운영위원, 한국언어문학교육학회 회장, 한국어원학회 부회장.
공주교육대학교 교수(1970~1980).
공주대학교 사범대학 교수(1980~2005).
현재 공주대학교 사범대학 국어교육과 명예교수.

■ 저서

『한국어 어원연구사』, 집문당, 1988.
『한국인의 자·호 연구』, 계명문화사, 1990(공저).
『주석·영인 태교신기언해』, 삼광출판사, 1995.
『역주·영인 화음방언자의해』, 삼광출판사, 1995.
『주해 농가월령』, 삼광출판사, 1999.
『국어학논문집』, 공주대학교 출판부, 2000.
『국어어원학통사』, 이회문화사, 2003.
『고가요의 주석적 연구』, 한국문화사, 2004.
『조웅전 주석』, 삼광출판사, 2008.
『주봉전 주석』, 삼광출판사, 2008.
『고가요의 주석적 연구Ⅱ』, 한국문화사, 2010.
『개정 증보판 고가요의 주석적 연구Ⅰ』, 한국문화사, 2016.
그 외 다수의 논문.

■ 작품집

『날 수 있는 사람들』(수필집, 솔터, 1994).
『행복한 소크라테스고 싶어라』(시집, 솔터, 1994).
『물 위에 쓴 이름』(시집, 삼광출판사, 1999).
『조용한 복을 빌면서』(시집, 이회문화사, 2002).
『매월당 엄흥도가 그리워』(시집, 삼광출판사, 2005).
『칸나의 꿈』(시집, 삼광출판사, 2007).
『첫눈』(제6시집, 삼광출판사, 2009).
『풀의 함성』(시집, 오늘의문학사, 2017).

개정판 **국어 어원학 통사**

2017년 06월 30일 초판 1쇄 펴냄

지은이 강헌규
펴낸이 김흥국
펴낸곳 보고사

등록 1990년 12월 13일 제6-0429호
주소 경기도 파주시 회동길 337-15 보고사 2층
전화 031-955-9797(대표)
　　　02-922-5120~1(편집), 02-922-2246(영업)
팩스 02-922-6990
메일 kanapub3@naver.com / bogosabooks@naver.com
http://www.bogosabooks.co.kr

ISBN 979-11-5516-668-0 93710
ⓒ 강헌규, 2017

정가 30,000원